Kristiane Backer

Von MTV nach Mekka

Kristiane Backer

Von MTV nach Mekka

Wie der Islam mein Leben veränderte

List

Wir danken allen Rechteinhabern für die Erlaubnis zum Abdruck der Abbildungen. Trotz intensiver Bemühungen war es nicht möglich, alle Rechteinhaber zu ermitteln. Wir bitten diese, sich an den Verlag zu wenden.

List ist ein Verlag
der Ullstein Buchverlage GmbH

ISBN: 978-3-471-30009-1

Gesetzt aus der Adobe Garamond
Satz: Pinkuin Satz und Datentechnik, Berlin
Druck und Bindearbeiten: Bercker, Kevelaer
Printed in Germany

Bismillahi Rahmani Rahim
Im Namen Gottes des Gnädigen, des Barmherzigen

Inhalt

Eintauchen in den Orient

River Deep Mountain High …
Tina Turner

Die riesige Sportarena auf dem Campus der University of California war brechend voll. Kilometerlange Staus aus schwarzen und weißen Stretchlimousinen verstopften alle Zufahrten zu dem Gebäude an der Westwood Plaza. Das Who's Who der internationalen Musikindustrie kam angerollt zu einem der weltweit wichtigsten Events der Branche.

Zusammen mit einer Clique von MTV-Kollegen aus London und unserem Geschäftsführer Brent Hansen saß ich inmitten eines Riesenpublikums, das sich aus den Größen des Musikbusiness zusammensetzte: Plattenfirmenchefs, PR-Leute, Agenten und wer sonst noch als wichtig genug galt, bei der Verleihung der MTV Video Music Awards in Los Angeles dabei zu sein.

Trotz des Riesentrubels war ich ziemlich entspannt. Meine Aufgabe bestand lediglich darin, Annie Lennox, der begnadeten Sängerin aus Schottland, backstage den Preis für das *Best Female Video* zu überreichen. Annie Lennox gehörte zu den wenigen Frauen bei dieser Veranstaltung, die eine natürliche Schönheit ausstrahlten. An ihr gab es nichts Künstliches, sie hob sich deutlich ab von den Rockchicks, die mit knappen Minis, Schlauchbootlippen und prallen Dekolletés die Blicke auf sich zogen und nach Aufmerksamkeit zu gieren schienen. Zu diesem Eindruck passte auch, was ein Filmemacher mir auf der Aftershowparty von *Vanity Fair* erzählte. »Ohne falschen Busen geht hier in Hollywood gar nichts mehr, wenn du nach oben willst«, meinte er.

Nun denn, wir hatten trotzdem Spaß und kommentierten die Show, die der Komiker Dana Carvey aus *Wayne's World* schlagfertig moderierte. Ich hatte die einwöchige Reise ins Lala-Land – so nennen die Engländer die Stadt der Engel ironisch – als kleines Dankeschön für den Erfolg des von mir moderierten *Coca Cola Reports* von Brent Hansen geschenkt bekommen. Brent war immer schon unkonventionell gewesen, das war eine seiner Stärken und Teil seines außergewöhnlichen Erfolgs. Er trug lange Locken, war ein Fan von Countrymusic genauso wie von Prince und ein echter Menschenfreund: Er war voll des Lobes für jeden, der etwas leistete – ganz gleich ob Popstar oder Praktikant. Auch das war branchenunüblich.

Während der Preisverleihung saß ich neben ihm und freute mich auf die Begegnung mit Annie Lennox. Dennoch spürte ich: Etwas war anders als sonst. Es schien, als rauschte der ganze Hype an mir vorbei, als wäre ich gar nicht richtig hier. Vielleicht stimmte das sogar, denn innerlich war ich völlig woanders, weit weg in einem fernen Land. Bevor ich nach L. A. geflogen war, hatte ich eine Reise nach Pakistan unternommen, war durch schneebedeckte Gebirge gewandert, hatte unter den Sternen geschlafen und Menschen getroffen, die in ihrer Herzlichkeit, ihrer Gastfreundschaft und vor allem durch ihr Gottvertrauen auf mich mehr Eindruck gemacht hatten als die meisten der Stars, denen ich in meinem Leben begegnet war.

Seit ich Pakistan verlassen hatte, schwirrten mir Bilder und Erinnerungen durch den Kopf, die überhaupt nicht zu der bunten, schrillen und lauten Welt passen wollten, in die ich in L. A. geworfen wurde. Im Gegenteil, sie ließen die Riesenshow, die hier geboten wurde, unwirklich und nebensächlich erscheinen.

Das Spektakel dauerte fast fünf Stunden, wobei es dem Fernsehzuschauer wahrscheinlich aufregender vorkam als uns, die wir live dabei waren. Alle paar Songs gab es eine lange Werbepause, in der nichts geschah, und das Ganze zog sich endlos hin. Nach der Verleihung ließ ich mich mitziehen, von einer Aftershowparty zur nächsten. Dort, wo wir nicht eingeladen waren, machten wir *gate-crashing* – wir gingen einfach hinein. Wir feierten bis spät in die Nacht.

Am nächsten Morgen wachte ich verkatert in meinem weichen, riesigen Doppelbett im luxuriösen Mondrian Hotel auf dem Sunset Boulevard auf. Sofort hatte ich wieder diese Bilder im Kopf. Ich begann zu verstehen, dass sich etwas in mir verändert hatte, doch noch konnte ich nicht sagen, was es war.

*

»Welcome to Islamabad!«

Kaum hatte der Flugbegleiter die schwere Tür der *PIA*-Maschine geöffnet, schlug uns die Hitze der pakistanischen Hauptstadt entgegen. Zum ersten Mal besuchte ich ein Land, dessen Einwohner fast zu hundert Prozent dem muslimischen Glauben angehören und in dem es außerdem so gut wie keine Touristen gibt. Bereits beim Einsteigen war mir aufgefallen, dass meine Schulfreundin Briggite und ich die einzigen hellhäutigen Passagiere an Bord waren. Wie zur Einstimmung war vor dem Abflug aus den Lautsprechern der Kabine ein Gebet in fremder Sprache ertönt. Verstehen konnte ich es nicht, aber an der Art und Weise wie die Passagiere die melodischen Worte aufnahmen, war erkennbar, dass es sich wohl um eine Bitte für eine sichere Reise handelte. Vor uns lag ein echtes Abenteuer. Wir hatten vor, im Himalaja wandern zu gehen und die Mogulstadt Lahore zu erkunden.

Acht Stunden später traten wir aus dem Flughafen von Islamabad ins Freie, atmeten die fremden Gerüche ein und waren umringt von Männern, die den Schalwar Kamiz, die pakistanische Nationaltracht, trugen. Ich freute mich darauf, Land und Leute zu erkunden. Nicht im Traum ahnte ich, dass ich mich bald tief und folgenschwer auf eine Welt einlassen würde, die in krassem Gegensatz zu dem aufregenden Leben stand, das ich damals im August 1992 führte.

*

Als erste deutsche Moderatorin des Musiksenders MTV Europe stand ich seit drei Jahren im Rampenlicht. Ich verkörperte das Gesicht einer Generation von Kids, die mit Musikfernsehen mehr als Entertainment verbanden: MTV zu schauen bedeutete damals, sich als Teil einer hippen internationalen Clique zu fühlen, die kreative Selbstverwirklichung als Lebensmodell begriff. Millionen schalteten den Fernseher ein, wenn ich die Chartshow *European Top 20* oder den *Coca Cola Report* moderierte. Wir MTV Video Jockeys – außer mir u. a. noch Ray Cokes, Steve Blame und Rebecca De Ruvo – waren wie Freunde für die jungen Europäer, wir gehörten zu ihrem Leben dazu, wir waren jeden Tag in ihren Wohn- und Schlafzimmern präsent. Zugleich hatten wir eine Vorbildfunktion und waren echte Idole. MTV war hot. Was hier gesendet wurde, war cool, wen wir ansagten, der war angesagt.

In den Monaten vor meiner ersten Pakistanreise war es mit meiner Karriere steil bergauf gegangen: Alle vier Wochen jettete ich für den *Coca Cola Report* zu spektakulären Events quer durch Europa und interviewte von den Rolling Stones bis zu Lenny Kravitz jeden, der in der Szene Rang und Namen hatte. Wann immer ich irgendwo mit einem Mikrofon in der Hand auftauchte, umringte mich sofort eine Menschentraube. Ganz gleich, ob ich aus Berlin, Istanbul, Amsterdam oder irgendeiner anderen Metropole berichtete.

*

Seit Stunden fuhren wir in einem Jeep den Karakorum-Highway entlang, der durch eine gigantische Gebirgskette im Norden Pakistans führt und das Land mit China verbindet. Früher hat man auf der sagenumwobenen Seidenstraße Gewürze, Stoffe und andere Schätze von Ost nach West transportiert. Links von uns ragten massive Felswände empor, und auf der anderen Seite floss tief unter uns der tosende Indus. Islamabad hatten wir im Morgengrauen zusammen mit einem kleinen Wandertrupp verlassen.

Mit dabei waren der Cricket-Nationalspieler Imran Khan, der alles geplant und organisiert hatte, der Immobilienmakler Moby und Naim, unser Reiseführer. Je höher wir kamen, desto mächtiger türmte sich das karge Gebirge vor uns auf, und die Hitze der Großstadt wich einer angenehmen Kühle.

Zwei Tage sollte die Fahrt bis zu unserem Basislager in Nagar auf rund 3000 Metern Höhe dauern. Ehrfürchtig nahm ich die imposante Natur um uns herum wahr. Mit jedem Kilometer fiel die Anspannung von mir ab, auch wenn wir einige ungewöhnliche Herausforderungen zu meistern hatten. Immer wieder passierten wir Militärkontrollen am Wegesrand. Briggite und ich verhüllten uns mit einem Schaltuch und senkten schüchtern den Blick, um wie Pakistanerinnen auszusehen. Problemlos passierten wir eine Kontrolle nach der anderen. Sobald die Wachen Imran erkannten, ließen sie ihren Nationalhelden auch ohne offizielle Genehmigung durch. Imran und Naim wechselten sich beim Fahren des Jeeps ab und manövrierten den Wagen gekonnt über die schmalen Serpentinen. Es schien ihnen nichts auszumachen, dass wir hinter den Haarnadelkurven immer wieder bunte Laster sahen, die in der Tiefe in irgendwelchen Felsspalten hingen. Sie mussten auf den schmalen Bergwegen ins Schleudern gekommen sein. Niemand konnte sie bergen, das war viel zu gefährlich. Wir hielten jedes Mal den Atem an, doch zum Fürchten blieb uns keine Zeit, während unser Jeep immer höher und höher kletterte.

Hier und da stoppten wir an kleinen, einfachen Lehmhütten, die sich »Restaurants« nannten. Wir saßen auf Pritschen im Schatten, lauschten dem Rauschen eines Gebirgsbachs und ließen uns frischgebackene Rotis – flache, runde Brote aus Vollkornweizenmehl –, gekochtes Gemüse, Linsen und Hühnchen schmecken. In Gilgit, der nördlichsten Station der Briten, übernachteten wir. Es war das letzte Mal, dass wir ein Dach über dem Kopf hatten.

Am nächsten Tag sollte die Gebirgswanderung beginnen. Der erste Stopp war Hunza, ein abgelegenes, wunderschönes kleines Bergkönigreich. Von hier aus blickt man über grüne Terrassenfelder, Birken und Aprikosenbäume hinweg unmittelbar auf die atemberaubende Kulisse der schneebedeckten Himalaja-Gipfel. Die Gegend ist für ihre legendären Hunza-Aprikosen bekannt, die wundersame Anti-Aging-Eigenschaften besitzen sollen. Die Einheimischen sollen bis zu 120 Jahre alt werden. Sie essen die köstlichen, vitaminhaltigen Früchte von früh bis spät und kochen ihre Mahlzeiten mit Öl, das aus den Kernen gepresst wird. Da es so süß und fruchtig duftet, wird es auch als Körperöl und zum Massieren der Kopfhaut verwendet. Die Aprikosen werden auf den flachen Dächern der Hütten getrocknet und anschließend verarbeitet.

Viele der Bergleute wohnen in Stelenhäusern über ihrem Vieh, um die Körperwärme der Tiere zum Schutz vor Kälte zu nutzen. Obwohl die Menschen in dieser Gegend kaum etwas besaßen, teilten sie mit uns, was sie hatten: Mit leuchtenden Augen kamen sie auf uns zu und reichten uns mit dem Wort »*Bismillah*« und einem Lächeln auf den Lippen eine flache Schale voll Aprikosen und Nüssen. *Bismillah* heißt »im Namen Gottes« und begleitet jede Tätigkeit gläubiger Muslime: essen und trinken, den Beginn einer Reise oder das Abschicken einer besonderen E-Mail. So heiligen sie jede Tat und jeden Tag. Die Würde und Großzügigkeit, die die Menschen selbst angesichts bitterster Armut ausstrahlten, bewegten mich tief.

Im Tal von Nagar ließen wir den Jeep stehen. Sechs pakistanische Träger stießen zu uns, die unsere Zelte und Kochutensilien transportieren sollten. Eine Ziege namens Dinner kam ebenfalls mit. Die Ärmste machte während unserer Tour ihrem Namen alle Ehre. Weit abgeschieden von jeglicher Zivilisation mussten wir unseren Proviant im wahrsten Sinne des Wortes mit uns führen, und Naim schlachtete die Ziege irgendwann. Mir tat Dinner leid, und ich mochte ihr Fleisch erst nicht so recht anrühren. Die körperliche Anstrengung hatte mich allerdings so hungrig gemacht, dass ich am Ende doch nicht widerstehen konnte. Lieber jedoch ließ ich mir die saftigen Mangos schmecken, die wir kistenweise dabeihatten. In Pakistan wachsen verschiedene Mangosorten, und alle mögen diese Frucht sehr. Auf unserer Reise sah ich oft Familien beim Mangopicknick zusammensitzen. Noch heute freue ich mich auf den Sommer, wenn es bei den pakistanischen Gemüsehändlern in London wieder Mangos im Sortiment gibt.

Zum Glück war ich relativ fit, obwohl ich natürlich keine geübte Bergsteigerin war. Die fünf bis sieben Stunden, die wir täglich in rund 4000 Metern Höhe über eisbedeckte Gletscher, schmale Gebirgspfade und grüne Felder wanderten, konnte ich trotz der dünnen Luft gut durchhalten. Nichtsdestotrotz gab es immer wieder Momente, in denen wir Imran daran erinnern mussten, dass wir keine Hochleistungssportler waren.

Mit den Worten »Wir sind fast da« besänftigte er uns und fügte hinzu: »*In sha' Allah*«, was so viel bedeutet wie: »So Gott will.«

Jeden Nachmittag suchte Naim einen geeigneten Platz, wo wir unser Nachtlager aufschlagen konnten, meist an einem der eiskalten Flüsse, in denen wir badeten und uns wuschen. Wie selbstverständlich beteten einige der Männer anschließend unter freiem Himmel. Sie stellten sich zunächst aufrecht hin, verbeugten sich anschließend und knieten auf der Wiese nieder. Nach diesem Ritual ließen wir uns von den letzten Sonnenstrahlen ein wenig wärmen. Sobald es dunkel wurde, entfachten wir ein Lagerfeuer, setzten uns darum herum und diskutierten bis tief in die Nacht hinein über Gott und die Welt. Bei Minusgraden schliefen wir gut eingepackt in dicken Schlafsäcken.

Die Routen, die wir begingen, zwangen uns teilweise dazu, auf allen vieren an steilen Felswänden entlangzuklettern, während unter uns tiefe Abgründe klafften. Einmal hätte ich mir fast das Genick gebrochen. Ich war auf den glatten Steinen eines Gebirgsbachs ins Rutschen gekommen, aber Imran fing mich geistesgegenwärtig im letzten Augenblick auf, wäre allerdings dabei fast selbst auf dem kantigen Gestein gestürzt. Imran jedoch hatte keine Angst vor Gefahren. Er ging gerne Risiken ein, auch beim Wandern, und bewegte sich als Spitzensportler mit großer Sicherheit. Seine Furchtlosigkeit, so fand ich damals heraus, lag jedoch nicht nur in seiner Sportlichkeit begründet, sondern vor allem in seinem Glauben. Durch ihn verstand ich, wie felsenfest Muslime davon überzeugt sind, dass ihr Leben von Gott bestimmt sei und dass es nicht in unserer Hand liege, wann ein Mensch stirbt.

»Dieser Moment kommt keine Sekunde früher oder später als zu dem Zeitpunkt, den Gott bestimmt hat. Wenn es so weit ist, gibt es kein Entrinnen, egal, wie sehr man sich abgesichert hat«, erklärte Imran Khan mit Bestimmtheit und fügte dann lachend hinzu: »Gott ist unser Beschützer.«

Mitten beim Wandern fragte Imran Briggite und mich eines Tages: »Was ist eurer Meinung nach der Sinn des Lebens?«

Ich musste zugeben, dass ich mir darüber noch nicht sonderlich viele Gedanken gemacht hatte. Von meinem ursprünglichen Traum, als Journalistin dazu beizutragen, die Welt ein klein wenig zu verbessern, war ich ehrlich gesagt ziemlich weit entfernt. Für MTV jagte ich seit ein paar Jahren von einer Moderation zur nächsten und war Teil eines Karussells, das sich unaufhörlich drehte. Zum Reflektieren blieb da nur sehr wenig Zeit.

Briggite, die spirituell interessiert war und Tarot-Karten legte, antwortete nach kurzer Überlegung: »Trotz aller Widrigkeiten glücklich zu sein.«

Unsere Antworten schienen Imran nicht sonderlich zu beeindrucken, und er begann, uns über den Islam und die Lebensauffassung der Muslime aufzuklären. Es sei zwar nicht verkehrt, herausfinden zu wollen, was das persönliche Glück ausmache, wahre Glückseligkeit bestehe jedoch in der Erkenntnis Gottes. »Als Muslim blickt man über sich selbst hinaus auf ein höheres Ziel, auf eine übergeordnete Kraft, nämlich auf Gott. Gott zu verehren und ihm zu dienen, das ist der Sinn des Lebens«, sagte er. »Wir Menschen sind als Abbild Gottes geschaffen, und wir sind seine Statthalter auf Erden. Mit dieser Rolle sollen wir verantwortungsvoll umgehen und zum Wohle der Allgemeinheit beitragen.«

Imran meinte weiterhin, dafür hätten wir nicht viel Zeit, denn das Leben sei kurz. »Das Einzige, was uns ins Grab begleitet, sind unsere guten Taten.« Im Gegensatz zu den Tieren habe der Mensch einen freien Willen, was allerdings ein zweischneidiges Schwert sei, denn in jedem Moment könne sich der Mensch für das Gute oder das Schlechte entscheiden. »Jeder trägt selbst die Verantwortung für das, was er tut. Das Leben ist eine Prüfung und zugleich das Saatfeld für das zukünftige, ewige Leben.« Abschließend sagte Imran noch: »Zu den fünf Grundpfeilern des Glaubens zählen auch das Gebet und das Spenden.«

Mehr und mehr wurde mir bewusst: Der Islam spielte eine zentrale Rolle in seinem Leben. Abends, beim Philosophieren am Lagerfeuer, begleitete uns Sufi-Musik aus Imrans Gettoblaster. In diesen wohlklingenden orientalischen Liedern wird die Liebe zu Gott oder zu dem Propheten besungen.

Sobald wir irgendwo haltmachten, war Imran binnen Sekunden von einer größeren Menschenmenge umringt. Manche wollten nur ein Autogramm haben, viele hingegen, oft sichtbar bitterarme Menschen, überreichten ihm freudig ein paar Rupien für sein großes Projekt: den Bau eines Krankenhauses.

»Letztlich bauen die Armen das Krankenhaus auf, nicht die Reichen«, sagte Imran immer wieder und war stolz darauf, dass seine Landsleute so bereitwillig mithalfen.

Die Tage inmitten der majestätischen Berge öffneten mein Herz für viele Dinge, vor allem für die Schönheit der Natur. Nie werde ich den Moment vergessen, als es einmal hinter den vor uns im Dunkeln liegenden Bergspitzen zu leuchten begann. Ich konnte zunächst gar nicht erkennen, woher das Licht kam, bis sich ein riesiger weißer Vollmond hinter den Bergen hervorarbeitete, der innerhalb von Minuten die gesamte Landschaft in funkelnden Silberglanz hüllte. Es war fast so hell wie am Tag, und wir warfen lange, scharfe Schatten.

Aber auch tagsüber war die unberührte Landschaft überwältigend schön: das schneebedeckte Gebirge um uns herum, an dessen Abhängen sich klare Bäche hinunterschlängelten, die in eiskalte türkisblaue kleine Seen mündeten, die grünen, mit Blumen übersäten Wiesen, dazu der strahlende Sonnenschein, die klare Luft und ein stahlblauer Himmel. All diese Bilder prägten sich tief in mein Gedächtnis. Mein Herz tat Sprünge vor Entzücken. Nicht umsonst heißt es, dass die Natur die Sprache der Seele spricht und Gottes Schöpfung in reinster Form ist, was auch erklärt, weshalb sie einen derart wohltuenden Einfluss auf die Menschen hat.

Wie man dank des Glaubens an Gott Kraft schöpft und Widrigkeiten des Alltags meistern kann, erlebte ich auf unserer Rückfahrt nach Islamabad. Wegen der Schneeschmelze und der Lawinenabgänge stand die Passstraße an einer Stelle völlig unter Wasser, auch entwurzelte Bäume und Geröll versperrten den Weg. Uns blieb nichts anderes übrig, als aus dem Wagen zu klettern, woraufhin die Männer die umgefallenen Baumstämme zur Seite räumten. Während es langsam dunkel wurde, hangelten wir uns zu Fuß entlang der Haarnadelkurve am Wasser vorbei. Bis auf Naim, unseren Fahrer und Bergexperten. Mit festem Blick setzte er sich hinters Lenkrad, sprach ein Gebet, sagte »*Bismillah*« und fuhr dann einfach durch das Wasser hindurch, das bis zum Fenster des Wagens reichte. Die anderen Männer unterstützten das wagemutige Unterfangen mit leisen Gebeten. Alles ging gut.

Trotz der Strapazen und des Verzichts auf jeglichen Komfort erholte ich mich im pakistanischen Gebirge vollkommen. Zum ersten Mal seit vielen Jahren hatte ich Zeit aufzuatmen und über andere Dinge als den nächsten Drehtermin oder das passende Outfit nachzudenken. Nachdem wir zum ersten Mal nach zehn Tagen in unserem Basislager wieder duschen und in richtigen Betten schlafen konnten, rief Briggite begeistert: »Das ist ja wie im Paradies hier!«

Seit jener Zeit habe ich mir angewöhnt, es den gläubigen Muslimen gleichzutun und mich für meine Gesundheit, für mein komfortables Leben und auch dafür, dass ich viele Freunde und eine liebevolle Familie habe, zu bedanken, statt zu beklagen, was mir fehlt.

*

Zurück in Islamabad ging es mit der nächsten Maschine direkt zu unserem zweiten Reiseziel: nach Lahore, dem ehemaligen Hauptdomizil der Mogule und heutigen Herzen von Pakistan. Lahores Altstadt ist von einer mittelalterlichen Stadtmauer umgeben, die man durch eines der zwölf Stadttore betritt. Zu den architektonischen Juwelen gehören die rote Badshahi-Moschee, die mächtige Burg und die romantischen Shalimar-Gärten. Das UNESCO-Weltkulturerbe wollte ich unbedingt besuchen, – nicht nur, weil es der Namensgeber meines damaligen Parfüms war. Die engen und staubigen Gassen der Altstadt waren voller Menschen, allerdings waren hauptsächlich Männer unterwegs. Einige trugen ihre Waren auf dem Kopf, andere transportierten sie mit Eselskarren. Die wenigen Frauen, die wir sahen, verhüllten ihr Haar mit einem Schaltuch, eine Frau trug sogar eine Burka. Weil Briggite und ich nicht unnötig auffallen wollten, setzten wir ebenfalls eine Kopfbedeckung auf.

Die Frauen, die ich bei dieser ersten Reise in Pakistan kennenlernte, entkräfteten jedoch auch viele Vorurteile, die ich bis dato mit dem Thema Verschleierung verband. Sie waren selbstbewusst, weltoffen und standen keineswegs unter der Fuchtel ihrer Männer. Auch die Schwestern von Imran hatten studiert und waren humorvolle, starke Frauen. Bis auf Rubina, die bei der UNO in New York arbeitete, lebten sie mit ihren Familien in Lahore.

Ein Freund von Imran, der uns die vielen Sehenswürdigkeiten der Stadt zeigte, führte uns auch durch das Labyrinth des historischen Basars. In einem separaten Bereich stellten Kunsthandwerker Bilderrahmen, Tische und Schalen her. Dabei sangen sie den Koran oder hörten den heiligen Versen zu, die aus einem kleinen, scheppernden Radio erklangen. Ganz automatisch verliehen sie so ihrer Tätigkeit eine spirituelle Dimension und verwandelten alltägliche Gebrauchsgegenstände in beseelte Schmuckstücke. Die Verehrung Gottes war überall präsent: in der Arbeit, in der Architektur und in der Musik.

Sobald der Gebetsruf erklang, ließen die Menschen alles stehen und liegen, um in die Moschee zu eilen. Selbst während einer Taxifahrt durch die Stadt parkte der Fahrer den Wagen völlig unvermittelt vor einer Moschee, stieg aus und verschwand zum Gebet. Sprachlos saßen wir da und mussten in der brütenden Mittagshitze auf ihn warten. Zehn, zwanzig Minuten vergingen, Briggite und ich wurden langsam unruhig und verstanden nicht, wo der Fahrer so lange blieb. Wir hatten nicht mitbekommen, dass Freitag war und der Mann am Gemeinschaftsgebet teilnahm, das an diesem Tag stets etwas länger dauert als sonst. Erst nach einer halben Stunde kam er zurück – mit strahlenden Augen. Das Gebet hatte ihn offensichtlich gestärkt und beglückt.

Immer wieder beobachte ich seither dieses Phänomen, dass Menschen, die ihr Leben rein und gottgefällig leben, die beten oder meditieren, besonders strahlende, klare Augen haben.

Abends trafen wir uns häufig bei Imrans Freund Yusuf Salahudin, dem ehemaligen Gouverneur der Provinz Punjab. Yusuf, ein entspannter Musikliebhaber, lebte in einer Haveli, einem der traditionellen Prachthäuser mitten in der Altstadt, die vor Hunderten von Jahren im islamischen Stil errichtet wurden. Yusufs Haveli hatte vier große Innenhöfe mit antiken weißen Marmorsitzen, Torbögen aus verziertem Holz und türkisblauen, handbemalten Kacheln. Die islamische Architektur in der Mogulstadt gefiel mir sehr, und ich bewunderte vor allem ihre elegante und üppig ornamentale Schönheit.

Mit unserer kleinen Gruppe saßen wir unter dem klaren Sternenhimmel zusammen, genossen die warme Abendluft und das orientalische Ambiente. Briggite und ich machten es uns auf einer Hollywoodschaukel mit vielen bestickten Kissen gemütlich. Wir tranken Chai, einen Tee, der in Pakistan mit Milch und Gewürzen wie Kardamom gekocht wird. Zum Essen servierte man uns köstliche Currygerichte, die Yusuf selbst zubereitet hatte. Imran zeigte uns, wie man mit den Händen isst und ein Stück des flachen Roti-Brotes dazu als Löffel benutzt. Stundenlang unterhielten wir uns und hörten Qawwali-Musik.

Yusuf und Imran übersetzten uns die Texte der Lieder, die unter anderem von Allama Muhammad Iqbal stammten, Yusufs

Großvater, einem berühmten Dichter und Philosophen. Einer lautete: »Wenn diese Erde nicht existieren würde, wenn es keinen Mond und keine Sterne gäbe, wenn das Geheimnis der Wahrheit noch immer unbekannt wäre, selbst wenn es nichts geben würde, es gäbe immer noch Dich.« Dieses Du, das war Gott.

Die Abende bei Yusuf brachten mir noch einen weiteren Aspekt der orientalischen Kultur näher: Mitmenschlichkeit. Yusuf erzählte eine Anekdote von seinem Großvater Muhammad Iqbal. Dieser hatte Anfang des 20. Jahrhunderts sein Studium in Heidelberg absolviert, sich intensiv mit Goethe auseinandergesetzt und später mit seiner Vision der Einheit von Glauben und Staat die Entstehung des heutigen muslimischen Pakistans inspiriert. Doch nicht nur das: Bei seinem Aufenthalt in Heidelberg begeisterte er sich so sehr für die deutschen Frauen, dass ihm in Pakistan kein einheimisches Kindermädchen gut genug für seinen Nachwuchs erschien. Dann traf er in Lahore eine Deutsche, die mit einem Pakistaner verheiratet war, aber gerade in Scheidung lebte. Sie war gerne bereit, zu ihm und seinen Kindern als Erzieherin zu kommen. Diese Dame arbeitete so lange in der Familie, bis Iqbals Enkelkinder, Yusuf und sein Bruder, elf und zwölf Jahre alt waren. Dann erst kehrte sie zurück nach Deutschland, wo sie sich jedoch bald einsam fühlte. Yusufs Familie bestand darauf, sie zumindest einmal im Jahr einzuladen, damit sie Sonne und seelische Wärme tanken konnte. Eines Tages, als die auf sich allein gestellte Dame bereits alt und krank war und wieder einmal nach Lahore reisen wollte, stürzte sie am Flughafen in Frankfurt und brach sich die Hüfte. Sofort stieg Yusufs Bruder in die nächste Maschine nach Deutschland, holte sie aus dem Krankenhaus und ließ sie nach Pakistan transportieren. Dort pflegten und hegten sie alle wie ein Familienmitglied. Sie blieb in Lahore bis zu ihrem Tod.

Es stimmte mich nachdenklich, als Yusuf noch ergänzte: »Bei uns gibt es keine Altenheime. Die älteren Menschen bleiben in den Familien. Wir schätzen ihren Rat und ihre Lebenserfahrung.« Sie würdevoll zu behandeln, ist ganz wichtig im Islam.

Diese Geschichten, Details und Ansichten machten mir deutlich, dass die Religion in Pakistan den gesamten Alltag umfasst. Alles wird in Bezug zu Gott gesetzt. Auch die Geduld, mit der sich die Menschen, denen ich hier begegnete, den täglichen Herausforderungen stellen, beeindruckte mich sehr. Statt sich aufzuregen, nehmen sie mit einem *al-hamdulillah*, »Gelobt sei Gott«, einfach hin, dass ständig der Strom ausfällt, die Straßen verstopft sind und auch sonst so gut wie nichts so klappt, wie man es sich vorgestellt hat. Später las ich im Koran den Satz »Gott ist mit den Geduldigen«. Mir gefiel diese gelassene Haltung, die sich aus dem Glauben zu speisen schien. Erst Jahre später sollte ich begreifen, wie viel Disziplin dahintersteckt.

VJ bei MTV Europe

Gib Gas, ich will Spaß.
MARKUS

Als ich das erste Mal nach Pakistan reiste, war ich 27 Jahre alt. Geduld zählte damals nicht gerade zu meinen Charaktereigenschaften. Ich war auf dem Höhepunkt meiner Karriere, lebte in London, jettete kreuz und quer durch die Welt, und jeder zweite Teenager in Europa kannte mein Gesicht. Wir VJs standen damals beinahe genauso im Rampenlicht wie die Stars, die wir interviewten und deren Videos wir präsentierten. Wo wir auftauchten, wurde der rote Teppich ausgerollt. Ich übernachtete in den besten Hotels, mein Gesicht zierte die Titelseiten der Illustrierten, und ich schwamm auf einer Welle des Erfolges, den ich mir nie hatte träumen lassen. Dennoch fehlte mir etwas. Ich wusste nur nicht was.

Angefangen hatte alles in einem Kinderzimmer in einem Hamburger Vorort, in dem ich mit einem Spielzeugmikrofon in der Hand rasende Reporterin mit meiner Schwester spielte: »Hallo, ich bin Kristiane Backer, und Sie sind der Bundespräsident. Wie geht es Ihnen?«

Wenn ich in meinem Zimmer auf dem Boden saß und aufsah, blickte ich in einen wunderschönen herbstlichen Märchenwald, in dem Ponys mit treuen Augen zwischen den Bäumen standen. Diese Wandtapete ist eines der stärksten Bilder aus meiner frühen Kindheit und ein Sinnbild dafür, was ich mit ihr verbinde: Geborgenheit, Zutrauen und die Liebe zur Natur.

Ich wuchs in Hamburg-Niendorf auf, in einer Doppelhaushälfte mit Garten, die etwas abseits in einer ruhigen Straße lag. Ich hatte einen eigenen Balkon, ein Bett, von dem aus ich durch ein Dachfenster die Sterne sehen konnte, und Susanne, meine Schwester. Sie ist dreieinhalb Jahre jünger als ich, und trotzdem sind wir ein Herz und eine Seele. Wie verschieden wir sind, zeigen zwei Radierungen, die wir einmal in der Schule im Kunstunterricht anfertigen mussten und die ich noch heute besitze. Susanne ritzte einen Pavillon mit Treppe und Kuppeldach in die Druckplatte, daneben einen Baum, in dem Vögel zwitschern, und einen Mann, der Tauben füttert. Ich hingegen erschuf einen sitzenden Harlekin, der orientalische Schuhe und eine Kappe mit Glöckchen an den Seiten trägt und einen Luftballon in der Hand hält. Ich bin eine Frohnatur, liebte Spiel und Spaß, und wo ich auftauchte, sorgte ich für Trubel. Susanne ist ruhiger und sensibel und ein kreativer, künstlerischer Mensch. Heute lebt und arbeitet sie als Designerin mit ihrem Mann in Mailand.

Die Wandtapete verdeutlicht noch etwas anderes: meine Liebe zu Tieren. Ich habe bis heute einen besonderen Draht zu ihnen und sie zu mir. Ich bin viel geritten in meiner Kindheit, auf einem Bauernhof an der Küste. Aber ich liebte nicht nur Pferde, sondern alle Arten von Tieren. Sie waren meine Freunde. Als ich bei einem meiner Erkundungsgänge auf besagtem Bauernhof in einem Schuppen auf gerupfte und geköpfte Hühnerleiber stieß, die dort an einer Leine hingen, war ich so schockiert, dass ich zum Hühnerstall schlich, die Tür öffnete und inständig hoffte, das Federvieh würde den Ernst der Lage begreifen und fliehen. Wenigstens in jener Woche sorgte ich dafür, dass kein Huhn geschlachtet wurde.

Und dann war da noch das Meer. Wir besaßen eine Ferienwohnung in Büsum an der Nordsee, im 20. Stock eines Hochhauses nah am Wasser, wo wir beinahe jedes Wochenende und sämtliche Ferien verbrachten. Wir unternahmen ausgedehnte Wattwanderungen, turnten am Strand, rekelten uns halbe Sommer im Strandkorb und genossen das Meer. Dazu das Rauschen der Wellen, einen Blick bis zum Horizont, die Weite und die klaren Farben – herrlich!

Es war eine Kindheit mit Verwöhnaroma. Meine Eltern gaben

uns alles, wovon Kinder nur träumen. Meine Mutter hat ein großes Herz und wurde, seit ich denken kann, immer von allen geliebt. Sie hat die Gabe, jedem Menschen, dem sie begegnet, eine Freude zu machen. Als gelernte Bankkauffrau entschied sie sich nach der Geburt ihrer Kinder gegen den Beruf und für ein Leben, in dem sie ganz für uns da sein konnte. Und sie tat wirklich alles für uns. Sie half uns bei den Hausaufgaben, bekochte uns, fuhr uns überallhin – zum Ballett, zum Flötenunterricht oder zur Bastelstunde – und holte uns anschließend wieder ab.

Mein Vater ist ein großer, charismatischer und humorvoller Mensch. In ihm vereint sich Prinzipientreue mit Abenteuerlust – eine selten gute Mischung. Er liebt es zu reisen, geht gerne ins Theater und hat viele Freunde. Gleichzeitig arbeitete er viel und hart, als ich geboren wurde, erst im familieneigenen Textilwarengeschäft und später bei IBM. Von seinem Optimismus und seiner dynamischen Art habe ich viel mitbekommen.

Rückblickend kann ich sagen, dass meine Eltern mir ein immenses Vertrauen, Unbekümmertheit und Mut mit auf den Weg gegeben haben. So wuchs ich in dem Glauben auf, dass die Welt heil und gut und im Grunde alles möglich ist. Ich bin mir sicher, dass mir diese Einstellung zum Leben viele Türen geöffnet hat. Dafür war es später umso schwerer für mich, damit umzugehen, wenn das Leben diese Überzeugung auch manchmal enttäuschte.

Als Teenager hatte ich Schwierigkeiten, Grenzen zu akzeptieren und Grenzen zu setzen. Wenn meine Eltern mir Vorschriften machten, die ich sinnlos fand, hielt ich dagegen und kämpfte für meine Interessen. Ich reagiere bis heute allergisch, wenn mir jemand vorschreibt, was ich zu tun habe. Das Fatale war: Ich konnte es mir leisten, weil ich gut war in der Schule und mir die schönen Dinge des Lebens einfach so zuflogen. Auch nach dem Abitur machte ich eine Karriere, die mir lange Zeit suggerierte: Das Leben ist eine Party, der Himmel ist offen, und es gibt kein Ende. Kurz gesagt: »*The only way is up*«.

Erst durch meinen Glauben habe ich verstanden, dass Regeln und Grenzen nicht nur einengen, sondern auch Orientierung stiften. In meinem Glauben finde ich Regeln, die ich akzeptieren und an die ich mich halten kann. Sie zeigen mir einen Weg auf, den ich gehen kann, ohne Rechenschaft vor anderen ablegen zu müssen, ohne auf ihre Anerkennung zu hoffen oder ihre Ablehnung zu fürchten. Die Gebote meines Glaubens sind die Ränder dieses Weges, sie geben ihm Gestalt und Richtung.

Der Glaube, von dem ich spreche, ist der Islam. 1995 habe ich den muslimischen Glauben angenommen und praktiziere ihn seither mit allem, was dazugehört: den fünf täglichen Gebeten, der Einhaltung der Feiertage, der Armenspende, dem Verzicht auf Alkohol und vielem mehr, wovon ich noch berichten werde.

Als Konvertitin habe ich lange ein Leben zwischen zwei Welten geführt und mich keiner ganz zugehörig gefühlt. Auf der einen Seite standen MTV und das Showbiz, aber auch meine Herkunft, meine Familie und die Werte der westlichen Kultur. Auf der anderen Seite stand Gott. Zumindest empfand ich das eine ganze Weile so, und die Lösung dieses Konfliktes war ein langer integrativer Prozess, der bis heute andauert. Ich musste Missverständnissen und Vorurteilen vonseiten meiner Familie, meiner Kollegen, meiner Freunde und nicht zuletzt vonseiten der Öffentlichkeit begegnen. Ebenso musste ich mich mit meiner Rolle als Frau und dem Thema Islamismus auseinandersetzen. Das war nicht immer einfach, aber es brachte mich ohne Zweifel beständig weiter voran.

»Mit dem Schweren kommt die Erleichterung«, lautet ein Vers des Korans. Das kann ich nur bestätigen, denn das Leben als Muslima ermöglicht mir auch vieles. Ich habe verschiedene Lebenswelten, Kulturen und Denkweisen kennengelernt und dadurch die Fähigkeit erworben, einen der Grundkonflikte unserer Zeit von beiden Seiten zu betrachten, Brücken zwischen ihnen zu bauen und den islamisch-westlichen Dialog zu fördern. Dies begreife ich nicht zuletzt als Aufgabe.

Durch meinen Glauben habe ich einen Sinn im Leben gefunden. Ich fühle mich in ihm aufgehoben und geborgen. Die Religion ist mein persönlicher Weg zu Gott. Sie hilft mir, eine positive Perspektive auf das Leben und den Tod einzunehmen.

Von diesem Weg möchte ich erzählen. Natürlich bin ich noch lange nicht am Ziel angekommen. Auch wenn ich weiß, dass Gott, Allah, Quelle und Ziel meines Seins ist, bin und bleibe ich eine Suchende. Ich glaube, dass diese Suche ein grundlegendes Bedürfnis menschlichen Seins ist, sich den großen Fragen zu stellen und daraus Handlungsmaximen für das eigene Leben abzuleiten. Ganz gleich, für welchen Glaubensweg man sich entscheidet – die Auseinandersetzung mit sich selbst im Angesicht Gottes, die Entwicklung der eigenen Spiritualität ist etwas zutiefst Menschliches. Und etwas zutiefst Positives. Damit einher geht der Respekt für alle Religionen.

Nach diesen Sätzen mag es erstaunen, dass Religion lange keine große Rolle in meinem Leben spielte, auch nicht in meiner Kindheit. Zwar glauben meine Eltern an Gott, ließen uns taufen und konfirmieren, aber der christliche Glaube gehörte nicht zu unserem Alltag. Kirchgänge waren eher die Ausnahme, häusliche religiöse Rituale fanden nicht statt, und die Bibel war ein Buch unter vielen im Bücherregal. Den Konfirmandenunterricht fand ich bisweilen so langweilig, dass ich mit meiner Freundin Claudia, die ich schon aus Kinderwagenzeiten kenne und mit der ich bis heute gut befreundet bin, währenddessen strickte. Immerhin gingen wir Abend für Abend mit einem Gebet schlafen: »Ich bin klein, mein Herz ist rein …«

Was es heißt, eine direkte, persönliche und intime Beziehung zu Gott zu haben, erfuhr ich erst viele Jahre später. Gott existierte, da war ich mir sicher. Ich glaubte an Ihn, teilte Ihm sogar manchmal meine innersten Wünsche mit, aber das war's dann auch.

Die Suche nach neuen Erfahrungen lag mir schon immer im Blut. Als ich 16 war, ging ich, genau wie meine Freundin Claudia, für ein Jahr als Austauschschülerin nach Amerika. Ich lebte bei einer jüdischen Gastfamilie in Portland/Oregon, die einen Bentley, einen Swimmingpool und einen Tennisplatz besaß. Im Nachhinein empfinde ich es als große Geste, dass diese Familie mich so herzlich aufgenommen hat. In Portland traf ich nämlich auch auf Juden, vor allem der älteren Generation, die es ablehnten, mit Deutschen zu sprechen. Meine Gasteltern jedoch behandelten mich wie ihre eigene Tochter und bezogen mich in alle Familienaktivitäten ein. Mit meinem Überschwang und meiner Begeisterung brachte ich Leben in die Bude und riss meine Gastschwester Dina mit, die eher schüchtern war. Wir verstanden uns prächtig und besuchten zusammen eine freigeistige Privatschule, die ich sehr mochte. Neben den üblichen Pflichtfächern spielte ich Theater, nahm an Töpferkursen und Malstunden teil, die auch mal am Strand stattfanden, belegte außerdem Ornithologie und Ernährungswissenschaften. Die Schule war alternativ ausgerichtet und vergab keine Zeugnisse, sondern verfasste nur Berichte für die Eltern.

Was die Religion betrifft, machte ich in meiner jüdischen Gastfamilie eine ähnliche Erfahrung wie zu Hause: Der Glaube spielte zwar eine gewisse Rolle im familiären und gesellschaftlichen Leben, fand jedoch im Alltag so gut wie nicht statt. Wir fassten uns vor jedem Essen an den Händen und beteten, andere Rituale bekam ich dagegen nicht mit.

Dafür erinnere ich mich umso lebhafter daran, dass sich meine Gastmutter einmal pro Tag zu ausgiebigen »transzendentalen Meditationen«, wie sie das nannte, auf ihr Zimmer zurückzog. Einmal sah ich ihr dabei zu, als sie im Schneidersitz und mit geschlossenen Augen auf dem Boden saß und einfach nur atmete – mindestens eine halbe Stunde lang. Mir war nicht ganz klar, was sie dort tat oder erlebte, ich weiß nur noch, dass ihre stille Einkehr eine große Faszination auf mich ausübte.

Alles in allem fühlte ich mich in Amerika sehr wohl, und als das Jahr vorüber war, wollte ich gar nicht mehr zurück. Ich hatte gelernt, in der Fremde zurechtzukommen, hatte viel gesehen und die Unabhängigkeit genossen. Ich war nun nicht mehr das behütete kleine Mädchen, sondern ein Stück erwachsener geworden, und wollte das gewonnene Terrain auf keinen Fall wieder preisgeben. Im Gegenteil, ich wollte mehr. So tat ich das, was man eben tut, wenn man 17 ist und etwas erleben will: Ich stürzte mich ins Nachtleben.

Gelegenheit dazu gab es reichlich. Es war die Zeit der Neuen Deutschen Welle, das Motto war: »Gib Gas, ich will Spaß.« Das war ganz nach meinem Geschmack, und ich kostete dieses Lebensgefühl voll aus. Zusammen mit meinen Freundinnen Nora und Briggite feierte und tanzte ich bis tief in die Nacht in den damals angesagten Hamburger Clubs und Discos wie dem Cha-Cha, Nach Acht, Madhouse, Gala oder dem Bsirs. Ich liebte es zu tanzen, und ich liebte Musik. Prince, David Bowie, Iggy Pop, Talking Heads, The Cure, Depeche Mode, Billy Idol, Grace Jones – sie alle waren meine Helden.

Dann erlebte ich meine erste große Liebe: Carlo, ein Italiener. Er führte ein Schuhgeschäft – allerdings nicht irgendeines. La Scarpa verkaufte Cowboystiefel, die damals jeder wollte. Mein erstes Paar besaß ich schon mit 14, es war aus grauem, feinem Veloursleder. Carlos Laden war so beliebt, dass sich an manchen Tagen eine Schlange vor der Eingangstür bildete, während er hinter dem Tresen stand und die Tageseinnahmen in Plastiksäcke steckte. Meine Freundin Nora jobbte bei ihm im Laden, und so lernte ich ihn kennen.

Carlo war ein echter Typ. Er sah aus wie Marcello Mastroianni und war in der Welt der Künstler und Exoten zu Hause. Er trug die besten italienischen Designerklamotten und sah immer aus, wie aus dem Ei gepellt. Er boxte gerne und entführte mich manchmal in die berühmte Ritze – ein Etablissement, wo oben an der Bar getrunken wurde, während ein Stockwerk tiefer Boxkämpfe stattfanden. Carlo war temperamentvoll und leidenschaftlich, aber er hatte auch eine sehr sanfte und herzliche Seite.

Er schrieb mir Gedichte, war ein toller Tänzer und kochte meine Lieblingsgerichte. Carlo war ein absoluter Gourmetkoch, und die Abendessen bei ihm waren einfach legendär. Seine Lebensfreude und Gastfreundschaft waren beispiellos, bei ihm zu Hause gaben sich die unterschiedlichsten Menschen die Klinke in die Hand – Hamburger, Italiener, Künstler, Geschäftsmänner –, und auch Wolfgang Joop war oft bei ihm zu Gast. Durch Carlo bekam ich einen Sinn für Stil und Geschmack – und lernte kochen. Er lehrte mich, auch die kleinen Dinge zu genießen und aus allem das Beste zu machen, so, wie es die Italiener tun. Gut zu essen und sich schön anzuziehen – diese Dinge gehörten für Carlo einfach zum Leben dazu. Wir führten eine wundervolle Beziehung. Bis heute ist Carlo mein Anlaufpunkt, wenn ich in Hamburg bin, wo er inzwischen ein beliebtes italienisches Restaurant besitzt. Ein humorvoller, herzensguter Mensch – und nach wie vor ein wahrer Held des Dolce Vita.

Carlo und ich waren glücklich, und ich lebte von Luft und Liebe. Nichtsdestotrotz musste ich, nachdem ich das Abitur in der Tasche hatte, mir überlegen, was ich mit meinem Leben anfangen wollte – Dolce Vita hin oder her. Ich startete mit einem Praktikum in einer Werbeagentur. Ich weiß nicht genau, was ich mir davon versprach, vielleicht war es die Aussicht, andere durch kreative Botschaften zu inspirieren. Doch ich wurde schnell enttäuscht, denn gefragt waren weniger geistvolle Sentenzen als knackige Werbeslogans. Mein Chef gab mir Slogans von erfolgreichen Werbetextern, die ich analysieren sollte. Dabei ging es um die Frage, warum sie im Zusammenhang mit einem bestimmten Produkt und einer Zielgruppe so gut funktionierten. Das war wie eine kalte Dusche. Werbetexter müssen natürlich eine kreative, vielleicht sogar ideelle Ader besitzen, sich aber gleichzeitig mit dem Gegenstand ihrer Kampagne identifizieren können oder zumindest so tun, als täten sie es. Ich verstand bald, dass die Kreativität dem kommerziellen Erfolg und dem Interesse des Kunden strikt untergeordnet war.

Genau daran sollte meine Karriere in der Werbung früh scheitern. Obwohl man einen meiner Slogans für eine bundesweite Kampagne der Deutschen Bank benutzte, konnte ich mich nicht mit der Vorstellung anfreunden, in Zukunft alles und jedes mit gutem Gewissen bewerben zu müssen und damit mein Geld zu verdienen. Ein besonders abschreckendes Beispiel war eine Kampagne für Zigaretten, an der die Agentur damals arbeitete und in der die Glimmstängel als das Beste der Welt und mit dem Goethe-Zitat »Augenblick verweile« beworben wurden. Obwohl ich damals noch selbst rauchte, war das einfach nicht mein Ding, also ließ ich es.

Ich nahm mir ein wenig Zeit, um herauszufinden, was ich wirklich wollte, und jobbte erst einmal in einem Café, in dem viele Menschen aus der Hamburger Medienwelt verkehrten. So auch der Chefredakteur von Radio Schleswig Holstein, einem privaten Rundfunksender. Wir kamen ins Gespräch, und er erzählte mir, dass gerade sehr viele private Radiosender on air gingen und junge, gute Leute suchten. Mitte der 80er Jahre begann der große Aufstieg der privaten Radio- und Fernsehsender. Seit meinem Praktikum in der Agentur hatte ich die vage Vorstellung, Journalistin zu werden. Ich hoffte, in diesem Beruf zwei Dinge verbinden zu können, die mir wichtig waren: die Wahrheit ans Licht zu bringen und anderen Menschen die Möglichkeit zu geben, sich Gehör zu verschaffen und ihre Sicht der Dinge darzustellen. Auch inspirierte mich die Vorstellung, mit einem Mikrofon in der Hand herumzulaufen und Leute zu befragen. Hinzu kam die Nähe des Mediums zur Musik. Als Ende 1986 Radio Hamburg on air ging, bewarb ich mich dort um ein zweijähriges Volontariat – und bekam den Job.

Ich lernte unglaublich viel bei Radio Hamburg, wo ich alle Abteilungen durchlief, vom Nachrichtenressort und der Kulturredaktion über den Polizeifunk zu den Dokumentationen und den Reportagen. Tag für Tag beschäftigte ich mich mit neuen Themen und interviewte unzählige Menschen, vom Bürgermeister bis zur Blumenverkäuferin.

Man ließ mir aber auch Freiraum für meine eigenen Themen, die eher im künstlerischen Bereich lagen – und in der dritten

Dimension. Unter anderem produzierte ich ein Feature über Okkultismus an Hamburger Schulen, nachdem Berichte über Sessions aufgetaucht waren, bei denen Jugendliche angeblich Hühner schlachteten, den Teufel beschworen und umgedrehte Kreuze anbeteten. Für »Kinder und das Okkulte« interviewte ich die Schwester von Briggite und ihre Klassenkameraden, die behaupteten, sie hätten Geister beschworen und Gläserrücken »gespielt«. Anscheinend hatte das Ganze etwas zu gut funktioniert, denn sie weinten mir angsterfüllt ins Mikrofon. Am Ende meldete sich sogar die *BILD*, um die Geschichte abzudrucken.

Mir machte die Arbeit großen Spaß. Ich lernte zwei neue Freunde kennen, Tina und Nicky, meine Volontärskollegen, mit denen ich auch heute noch befreundet bin. Zu dritt unterstützten wir uns, hielten vor den Chefs zusammen und feierten viel. Ich war voller Energie und Tatendrang und fand allmählich heraus, dass ich ein Talent besaß, das im Hörfunk (und später beim Fernsehen) ganz brauchbar war: Die Leute hatten keine Angst vor mir, wenn ich mit dem Mikro in der Hand vor ihnen stand. Im Gegenteil, oft entlockte ich meinen Interviewpartnern statt der üblichen Phrasen meist richtig schöne Antworten, in denen auch wirklich eine Aussage steckte. Meine Chefs waren begeistert von den O-Tönen, die ich ihnen brachte, und schickten mich bald auf größere Events, bei denen ich Künstler und Prominente interviewte. Den amerikanischen Graffitikünstler Keith Haring zum Beispiel – er war 1987 nach Hamburg gekommen, um der Eröffnung von André Hellers Luna-Luna-Park in der Nähe des Hamburger Dammtorbahnhofs beizuwohnen. Vor dem Bahnhof waren auf einer Wiese riesige Skulpturen von New Yorker Künstlern wie Kenny Sharp, Roy Lichtenstein und eben Keith Haring aufgebaut. Musikalisch untermalt wurde eine der Inszenierungen mit Klängen des Komponisten Philip Glass.

Radio Hamburg erteilte mir den Auftrag, ein Feature über den Event zu produzieren. Während ich mir noch die Ausstellung ansah, sprach mich ein Fotograf aus New York an, der das Ereignis für ein amerikanisches Magazin fotografisch dokumentierte. Ich erzählte ihm von meinem Job beim Sender, und er lud mich kurzerhand für den Abend zu einem Presseessen ein, bei dem auch die Künstler dabei sein würden. Natürlich ging ich hin, denn ich witterte die Chance, Keith Haring zu interviewen – einen meiner Lieblingskünstler damals.

So kam ich zu meinem ersten Starinterview. Nach dem Hauptgang führte ich Keith in einen Nebenraum und stellte ihm meine Fragen. Mit der kleinen, schlanken Statur, der Brille und dem knallgelben T-Shirt erinnerte er mich an den jungen Woody Allen. Es war ein interessantes, offenes Gespräch. Ich war anfangs zwar etwas nervös, aber Keith machte es mir leicht. Wir redeten viel über den *universal appeal* seiner Kunst, die Menschen im Regenwald von Brasilien genauso ansprach wie Großstädter in New York. Zum Abschied schenkte er mir sogar eine mit einem Filzstift rasch hingeworfene persönliche Zeichnung, die einen augenzwinkernden Kommentar zum weiteren Verlauf des Abends darstellte.

Da ich in dem Restaurant ein paar von Carlos Freunden erspähte, rief ich ihn kurzerhand an und lud ihn ein vorbeizukommen. Topgestylt wie immer tauchte er auch tatsächlich auf. Als er sah, dass ich mich bestens mit Keith und den anderen Künstlern unterhielt, ging sein Temperament irgendwann mit ihm durch. Er zog mich vor die Tür, machte mir eine Szene und wedelte mir mit einem Blumenstrauß verdächtig nah vor dem Gesicht herum. Die anderen Herren beobachteten das Schauspiel von drinnen und hielten das Ganze anscheinend für einen Angriff auf meine Person. Jedenfalls stürmten sie aus dem Lokal, um mich zu verteidigen. Carlo wusste nicht, wie ihm geschah, und nahm Reißaus. Kurz darauf war alles wieder gut. Auf der bereits erwähnten Zeichnung von Keith Haring sind übrigens zwei Menschen zu sehen, die miteinander boxen.

Obwohl ich die Arbeit bei Radio Hamburg sehr genoss und mit Carlo glücklich war, wurde Hamburg mir allmählich zu eng. Ich wollte in die große weite Welt hinaus, wenn auch nicht ganz so weit fort wie beim Schüleraustausch. Mein neues Traumziel war London. Ich hatte die Stadt bereits ein-, zweimal besucht und als einen Ort kennengelernt, an dem alles möglich schien. Im Jahr 1988 waren Briggite und ich mit dem Bus zum legendären Nelson-Mandela-Tribute-Konzert nach London gereist, wo viele große Acts wie Bryan Adams oder Simple Minds im Wembley Stadion vor 80 000 Zuschauern gegen Apartheid und für die Freilassung Nelson Mandelas spielten, der damals in Südafrika im Gefängnis saß. Es war jenes Konzert, bei dem Tracy Chapman ihren internationalen Durchbruch mit dem Song »Talking about a revolution« hatte und sich als völlig unbekannte Künstlerin in die Herzen Tausender Menschen sang. Ich erlebte London als coole, aufregende und internationale Stadt. Diese weltläufige Atmosphäre hatte es mir angetan, und ich setzte es mir in den Kopf, dort leben zu wollen. Die Frage war nur, wie und wovon.

Wie so oft in meinem Leben passierte dann etwas, was man gemeinhin als Zufall bezeichnet, im Nachhinein verstehe ich es allerdings eher als Fügung: In einer Szenezeitschrift entdeckte eine Freundin, die von meinem Wunsch wusste, eine Anzeige, in der »frischer Wind für MTV Europe« gesucht wurde. Der in Deutschland bis dato weitgehend unbekannte Musiksender brauchte junge, quirlige, qualifizierte Leute, um MTV Europe aufzubauen und die Erfolgsgeschichte seit der Gründung 1981 in den USA fortzuschreiben. MTV hielt Ausschau nach unverbrauchten Gesichtern, die als VJs vor der Kamera das familiäre und gleichzeitig hippe Image des Senders verkörpern konnten.

Musikvideos gab es in Deutschland damals so gut wie gar nicht, und die Idee, einen Popsong filmisch zu untermalen, vielleicht eine Geschichte zu erzählen oder den Künstler zu inszenieren, war eine ziemlich neue Kunstform. Das Beste daran war: Wer den Job bekam, der *musste* nach London ziehen – denn von dort wurde gesendet. Ich war sofort Feuer und Flamme. Gute Englischkenntnisse waren natürlich eine Grundvoraussetzung, aber die hatte ich, und so beschloss ich, mich zu bewerben. Mein Bewerbungsschreiben tippte ich auf einer guten alten Schreibmaschine, legte die Anmoderation einer Michael-Jackson-Persiflage dazu und schickte alles mit einem Stoßgebet nach London.

Dann geschah erst einmal monatelang gar nichts, und ich vergaß die Sache fast wieder. Plötzlich fand ich eines Abends nach der Arbeit zu Hause ein Telegramm von MTV vor. Ich solle nach Berlin kommen, man wolle mich zu einer VJ-Audition einladen. Mein Herz schlug höher.

Nachdem sich die erste Begeisterung gelegt hatte, fiel mir auf, dass der Termin in Berlin direkt am Morgen nach einem Prince-Konzert sein würde, auf das ich mich schon lange gefreut hatte. Prince war damals mit seiner Lovesexy-Tour in Europa unterwegs, und ich war absoluter Fan. Ich liebte seine Musik, die schönen Balladen wie »Purple Rain« und »When doves cry«, Funk- und Rockstücke wie »U got the Look« oder den puren Pop von »Raspbery Barret« oder »Little Red Corvette«, und das Konzert in Hamburg war ein absolutes Muss für mich. Das Problem bestand nun darin, dass die Audition in Berlin um neun Uhr morgens des Folgetages angesetzt war, ich aber unbedingt nach dem Konzert mit meinen Freunden zur Aftershowparty im Hamburger Nachtclub Große Freiheit 36 gehen wollte. Prince sollte dort ein kleines, privates Zusatzkonzert geben, das mit Sicherheit erst weit nach Mitternacht beginnen würde. Am nächsten Morgen pünktlich in Berlin zu sein und einigermaßen frisch zu wirken war ein Ding der Unmöglichkeit, zumal die Reise von Hamburg nach Berlin damals quer durch die Zone führte und knapp vier Stunden dauerte.

Kurz entschlossen rief ich bei MTV an, schilderte mein Dilemma und sagte, dass ich für Radio Hamburg über die Aftershowparty berichten müsse. Das stimmte auch fast, denn natürlich hatte ich mir vorgenommen, on air von meinen Erlebnissen auf der Party zu erzählen. Wider Erwarten hatte man bei MTV volles Verständnis und bot mir einfach einen Termin ein paar Tage später an. Brent Hansen – damals noch MTV-Nachrichtenredakteur und später MTV-Chef –, der das Gespräch mit mir führen sollte, war ein ebenso großer Prince-Fan wie ich, wie sich später herausstellte.

Das Konzert im Hamburger Volksparkstadion war absolut gigantisch – und die Aftershowparty ein Highlight obendrauf. Obwohl ich seit fünf Uhr morgens im Sender war, um die Frühschicht zu schieben, tanzte ich 22 Stunden später wild und ausgelassen in einem wehenden roten Kleid. Während einer kurzen Pause tippte mir jemand auf die Schulter. Ein Mann um die vierzig stand vor mir und sagte: »Hallo, ich bin Roland Fackel, der Tourpromoter. Steve Fargnoli, der Manager von Prince, möchte dich gerne kennenlernen.« Ich war überrascht, und dachte, dass das bloß irgendeine Anmache sei. Daher sagte ich leichthin: »Er kann mich ja bei Radio Hamburg anrufen«, und gab ihm meine Visitenkarte.

Ich hatte das kurze Gespräch am nächsten Tag bereits wieder vergessen, als tatsächlich das Telefon klingelte und mich der Mann von letzter Nacht zum zweiten Konzert von Prince einlud, das am selben Abend stattfand. Wieder betonte er, Steve Fargnoli werde sich freuen, wenn ich käme. Ich nahm die Einladung gerne an, auch wenn ich keine Ahnung hatte, was dieser Steve von mir wollte. Aber bei Prince in der ersten Reihe zu stehen war ein Geschenk, das ich einfach nicht ablehnen konnte.

Am Abend holte mich direkt nach meiner Sendung ein Fahrer in einer riesigen Limousine ab und brachte mich zum Stadion. Ein etwas korpulenter, leger gekleideter Mann italienischer Abstammung mit einer schwarzen Brille und vollem schwarzem Haar kam auf mich zu und begrüßte mich. Steve Fargnoli war überaus freundlich und wirkte auf mich fast etwas schüchtern. Er sagte, dass wir uns nach dem Konzert noch sehen würden, jetzt habe er zu tun. Als wir uns später in Ruhe unterhielten, fragte mich Steve geradeheraus, was ich so machte und wie ich mir meine Zukunft vorstellte. Als ich ihm sagte, dass ich in ein paar Tagen eine Audition bei MTV in Berlin hatte, war er begeistert und erzählte mir, er sei mit Mark Booth, dem damaligen Chef von MTV, gut befreundet. Wir vertieften das Thema nicht weiter, aber ich hatte irgendwie das Gefühl, einen Volltreffer gelandet zu haben. Dann sprachen wir über Prince, und Steve erzählte mir, dass er auch viele andere Künstler managte. Er hatte, wie ich später erfuhr, einen Riecher dafür, Talente zu entdecken, hatte Bands wie Earth, Wind & Fire gemanagt und Prince mit dem Song »Purple Rain« zum großen Durchbruch verholfen.

Wenn er über Prince sprach, strahlte sein Gesicht vor Begeisterung, er nannte ihn den Mozart der heutigen Zeit. Steve erzählte, dass er Hunderte Songs komponiert und geschrieben habe, die alle in seinen Musikarchiven lägen und die niemand kenne. Manchmal wache er mitten in der Nacht auf und rufe seine Band zu sich in die Paisley Park Studios, um spontane Einfälle aufzunehmen. Gleichzeitig machte er gutmütige Scherze über den Musiker und seine Capricen. In Hamburg zum Beispiel, erzählte Steve, hätte Prince um vier Uhr nachts darauf bestanden, einen Friseur aufs Zimmer bestellt zu bekommen – noch dazu an einem Sonntag. Steve jedoch liebte seine Künstler, und er verzieh ihnen alles. Als wir uns verabschiedeten, verabredeten wir, in Kontakt zu bleiben, und tatsächlich sollte Steve einer meiner besten Freunde werden. Er begleitete mich während meiner gesamten Zeit bei MTV.

Auf dem Weg zur Audition nach Berlin ein paar Tage später ließ ich im Zug die letzten Abende und Nächte in Hamburg Revue passieren. Neben dem Manager von Prince hatte ich auch die halbe Tourcrew kennengelernt, und Steve hatte mich Prince sogar kurz vorgestellt. Er sah toll aus, trug hochhackige Stiefel und weiße Handschuhe. Wir wechselten nur ein paar Worte, aber das spielte keine Rolle, denn das Ganze war auch so aufregend genug. Ein echter Trip, und ich schwebte auf Wolke sieben. Beim Casting fiel es mir nicht schwer, Brent Hansens Aufforderung nachzukommen und spontan etwas von den Konzerten zu erzählen. Ich redete einfach drauflos, alle Nervosität und Unsicherheit verflogen im Nu, und mir kam es kein bisschen wie ein Bewerbungsgespräch vor.

Danach fuhr ich nach Hamburg zurück, arbeitete weiter beim Radio und hörte nichts mehr von MTV – und zwar monatelang.

Dann ging plötzlich wieder alles ganz schnell, und sie luden mich zu einer zweiten Audition nach London ein. MTV quartierte mich in einem schönen Hotel am Holland Park ein, wo der Sender traditionell seine Gäste unterbrachte und viele Größen des Popbusiness abstiegen. Am nächsten Morgen fuhr ich in einem geräumigen Blackcab in den Stadtteil Camden, wo die MTV-Studios lagen. Camden war damals ein wenig so wie das heutige Schanzenviertel in Hamburg. Überall waren bunte Geschäfte und Bars, dazwischen fliegende Händler, die Lederjacken und T-Shirts verkauften, ein paar Musikclubs und viele kleine mexikanische, italienische und französische Restaurants.

Als ich vor einem roten Loft-Bürogebäude ausstieg, nahmen mich zwei junge Typen in Empfang. Henrik kam aus Schweden, Justin aus Australien. Beide kümmerten sich reizend um mich und machten so viele Witze bei dem Casting, dass ich mich bald entspannte und sogar noch Spaß hatte. Ich sollte ein paar Songs anmoderieren, in die Kamera sprechen und ein Interview führen. Alles lief wie am Schnürchen, und ich hatte ein gutes Gefühl. Am Abend luden mich Brent Hansen und seine Frau Pip, eine Moderatorin bei MTV, zum Essen ein. Ich konnte gar nicht sagen, ob ich neue Freunde oder neue Arbeitgeber vor mir hatte. Brent und Pip erzählten mir von der Arbeit beim Sender und der Unternehmensgeschichte.

MTV war mit dem Buggles-Hit »Video killed the radio star« gestartet. Damals gab es nur einige wenige Videos, die der Sender den Tag über spielte. Man fing schließlich bei null an. Da konnte es sogar passieren, dass beim Wechsel der Videobänder ein paar Augenblicke absolute Funkstille herrschte, bis das neue Tape lief. MTV ging 1988 in Europa mit dem Song »Money for nothing« von Dire Straits auf Sendung und wurde damit endgültig zum wichtigsten Jugendsender der Welt.

Ich flog zurück nach Hamburg, und wieder hörte ich monatelang gar nichts. Mein Volontariat ging dem Ende entgegen, und da ich mir langsam Gedanken machen musste, wie es weitergehen sollte, bewarb ich mich bei Spiegel TV. Man bot mir eine Stelle als Redakteurin an, und als ich kurz davor war, sie anzunehmen, wurde mir ein Anruf aus London durchgestellt.

Ich erkannte Brent Hansens Stimme, als er fragte: »*Would you like to have the job?*«

»*Yes, I would love it*«, antwortete ich begeistert.

Ich sollte gleich nach Ende des Volontariats in London beginnen. Die Redakteure von Radio Hamburg gratulierten mir einer nach dem anderen, alle freuten sich und waren stolz auf mich.

Auch Carlo. Aber als ich ihm bei einem Abendessen sagte, dass ich in drei Monaten nach London übersiedeln würde, flogen die Spaghetti durch die Wohnung. Carlo spürte wohl, dass ich aus seinem Leben verschwinden und nicht wiederkehren würde. Wir führten noch über ein Jahr eine Fernbeziehung, die jedoch schließlich zerbrach.

Ich habe mich oft gefragt, warum ausgerechnet ich den Job bekommen habe. Niemand sagte damals etwas, und ich wusste nur, dass sich Tausende junge Leute aus ganz Europa beworben hatten. Erst lange Zeit später erzählte mir Mark Booth, dass ich einen prominenten Fürsprecher bei MTV gehabt hatte: Steve Fargnoli. Er hatte bei Mark also tatsächlich ein gutes Wort für mich eingelegt. Er fügte zufrieden hinzu, dass sich das Ganze ja für beide Seiten gelohnt habe, denn meine Sendungen hätten die höchsten Einschaltquoten gehabt. Das hatte mir zuvor auch niemand gesagt.

London war von Anfang an großartig, und ich bereute es keine Sekunde, hergekommen zu sein. Ich traf auf eine buntgemischte Gesellschaft, in der Individualität hochangesehen war – und das ist bis heute so. Auf den Straßen sieht man Rastafaris, Punks und völlig verhüllte Frauen an derselben Ampel stehen, und keiner dreht sich nach dem anderen um. Viele hippe Etablissements haben einen indischen, arabischen oder asiatischen Touch, und auch in der Mode oder der Küche spiegeln sich die verschiedensten Kulturen – ein Erbe jener Zeit, als sich das britische Empire noch über den gesamten Globus erstreckte. Musik spielt ebenfalls eine große Rolle im Leben der Engländer, und im Gegensatz zu den Deutschen, die auf die Kunstform der populären Musik gerne ein wenig herabblicken, lieben sie Rock- und Popmusik. Jeder noch so seriöse Geschäftsmann hat seine aktuellen Lieblingsbands und kennt sich aus in der Szene.

Den ersten Monat in der neuen Heimat überbrückte ich noch im Gästezimmer des Fotografen der Lovesexy-Tour von Prince. Mit Hilfe eines Kollegen fand ich jedoch bald eine schöne Altbauwohnung in Notting Hill. Ich teilte sie mir mit Caroline, einer Grafikerin aus der Schweiz, die bei der Musikzeitschrift *Melody Maker* arbeitete.

In Notting Hill, dem multikulturellen Londoner Bohemienviertel, fühlte ich mich von Anfang an sehr wohl. Hier leben Künstler, Filmemacher, Musiker, Models, Journalisten neben vielen Einwanderern aus der Karibik, die dem Viertel ein einzigartiges Flair geben.

Meinen ersten Arbeitstag bei MTV werde ich nie vergessen. Aufgeregt fuhr ich mit der U-Bahn, der *tube*, wie die Londoner sie nennen, zum ersten Mal nach Camden. Alles war neu für mich: die Stadt, der Job, die Leute, und natürlich das *british english,* meine zukünftige Arbeitssprache. Ich traute meinen Augen kaum, als ich beiden obersten Chefs von MTV entdeckte, die sich zu mir ins Abteil setzten und mich freundlich begrüßten. Bill Roedy hatte Mark Booth als MTV-Europe-Chef abgelöst, zu dessen letzten Amtshandlungen es gehört hatte, mich einzustellen. Tom Freston hatte den Sender zusammen mit Mark in den USA aufgebaut und sollte später Chef von MTV Networks werden. Er war ein tougher Geschäftsmann und Musikliebhaber zugleich.

Bill Roedy war ein toller Chef. Er tat alles für seine Mitarbeiter, munterte uns auf und machte uns Mut, wenn es mal nicht so gut lief. Lange nach meinem Ausscheiden bei MTV, als ich immer wieder gebeten wurde, die Show *Greatest Hits* zu moderieren, schrieb mir Bill einmal eine Postkarte, auf der stand: »*Greatest hits was never greater.*«

An dem Morgen in der U-Bahn trugen beide Anzüge, wie in der Geschäftsführung üblich, ich hingegen hatte Jeans an, wie die meisten meiner Kollegen aus der Produktionsabteilung. Bill und Tom waren sehr locker und nahmen mir jegliche Nervosität mit lustigem Smalltalk. So kam es, dass ich an meinem ersten Arbeitstag lachend und in Begleitung meiner Chefs das MTV-Gebäude betrat.

Das Loft, in dem das Büro von MTV damals untergebracht war, teilte sich in einzelne Büros verschiedener Größe auf. Presse, Marketing, Verwaltung und die Chefetage befanden sich unter einem Dach, das Produktionsstudio, in dem gedreht wurde, lag zehn Minuten zu Fuß entfernt. Dort hatten wir VJs je eine kleine Garderobe mit einem riesigen Spiegel, der von unzähligen Glühbirnen umrahmt war, einen Tisch mit Telefon und einen Schrank. Darin bewahrte ich meine Outfits und mein Schminkzeug auf, außerdem Fanpost und Glücksbringer. Dieser Raum war wie mein zweites Zuhause, bis MTV 1993 in einen silberfarbenen, postmodernen Gebäudekomplex umzog, in dem Büro und Studio vereint waren.

Die ersten vier Wochen verbrachte ich in der Nachrichtenabteilung, wo ich eingearbeitet wurde. Ich musste einiges lernen: den Arbeitsablauf, Manuskripte schreiben, den Umgang mit der Kamera, das Mikro bei Interviews stillhalten und vieles mehr. Drei Wochen nach Arbeitsbeginn warf man mich ins kalte Wasser. MTV präsentierte sich auf der Berliner Funkausstellung, und dort sollte ich mein erstes Interview für den Sender führen. Mit Heino, der gerade seinen »Enzian Rap« herausgebracht hatte. Er war sehr zuvorkommend, aber es entbehrte nicht einer gewissen Ironie, dass ich ausgerechnet mit *der* deutschen Schlagerlegende mein Debüt bei MTV Europe gab. Immerhin gehöre ich seitdem zu den wenigen Auserwählten, die Heino je ohne seine schwarze Sonnenbrille gesehen haben.

Auch meine erste Show moderierte ich bereits nach wenigen Wochen: *Awake on the wildside*. Sie lief jeden Morgen für zwei Stunden. Das Konzept war simpel, aber erfolgreich. Meine Aufgabe bestand darin, zwischen den Videoclips über morgenspezifische Themen wie Katerfrühstück zu sprechen und dazu die neuesten Infos über diesen oder jenen Musiker zu präsentieren.

Die Arbeitsatmosphäre bei MTV war angenehm und entspannt. Eine der wichtigsten Zutaten im Erfolgsrezept des Senders bestand darin, dass alle Formate von jungen Menschen für junge Menschen gemacht waren. Anders als bei vielen sogenannten Jugendmagazinen in Deutschland, welche von 40-jährigen Redakteuren produziert wurden, die sich jung gaben, doch in Wirklichkeit überhaupt nicht mehr jugendlich waren. So etwas spüren junge Menschen einfach. Das Durchschnittsalter der MTV-Mitarbeiter war 24. Sie kamen aus allen Teilen der Welt – aus Neuseeland und Australien ebenso wie aus New York, Paris, Amsterdam, Stockholm und Kopenhagen. Wir waren wie eine buntgemischte internationale Patchworkfamilie, in der jeder aufgefordert war, sich einzubringen und Ideen für neue Sendungen und Formate vorzuschlagen. Der Produktionsetat von MTV war zwar relativ klein, aber das zwang uns auch dazu, kreativ zu sein und neue Wege zu gehen.

So machte MTV regelmäßig Ausschreibungen an Kunsthochschulen und forderte die Studenten auf, MTV-Werbespots, »*Station idents*« oder Kampagnen zu kreieren, die anschließend ausgestrahlt werden sollten. Daraus zogen beide Seiten ihren Nutzen, denn der Sender bekam hochwertige und frische Spots, die den Zeitgeist widerspiegelten und wenig kosteten, und die jungen Künstler erhielten eine Plattform, ihre Kunst einem riesigen Publikum zu präsentieren. Das Konzept ging auf, denn an Input und frischen Ideen mangelte es uns nie, das Problem war eher, dass unser Budget nicht ausreichte, um sie alle umzusetzen.

Für coole Outfits fehlte es ebenfalls am nötigen Kleingeld, dabei waren wir jeden Tag auf Sendung und mussten immer hip und stylish rüberkommen. Zwar bekam ich einen gewissen Betrag, um mich einzukleiden, doch der reichte hinten und vorne nicht. Eine professionelle Maske gab es auch nicht, dafür bekam ich Unterricht im Schminken von einer Visagistin und dazu eine

Grundausstattung an Fernseh-Make-up. Von da an schminkte ich mich jahrelang selbst und improvisierte mit meinen Outfits. Not macht bekanntlich erfinderisch. Auch das gehörte zur Philosophie von MTV.

Eine weitere Herausforderung war der Umgang mit der Kamera. Wenn das rote Lämpchen anging, sah einem halb Europa zu, damit musste man erst mal zurechtkommen, und es dauerte seine Zeit, bis ich mich daran gewöhnte. Die Kunst bestand darin, jedem Zuschauer das Gefühl zu geben, ihn persönlich anzusprechen.

Brent Hansen riet mir: »Entspann dich. Sei du selbst, ganz natürlich.« Das war leichter gesagt als getan. In gleißendem Scheinwerferlicht in einem Fernsehstudio zu stehen und auf Knopfdruck Everybody's Darling zu sein fühlte sich erst mal alles andere als natürlich an.

Zum Glück wurden die meisten Sendungen vorab aufgezeichnet, und wenn eine Aufnahme nicht klappte, machten wir sie eben noch mal. Ray Cokes, der später die legendäre Liveshow *Most Wanted* moderierte, war so nett und half mir. Er lieh sich eine Kamera aus, lud mich zu sich nach Hause ein, kochte etwas für uns, denn er war gelernter Koch, und dann übten wir. »Schau durch die Linse durch, damit du bei den Leuten im Wohnzimmer landest. Freunde dich mit der Kamera an, flirte mit ihr.« Mit der Zeit, als mir meine Kollegen und die Situation im Studio immer vertrauter wurden, konnte ich Rays wertvolle Tipps gut umsetzen. Doch damit waren noch lang nicht alle Probleme gemeistert, denn zu Beginn hatte ich einige Schwierigkeiten mit der Sprache. Seit meinem Aufenthalt in den USA sprach ich zwar fließend Englisch, aber ich musste mich erst an die vielen englischen Dialekte gewöhnen: Irisch, Schottisch, Cockney oder *Queens English*. Die Leute redeten einfach drauflos, und wenn ich mal einen Witz nicht sofort verstand, hieß es: »*Germans have no sense of humour.*« Nach und nach ging's immer besser, und als ich schließlich auf Englisch zu träumen anfing, wusste ich, dass ich angekommen war.

Nach einem Jahr zog ich in meine erste eigene Wohnung am Regent's Park um, die schräg gegenüber der London Central Mosque und ein paar hundert Meter vom Lord's Cricket Ground entfernt lag. Jahrelang sah ich jeden Freitag Menschenaufläufe von verschleierten Damen und Männern in langen Gewändern vor der Moschee, die zum Gemeinschaftsgebet kamen, während auf der anderen Straßenseite Männer in dunkelblauen Jacketts oder in beigefarbenen Leinenanzügen mit Strohhut und Kühltasche in der Hand zum Cricket gingen. Moschee und Cricket – eine zukunftsweisendere Kombination hätte es kaum geben können, wie sich später herausstellte.

Ich fühlte mich hier schnell wohl. Morgens fuhr ich mit dem Rad quer durch den Park nach Camden, abends lud ich Freunde und Kollegen ein oder streifte mit ihnen durch das Londoner Nachtleben. Am Wochenende schlenderten wir mit Caroline über den berühmten Portobello Market und trafen uns später zum Lunch mit Freunden und Musikern wie Gavin Rossdale, dem späteren Leadsänger der Band Bush, Toni und Neal X von Sigue Sigue Sputnik, Elizabeth Hurley, Patsy Kensit oder Seal. Wir waren eine bunte, lustige Truppe. Auf dem Weg nach Hause bummelten wir durch Kunstgalerien, Buchhandlungen oder Boutiquen und inspizierten die abgefahrene Streetfashion, die es dort zu kaufen gab und die selbst Designer wie Jean Paul Gaultier inspirierte.

Auch Steve Fargnoli, der zwischen Los Angeles und London pendelte, stieß oft dazu. Er besaß ein phänomenales Gespür für Talente, die er überall aufgabelte und in die Charts brachte. Ein Beispiel ist Sinead O'Connor, eine bemerkenswerte, wenn auch stark polarisierende Frau. Mit ihrem schönen Gesicht, dem kahlgeschorenen Kopf, den großen, von langen Wimpern umsäumten Augen und der schlanken Figur schien sie aus einer anderen Welt zu kommen. Sinead ist wie ich im Sternzeichen Schütze geboren und spirituell veranlagt, dabei sehr straight und ehrlich. Sie nahm nie ein Blatt vor den Mund, und bei ihr wusste man, woran man war. Steve und ich trafen sie erstmals bei einem Picknick im Hampstead Park, wo Karl Wallinger von der Band World Party, ebenfalls bei Steve unter Vertrag, sie uns vorstellte. Schon bei Radio Hamburg hatte ich Songs von ihrem Album »The Lion and the Cobra« gespielt und freute mich, sie kennenzulernen. Sie erzählte Steve, sie wolle gerne den Song »Nothing compares 2 U« aufnehmen, den Prince bisher nur als B-Seite veröffentlicht hatte. Steve mochte diesen Song sehr und träumte schon lange davon, ihn einmal richtig herauszubringen. Er glaubte an Sinead, nahm sie unter seine Fittiche und produzierte den Song mit ihr – es sollte ihr großer Durchbruch werden.

Bei MTV zu arbeiten war etwas ganz Besonderes. Es war nicht nur ein Job, sondern ein Lebensgefühl: rebellisch, subversiv und voll Esprit – Rock-'n'-Roll-Fernsehen, zumindest damals. Der interne Slogan »*Work hard and party hard*« war auch zu meinem Motto geworden. Abends ging ich auf die Piste, und am nächsten Tag erzählte ich den Kids in meiner Sendung, was ich alles erlebt, welche Promis und Popstars ich gesichtet hatte. MTV war international, die Musik war die Sprache der Jugend, und wir wussten, dass wir ein Stück Jugendkultur produzierten, das junge Menschen über alle nationalen Grenzen hinweg verband.

Darüber hinaus war der Sender innovativ und setzte neue Maßstäbe, etwa durch die TV-Sets, die oft Kunstwerke für sich waren, oder die Bluescreen-Animationen mit den knallbunten Farben. Auch die Kameraführung war ungewöhnlich dynamisch, sie bewegte sich viel und zeigte die Moderatoren aus bis dato ungewohnten Perspektiven. Die bewegte Kamera haben später viele Sender kopiert. Gerade Ray Cokes spielte viel mit der Kamera, indem er ganz dicht an sie heran, dann wieder weit weg ging. Er schnitt Grimassen, hielt nicht still, die Kamera nahm ihn aus lauter verschiedenen Winkeln auf, und er bezog oft sein ganzes Team ein. Manchmal stellte er mitten in der Sendung seinem Kameramann eine Frage, und dieser antwortete dann aus dem Off. Unser Kollege Rob wurde auf diese Weise als *Rob the camera man* in ganz Europa bekannt. Nicht zuletzt erfand MTV völlig neue Formate, wie zum Beispiel die erste Realityshow der Welt: *The Real World*.

Natürlich machten nicht nur ästhetische und programmatische Gesichtspunkte den Sender so erfolgreich. Dahinter steckte mehr – etwa der Aufstieg des Videos »that killed the radio star«. Die Leute wollten nicht mehr nur die Songs ihrer Lieblingsmusiker hören, sie wollten sie sehen. MTV setzte auf diesen Trend, erarbeitete sich ein beinahe weltweites Monopol und revolutionierte damit die Musikindustrie. Musikvideos wurden immer wichtiger, auch für die Musiker selbst. Um nach oben zu kommen, mussten sie auf MTV zu sehen sein, denn wir sendeten direkt in die Zimmer der Teens und Twens – der Hauptzielgruppe also. Um von MTV unterstützt zu werden, brauchten sie ein qualitativ hochwertiges Video, denn ohne ein Video, das der Sender in die Rotation nahm, kam kein Song mehr in die Charts.

Auf diese Weise entwickelten sich Musikvideos zu einer eigenen Kunstform: Die Regisseure wurden selbst zu Stars, weil sie eine wichtige Rolle spielten für die sogenannte *image creation* einer Band. Bahnbrechend auf diesem Gebiet war das Michael-Jackson-Video »Thriller«, produziert von John Landis, der mit diesem Video zum Star avancierte. Andere gefragte Videoregisseure waren der amerikanische Videokünstler David Fincher, der Clips für fast alle großen Popmusiker inklusive Madonna und George Michael machte, und der belgische Fotograf Antoine Corbin, der insbesondere wegen seiner grobkörnigen Schwarzweißvideos für U2 und Depeche Mode bekannt und gefragt war.

Die Abhängigkeit der Musiker von der Gunst des Senders verlieh MTV eine große Machtstellung innerhalb des Business, die auch auf die VJs abfärbte. Ray Cokes, Steve Blame, Lisa L'Anson und auch ich rückten mehr und mehr ins Rampenlicht. Für die Kids vor den Bildschirmen war MTV ein Fenster, durch das sie in eine Traumwelt blicken konnten. Doch irgendjemand musste ihnen dieses Fenster öffnen, und das waren wir. Es ging den Kids nicht nur um die Musik, sondern auch um uns VJs.

Schon nach einem Jahr durfte ich eine der beliebtesten Sendungen moderieren: die Chartshow *European Top 20*, ein echtes MTV-Flaggschiff. Diese »Beförderung« war eine kleine Erlösung, denn zuvor hatte ich die Hardrock-Sendung *Headbangers Ball* übernehmen müssen. Zu diesem Zweck steckte man mich in eine Lederjacke mit Nieten und verpasste mir eine Frisur mit toupierten Strähnchen. Ich berichtete über Metal und Hardrock, traf Metallica, Thunder und White Snake – und fand es furchtbar. Der schrecklichste Event, den ich jemals besuchen musste, war das Alice-Cooper-Konzert in Rotterdam. Die Band sah aus wie eine Karawane Scheintoter, und um überhaupt zu ihnen zu gelangen, musste ich mich durch eine Masse Menschen mit fettigen, langen Haaren und abgewetzten Parkas kämpfen. Immerhin kam ich bei den Hardrockern ganz gut an, so erzählte man mir. Zusammen mit der Band flogen mein Team und ich damals nach England zurück, und obwohl die Musiker alle aussahen wie der leibhaftige Tod, war ich absurderweise die Einzige, die Probleme beim Zoll hatte. Die Rocker in ihrer dunklen Ledermontur und den blutunterlaufenen Augen kamen einer nach dem anderen durch, nur bei mir filzte die Beamtin jede Schminkutensilie und schickte mich obendrein noch zum *Stripsearch*. Als sie anfing, jede Puderdose einzeln zu inspizieren, riss mir der Geduldsfaden, und ich sagte: »Bitte nichts verschütten, da ist Kokain drin, das ist nicht billig.« Die Zollfahnderin fand das gar nicht komisch, die Rocker, die eine Stunde im bestellten Taxi bei laufender Uhr auf mich warten mussten, dafür umso mehr.

Die Moderation der *European Top 20* war der vorläufige Höhepunkt meiner Karriere, denn ich präsentierte die angesagten Songs aus ganz Europa zur Primetime. Beruflich hätte es gar nicht besser laufen können für mich, dazu machte ich eine neue Erfahrung: Ich spürte, dass ich langsam bekannt wurde. Die Menschen erkannten mein Gesicht, wenn ich durch die Straßen lief oder abends ausging, vor allem in Deutschland, Holland, Belgien und Skandinavien, wo MTV die meisten Zuschauer hatte. England war damals kaum verkabelt, wir VJs waren also überall in Europa bekannter als in England. Mein Porträt zierte die Titelseiten der europäischen Illustrierten, häufig war ich als Gast in Talkshows eingeladen, gab Interviews und Autogramme, und in Restaurants bekam ich oft den besten Tisch zugewiesen. Mit dem Engpass in Sachen Outfit war es schließlich auch vorbei, denn Top-Designer liehen mir ihre neuesten Kreationen für meine Sendungen. Ich interviewte immer mehr Popstars und lernte sie auch privat kennen, wenn ich mit ihnen vor den Aufzeichnungen plauderte oder wir hinterher zusammen ausgingen. Da wir MTV-Moderatoren selbst kleine Stars waren, genossen wir bei den Bands ein ganz anderes Ansehen als normale Journalisten. Vor der herkömmlichen Presse hielten wir, die VJs und die Stars, regelrecht zusammen, denn wir mussten alle mit dem gleichen Stress zurechtkommen: Interviewtermine, Fotosessions, Klatschpresse. Selbst Prince, der sich sicherlich nicht mehr an unsere erste Begegnung in Hamburg erinnerte, sprach mich einmal im Londoner Nachtclub Tramps an: »Hey, du bist im Fernsehen, oder? Siehst du, ich weiß Bescheid.« Auf meiner ersten Geburtstagsparty in London, die Steve für mich organisiert hatte, kam Dave Gilmour von Pink Floyd auf mich zu und meinte: »Hi, wie geht's dir? Du bist Stammgast in meinem Wohnzimmer. Ich habe den Eindruck, dass ich dich seit Ewigkeiten kenne.« Ich hatte ihn nie zuvor gesehen.

Das Schöne an den Begegnungen mit Künstlern und Musikern, die ich über den Job kennenlernte, war, dass sich aus den beruflichen Treffen manchmal echte Freundschaften entwickelten, die bald mit MTV nichts mehr zu tun hatten. Mit Bryan Adams zum Beispiel war ich gut bekannt und erledigte mit ihm einmal sogar Weihnachtseinkäufe – wir probierten Hüte an, und er schenkte mir einen. Später lud er mich mal zu einem Abendessen zu sich nach Hause ein. Bryan ist überzeugter Veganer und besitzt einen Leibkoch, der erstaunlich gute vegane Gerichte zauberte. Auch mit Seal verstand ich mich gut. Wir gingen gemeinsam aus, und er kam auch mal zu mir nach Hause und spielte Gitarre. Er war humorvoll und sehr professionell, denn er lebte sehr gesund und ging abends nicht lange feiern, wenn er am nächsten Tag ins Studio oder auf Tour musste. Als Briggite mich einmal in London besuchte, spielte Seal wahnsinnig süß mit ihrer Tochter und filmte sie sogar. Später besuchte er sie in Hamburg, wenn er auf Tour war, und die beiden unternahmen etwas zusammen. Viele der Stars, mit denen ich bekannt war, darunter auch Sinead O'Connor, fanden es toll, wenn ich ihnen Kontakt zu meinen Freunden in Hamburg herstellte. Selbst wenn man es nicht glauben mag: Viele Musiker auf Tour wünschen sich nichts mehr, als sich in den Städten, in denen sie auftreten, wie ganz normale Menschen zu benehmen, lustige Leute kennenzulernen, etwas von der Stadt zu sehen und für eine paar Stunden aus dem Tourtrott auszubrechen.

Es war toll, diesen Job zu haben, bei dem ich so viele interessante Menschen traf. Trotzdem fragte ich mich manchmal, wenn ich abends zu Hause saß, ob ich auf dem richtigen Weg war. Während ich bei Radio Hamburg ein breites Spektrum an Themen bearbeitet hatte, musste ich mich bei MTV von morgens bis abends mit Videoclips und Bands beschäftigen. Da die meisten Leute, die ich privat traf, musikbegeistert waren, redete ich auch in meiner Freizeit über nicht viel anderes als über Videos, Bands und Musik.

Eine der größten Herausforderungen für uns VJs bestand darin, sich immer wieder neue, kreative Anmoderationen für dieselben Videoclips auszudenken. Wenn irgendwo in Europa ein neuer Song in die nationalen Charts einstieg, dann spielten wir ihn und machten ihn im Rest von Europa bekannt. Das führte dazu, dass die Hits in den verschiedenen Ländern zu unterschiedlichen Zeiten in den Charts waren, was wiederum bedeutete, dass wir monatelang dieselben Clips ansagen mussten, bis sie uns richtig auf die Nerven gingen. Nicht zuletzt deshalb war Kylie Minogues neue Lingerie in ihrem aktuellen Video ebenso Thema wie der Tanzstil von Neneh Cherry oder Michael Stipes Kommentare zu REMs neuem Chartbreaker. Ob dies die Art von Herausforderung war, mit der ich mich langfristig beschäftigen wollte, bezweifelte ich manchmal schon sehr.

Außerdem machte es mir zu schaffen, dass MTV ein komplett unpolitischer Sender war. In der Welt geschahen so viele wichtige Dinge, etwa der Fall der Mauer in Berlin 1989, der Golfkrieg 1991 oder ein Jahr später der Bosnienkrieg. Wir Moderatoren waren ausdrücklich dazu angehalten, nicht über Politik zu sprechen. MTV sei ein Entertainment-Sender, hieß es immer, und das sollten wir dem Publikum auch bieten: Unterhaltung. Politik bekämen die Menschen sowieso schon überall zu sehen. Mit dieser Haltung konnte ich mich nie recht anfreunden. Gerade wir, die wir so viele junge Zuschauer in allen Teilen Europas erreichten, hätten die Chance gehabt, grenzüberschreitende Botschaften des Friedens, des gegenseitigen Respekts und der Verständigung zu verbreiten.

Steve Fargnoli, der mich all die Jahre bereitwillig in Karrierefragen und sonstigen Anliegen beriet, beschwichtigte mich: »Alles hat seinen Platz in der Welt, auch das Entertainment. Die Menschen brauchen und wollen die Möglichkeit zur Flucht in eine heile Welt – gerade in schwierigen Zeiten. Du machst ihnen eine Freude damit.« Dann erzählte er mir eine Geschichte. Ein Freund von ihm, der in Bosnien als Kriegsreporter tätig war, hatte erzählt, dass die verfeindeten Seiten manchmal für ein paar Minuten die Waffen niederlegten, wenn am Nachmittag meine Sendung lief. Wenn die Geschichte stimmt, dann ist das ohne jeden Zweifel das Größte, was ich bei MTV je erreicht habe.

Wenn es mir alles zu viel wurde oder ich gelangweilt von dem immergleichen Hype um Bands, Videos und dem *latest gossip* war, baute mich der kleine Berg Fanpost, der mich jeden Tag erwartete, wieder auf. Wenn man ständig liest, wie klasse man ist, wie sich jemand in einen verliebt hat oder wie viel Freude man jemandem bereitet, hält einen das erst mal über Wasser. Ein Fan schickte mir einmal einen Stoffbären, den ich in meiner Sendung aus Spaß in die Kamera hielt. Ein paar Tage später hatte ich einen ganzen Zoo. Trotzdem wuchs mein Drang, der Videowelt hin und wieder zu entfliehen, und wenn die Zeit es zuließ, belegte ich Abendkurse in Filmstudien, Kunstgeschichte und Italienisch.

Denn es war vor allem die geistige Nahrung, die ich bei MTV oft vermisste.

Ernsthafte Gedanken über Sinn und Zweck meines Jobs konnte ich mir jedoch gar nicht machen, dazu drehte sich die Welt viel zu schnell. Eine neue Sendung kam dazu, die mir wie auf den Leib geschneidert war: der *Coca Cola Report*. Mit einem eigenen Team reiste ich einmal pro Monat quer durch Europa, um in den Metropolen von Stockholm bis Istanbul Musiker und Künstler zu interviewen oder von Großereignissen wie dem Musikfestival in Cannes oder einem Mega-Fußballspiel in Istanbul zu berichten. Auf diesen Außendrehs in Europa waren wir zu dritt unterwegs: der entspannte, clevere Produzent Ed, sein poppig gestylter Assistent Vlad und ich. Kameramänner mieteten wir uns vor Ort. Wir nahmen oft mehrere Sendungen am Tag auf, ich zog mich zwischendurch in einem VW-Bus um, zauberte im Handspiegel eine neue Frisur, frischte das Make-up auf, und schon ging's weiter.

Wo wir auch auftauchten, bekamen wir *top priority* eingeräumt. Während sich der Pulk von Journalisten noch um die besten Plätze zur Berichterstattung über die Starparade balgte, standen mein kleines Team und ich schon in der ersten Reihe. So konnte ich problemlos alles kommentieren, wenn die Stars wie Eddie Murphy, Tina Turner oder Luc Besson direkt hinter mir über den roten Teppich liefen. Nach der Eröffnungsparty von Euro Disney in Paris – ein mitreißender Megaevent mit Feuerwerk, Lightshow und überquellenden Buffets – interviewte ich Bob Geldof am nächsten Morgen. Wir waren beide etwas unausgeschlafen und verkatert.

So ging es immer weiter, ein Highlight jagte das nächste, eine Show die andere. Die Party hörte gar nicht mehr auf. Auf Disneyland folgte die Olympiade 1992 in Barcelona, bei der ich als Fackelträgerin das olympische Feuer durch Saragossa tragen und dabei für den *Coca Cola Report* moderieren sollte. Es war eine hochwichtige Veranstaltung, jedes Detail war genau durchgeplant, und Coca-Cola, einer der Hauptsponsoren des Amateurlaufs, hatte uns vorher tagelang gebrieft, damit ja alles richtig ablief. Natürlich lief nicht alles glatt.

Erst überreichte man mir die Fackel zu früh. Ich moderierte wie verabredet in die Kamera, die hinter mir auf einen Wagen montiert war, drehte mich um und lief los. Plötzlich tauchte Ed wild gestikulierend neben mir auf und machte Zeichen, die ich nicht verstand. Also lief ich einfach weiter und übergab die Fackel dem nächsten Läufer. Als Ed mir später händeringend erzählte, dass ich nicht in unsere Kamera, sondern in eine andere moderiert und MTV keine Sekunde gefilmt hatte, bekam ich einen Riesenschreck. Der ganze Aufwand für nichts – eine mittlere Katastrophe. Am Ende rettete Ed die Sache, denn es stellte sich heraus, dass ich zum Glück in die Coca-Cola-Kamera moderiert hatte, und so konnte er das Material am Ende doch besorgen. Aber damit nicht genug: Die Pannenserie setzte sich munter fort. Als ich die olympische Fackel, die ich als Erinnerungsstück behalten durfte, durch den Zoll bringen wollte, fragte mich der Zollbeamte, was sich darin befinde. »Nichts«, entgegneten wir. »*Light it*«, empfahl ihm Ed, als der Beamte die Fackel misstrauisch beäugte. Er tat, wie ihm geheißen, und plötzlich schoss eine riesige Stichflamme in die Luft. Die Fackel war für den Lauf mit Gas gefüllt gewesen, um das olympische Feuer zu speisen. Wir waren fest davon ausgegangen, dass sich das Gas verflüchtigt hätte, und hatten es im Hotel sogar ausprobiert. Glücklicherweise nahm uns der Zollbeamte die Sache nicht krumm und schickte mir die Fackel ein paar Tage später nach. Ich dankte ihm auf MTV dafür und habe das gute Stück bis heute.

So lustig und aufregend dieses Leben für mich auch war, ich begann die Glamourwelt, in der ich mich bewegte, mehr und mehr zu hinterfragen. Ein Auslöser dafür war die Begegnung mit Jim Kerr, dem Sänger von Simple Minds, den ich auf einem MTV-Unplugged-Konzert von Paul McCartney traf. Ein Kollege stellte mich ihm vor. Jim sprach mit schottischem Akzent, hatte eine angenehme Stimme und einen intelligenten Humor. Simple

Minds waren zudem die allererste Band, die ich – als Teenager in Hamburg – live gesehen hatte, damals als Vorgruppe von Gary Newman. Nun stand der Sänger vor mir und behauptete, dass er ein Fan von mir sei.

Jim hofierte mich. Er lud mich ein paar Mal zum Abendessen ein, schickte mir Blumen und fragte mich, ob ich ihn nicht in Schottland besuchen wolle. Ich mochte ihn gern, war aber zu schüchtern, um mal eben so ja zu sagen. Das war wohl auch besser so, denn Jim verliebte sich bald darauf in Patsy Kensit, die offenbar ein wenig forscher war als ich. Jim und ich wurden erst später gute Freunde. Nachdem die Ehe mit Patsy zerbrochen war, nahm ich irgendwann seine Einladung in die Highlands nach Schottland an, wo wir herrliche Wanderungen unternahmen.

Jim erzählte mir so manches über die Musikbranche, der er durchaus kritisch gegenüberstand. Beispielsweise empfand er die Abhängigkeit junger Musiker und Videokünstler von MTV als ein zweischneidiges Schwert. Einerseits bot der Sender jungen Talenten eine hervorragende Plattform, um bekannt und erfolgreich zu werden, andererseits war MTV unter Insidern auch als »Fluch der Musikbranche« bekannt. Die Tatsache, dass man ohne cooles Video so gut wie abgeschrieben war, empfanden viele als Verrat am Geist der Musik, denn nicht alle Musiker waren visuell begabt. Hinzu kam, dass das Business immer schnelllebiger wurde und damit der »Lebenszyklus« der Stars immer kürzer. Junge Bands wurden mit Hilfe der Medien nach oben gepusht, um dann genauso schnell wieder in der Versenkung zu verschwinden.

Jim erzählte mir, wie er das Rockbusiness dagegen von der Pike auf gelernt hatte, wie Simple Minds vor ihrem Durchbruch von Club zu Club tingelten und Schritt für Schritt den richtigen Umgang mit dem Publikum und dem sich allmählich einstellenden Erfolg entwickelten. Ein junger Musiker dagegen, der dank der Medienmaschine über Nacht berühmt wurde, hatte keine Zeit, sich an den Ruhm und den wachsenden Erfolgsdruck zu gewöhnen, und verlor schnell den Boden unter den Füßen. Nirvana war so ein Fall. Die Musiker waren nicht mehr als eine angesagte lokale Band in der jungen Grunge-Szene von Seattle, bis sie über Nacht zu Stars wurden, weil MTV ihren Song »Smells like teenspirit« in die Heavy Rotation genommen hatte. Wie die Sache für Nirvana und Curt Cobain ausging, ist bekannt. Sein Selbstmord war ein großer Schock für eine ganze Generation von Kids, ebenso wie für alle bei MTV.

Ein anderer Fall, der zeigt, wie willkürlich die Acts nach oben schossen und wie austauschbar sie manchmal waren, ist die Geschichte von Take That. Ich war eingeladen, das Musikpreisausschreiben eines großen deutschen Senders zu moderieren, bei dem ein junges Mädchen gewonnen hatte. Es sollte seine Lieblingsband treffen und live sehen – die New Kids on the Block, kurz NKOB. Aus irgendeinem Grund sprangen NKOB kurzfristig ab, und als Ersatz trat die damals völlig unbekannte Band Take That auf. Die Gewinnerin des Preisausschreibens war ziemlich enttäuscht, das sah man ihrem Gesicht an. Statt der Lieblingsband wurde ihr eine völlig unbekannte Boygroup vorgesetzt. Boygroup ist Boygroup, dachten sich die Manager anscheinend, aber da hatten sie sich geirrt. Das junge Mädchen wusste damals ja nicht, dass es der Geburtsstunde der beliebtesten Boygroup aller Zeiten beigewohnt hatte.

Der jungen Band begegnete ich danach noch ein paar Mal. Ich moderierte sie mehrfach auf den *Bravo-Supershows* an oder traf sie backstage bei den *MTV Video Music Awards*. Vor allem mit einem der Sänger verstand ich mich besonders gut: Robbie Williams. Er ist ein hervorragender Entertainer und obendrein sehr sympathisch. Er war nett, als ich ihn das erste Mal traf und ihn noch keiner kannte, und er war immer noch genauso nett, als Take That auf der ganzen Welt berühmt waren. Das unterschied ihn von so manch anderen Newcomern, die anfangs immer sehr charmant waren, weil sie in meine Show wollten, vom Augenblick des wirklich großen Erfolgs an jedoch schlagartig arrogant wurden. Dieses Phänomen durfte ich übrigens oft beobachten: Große Stars wie die Rolling Stones, Peter Gabriel, Dave Steward, Lenny Kravitz, Künstler also, die nicht nur nach oben kommen, sondern dort auch bleiben, waren stets höflich und sympathisch.

Das ist nicht hoch genug einzuschätzen, denn das Leben im Musikbusiness ist anstrengend. Musiker absolvieren ein hartes Pensum, sie reisen monatelang von einer Stadt in die nächste, müssen bei unzähligen PR-Terminen ihrem Image gerecht werden und es immer wieder reproduzieren. Ständig pendeln sie zwischen den Polen Anbetung und Verteufelung, zwischen dem Wunsch nach kreativer Selbstverwirklichung und dem Muss, immerzu neue, noch erfolgreichere Songs zu produzieren, damit die Maschine am Laufen bleibt – *The show must go on*. Ihr Leben verläuft dauernd in Extremen. Abends vor Tausenden von jubelnden Fans zu stehen und morgens in irgendeinem Hotelzimmer in irgendeiner Stadt aufzuwachen – all das ist eine emotionale Achterbahnfahrt, die viele, vor allem junge Musiker nur bewältigen können, indem sie sich abschotten, keinen an sich heranlassen oder Drogen nehmen.

Wie intensiv dieser Kontrast zwischen Rausch und Leere sein kann, erfuhr ich mehr und mehr auch am eigenen Leib. Natürlich auf einem deutlich kleineren Level als die großen Stars, aber das Lebensgefühl war ähnlich: Man jagte, und man wurde gejagt. Der Zug hielt im Grunde nie an.

Einmal begleitete ich Prince eine Woche lang auf seiner Tour. Mit unserem kleinen MTV-Team berichteten wir backstage und interviewten die einzelnen Bandmitglieder. Kurz vor Konzertbeginn hieß es eines Abends plötzlich: »Kristiane, du musst jetzt auf die Bühne und den Leuten das Prince-Preisausschreiben erklären!« Ich dachte, ich höre nicht recht. Draußen drängelte sich eine gigantische Menschenmasse, und ich sollte …? Glücklicherweise blieb keine Zeit zum Nachdenken, denn meine Kollegin Judith aus der Presseabteilung schob mich einfach auf die Bühne. Ich räusperte mich, trat einige Schritte nach vorne und konnte kaum fassen, was geschah: 70 000 Menschen jubelten mir in absoluter Hochstimmung zu. Sie kannten mich von MTV und wussten, sobald ich irgendwo auftauchte, passierte gleich etwas

Großes. Es war ihnen völlig egal, was ich ihnen über irgendein Preisausschreiben erzählte, die riesige Menschenmenge kreischte und klatschte vor Begeisterung. Die geballte Kraft, die positive Energie von Tausenden von Menschen ließ mich regelrecht ein paar Zentimeter über dem Boden schweben. Doch als ich nachts in mein stilles Hotelzimmer zurückkehrte und der Zauber vorbei war, spürte ich die innere Leere.

Dass sich so ein Lebensgefühl nicht auf Dauer durchhalten lässt, ist klar. Letztlich lebt man wie unter einer Glocke, die einen vom realen Leben abschirmt. Man surft auf einer riesigen Welle, die sich am Ufer bricht und einen unsanft zurück in eine Welt schleudert, von der man beinahe vergessen hätte, dass es sie gibt. Steckt man einmal in so einem Leben drin, kommt man da nicht so leicht wieder heraus – selbst wenn man es will. Man kann nicht einfach aussteigen, dafür ist die Welle zu groß und zu mächtig. Das ist das Problem.

1991 passierte dann, was passieren musste. Ich hatte eine handfeste Krise und fiel in ein tiefes Loch. Vermutlich war ich einfach am Ende meiner Kräfte, denn ich war dauergestresst und wusste nicht mehr, warum ich tat, was ich tat. Ich war auf dem Höhepunkt meiner Karriere, aber ich kam mir vor wie ein Hamster im Laufrad. Alles, was zählte, war die nächste Show.

Moderatorin zu sein ist außerdem mit einer enormen psychischen Belastung verbunden. Jede Panne muss sofort überspielt werden, immer in aller Öffentlichkeit, vor allen Leuten. Die Infos oder Manuskripte kommen häufig viel zu spät oder ändern sich in allerletzter Minute, Bands fallen spontan aus, und man muss dann die Zeit irgendwie überbrücken. Dann wieder funktioniert die Technik nicht, oder die Maske taucht erst kurz vor der Show auf. Dieser Druck prägt, und noch heute habe ich manchmal Alpträume. Etwa, dass ich auf die Bühne soll und alle auf mich warten, ich aber finde mein Manuskript oder mein Kleid nicht.

Abgesehen davon bedeutete mein Status als berühmte VJ keineswegs, dass ich bei MTV einen sicheren Job hatte. Der Sender achtete sorgsam darauf, dass seine Stars auf dem Teppich blieben und ja nicht glaubten, sie seien unersetzlich. Alle Verträge, die ich mit dem Sender abschloss, waren befristet, liefen maximal ein Jahr und beinhalteten eine Kündigungsfrist von nur einem Monat. Ich musste mich damit abfinden, dass alles von heute auf morgen vorbei sein konnte. 1991 sagte man mir aus heiterem Himmel, dass mein Job auf der Kippe stehe, ohne Angabe von Gründen. Die feine englische Art eben. VJs würden nun mal häufig ausgetauscht, hieß es nur. Vermutlich rettete mich damals mein persönlicher Kontakt zu Jim Kerr, denn er willigte ein, mit den Simple Minds bei einem Preisausschreiben für MTV-Zuschauer mitzumachen. Der Gewinn: ein Backstage-Treffen mit der Band nach ihrem Konzert in Rom: Der Spot lief ein halbes Jahr über den Sender und brachte so hohe Einschaltquoten, dass niemand mehr daran dachte, mir zu kündigen. So lief das Geschäft, es war manchmal schon ein wenig erbärmlich.

In meinem Tagebuch aus jener Zeit findet sich folgender Eintrag:

Ich fühle mich so schlecht wie schon lange nicht mehr – übel, schwindlig, schwach, ohne Energie, lustlos, gereizt, abgespannt und fertig … Wann ist dieses Tief bloß vorüber? Immer muss ich arbeiten und bin dann wieder allein. Wann kann ich mich endlich wieder verlieben? Ich habe keine Lust mehr, nur für mich zu arbeiten, und den Druck kann ich auch nicht mehr ertragen. Heute Abend soll ich vor 2000 belgischen Bauern den Larry machen. Zum Kotzen! Ich habe echt keinen Bock mehr. Irgendwie wird zu viel von mir verlangt. Ich weiß einfach nicht, wo das alles hinführen soll.

In solch dunklen Momenten gab es für mich manchmal nur eines: *retail therapy.* Das bedeutete, dass ich mir ein neues Kleid oder ein Paar Schuhe kaufte und mich dann kurz darüber freute. Diese Freude hielt nur leider nie lange an, und schon bald wünschte ich mir wieder etwas Neues. Nicht zuletzt fehlte mir ein Partner, mit dem ich meine Freuden und Sorgen hätte teilen können. Nur wie sollte ich bei diesem Jetsetleben einen Partner finden?

Ich wusste keine Antwort. Aber jemand anderes schien sie zu wissen, denn plötzlich hatte ich mitten im Tal der Tränen eine Begegnung, die mein Leben für immer verändern sollte.

Die Kraft der Macht

Wir werden sie unsere Zeichen an den Horizonten und
in sich selbst erkennen lassen.
KORAN (41;53)

In jenen schwierigen Tagen war ich wieder einmal zu einem Abendessen eingeladen, einem von vielen. Eigentlich hatte ich keine Lust und sagte daher zur Gastgeberin Susannah Constantine, ich käme nur, wenn sie mich neben einen netten Mann setzte. Die prominente Fashion-Moderatorin, die mal mit dem Sohn von Prinzessin Margarete liiert war, lachte und sagte, das treffe sich gut, denn es gebe da einen Mann, der seinerseits auch nur unter der Bedingung zugesagt habe, dass eine nette junge Frau seine Tischdame sei. Susannah hatte bis dato keinen besonderen Ruf als Kupplerin, aber dieses Mal hatte sie wohl einen sechsten Sinn. Denn bei jenem Essen lernte ich einen Mann kennen, der mein Leben von Grund auf umkrempeln sollte: Imran Khan, seines Zeichens weltberühmter Cricketspieler und pakistanischer Nationalheld. Als Kapitän der pakistanischen Nationalmannschaft hatte er mit seinem Team soeben den *Cricket World Cup* gegen die einstige Kolonialmacht England gewonnen und sein Heimatland in einen kollektiven Rauschzustand versetzt. Seine Erscheinung stand seinem Ruhm in nichts nach. Er war groß, hatte eine sportliche Figur, dunkelbraune, volle Haare, feurige Augen und ein fein geschnittenes Gesicht mit hohen Wangenknochen.

Sein Name sagte mir zu dem Zeitpunkt nichts, die Weltmeisterschaft war komplett an mir vorbeigegangen. Das war allerdings nicht weiter schlimm, denn umgekehrt hatte Imran keine Ahnung vom Musikgeschäft, und mein Name war ihm ebenfalls völlig unbekannt. Ideale Voraussetzungen für ein entspanntes

Gespräch: Wir waren beide froh, einmal nicht über das reden zu müssen, wofür wir bekannt waren, und sprachen stattdessen über Gott und die Welt und über *Basic Instinct,* der gerade im Kino lief und ein großer Hit war. Imran sagte, er finde es furchtbar, wie viele Sexszenen in dem Film zu sehen seien. In seiner Heimat Pakistan sei das, wie in jedem muslimischen Land, völlig undenkbar, da es gegen die Moral verstoße. Er behauptete, im Westen hätten die Menschen etwas ganz Wichtiges verloren: Schamgefühl.

Seine Aussagen hatten etwas Provokantes, einige der Gäste fanden den Film gerade gut, weil er so gewagt war und Tabus brach. Ich sah ihn an und sagte, ich wisse nicht genau, ob ich ihm recht geben könne, aber ich hätte immerhin eine Moschee und einen Cricketground gleich vor der Haustür. Er lachte und erzählte mir mehr von sich.

Imran ist gebürtiger Paschtune und in der Metropole Lahore aufgewachsen. Bevor er in den 70er Jahren seine Laufbahn als Profisportler einschlug, hatte er in Oxford Politik und Wirtschaft studiert, weshalb England seine zweite Heimat geworden war. Seitdem er 18 war, spielte er für das pakistanische Cricketteam und nach dem Studium lange in der englischen Liga für Sussex. Mit 30 Jahren wurde er zum Kapitän der pakistanischen Nationalmannschaft ernannt und trug den Beinamen »*The Lion of Pakistan*«. Er formte, dank seiner herausragenden Führungsqualitäten, Motivationskünste und seines Charismas, aus vielen begabten Einzelspielern ein echtes Team und führte es zum ersten und einzigen Weltmeistertitel Pakistans. Kurz danach lernten wir uns kennen.

Imran gilt bis heute als bester Cricketspieler, den Pakistan je hervorgebracht hat, ist inzwischen einer der führenden Cricketexperten und weltweit eine Legende. Ihn zeichneten vor allem seine Fähigkeiten als Allrounder aus. Er war zunächst ein hervorragender Werfer – ein Fast Bowler, der den Ball mit Geschwindigkeiten von über 100 km/h zentimetergenau zu werfen verstand – und später auch ein legendärer Batsman. Von den Ausmaßen seines Ruhmes als Cricketspieler sollte ich erst später erfahren, denn Imran sprach angenehm bescheiden von seinen Erfolgen.

Als ich von mir erzählte, hörte er interessiert zu, dennoch hatte ich das Gefühl, dass er gewisse Vorbehalte gegen meinen Job bei MTV hatte. Eine ungewohnte Erfahrung für mich, da ich normalerweise von allen Seiten nur Bewunderung erntete. Als ich ihn fragte, was er nach dem Gewinn der Weltmeisterschaft als Nächstes plane, erzählte er mir von seinem großen Projekt. Er war dabei, zu Ehren seiner Mutter in Pakistan eine karitativ geführte Krebsklinik aufzubauen. Sie war einige Jahre zuvor an Krebs gestorben und hatte bis zu ihrem Tod sehr gelitten. Die Erfahrung, seiner Mutter trotz all seiner Beziehungen und Kontakte nicht helfen zu können, hatte Imran tief erschüttert. Er war im Begriff, seine Cricketkarriere auf dem Höhepunkt des Erfolges aufzugeben, und nutzte nun seinen Status, um weltweit Spenden für die Klinik zu sammeln, in der arme Menschen umsonst behandelt werden sollten.

Gott allein habe er den Weltmeistertitel zu verdanken, betonte er, denn der Sieg komme direkt dem Krankenhausprojekt zugute.

Ich war beeindruckt. Was bringe einen Menschen bloß dazu, beruflichen und finanziellen Erfolg gegen Wohltätigkeitsarbeit einzutauschen?, fragte ich ihn.

»›Glaube an Gott und tu Gutes‹, heißt es im Koran«, lautete seine kurze und bündige Erklärung. Mit diesen Worten war er plötzlich verschwunden.

Einige Zeit später rief er mich an und lud mich zu einem Abendessen bei einem Bekannten ein, einem Immobilienmakler und Finanzier. Diesmal saßen wir nicht nebeneinander, dafür schaute mir Imran vom anderen Ende des Tisches tief in die Augen, wann immer sich unsere Blicke trafen.

Die Sache nahm ihren Lauf, und die nächste Einladung ließ nicht lange auf sich warten – diesmal zu einem Abend in Londons Nobeldisco Annabels. Ich zog ein Minikleid von Alaia an, darüber einen leichten Mantel. Imran machte mir Komplimente.

Ich war allerdings etwas verwundert, als er mich bat, meinen Mantel den ganzen Abend über anzubehalten.

»Warum?«, wollte ich wissen.

»In meiner Kultur zeigen Frauen möglichst keine Haut und kleiden sich dezent – wie Männer übrigens auch.«

Na gut, dachte ich mir. Wenn es ihm wichtig war, warum nicht? Ich ließ den Mantel den gesamten Abend über an, sogar beim Tanzen, und es war mir eigentlich auch ziemlich egal.

Später erzählte mir Imran, dass er auch Make-up nicht möge, da eine Frau sich nur für ihren Mann und nicht für andere schminken solle. Das war eine völlig ungewohnte Sichtweise für mich. Carlo zum Beispiel hatte es immer gemocht, wenn ich mich schön, trendy und auch sexy kleidete, solange es stilvoll war. Auch durch meinen Job war ich es gewohnt, mich täglich zu schminken und in Schale zu werfen, aber im Grunde lief ich privat am liebsten natürlich und leger gekleidet herum.

Imran und ich verstanden uns prächtig und trafen uns bald regelmäßig. Er entführte mich in seine Welt, die nicht weniger glamourös als MTV, dafür aber ungleich vielfältiger und orientalischer war. Er kannte zahlreiche Bollywoodstars, Künstler, Banker und Medienleute aus Indien und Pakistan, aber es gab auch Berührungspunkte mit der Musikszene. So war unter anderem Sting mit Imran bekannt, Mick Jagger – der ein großer Cricketfan ist – ebenso, und auch den Drummer von Queen, Roger Taylor, sah ich mit Imran wieder.

Es war Sommer, und die berühmte *social season*, in der man sich zu öffentlichen Anlässen, Dinner-, Gartenpartys und Wohltätigkeitsveranstaltungen trifft, war in vollem Gange. Sie beginnt offiziell mit der *Chelsea Flower Show*, später folgen das berühmte Pferderennen in Ascot, bei dem sogar die Queen anwesend ist, das Cartier-Polo-Spiel, an dem Prinz Charles und seine Söhne teilnehmen, das Glastonbury-Musikfestival, das inzwischen auch fast dazugehört, Elton Johns *White Tie & Tiara Ball*, dann schließlich Wimbledon und einige andere edle Events.

Wie der Großteil der Prominenz und Geschäftswelt aus Indien und Pakistan hatte Imran in London einen zweiten Wohnsitz und verbrachte einige Monate pro Jahr in England, während deren er überall ein begehrter und gern gesehener Gast war. Er besaß ein Penthouse in Chelsea und dazu ein Büro, in dem seine Stiftung residierte, der *Imran Khan Cancer Appeal*, mit dessen Hilfe er unter anderem Veranstaltungen organisierte, um Geld und Unterstützung für sein Krankenhausprojekt zu sammeln.

Die elegante und multikulturelle Szene um Imran gefiel mir. Die Menschen waren vornehm und gebildet, und ich freute mich, sie an seiner Seite kennenzulernen. Er war weltgewandt, dynamisch und humorvoll – und ein Frauenmagnet. Egal wo er auftauchte, sie warfen sich geradezu auf ihn. Am Anfang fand ich das ein wenig anstrengend, irgendwann aber auch amüsant. Tracy zum Beispiel, die Marcioness of Worcester, mit deren Mann Harry Imran gut befreundet war, verehrte Imran dermaßen, dass sie ihr Pferd nach ihm benannte. Mit Johnson, dem jüngeren Bruder von Harry, freundete ich mich im Laufe der Zeit gut an. Beide haben eine Leidenschaft für Musik. Harry, von seinen Freunden »Bunter« genannt, singt sehr gut – er hat inzwischen seine zweite Band gegründet –, und Johnson ist ein hervorragender Musikproduzent, der Alben für Steve Winwood und Bryan Ferry produzierte und in seiner eigenen Band Ramshackle Percussion spielte.

Leider habe ich Imran nie professionell Cricket spielen sehen, außer auf Video. Dafür war ich bei vielen Wohltätigkeitsturnieren anwesend und auch bei dem alljährlichen Cricketmatch auf dem Landsitz des Herzogs von Beaufort, dem Vater von Bunter und Johnson. Wenn wir dort eingeladen waren, wohnten wir in dem Cottage oder dem schlossartigen Haupthaus. Es war ein Ausflug in eine andere Welt, in der uns Butler und Gourmetköche verwöhnten.

Cricketspiele bedeuteten für mich immer schöne Ausflüge aufs Land, *very civilised*, wie man so schön sagt. Die Spieler trugen strahlendes Weiß, in den Pausen gab es Snacks und Getränke, danach ging es in die nächste Runde. Ich muss allerdings zugeben, dass mich das Spiel nie wirklich mitriss. Ich lernte in all den Jahren zwar viel darüber, aber ich genoss hauptsächlich die Atmosphäre und amüsierte mich mit den anderen Zuschauern.

Am wohlsten fühlte sich Imran, wenn er einfach nur seine Freunde um sich hatte, in einem Restaurant oder bei sich zu Hause. Er ließ köstliche Currygerichte kommen und hörte Musik, am liebsten den pakistanischen Sänger Nusrat Fateh Ali Khan, aber auch westliche Interpreten. Seine Freunde waren interessante, lustige, ein bisschen verrückte Männer. Da war Jonathan Mermagen, ein Sportmanager, Oliver Gilmore, ein Dirigent, der in Bulgarien gearbeitet hatte und mir erzählte, wie er sich dort immer meine Sendungen angesehen habe, Charles Glass, ein Journalist und Autor, der zwei Monate im Libanon als Geisel verschleppt worden war, und Bunter. Nicht zu vergessen Dar, Imrans Friseur und Vertrauter. Dar »vergötterte« Imran, in seinem Salon hingen Zeitungsartikel über Imran, und er lud ihn häufig zu indischen Modeevents ein, was mir manchmal auf die Nerven ging, weil Imran und ich sowieso schon so wenig Zeit füreinander hatten. Dafür ist er wirklich ein hervorragender Friseur und liebenswerter Mensch und schneidet mir bis heute die Haare.

Zu Imrans 40. Geburtstag kamen sie alle und dazu Mick Jagger, Jerry Hall und Marie Helvin. Ich erinnere mich noch gut daran, wie Mick und Imran darüber sprachen, wie viel harte Arbeit hinter ihrem Erfolg als Musiker und Cricketspieler steckte. All das, was so leicht und gekonnt aussah, darin waren sie sich einig, war das Ergebnis harten Trainings. Imran hatte jahrelang täglich mehrere Stunden trainiert, und Mick erzählte, wie er sich vor den Tourneen in Form hielt, um die Strapazen durchzuhalten. Wer jemals die Stones live gesehen hat, der weiß, dass Mick fast zwei Stunden kreuz und quer über die Bühne springt. Es war schön, die beiden so beisammen zu sehen. Mit Genugtuung verfolgte ich, wie sie während ihres Gesprächs ein Stück Kuchen nach dem anderen verzehrten. Ich hatte Imran eine besondere Freude bereitet, indem ich ihm einen Haselnuss-Kirsch-Kuchen nach dem Rezept meiner Mutter gebacken hatte. Sie gab mir

Kristiane Backer in einem Londoner Café Anfang der 90er Jahre

Im Alter von vier Jahren

Mit ihrer Schwester Susanne

Hamburg, 1985

1984 auf einem Tennisplatz in Hamburg

An der Hamburger Alster, 1984

Mit Susanne und ihrer Mutter …

… und mit ihrem Vater

(im Uhrzeigersinn) Kristiane, Sylvie, Anke, Nora, Briggite

Mit Ruby und Dani beim Cartier-Polo

RHH-Interview mit Keith Haring

Mit Chrissie Hynde und John McEnroe

Mit Ruby bei einer gemeinsamen Geburtstagsfeier

dazu Tipps per Telefon. Zum Glück war der Kuchen ein Hit, und sogar Mick schleckte sich sämtliche Finger danach.

Was mich an Imran am meisten beeindruckte, waren aber nicht seine Beliebtheit in der High Society, sein Ruhm oder seine Freunde, sondern sein Idealismus und sein unermüdlicher Einsatz für sein Krankenhausprojekt in Pakistan. Die Klinik kostete 25 Millionen Euro, und Imran sammelte dieses Geld in der ganzen Welt – in den USA ebenso wie in England, Pakistan, Australien. Er liebte seine Heimat und sagte immer, er wolle seinem Land dienen und ihm etwas von dem Glück zurückgeben, das es ihm geschenkt hatte, anstatt ein bequemes Leben im Westen zu führen. Also tat er, was er konnte, um die Lebensbedingungen vor Ort zu verbessern. Imran erhielt dabei Unterstützung von einer ganzen Armee von Freiwilligen und VIPs, darunter Mick Jagger, Sting, Dave Stewart, Amitabh Bachchan, der König von Bollywood und größte Schauspieler Indiens, sowie der beliebteste Sänger Pakistans, der inzwischen verstorbene Nusrat Fateh Ali Khan.

Er veranstaltete Charity-Events, zu denen er die Prominenz einlud und solvente Geldgeber und Freunde bat, Tische zu »kaufen«. Auf den Veranstaltungen hielt er eine Rede, in der er leidenschaftlich über die Mängel des pakistanischen Gesundheitssystems sprach, außerdem darüber, dass es weder eine Krankenversicherung noch professionelle Krebsbehandlung gab. Dann erzählte er von seinem Projekt, untermalte das Ganze mit einem Videoclip und bat die Anwesenden, für seine Klinik zu spenden.

Bei einem dieser Events im Hotel Intercontinental direkt am Hydepark erlebte ich Nusrat Fateh Ali Khan, den Pavarotti Pakistans, zum ersten Mal live und war hingerissen. Obwohl seine Musik nichts, aber auch gar nichts mit der Popmusik zu tun hat, die ich Tag für Tag bei MTV anmoderierte, gehören seine Konzerte zu den bewegendsten Shows, die ich je erlebt habe. Wenn Nusrat auftrat – er war ein ziemlicher Koloss –, saß er mit gekreuzten Beinen im Schneidersitz auf der Bühne, hinter ihm ein paar Tabla-Spieler, neben ihm mehrere Sänger, die ihn begleiteten. Während er wild mit den Händen dirigierte, sang er aus voller Kehle mit einer Stimme, die in einem Atemzug acht Oktaven umfassen konnte. Das Publikum war verzückt, wippte und klatschte im Takt, und die Stimmung kochte immer höher, je länger das Konzert dauerte. Einige pakistanische Zuschauer drehten sich mit ausgestreckten Armen im Kreis, andere bewarfen Nusrat mit Geld. In Pakistan sind solche Konzerte ein spirituelles Erlebnis für Musiker und Publikum zugleich. Traditionell, so heißt es im Sufismus, soll die Qawwali-Musik der Seele Flügel verleihen und sie zu Gott tragen.

Nusrat stammte aus einer der ältesten Musikerfamilien Pakistans und avancierte mit der traditionellen Qawwali-Musik, der uralten mystischen Sufi-Musik aus dem indisch-islamischen Kulturkreis, zum berühmtesten Sänger des Subkontinents. Peter Gabriel machte ihn später auf seinem Label *Real World* im Westen bekannt und sagte, Nusrat sei seine größte Gesangsinspiration. Der *Rolling Stone* schrieb einmal, Nusrat habe die beste Stimme der Welt. Viele berühmte westliche Popmusiker wie Bono von U2 und sogar Luciano Pavarotti wollten mit ihm zusammenarbeiten. Leider starb Nusrat sehr jung, mit nur 49 Jahren, in London, aber er hinterließ ein wunderbares musikalisches Erbe. Von Jeff Buckley, dem ebenfalls viel zu früh verstorbenen Musiker, der einige Kompositionen Nusrats gecovert hatte, stammt der Satz: »Mag sein, dass mein Kühlschrank leer ist, aber ich habe jede einzelne verdammte Nusrat-CD.«

Nach einem solchen Konzert ging Imran persönlich von Tisch zu Tisch und redete mit jedem seiner Gäste. Selbst Amitabh Bachchan war sich nicht zu schade, sich an jeden Tisch zu setzen und um Spenden zu bitten. Der Plan funktionierte, und mittlerweile ist das Shaukat Khanum Memorial Hospital, das den Namen von Imrans Mutter trägt, außerhalb von Lahore zu einer festen Institution geworden, in der tatsächlich nur die Patienten zahlen müssen, die es sich leisten können.

Ich genoss diese Abende sehr, die unter einem völlig anderen

Stern standen als die Partys und Events, die ich von MTV kannte. Sie dienten einem Zweck, der über Vergnügungssucht und Networking weit hinausging. Alkohol wurde, wenn überhaupt, nur in Maßen getrunken, dennoch feierten, tanzten und plauderten die Gäste bis spät in die Nacht.

Die Kraft für diese Mission, die Imran über Jahre verfolgte, bezog er, wie er immer wieder betonte, vor allem aus seinem Glauben. Als ich ihn kennenlernte, war er gerade dabei, ihn für sich neu zu entdecken. Er betete täglich, manchmal laut und intensiv, fastete im Ramadan und las islamische Literatur. Wir gingen häufig in eine spezielle Buchhandlung in der Nähe des Regent's Parks, wo er sich mit Büchern zum Islam eindeckte.

Ich hatte mich mit dem Islam nie auseinandergesetzt, zumal es in meinem bisherigen Leben so gut wie keine Berührungspunkte gegeben hatte. Einige Jahre zuvor war ich zwar mit Freunden nach Malaysia und mit meinen Eltern nach Marokko gereist, doch trug ich nach wie vor die üblichen Vorurteile mit mir herum. Etwa unterstellte ich muslimischen Frauen, dass sie keine Freiheiten hatten und von ihren Männern unterdrückt wurden, und den Koran hielt ich für ein strenges, veraltetes Gesetzbuch. Nun musste ich mich wohl oder übel mit diesen Vorurteilen beschäftigen, denn unsere Beziehung intensivierte sich, wir trafen uns inzwischen häufig und diskutierten viel und leidenschaftlich.

Imran verkehrte in einer internationalen Szene, die bei weitem nicht nur aus Muslimen bestand. Dies zeigte mir, dass er einen offenen, neugierigen und im Kern undogmatischen Charakter besaß. Als eines der ersten Dinge sagte Imran mir über den Islam: »Auf Arabisch heißt Gott Allah. Allah ist derselbe Gott, zu dem alle beten.« Islam bedeute ganz einfach Hingabe an Gott, und das von Islam abgeleitete Wort »*Salam*« bedeute Frieden. Zusammengefasst: Wer sich Gott hingibt und ihm vertraut, der erfährt inneren Frieden.

Diese Worte hallten in mir nach, denn in meiner Welt gab es weder Gott noch gab es Frieden. Ich hatte nach wie vor keinerlei Bindung zu irgendeinem religiösen Umfeld, und Gott war eine blasse Erinnerung an eine Kindheit, die lange vorbei war. Meine Eltern waren inzwischen geschieden, ich hatte gerade eine ausgewachsene Sinnkrise hinter mir, und innerer Friede war etwas, von dem ich, wenn ich ehrlich war, nicht mehr wusste, wann ich ihn das letzte Mal empfunden hatte.

Ich hatte alles, wovon ein junger Mensch nur träumen kann. Trotzdem fühlte ich mich innerlich leer. Ich dachte lange, mir fehle ein Partner, doch in Wirklichkeit fehlte mir Gott. Kein Mensch hätte dieses Vakuum je füllen können.

In Imrans Weltsicht hingegen war Gott das Zentrum. Die Leidenschaft und die Begeisterung, mit der er über seinen Glauben sprach, wirkten ansteckend. Seit dem Tod seiner Mutter hatte er sich intensiv mit seinem Glauben und seiner Spiritualität beschäftigt. Er kannte einen besonderen Mann in Pakistan, Mian Bashir, der ein gottergebenes Leben führte und übersinnliche Fähigkeiten besaß. Von ihm ließen sich Menschen beraten, wenn sie vor schwierigen Entscheidungen standen. Mian irre sich nie, wie Imran mir sagte. Der Mann sei gewiss kein Scharlatan, was sich daran zeige, dass er für seine Dienste kein Geld nahm. Diese Geschichte faszinierte mich.

Die dritte Dimension interessierte mich schon immer, und ich wollte mehr über Imrans Glauben erfahren. Also fing ich an, mich über den Islam zu informieren. Ich las. Neugierig bat ich Imran, mir ein paar seiner Bücher zu leihen, und verkroch mich damit in die eigenen vier Wände. Er freute sich über mein Interesse. Gleich das erste Buch, das er mir gab, hinterließ einigen Eindruck bei mir. Es hieß *Man and Islam* und stammte von Ali Shariati, einem persischen Soziologen, der 1977 auf nie geklärte Weise ums Leben gekommen war. Er hatte lange im Iran an der Universität gelehrt, wurde aber immer wieder inhaftiert, weil seine Thesen den islamischen Regierungsoberen nicht staatskonform schienen.

In dem Buch geht es keineswegs um Schleier, strenge Gebote oder Gebetszeiten, Shariati schreibt vielmehr über philosophische Konzepte und die wahre Erfüllung: »Von den Fesseln der

Natur und Geschichte kann sich der Mensch durch Wissenschaft befreien. Aber um sich von dem Käfig des Selbst zu befreien und der Seele Schwingen zu geben, braucht er Religion und Liebe.« Doch geht es nicht nur um den Menschen und seine Sehnsucht nach Befreiung der Seele. Shariati macht sich auch viele Gedanken über moderne Gesellschaften und wirft immer wieder die Frage auf, wie zivilisiert und fortschrittlich eine Welt sei, die auf Konsum und Kapitalismus setzt, dabei aber weder Armut noch Umweltzerstörung verhindert und mit Zivilisationskrankheiten wie Depression zu kämpfen hat. Die Grundübel, unter denen insbesondere die westliche Welt leide, diagnostiziert der Autor weiter, seien der Mangel an Spiritualität, der fehlende innere Rückhalt in einer heiligen Sphäre und die intime Erfahrung des Aufgehobenseins in Gott.

Shariatis Worte fielen bei mir auf fruchtbaren Boden. Vielleicht hatte er recht, und das, was mir bei MTV fehlte, war eine höhere spirituelle Perspektive, das Ausrichten des Daseins nach Werten, die dauerhaft Gültigkeit besitzen und immun sind gegen Trends. Ich sprach mit Imran über meine Eindrücke – und bald über vieles mehr. Über die Gegensätze zwischen seiner und meiner Kultur, über den Orient und den Okzident. Über Werte, die Glaube und Tradition vermitteln, und den Materialismus, der in traditionellen Gesellschaften wie Pakistan entsteht, wenn sie sich im Zuge der Globalisierung nach Westen orientieren und säkularisiert werden. Über das Diktat der Mode und die weniger figurbetonte muslimische Kleidung. Manchmal ging es drunter und drüber, und manchmal wurde bei Imran schnell alles ein bisschen schwarz-weiß.

Eine Sache, in der ich ihm jedoch bald vorbehaltlos zustimmte, war seine Kritik am Umgang mit der Frau in den westlichen Medien und in der Werbung. Wenn wir Werbeplakate sahen, auf denen halbnackte Frauen vom Autoreifen bis zum Herrenparfüm geradezu alles bewarben, hielt Imran mit seiner Kritik nicht hinterm Berg. Er fand es entwürdigend – für die Frau, die ihren Körper als Projektionsfläche zur Verfügung stellte, aber auch für den Betrachter, dessen niedere Instinkte geweckt werden sollten. Dadurch würden Menschen daran gehindert, sich von ihren Trieben zu emanzipieren und Gott näherzukommen, argumentierte er. Außerdem erklärte er mir, im Islam sei es unter anderem deswegen nicht erwünscht, dass eine Frau ihren nackten Körper in der Öffentlichkeit zeige.

Ich gab ihm irgendwo recht, schließlich hatte ich in der Werbung selbst gesehen, wie der Zweck die Mittel heiligt. »*Sex sells*« lautete eine der Faustregeln. In 90 Prozent der Fälle, in denen eine Frau für ein Produkt warb, kam es nicht auf ihre Persönlichkeit oder ihren Geist, sondern auf die Schönheit ihres Körpers und ihren Sex-Appeal an. Eine Frau, die in der Entertainment-Industrie erfolgreich sein wollte, hatte die größten Chancen, wenn sie sich so aufreizend wie möglich kleidete. Gleich, was man über die Unterdrückung der Frau im Orient denken mag: Auch dies ist eine Form Repression und zudem eine Entwürdigung der Frau.

Rückblickend zählte diese erste Zeit meiner Beziehung mit Imran zu den intensivsten meines Lebens. Ich lernte ständig neue Menschen kennen, beschäftigte mich mit dem Islam und setzte mich mit Imrans Wertekritik auseinander. Gleichzeitig lief meine Karriere bei MTV weiter auf Hochtouren, und ich war eingespannt wie selten zuvor. Inzwischen bekam ich auch Angebote von anderen Sendern. 1991 sprach mich ein Hamburger Produzent an, ob ich eine neue deutsche Musiksendung mit kreieren und moderieren wolle. MTV hatte damals alle deutschen Formate wie weggefegt. So entstand ein halbes Jahr später *Bravo TV*, eine Musiksendung, die deutschen jungen Talenten eine Plattform bot. Einmal im Monat besuchte mich ein Kamerateam aus Hamburg, und wir drehten in einem Studio in Soho. Später flogen sie mich dann regelmäßig nach Hamburg ein. Die Sendung war ein großer Erfolg, etablierte sich schnell und festigte meinen Status als Popikone in Deutschland immer mehr.

Alles in allem verbrachten wir einen wunderbaren Sommer in London, dennoch blieb mir nicht verborgen, dass sich Imran in der Metropole nie ganz zu Hause fühlte. Er gab zwar Dinnerpartys und wurde eingeladen, genoss den Glamour und den Hype, gleichzeitig betonte er jedoch, dass er so ein Leben niemals fulltime führen könnte, es sei ihm viel zu leer und zu bedeutungslos. Seiner Wurzeln war er sich stets bewusst, und er sprach gerne von Pakistan. Er liebte sein Land sehr und war stolz auf die Berge, die Menschen, die Kultur. Wenn er einmal Familie habe, so sagte er, werde sie in Pakistan leben. Er zeigte mir Dias und lud mich immer wieder ein, seine Heimat mit ihm zu bereisen. Erst zögerte ich, denn das Land schien mir fern und fremd, und der Satz mit der Familie ging auch nicht spurlos an mir vorüber. Aber er ließ nicht locker, so dass ich schließlich einwilligte. Imran freute sich und sagte selbstbewusst: »In Pakistan wirst du dich in mich verlieben.« Wir werden sehen, dachte ich nur.

So brachen wir im August 1992, drei Monate nachdem wir uns das erste Mal getroffen hatten, zu einer zweiwöchigen Tour durch Pakistan auf. Wir besuchten Lahore, die riesige, geschäftige Metropole mit ihren wunderschönen Gärten und Moscheen und der furchtbar schlechten Luft. Hier war Imran aufgewachsen, und hier, im Haus seines Vaters, lebte er, wenn er in Pakistan war. Mich beeindruckte der Respekt, den er seinem Vater entgegenbrachte. Imran erklärte mir, wie wichtig im Islam die Achtung älteren Menschen gegenüber sei. »Der Koran hält uns immer wieder dazu an, gütig und liebevoll mit unseren Eltern umzugehen, denn sie haben uns mit viel Mühe großgezogen.« Auch ich konnte mit eigenen Augen beobachten, wie höflich hier die Kinder zu ihren Eltern sind.

Wir wanderten über schneebedeckte Pässe, schliefen in Zelten und kochten Tee über offenem Feuer. Wir fuhren auch nach Islamabad und Karachi, und ich lernte Imrans pakistanische Freunde kennen, alles offene, moderne, gutsituierte Menschen. Es war eine atemberaubende Reise voller faszinierender Eindrücke.

Im Laufe der nächsten Monate und Jahre sollten viele weitere Reisen folgen, bei denen ich das Land besser kennen- und lieben lernte. Ich sah Kaschmir und die sogenannten Stammesgebiete im Nordwesten von Pakistan, die Heimat der überaus gastfreundlichen Paschtunen. Eine unwegsame, felsige Gegend, in der bis heute nicht die Exekutive des Staates, sondern das Wort der Stammesfürsten zählt. Inzwischen haben sich hier auch einige Taliban angesiedelt, und sogar Terroristen sollen hier Unterschlupf gefunden haben.

Es war allein der Berühmtheit Imrans zu verdanken, dass die bewaffneten Grenzposten uns überhaupt in die Region hineinließen – als Teil eines bewaffneten Konvois. Die Häuser waren aus Lehm und sahen aus wie Burgen, mit Fenstern so klein wie Schießscharten. Wir besuchten die wilde Grenzstadt Peschawar, wo von Haschisch bis hin zu wunderschönem antiken afghanischen Schmuck einfach alles verkauft wird. Wir übernachteten in der Steppe von Sindh und gingen zur Büffeljagd. Zwischendurch wohnten wir im Palast eines Feudalherrn, der in Saus und Braus lebte. Seine Angestellten und die Dorfbewohner waren seine Leibeigenen. Außerdem sah ich, was es bedeutete, ein Nationalheld zu sein.

Bald begriff ich, warum Imran hier und nicht in London zu Hause war, wie sehr er hier verwurzelt war und wie viel Kraft ihm dieses Land auch für seinen Glauben gab.

Wenn wir im Freien übernachteten oder zur Zeit des Sonnenuntergangs einen Spaziergang machten, sah er gerne den Bauern zu, wenn sie die Ziegen und Kühe vom Feld in den Stall holten. Er bewunderte, wie sie in Harmonie mit ihren Tieren und der Natur lebten. An ihnen, sagte er, sollten wir uns ein Beispiel nehmen. Sie würden sich von der Natur nur das nehmen, was sie zum Leben brauchten, und was sie an Überschuss erwirtschaften, würden sie an andere abgeben. Auch dies sei ein islamisches Prinzip. »Als Muslim«, sagte Imran, »stellst du fest, was du brauchst, und gibst den Rest den Armen. Horten ist unislamisch, keinen Reichtum der Welt kann man mit ins nächste Leben nehmen. Wenn man vor Gott steht, zählen nur die guten Taten.« Bei jedem anderen hätte ich solche Worte für verbrämte Romantik gehalten, doch nicht bei Imran. Denn bis auf das, was er zum Leben brauchte, steckte er wirklich alles, was er verdiente, in das Krankenhaus.

Später dann, wenn die Sonne untergegangen war, kuschelten wir unter Imrans großem eierschalfarbenem Tuch, das er immer dabeihatte und wahlweise als Umhang oder Decke benutzte, und sahen in den Sternenhimmel. Eines Nachts, als der Mond aufgegangen war, zog Imran mich an sich, nahm mich in den Arm und sagte: »*This is where you belong.*« Allerdings setzte er, nach einer kleinen Kunstpause, ein vielsagendes »*now*« dahinter. Ich registrierte es, aber die Schmetterlinge in meinem Bauch ließen sich dadurch keineswegs beirren.

Sosehr mich diese Eindrücke faszinierten und bisweilen überwältigten, beobachtete und beurteilte ich alles, was ich sah, natürlich auch unter dem Gesichtspunkt, dass ich hier vielleicht einmal leben würde. »Deine Kinder werden Muslime sein«, hatte Imran mir einmal gesagt. Natürlich achtete ich daher ganz besonders darauf, wie die Menschen mir als westlicher Frau gegenübertraten und wie sie die Frauen allgemein behandelten.

Ich muss sagen, dass ich dort nirgendwo auf Männer traf, die mich verachteten, die unfreundlich oder respektlos waren. Im Gegenteil, man nahm mich überall herzlich auf, und die Männer waren stets höflich und zuvorkommend. Höchstens in ländlicheren Gegenden kam es vor, dass Männer mich nicht offen begrüßten und mir auch nicht in die Augen sahen. Wenn sie mich ansprachen, taten sie es mit dem Titel »Schwester« als Zeichen des Respekts. Dennoch gab es Dinge, die mich verstörten, insbesondere die Geschlechtertrennung, die – außer in den westlich orientierten Eliten des Landes – in Pakistan weitgehend praktiziert wird. In den Stammesgebieten zum Beispiel sollte ich mich mehrfach, in Abwesenheit Imrans, in speziellen Räumen aufhalten, die den Frauen zugewiesen waren. Nachdem ich einmal in einem solchen Raum zwei Stunden vergeblich auf Imran gewartet hatte, wurde es mit zu bunt, und ich ging ihn suchen. Ich fand ihn im Aufenthaltsraum für Männer, wo er sich mit ungefähr 30 Geschlechtsgenossen ein Cricketspiel ansah. Als ich hereinplatzte und Imran ansprach, war ihm dies furchtbar peinlich. Er erzählte mir später, diesen Raum habe noch nie eine Frau betreten.

Die Geschlechtertrennung schien keine Frage des sozialen Status zu sein. In Sindh zum Beispiel wurde sie besonders extrem praktiziert. Die Gattin des Feudalherrn, in dessen Palast wir zu Gast waren, lebte in Purdah. Sie war völlig verschleiert und wohnte mit ihrer weiblichen Dienerschaft in einem abgetrennten Flügel des Palastes, wo sie kein Mann zu Gesicht bekam. Als ich sie dort einmal besuchte, herrschte ein lustiges Treiben: Die anwesenden Frauen wuschen, stickten, tratschten und lachten. Wenn die Feudalherrin den Palast verließ, dann hüllte sie Körper und Gesicht in schwarzen Stoff, den sogenannten Tschador, und alle Menschen, denen sie begegnete, wandten den Blick von ihr ab und drehten sich sogar um.

Aus Neugier probierte ich einmal auf einer anderen Reise eine Burka an – jenen zeltartigen Überwurf, den die Frauen im Nordwesten Pakistans und in Afghanistan tragen und in dem man von jeder Seite gleich aussieht. Die Luft unter dem schweren Stoff war heiß und stickig, auch konnte ich nicht richtig sehen. Ich konnte nur nach vorne schauen, nicht zur Seite, und die Sicht war durch das Stoffgitter vor den Augen verschwommen. Ich kam mir vor wie in einem gehbaren Gefängnis.

Gleich wo und bei wem wir waren, an den Zimmerwänden hingen fast nur Fotos, auf denen Männer zu sehen waren, sehr selten Frauen. Als ich Imran fragte, warum dies so sei, erzählte er mir, dass Frauen wie teure Schmuckstücke geschützt und nicht unnötig dem Blick von Männern ausgesetzt werden sollen. Ich dachte an die unzähligen Fotoshootings, die ich regelmäßig mitmachte – und staunte. Zu den Frauen selbst hatte ich wenig direkten Kontakt, denn sie konnten kein Englisch.

Ich sah sehr viel Armut und auch Kinderarbeit. Es liege an der Armut, meinte Imran. Eine arme Familie bekomme so viele Kinder wie möglich, als Altersversorgung, und schicke zuerst die Jungen in die Schule, denn die müssten später die Eltern, unverheirateten Schwestern sowie ihre eigene Frau samt Kindern ernähren. Daher sei es auch so wichtig, dass die Mädchen heirateten, weil sie dann von ihrem Ehemann versorgt waren. Wieder einmal stellte ich dankbar fest, was für ein schönes Leben ich hatte.

Ich hätte mich gern für die pakistanischen Mädchen engagiert, und die Armut der Menschen tat mir schrecklich leid. Imran tat dies bereits und setzte alles daran, die Zustände in seinem Land zu bekämpfen. In dem traumhaft schönen grünen Tal von Chitral zeigte er mir eine Schule, die eine Freundin von ihm namens Sophie Swire mit Hilfe der Charity-Organisation *Learning for Life* gegründet hatte. Es war eine reine Mädchenschule. Ich unterhielt mich mit der Lehrerin, als wir uns gemeinsam die einfachen Klassenräume ansahen.

Alles in allem weckten die Erfahrungen in Pakistan gemischte Gefühle in mir, insbesondere die Geschlechtertrennung. Es war ungewohnt für mich, dass meine Bewegungsfreiheit eingeschränkt war. Die Geschlechtertrennung zum Schutz der Frau und der Ehe werde hauptsächlich in den ländlichen Gebieten praktiziert, erklärte mir Imran, in den Großstädten sehe man das etwas entspannter. Ausdruck von Unterdrückung sei sie auf keinen Fall, da die Männer die Frauen außerordentlich respektierten, sagte er, schon allein deswegen, weil sie sonst gegen die Religion verstießen. Der Prophet Muhammad, das Vorbild aller Muslime, habe Frauen stets geehrt und beispielhaft behandelt. »Der Beste unter euch ist, der zu seiner Frau am besten ist«, sagte er zu seinen Begleitern. Er selbst ging wohl sehr liebevoll mit seinen Frauen um, half im Haushalt, scherzte mit ihnen und ließ sich von ihnen beraten. Sie begleiteten ihn auf seinen Reisen und sorgten für das Wohl der Gemeinschaft. Seine Frau Aischa soll er so sehr geliebt haben, dass er, wenn er aus ihrem Glas trank, mit den Lippen genau die Stelle berührte, von der sie zuvor getrunken hatte.

Imran redete oft und gerne von Muhammad. Er bedauerte, dass die Menschen im Westen häufig abfällig über ihn sprächen, obwohl sich die meisten gar nicht mit dem Propheten befasst hatten. Damals, in Pakistan, las Imran gerade eine Biographie des Propheten von Martin Lings, den ich später kennenlernen sollte. Oft saß Imran tief versunken mit dem Buch in der Abendsonne, und die Lektüre rührte ihn sogar zu Tränen. Das will etwas heißen, denn ich hatte ihn noch nie weinen gesehen. So wie ihm geht es vielen Muslimen – sie lieben den Propheten von ganzem Herzen, weshalb sie jede Beleidigung Muhammads als persönliche Verletzung empfinden. Nach Imran nahm ich mir besagte Biographie vor, die den Propheten als fürsorglichen Ehemann, liebevollen Vater, treuen Gefährten, weisen Lehrer und gütigen Staatsmann darstellt. Ich stieß tatsächlich auf eine Geschichte, die vom besonderen Respekt des Propheten vor Frauen berichtet:

Immer wenn der Prophet zu seinem täglichen Spaziergang zur Kaaba aufbrach, warf eine Frau Müll auf den Pfad, den er anschließend beschritt. Sie tat dies, um ihm zu zeigen, dass sie ihn nicht achtete und seine Predigten für Kokolores hielt. Eines Tages verließ Muhammad sein Haus und fand zu seiner Überraschung keinen Müll auf seinem Weg vor. Da dachte er, dass die alte Frau vielleicht krank und zu schwach dafür sei, und machte sich Sorgen um sie. Also ging er zu ihr, um nachzusehen, ob mit ihr alles in Ordnung war. Als der Prophet ihr Haus betrat, bekam die Frau Angst. Sie war keineswegs krank, sie hatte es einfach nur nicht rechtzeitig geschafft, den Hausrat zusammenzukehren. Sie fragte ihn, was er von ihr wolle. Der Prophet sagte, es habe kein Müll auf der Straße gelegen, weshalb er sich Sorgen gemacht und gedacht habe, sie sei vielleicht krank. Die Worte Muhammads erweichten das Herz der Frau und überzeugten sie davon, dass der Prophet ein Gesandter Allahs war.

Geschichten wie diese halfen mir, in vielem, was ich in Pakistan sah und erlebte, eine kulturelle und keine religiöse Praxis zu sehen. Fragen taten sich natürlich trotzdem auf.

Dafür genoss ich es umso mehr, über Basare zu schlendern, wo die Hakims, die traditionellen Heiler, Naturmedizin aus tierischen und pflanzlichen Stoffen, insbesondere Schwarzkümmelöl, anboten und sie als Heilmittel gegen alle möglichen Krankheiten priesen. In der Luft lag das Gemisch exotischer Düfte von Weihrauch bis Curry, ich bestaunte riesige Gewürzberge, fein zisilierten Goldschmuck große Tücher aus Kaschmir und Wolle, mit orientalischen Mustern bestickt, Stoffballen aus Naturseide und Baumwolle mit bunten Mustern.

Von der Frauenfrage einmal abgesehen, berührten mich vor allem diese Eindrücke und die sehr sanfte, warme und unglaublich gastfreundliche Art der Menschen, die Gott in ihren Herzen trugen. All das stand für mich im krassen Kontrast zur Welt des Showbiz, in die ich nach meiner Rückkehr unsanft geschleudert wurde. Die MTV Music Awards standen vor der Tür, und ich flog von Pakistan direkt nach Los Angeles.

*

Als Imran und ich uns in London wiedertrafen, begann er, von Heirat zu sprechen, und bat mich, zu ihm in sein Penthouse zu ziehen. Er selbst war nach diesem gemeinsamen Sommer viel auf Reisen, so dass ich die Wohnung oft ganz für mich hatte. Ich war überrascht und freute mich, denn ich wusste, dass Imran noch nie mit einer Frau zusammengelebt hatte. Für einen gläubigen Muslim ist es eigentlich unmöglich, mit einer Frau zusammenzuleben, mit der er nicht verheiratet ist. Jetzt sah es so aus, als würde er es ernst meinen und tatsächlich Heiratsgedanken mit sich herumtragen. Vielleicht wollte er die Sache trotzdem erst mal vorsichtig testen, immerhin war das Thema Heirat für ihn kein leichtes. Seit Jahren stellte sich ganz Pakistan die Frage, wann und wen Imran endlich ehelichen würde. Eine Frau aus dem Westen oder eine Tochter seines Heimatlandes? Die Sache war ein Riesenthema in den pakistanischen Boulevardblättern, und die Menschen hofften, seine Zukünftige käme aus den eigenen Reihen.

Imran war es daher wichtig, dass wir unsere Beziehung so diskret wie möglich hielten. Ich ließ mich darauf ein, aus Respekt vor seiner Kultur und seinem Krankenhausprojekt, das ich nicht gefährden wollte. Die Krebsklinik sollte erst fertiggestellt sein, und bis dahin konnten wir von mir aus gut ohne Trauschein leben. Dass Imran bereit war, mit mir zu wohnen, war für mich der größte Beweis seiner Liebe.

So gab ich meine Wohnung auf und zog bei ihm ein. Anfänglich versuchten wir, mehr schlecht als recht, unsere Beziehung vor der Öffentlichkeit geheim zu halten und die Paparazzi auszutricksen. Zu öffentlichen Anlässen erschienen wir nie zusammen und verließen den Ort auch wieder getrennt. Es war klar, dass das nicht lange gutgehen konnte, und irgendwann wurden wir doch zusammen fotografiert, sei es auf dem Weg in ein Restaurant oder zum Sport. Zwar nicht in einer kompromittierenden Pose, denn Zärtlichkeiten tauscht ein Muslim grundsätzlich nicht in der Öffentlichkeit aus, aber immerhin zusammen. Die Fotos wurden sofort in Pakistan veröffentlicht, und Imran machte sich Sorgen, allerdings war das Ganze nur halb so dramatisch wie befürchtet. Der Unterstützung für sein Projekt tat es jedenfalls keinen Abbruch.

Bald ließ Imran sich nicht mehr so gerne auf großen Events blicken, selbst wenn es sich um Partys der absoluten Extraklasse handelte. Aber bei der Feier zum 50. Geburtstag von Mick Jagger machte er eine Ausnahme. Sie fand unter dem Motto »*French Revolution*« in einem wunderschönen alten Stadthaus in London statt, das einen riesigen Garten besaß. Jeder, der in London Rang und Namen hatte, warf sich in ein Kostüm und kam als Napoleon, Robespierre oder Madame Roland, um Mick seine Ehre zu erweisen. Unzählige Paparazzi standen an dem Abend vor der Tür, auch das stadtbekannte Duo Dave und Richard. Wenn die beiden irgendwo auftauchten, war klar, man war auf dem richtigen Event. Natürlich gingen wir beide hin, und als ich – kurz nach Imran – eintraf, flüsterte mir Dave mit einem verschmitzten Lächeln zu: »Er ist schon da.« Leider waren wir beide die einzigen Gäste ohne Verkleidung. Imran wollte weder ein Kostüm anziehen noch mit mir zusammen, wie ich ihm vorschlug, die französischen Nationalfarben darstellen.

Die Party war großartig, die Musik ebenso, und ich stürzte mich in den Trubel. Am liebsten hätte ich die ganze Nacht durchgetanzt, so sehr genoss ich die Gesellschaft. Doch Imran amüsierte sich, obwohl er sehr viele Leute kannte, nicht so gut wie ich und bestand bereits kurz nach Mitternacht darauf zu gehen. Große, wilde Partys empfand er zunehmend als unangenehm. Hier wurde getrunken, geflirtet, hier gab es Drogen, hier ließ man sich gehen – und das war nun mal unislamisch und passte nicht zu seinem sich wandelnden Lebensstil.

Er sehnte sich nach Pakistan und war bald immer häufiger dort oder auf Reisen in Indien und im Nahen Osten. Wir sahen uns, so oft es ging, und wenn er zwischendurch mal in London war, hatten wir durchaus so etwas wie einen gemeinsamen Alltag. Morgens betete Imran das Morgengebet und machte einen Kopfstand, eine Yogaübung, auf die er schwor. Dann fing er an zu arbeiten, schrieb Faxe, führte Telefongespräche, holte Informationen ein und hatte etliche Termine.

Imrans Freunde erzählten mir, dass er sich verändert habe. Sie sagten, es sei das erste Mal, seit sie ihn kannten, dass er sich mit Haut und Haaren einer Frau verschreibe. Er selbst sagte dazu bloß mit einem Lächeln auf den Lippen, dass er jetzt mit einem soliden deutschen Mädchen zusammen sei und das sicher für eine sehr lange Zeit.

Auch ich war viel unterwegs. Ich moderierte weiterhin für MTV, war mit dem *Coca Cola Report* in Europa unterwegs und flog noch immer einmal im Monat nach Hamburg, um die nächsten Folgen von *Bravo TV* zu drehen und Musikshows zu moderieren. Vor allem in Deutschland erhielt ich nun mehr und mehr Anerkennung für meine Arbeit.

Am 9. Februar 1993 in Hamburg wurde ich gleich mit zwei Preisen ausgezeichnet. Ich moderierte die *Bravo-Supershow* mit zahlreichen Prominenten auf der Bühne, bei der ich von der *Bravo* den Goldenen Otto überreicht bekam. Wenige Minuten später geleitete mich eine Polizeieskorte zur Verleihung der Goldenen Kamera. Im Auto frischte die Visagistin schnell mein Make-up auf, dann ging es direkt auf die Bühne, wo die Fantastischen Vier mir den Fernsehpreis überreichten. Das alles war live auf der *Bravo-Supershow* zu sehen, und anschließend raste ich wieder dorthin zurück, um weiter zu moderieren. Bei der Aftershowparty der *Goldenen Kamera* fragte ich Harald Schmidt, der ebenfalls einen Preis erhalten hatte, ob er wisse, wofür er diesen Preis eigentlich bekommen hätte. Er lachte nur und sagte: »Keine Ahnung.« Mir ging es genauso.

So sehr sich Imran über meinen Erfolg auch freute, er konnte mit meinem Job im Prinzip wenig anfangen. Er war der Ansicht, dass der Großteil der Musik und der Videos, die auf MTV liefen, die Jugend verderben würde – insbesondere in traditionellen Gesellschaften wie in seiner Heimat. In den meisten Videos gehe es schlicht um Sex und Verführung. Auch wenn Sex nicht explizit gezeigt werde, so suggerierten die Videos doch, dass dies das Ziel jeder Interaktion zwischen Mann und Frau sei. Knappe Oberteile, Miniröcke, schwingende Hüften, tiefe Blicke – MTV habe einfach keine Ahnung, was solche Videos in pakistanischen Dörfern bei jungen Menschen auslösten. Seiner Meinung nach untergruben sie traditionelle Strukturen und Verhaltensweisen und trieben einen Keil in die Gesellschaft. Sollte die Aufgabe von Jugendsendern nicht vielmehr darin bestehen, den Kids Werte wie Anstand, Respekt und Verantwortung zu vermitteln?, fragte er kritisch.

Klar, Imran kam aus einer anderen Kultur, und er übertrieb ein bisschen. Ich erklärte ihm, dass MTV einfach nur unterhalten wolle, daher dürfe man das Ganze nicht zu ernst nehmen, außerdem gebe es auch jede Menge gute, kunstvolle Videos. Aber wenn ich ehrlich war, dachte auch ich zunehmend kritisch über die Inhalte von MTV nach. Mir missfielen vor allem die Hip-Hop-Videos, in denen Machos im Gangsta-Look mit dicken Autos sexistische und gewaltverherrlichende Texte von sich gaben. Was für Botschaften waren das, die Millionen von Jugendlichen auf dem ganzen Erdball täglich anschauten? Gegen Hip-Hop an sich hatte ich nichts einzuwenden und mochte melodische Old-School-Rapper wie Dela Soul. In guten Videos ging es ja auch immer um Respekt und um Frauen, die sich Respekt verschafften. Aber es gab eben auch viel Machogehabe.

Nach wie vor störte mich außerdem die Weigerung des Senders, mehr politische und pädagogische Verantwortung zu übernehmen. Einmal fragte ich meinen Chef Bill Roedy, was an der Zeichentrickserie *Beavis und Butthead*, die damals auf MTV lief, seiner Meinung nach so toll sei. Die Sendung drehte sich um zwei grenzdebile Teenager, die vor Dummheit strotzten, im Wesentlichen über Rülpslaute kommunizierten und alles zerstörten, was sie in die Finger bekamen. Das sei nun wirklich alles andere als ein positives Beispiel für die Jugend, argumentierte ich. Bill Roedy antwortete, die Sendung erziele insbesondere in Deutschland die höchsten Einschaltquoten, und das zähle nun mal.

Es brachte also nichts, darum herumzureden, dass MTV kein pädagogisches Interesse hatte, sondern ein kommerzielles. Wenn die Verantwortlichen in den wöchentlichen Playlistmeetings darüber entschieden, welches Video in welcher Show zu welcher Zeit laufen und welche unbekannte Band nach oben gebracht werden sollte oder wer gerade angesagt war, so war dies nicht zuletzt abhängig davon, was die großen Plattenfirmen wollten, mit denen MTV gute Beziehungen pflegte. Was der Sender damit in fremden Kulturen auslöste, darüber machte sich niemand Gedanken. Dennoch wäre es falsch, MTV Unverantwortlichkeit oder Beliebigkeit in der Auswahl der Inhalte zu unterstellen, denn das Ziel war, in erster Linie frische, gute Musik zu bringen und up to date zu sein. Außerdem musste jedes Video einem gewissen öffentlichen Broadcasting-Standard entsprechen.

Imrans kritische Haltung bedeutete allerdings nicht, dass er mich nicht unterstützte. Er freute sich, wenn ich Erfolg hatte, und machte mir oft Mut vor großen Auftritten. Er sagte dann: »Geh auf die Bühne wie eine Tigerin«, oder er zitierte den großen Poeten Allama Iqbal: »Oh Falken, habt keine Angst vor den

Winden, sie sind nur dazu da, euch höher fliegen zu lassen.« Eine Grundkonstante unserer Beziehung war weiterhin das ständige Gespräch, der permanente Austausch über Kultur, Religion und auch Politik.

Bei der Lektüre der Sonntagszeitung machte mich Imran häufig auf Begriffe und Floskeln aufmerksam, die seiner Meinung nach zeigten, dass westliche Medien die Dinge bisweilen durch einen antiislamischen Filter betrachteten. So redete man hier von palästinensischen Freiheitskämpfern fast immer als Terroristen, von der israelischen Armee – de facto eine Besatzungsmacht – dagegen lediglich als Soldaten. Oder er stellte mit Bestürzung und Ärger fest, dass die UN aus seinem Blickwinkel nichts für die Muslime in Bosnien während des Krieges im ehemaligen Jugoslawien taten. Die Massaker, die Einkesselung von Sarajewo, das tatenlose Zusehen der Staatengemeinschaft – all das erschütterte ihn zutiefst. So lernte ich zum ersten Mal, das Weltgeschehen aus einer anderen Perspektive zu betrachten.

Imran studierte mittlerweile intensiv den Koran und war so begeistert von den Erkenntnissen, die er dadurch gewann, dass er allen davon erzählte, vor allem mir. Mich interessierte das, was er über den Islam zu sagen hatte, denn irgendetwas in mir hatte Feuer gefangen. Es war wie eine Lawine, die ins Rollen gekommen war, und ich wollte mehr wissen und verstehen. Hinzu kam, dass Imran seine Ansichten oft mit Suren aus dem Koran untermauerte. Wenn man kontrovers mit ihm diskutierte, hatte man nur eine Chance, recht zu bekommen, wenn man auf seine islamischen Argumente islamische Gegenargumente fand. Persönliche Meinungen zählten für ihn nicht, allein das Wort Gottes hatte Gewicht.

Inzwischen besaß ich ebenfalls ein Exemplar des Heiligen Buches, und oft blätterten wir zusammen darin. Ich las den Koran von Beginn an mit großer Faszination, denn ich spürte die Kraft der Macht. Gott sprach direkt zu mir. Am meisten jedoch überraschte mich, dass ich auf weitaus mehr Gemeinsamkeiten zwischen dem Judentum, Christentum und dem Islam stieß, als ich angenommen hatte. Muslime, so stellte ich fest, glauben an denselben Gott, an den auch Juden und Christen glauben. Auch entdeckte ich alle Propheten wieder, die mir bekannt waren: Abraham, Moses, Jesus. Nach dem Islam ist die Botschaft der Propheten im Kern immer dieselbe gewesen. Muhammad, das letzte Glied der Kette, hat ihre Botschaft zusammengefasst und vollendet.

Was mir besonders gefiel: Der Islam erhebt keinen Exklusivitätsanspruch, sondern erkennt alle anderen offenbarten Religionen an. Es ist Pflicht für Muslime, an alle Propheten zu glauben und keine Unterschiede zwischen ihnen zu machen. Komplizierte Dogmen wie die Dreifaltigkeit Gottes oder bedrückende Hypothesen wie die Lehre der Erbsünde gibt es nicht. Jeder Mensch ist rein geboren und nicht von vornherein mit der Erbsünde belastet. Zudem fördert der Islam die Eigenverantwortlichkeit. »Kein Mensch wird für die Taten anderer belangt, sondern nur für die, die er selber begangen hat. Kein Mensch trägt die Schuld eines anderen«, heißt es im Koran (6:164). All das schien mir klar und logisch nachvollziehbar – und es gefiel mir.

Bald war ich belesen genug, um den Spieß auch einmal umdrehen zu können. Wenn ich Imran daran erinnern wollte, dass ich mir wünschte, er möge sich etwas mehr Zeit für uns nehmen, argumentierte ich mit den Ratschlägen des Propheten in Sachen Zeitmanagement. Dieser hatte gesagt, man solle ein Drittel des Tages für Arbeit, ein Drittel für Gebet, Familie, Freizeit und gesellschaftliche Aktivitäten und ein Drittel zum Schlafen und Entspannen verwenden.

Eine zentrale Aussage des Islam, die immer wieder im Koran vorkommt und über die ich viel nachdachte, lautet: Es gibt einen Gott. So steht beispielsweise in Sure 122: »Er ist Gott der Einzige, der allein Anzuflehende …« Ich kannte so etwas Ähnliches von den Zehn Geboten, in denen es heißt: »Du sollst keine anderen Götter haben neben mir«, hatte mir bisher jedoch nie groß Gedanken darüber gemacht. Langsam verstand ich diese zentrale Aussage besser. Nichts oder niemand kann so schön, so vollkommen, so liebevoll und gerecht, so verehrungswürdig sein wie Gott. Wer zu etwas anderem betet als zu Gott, wer an etwas anderes glaubt als an Gott, wer sich etwas anderem hingibt oder anvertraut als Gott, der wird unter der Mangelhaftigkeit dessen leiden, das er anbetet, und von der Machtlosigkeit dessen enttäuscht sein, auf dessen schützende Fürsorge er hofft.

Ich dachte an meinen beruflichen Alltag: Auf vielen der großen *Bravo-Supershows* fiel jedes Mal eine ganze Reihe von Zahnspangen tragenden Mädchen in Ohnmacht, wenn sie ihren Star auf der Bühne sahen. Ging dieses Anhimmeln nicht ein wenig in Richtung Götzenverehrung? Trug ich etwa dazu bei?

Auch fiel mir auf, wie sehr die Menschen im Musikbusiness darauf erpicht waren, jung zu wirken, selbst wenn sie bereits weit über 40 waren. Um im Showbiz und auch in der Londoner High Society zu bestehen, legten sich viele Frauen unters Messer, ließen sich Botox ins Gesicht spritzen und »die Brüste machen«, wie es hieß. Sie taten dies, um einem Bild zu entsprechen, das die Medien kreiert hatten. Aber zeugte es nicht von einer großen inneren Unsicherheit, sich an diesem Bild zu orientieren und sich, um ihm zu entsprechen, den Körper aufschneiden zu lassen?

Kein Chirurg, kein Gift, keine Technologie kann schließlich den Lauf der Zeit aufhalten. Das Einzige, was nicht altert, das Einzige, was unvergänglich ist, ist die Seele, und die gilt es zu verschönern. Orientalische Frauen unterliegen viel weniger diesem Druck, einen superschlanken Körper haben zu müssen. Mir scheint, dass sie viel mehr von einer inneren Sicherheit getragen sind, die aus ihrem Glauben und ihrer Familienverbundenheit gespeist ist. Sicher hilft hier auch die weite Kleidung der Muslime, die körperliche Mängel kaschiert. Sie trägt dazu bei, dass Frauen als Mensch und nicht für ihren Körper geschätzt werden.

Imran interpretierte das Prinzip der Einheit Gottes, al-Tawhid, folgendermaßen: Wer die muslimische Religion ernsthaft praktiziere, der verneige sich ausschließlich vor Gott und vor nichts anderem. Weder vor Geld, Macht, Konventionen, gesellschaftlichem Erwartungsdruck, Klassendenken, Mode oder Ruhm. Das sei wahre Freiheit, in der der Mensch seine von Gott gegebenen Fähigkeiten entwickeln und steigern könne. Daher bedeute der Islam auch ein ständiges Reflektieren der eigenen Handlungen und ihrer Motive, also eine ständige Reform des Charakters.

Langsam, aber sicher begann ich einige meiner neu gewonnenen Überzeugungen umzusetzen, was sich zunächst äußerlich zeigte. Die Röcke waren länger, die Tops geschlossener. Bei MTV fiel das erst mal niemandem weiter auf, denn Grunge war gerade modern, und lange Kleider waren sowieso in. Doch ich blieb dabei, auch als dieser Trend vorbei war und die Saumlänge wieder mehr Bein zeigte – und fühlte mich sehr wohl damit. Heute versuche ich, mit meinem Kleidungsstil Religion und Mode irgendwie zu arrangieren – und das geht!

Mein gesellschaftliches Leben änderte sich ebenfalls. Anstatt mich mit Freunden auf Partys oder in Clubs zu treffen, ging ich nach den Sendungen nach Hause, vergrub mich in meine Bücher oder besuchte mit Imran einen islamischen Event. Wenn ich doch einmal in einen Club oder ein Konzert ging, fühlte ich mich oft so, als ob ich nur eine glattpolierte Oberfläche von mir selbst spazieren führte. Oft bereute ich im Nachhinein, dass ich mich in alte Verhaltensmuster hatte drängen lassen und einfach irgendwo hingegangen war, weil es eben so üblich war, dabei zu sein. Natürlich war es unmöglich, mit den Leuten dort ernsthafte Gespräche über das zu führen, was mich bewegte. Als auf einer MTV-Party unser Chef Bill Roedy scherzhaft erwähnte, ich sei ja wohl inzwischen dem pakistanischen Cricketteam beigetreten, mussten alle lachen, aber wirklich verstehen konnte niemand mein Interesse für den Islam.

Als ich Imran davon erzählte, gab er mir einen passenden Vers von dem großen Philosophen und Sufi-Meister Dschalaluddin Rumi zu lesen, einem persischen Poeten aus dem 13. Jahrhundert. Seine Schriften trafen mich mitten ins Herz, und viele Texte wurden später zu meinen ständigen Begleitern. Rumi schrieb: »Die Hölle ist umgeben von Spaß, Schönheit und Verführung, der Himmel von Armut, Leiden und Hässlichkeit.« Bei genauerem Nachdenken war genau das die Welt, in der ich arbeitete: Spaß, Schönheit und Verführung. So krass wie Rumi sah ich die Dinge zwar nicht, aber instinktiv wusste ich, was er meinte. Das hing sicherlich auch damit zusammen, dass ich begann, MTV zu »entwachsen«.

Heirat war weiterhin ein Thema, allerdings erst, wenn das Krankenhaus fertiggestellt war. Der Termin verschob sich immer weiter, die Arbeiten waren schon über ein Jahr hinter Plan. Imran nahm es gelassen. Dies zeige nur, dass wir unser Schicksal nicht in der Hand hätten, sagte er. Wir können uns noch so viel vornehmen – Gott ist der bessere Planer, so steht es im Koran. Wir können uns nur nach Kräften bemühen und den Rest Gott überlassen.

Für Imran war es selbstverständlich, dass er nur eine Muslima heiraten würde, obwohl er nach dem Islam auch eine Christin oder Jüdin hätte ehelichen können. Für mich war es allerdings noch nicht selbstverständlich, dass ich konvertieren würde.

Konversion war in diesem Zusammenhang vielleicht ohnehin ein zu hochgestochener Begriff. Auch wenn ich evangelisch getauft war, hätte ich mich selbst nicht als praktizierende Christin bezeichnet, obwohl ich im weitesten Sinne gläubig war. Für mich ging es vielmehr um die Frage, ob ich mich als westliche Frau auf den Islam einlassen konnte. Auf der anderen Seite war ich, wenn auch unbewusst, auf der Suche nach größerer innerer Erfüllung. Ich brauchte neue Horizonte. Ich hatte inzwischen zu viel gesehen und erlebt, um noch daran glauben zu können, dass ich den Seelenfrieden, nach dem ich mich sehnte, in irgendeinem Fernsehstudio, auf irgendeiner Party oder in einem neuen Prada-Kleid finden würde. Diese Dinge waren einfach mein Job. Den wollte ich nach wie vor auch machen, und zwar gut, doch ich hatte inzwischen begriffen, dass mir MTV nicht das zu geben vermochte, was ich wirklich brauchte.

Die Perspektive, mich auf einen Glauben einzulassen, der

Werte vertritt, die über diese Welt hinausreichen und mir Anweisungen gibt, wie ich diese Werte in mein Leben integrieren kann, erschien mir zunehmend sinnvoll und attraktiv. Alles, was ich brauchte, um diesen Schritt zu gehen, war ein bisschen Zeit. Unsicherheit bereitete mir nur die Aussicht, mit Imran in Pakistan zu leben.

Was würde ich machen, wenn er ständig für seine Projekte unterwegs sein würde? Sobald das Krankenhaus eröffnet war, sagte Imran, wolle er in die Politik gehen, um für eine unabhängige Justiz, für den Schutz der Umwelt, für mehr Gerechtigkeit und bessere Bildung in seinem Land zu kämpfen. Von all dem war ich ebenfalls überzeugt, nur wie konnte ich ihm dabei zur Seite stehen? Wie sah die Rolle aus, die ich als seine zukünftige Ehefrau dabei spielen würde?

Imran beteuerte stets, er wünschte sich von seiner Frau, dass sie ihn bei seinen Aktivitäten unterstütze. Das hätte ich sehr gerne getan. Es sei selbstverständlich für ihn, dass sich Frauen weiterbildeten und einen Beruf ergriffen, so wie seine Schwestern. Dennoch wies er mich darauf hin, dass es im Islam eine grundsätzliche Einstellung zum Familienleben gibt. Wenn Frauen Kinder bekommen, sollten sie diese zur obersten Priorität machen und sie selbst aufziehen, anstatt sie zum Beispiel in einen Kinderhort zu geben. Dies sei einfach sehr viel besser für Kinder und gebe ihnen emotionalen Halt, der sie auf das Leben vorbereite.

In der orientalischen Großfamilie, so führte er an, sei das alles sowieso viel leichter als in der westlichen Gesellschaft, in der die Institution Familie im Begriff sei, sich aufzulösen. In orientalischen Familien lebten die Generationen unter einem Dach und teilten sich die anfallenden Aufgaben. Es gebe im Zweifel immer eine Tante, die sich um die Kinder kümmere, wenn die Mutter mal keine Zeit habe. Umgekehrt sorgten die Jüngeren für die Älteren.

Mein Einwand, dass ein solches Rollenverständnis mit einer gehörigen Portion Selbstaufgabe seitens der Frau einhergehe, leuchtete ihm ein. Doch er begriff es als die Verantwortung und auch als das Privileg der Frau, die nachfolgende Generation großzuziehen. Die Mutterrolle werde im Islam als eine höchst ehrenvolle Aufgabe angesehen, letztlich sogar als ein Weg zu Gott. Nicht umsonst sage der Prophet: »Das Paradies liegt zu Füßen der Mutter.« In der islamischen Gesellschaft empfänden es selbst noch so gebildete und unabhängige Frauen niemals als Benachteiligung, ihre Kinder großziehen zu dürfen. Im Gegenteil, es sei die wichtigste und ehrenvollste Aufgabe überhaupt. Im Westen hingegen werde die Mutterrolle entwertet. Wie er festgestellt habe, sei es »uncool«, Mutter und Hausfrau zu sein.

So leicht, wie Imran es sich vorstellte, als Vollzeitmutter zu Hause glücklich zu sein, war es ganz sicher nicht. Doch ich spürte auch, dass ich vieles, was er an der traditionellen Rollenverteilung zwischen den Geschlechtern befürwortete, nicht einfach von mir weisen konnte. Nicht zuletzt war ich genau mit diesem Modell aufgewachsen, ebenso wie Imran. Was er sagte, vermittelte Sicherheit, Respekt und Liebe, außerdem betonte er immer wieder, dass diese Rollen von Gott so bestimmt seien und unserer Natur entsprächen. Trotzdem hatte ich damals noch Vorbehalte, insbesondere was den Respekt gegenüber der Frau betraf.

Ich erinnerte Imran an eine Begebenheit, die sich eines Abends bei uns ereignet hatte. Er hatte den Musiker Yusuf Islam, vielen besser bekannt als Cat Stevens, der in den 70er Jahren zum Islam konvertiert war, eingeladen. Imran schätzte seine Musik, die auch in Pakistan sehr beliebt war, und wollte ihn kennenlernen. Außerdem sollte ich Gelegenheit haben, einem Konvertiten aus einem nicht islamischen Kulturkreis meine Fragen stellen zu können.

Yusuf Islam kam mit einem Bekannten, einem islamischen Gelehrten. Beide trugen Bärte und hatten lange weiße Gewänder an. Keiner von beiden reichte mir zur Begrüßung die Hand, aber das kannte ich ja bereits aus Pakistan. Die beiden Männer nahmen gegenüber von Imran und mir Platz, und nachdem die Herren ein bisschen Smalltalk und ein paar Scherze ausgetauscht hatten, begannen sie über den Islam zu sprechen. Alles war sehr interessant, und vieles war mir bereits vertraut. Schließlich stellte ich den beiden eine Frage, die mir zu jenem Zeitpunkt erheblich zu schaffen machte. Ich hatte im Koran die Sure 4:34 gelesen, die besagt: »Ermahnt diejenigen (Frauen), von denen ihr Widerspenstigkeit befürchtet, und entfernt euch von ihren Räumen und schlagt sie.« Ich wollte von den beiden Männern wissen, was von dieser Aussage zu halten sei.

Yusufs Freund meinte, es gehe um ein ganz schlimmes Vergehen der Frau, nicht um irgendeinen harmlosen Streit. Grundsätzlich solle man stets erst einmal versuchen, sich gütlich zu einigen. Aber wenn alle Versuche nichts bringen, dürfe der Mann die Frau ganz leicht schlagen – mit einer Zeitung etwa oder einer Zahnbürste, mehr symbolisch. Mir verschlug es die Sprache. Diese Aussage passte keineswegs in das Bild des Islam, das ich mir erarbeitet und das Imran mir vermittelt hatte. Imran sah mir die Entgeisterung an und tröstete mich damit, dass man nicht einzelne Textstellen des Korans aus dem Gesamtzusammenhang zitieren und interpretieren dürfe. Wichtig sei der Geist des gesamten Buches, und der sei absolut egalitär. Männer und Frauen seien gleichwertig vor Gott. Stoße man im Koran auf Stellen, die man nicht verstehe, so lasse man sie am besten ruhen, um später noch mal darauf zurückzukommen. Er beschwichtigte mich weiterhin damit, dass unsere Gäste unter dem Einfluss des konservativen wahabitischen Islam stünden.

Nun, das mochte ja alles so sein. Ich hatte trotzdem erst einmal genug. Ich wünschte mir Gespräche mit aufgeschlossenen und undogmatischen Menschen, die eine weltoffenere Form des Islam vertreten. Die müsse es schließlich auch geben.

Diese Gelegenheit sollte ich glücklicherweise bald bekommen, denn kurze Zeit später lernte ich mit Imran Gai Eaton kennen.

Aber zuerst waren Imran und ich auf eine Party in einer eleganten Villa eingeladen, dem Haus von Ramola Bachchan, der Schwägerin des indischen Filmstars Amitabh Bachchan. Unter den Gästen fiel mir eine Frau auf, die mir vom ersten Augenblick an sympathisch war, denn sie besaß eine charismatische Ausstrahlung, die durch ihre orientalische Aura noch verstärkt wurde. Sie war in einen schwarzen, schicken Schalwar Kamiz gekleidet, aber ohne die passende *Dopatta*, das Schaltuch, auf dem Kopf zu tragen, sondern lässig um die Schultern geschlungen. Ihr Name war Ruby, sie stammte aus Pakistan, und wir kamen schnell ins Gespräch. Ruby produzierte Talkshows und hatte auch für Imrans Krankenhausprojekt einen Werbespot gedreht.

Ruby gefiel mir sehr. Sie war ebenfalls in Lahore geboren, aber bedingt durch den Beruf ihres Vaters, der oft unterwegs war, bei ihrer Großmutter aufgewachsen. Später zog sie dann mit ihren Eltern nach London. Sie sei im islamischen Glauben erzogen, ohne dies jedoch je als Einschränkung zu empfinden, erzählte sie. Über ihre Religion sprach sie in klaren, einfachen Worten. Sie sagte, man dürfe alles einfach nicht so eng sehen. Jeder praktiziere den Islam so, wie er wolle, schließlich sei man, egal ob Mann oder Frau, nur Gott verantwortlich und niemandem sonst. Wie man sich kleide, ob man ein Kopftuch trage oder nicht, wie man seine Kinder erziehe – all das sei allein die Sache der Frau. Ihr Handeln müsse sie schließlich nicht vor dem Ehemann rechtfertigen, sondern vor Allah.

Mir fiel ein Stein vom Herzen. Ruby vermittelte mir damals einen ersten Eindruck davon, wie muslimische Frauen in einer westlich geprägten Weltstadt alles unter einen Hut bringen können: Glaube, Tradition, Beruf, Partys, Selbstverwirklichung. Heute sind wir gute Freundinnen. Obwohl Ruby einen eher liberalen Islam lebt, trägt sie Gott ganz fest im Herzen. Wenn sie von einem persönlichen Erfolg oder einem Erlebnis erzählt, schließt sie ihren Bericht immer mit den Worten »*Shukr, al hamdulillah*«, was so viel heißt wie »Danke schön, gelobt sei Gott«.

Ende und Anfang

Und solang du das nicht hast,
Dieses: Stirb und werde!
Bist du nur ein trüber Gast
Auf der dunklen Erde.
Johann Wolfgang Goethe

Ich war nun eine Reisende zwischen den Welten. Einerseits war ich Teenie Queen und Musikfachfrau in Deutschland mit höchsten Einschaltquoten, moderierte Events, war viel unterwegs und hatte ein Gesicht, das Tausende kannten. Andererseits entdeckte ich Stück für Stück eine völlig andere, neue Welt: den Islam und die orientalische Kultur, die ich in Pakistan und durch den Umgang mit Imrans Freunden in London kennenlernte.

Obwohl ich meine Arbeit inzwischen kritischer sah und sie mir manchmal auf die Nerven ging, machte sie im Großen und Ganzen doch viel Spaß. Gleichzeitig nahm meine Faszination für den Islam mehr Raum ein. Vor allem die Geisteshaltungen, die die Religion empfahl, lernte ich schätzen: Selbstkontrolle, Geduld, Sanftmut. Imran war in diesen Dingen ein lebendes Beispiel.

Kurz nach Weihnachten 1993, das ich in Hamburg bei meiner Familie verbracht hatte, fuhr ich nach London zurück, um dort die letzten Vorbereitungen für eine weitere Reise nach Pakistan zu treffen. Ich wollte mit meiner Schwester nach Lahore zu Imran fliegen, der bereits bei seinem Vater war und mich erwartete.

Die Wohnung war eiskalt, als ich ankam. Ich wollte als Erstes die Heizung anschalten, die mal wieder nicht funktionierte, also zündete ich einen der Gasöfen an, der aber auch nicht anspringen wollte. Ich hantierte daran herum, als mir plötzlich eine riesige Stichflamme ins Gesicht schoss. Erschrocken sprang ich zurück, die Flamme setzte in Sekundenschnelle meterhohes, getrocknetes Tigergras, das neben dem Kamin stand, und die mit Stoff bespannte Zimmerdecke in Brand. Ich hastete in die Küche, um Wasser zu holen, und als ich mit einem vollen Eimer zurückkam, stand bereits der ganze Raum lichterloh in Flammen. Geistesgegenwärtig schloss ich die Schlafzimmertür und rief mit zitternden Fingern die Feuerwehr an. Es dauerte eine halbe Ewigkeit, bis der Löschzug eintraf, doch glücklicherweise bekamen die Männer das Feuer relativ schnell in den Griff. Zum Abschied klopften sie mir aufmunternd auf die Schulter, und der ganze Spuk war wieder vorbei.

Zurückgeblieben waren ein kohlrabenschwarzes Zimmer, ein furchtbarer Gestank und totales Chaos: verkohlte Kleidungsstücke, geschmolzene CD-Hüllen, angesengte Bücher. Nur ein einziges Buch war unversehrt geblieben: der Koran. Ratlos lief ich hin und her. Ich war froh, dass alles glimpflich ausgegangen und mir nichts passiert war, aber ich stand unter Schock. Es dauerte eine Weile, bis ich mich wieder fing und mir klar wurde, dass ich Imran erzählen musste, was passiert war. Es war seine Wohnung, und er mochte sie sehr, denn sie war sein Rückzugsort in London und beinahe alles, was er besaß. Den Rest hatte er für das Krankenhaus hergegeben.

Als ich ihn schließlich in Lahore erreichte, erwartete ich, dass er entsetzt reagierte, doch er sagte nur: »*Al hamdulillah,* meine Sünden sind verbrannt! Komm schnell nach Pakistan, ich vermisse dich.« Kein Wort des Vorwurfs, keine Frage nach dem Ausmaß des Schadens oder möglichen Versicherungsansprüchen. Im Gegenteil: Imran sah das Ganze als höheres Schicksal an und sagte: »Geld kommt, Geld geht, man kann es nicht über den Tod hinaus festhalten. Mach dir keine Gedanken, steig ins nächste Flugzeug und komm nach Pakistan.« Mit einer derart gelassenen Reaktion hätte ich nie im Leben gerechnet, aber Imran hatte die Fähigkeit, auch unangenehme Erfahrungen würdevoll anzunehmen, ohne die Nerven zu verlieren.

Ins nächste Flugzeug konnte ich trotzdem nicht steigen, denn ich hatte mich in den kommenden Tagen um die Abwicklung des Brandes zu kümmern. Zwei Mitarbeiter der Londoner Gaswerke kamen vorbei, um die Öfen zu inspizieren, und versahen sie mit

Gefahrenschildern, auf denen Totenköpfe abgebildet waren. Sie sagten, die Dinger seien Todesfallen, sie hätten nicht mal einen Abzug und seien unprofessionell installiert. Ich räumte auf, warf vieles weg und brachte die gesamte Kleidung zur Reinigung.

Außerdem brauchte ich eine neue Bleibe, denn in der Wohnung konnte ich keine weitere Nacht verbringen. Fürs Erste fand ich Unterschlupf bei Steve Fargnoli, der ebenfalls in Chelsea wohnte und ein Gästezimmer besaß. Mit einem riesigen Wäscheberg stand ich kurz nach unserem Telefonat vor seiner Tür. Ursprünglich wollte ich nur vier Wochen bleiben, bis Imrans Wohnung wiederhergerichtet war, aber am Ende wurde ein Jahr daraus, weil die Renovierungsarbeiten so lange dauerten.

Nach dem ganzen Stress war der Pakistanurlaub mit meiner Schwester genau das Richtige. Im Haus von Imrans Vater, in dem Imran eine eigene Etage bewohnte, saßen wir stundenlang auf dem Balkon, tranken Tee und unterhielten uns. Susanne und ich sahen uns selten, seit sie in Mailand lebte, denn ihr Job forderte sie extrem. Trotz der Entfernung haben wir eine sehr enge und starke Beziehung. Zwischen uns passt kein Blatt, und genau wie früher verteidige ich sie noch heute wie eine Löwin gegen alle Bedrohungen. Als Imran einmal auf der Reise vorschlug, sie solle sich ein Schlafzimmer mit einem seiner Freunde teilen, fuhr ich ihn an: »Behandle meine Schwester wie deine eigene Schwester, und schicke sie nicht mit wildfremden Männern aufs Zimmer.« Imran sah seinen Fehler schnell ein und entschuldigte sich.

Allerdings fragte ich mich einmal mehr, wie es in Pakistan in Wahrheit mit dem Respekt vor Frauen, insbesondere vor westlichen, bestellt war. Das spürte auch Susanne, weshalb sie sich Sorgen machte. Sie war sich nicht sicher, ob Imran wirklich für mich da wäre und mit mir durch dick und dünn ginge, sollten wir heiraten und gemeinsam in Pakistan leben. Sie bemerkte, dass ich in diesem Land abhängig von ihm war und nicht die selbständige Schwester, die sie kannte.

Endlich lernte ich auch Imrans Schwestern besser kennen, die ich als selbstbewusste Frauen erlebte – genau so, wie Imran sie mir beschrieben hatte. Eine arbeitete als Chirurgin, eine andere studierte Wirtschaft, eine lebte als studierte Hausfrau, und ihre Männer unterstützten sie bei Arbeit und Ausbildung. Ich sprach mit ihnen über die Rolle der Frau im Islam. Mehrfach betonten sie mir gegenüber, dass der Islam Frauen schon seit dem siebten Jahrhundert viele Rechte einräume, etwa das verbürgte Recht, vom Mann versorgt und beschützt zu werden, das Recht auf Eigentum und das Recht darauf, vor Gericht als eigenständige juristische Person zu gelten. Für mich als westliche Frau waren jene Punkte selbstverständlich, in meinen Augen handelte es sich dabei ganz einfach um Menschenrechte. Außerdem war ich bisher ganz gut ohne den Schutz eines Mannes ausgekommen und fragte mich daher, was genau unter diesem »Schutz« zu verstehen sei. Wo die Trennlinie verlaufe. Wo Schutz in Unterdrückung umschlage.

Frauen zu unterdrücken oder in ihrer Freiheit einzuengen sei unislamisch, meinte Alima, eine der Schwestern. Sie erzählte, sie orientiere sich in ihrem Glauben an den Frauen der Familie des Propheten, die ausnahmslos eindrucksvolle Persönlichkeiten gewesen seien. Sie hätten sich aktiv in der Gesellschaft engagiert und zum Wohle der Gemeinschaft beigetragen. Khadidscha, die erste Frau des Propheten, war eine erfolgreiche Geschäftsfrau, als er sie heiratete. Das mochte durchaus sein, aber das war 1500 Jahre her. Wie sah es heute aus? Die Frauen des Propheten seien Vorbilder für alle gläubigen Muslimas, sagte sie auf meine Frage. Sie lehrten, stolz zu sein, die Rolle in der Familie und der Gemeinschaft auszufüllen, Verantwortung zu übernehmen und auch Kritik zu üben. Imbessad zum Beispiel, die Frau von Yusuf, dem sehr guten Freund Imrans in Lahore, unterstützte ihren Mann bei seinem Wahlkampf.

Das klang wiederum gut. Abgesehen davon wirkten Imrans Schwestern ganz und gar nicht unterdrückt, und auch, was ihre Kleidung betraf, schienen sie frei und selbstbestimmt zu sein. In der Öffentlichkeit trugen sie Schalwar Kamiz und dazu eine *Dopatta,* passend zum Rest des Outfits. Sie warfen es sich um die

Schulter oder, dem Anlass entsprechend, auch über den Kopf, damit ihr Haar bedeckt war.

Der Koran, hieß es, verlange von Frauen ebenso wie von Männern, sich dezent zu kleiden. Wie dieses Gebot umzusetzen ist, was »dezente Kleidung« letzten Endes bedeutet, ist, wie ich später lernen sollte, eine Sache der persönlichen Interpretation – und der kulturellen Tradition des Landes. Für Muslime im Westen mag es heißen, Jeans und Bluse anzuziehen, für eine Frau in Pakistan, Schalwar Kamiz zu tragen oder gar die Burka anzulegen – je nachdem, wie konservativ sie ist.

Susanne und ich begegneten auf unserer Reise aber auch Frauen, die alles andere als stark und unabhängig schienen. Ich erinnere mich an eine Ehefrau, die ich beim gemeinsamen Tee kennenlernte. Sie nahm nicht am Gespräch teil und wirkte in sich zurückgezogen und depressiv. Auch traf ich Pakistanerinnen, die sich bei mir kräftig über ihre Männer beklagten. Pakistanische Männer kämen und gingen, wie es ihnen passe, berichteten sie, meist ohne Bescheid zu sagen, und die Frau müsse oft zwei Stunden oder länger mit dem Essen warten, um am Ende festzustellen, dass der Mann bereits mit vollem Magen nach Hause kam. Das liege daran, erklärten sie mir, dass Männer von klein auf von ihren Müttern verehrt und verwöhnt würden, weshalb sie sich später wie Machos verhielten. Solche Storys wiederum kannte ich auch aus dem Westen.

Wie gern man es auch über einen Kamm scheren möchte – unterdrückte Frauen gibt es wohl überall. Worin die Gründe dafür letztlich liegen, Kultur, Religion oder persönliche Defizite – wer könnte das sagen? Eine zentrale Erkenntnis ergab sich allerdings aus meinen Pakistanreisen, nämlich dass ich unterscheiden musste zwischen der Essenz des Islam und der kulturellen Praxis.

Ich las nach wie vor viel islamische Literatur von orientalischen wie auch europäischen Schriftstellern und war zu einer richtigen Leseratte geworden. Durch Imrans Bekanntheit hatte ich das Glück, einige der Autoren persönlich kennenzulernen. Wieder in London, trafen wir den englischen Autor Gai Eaton, der das Buch *Der Islam und die Bestimmung des Menschen* geschrieben hatte. Es behandelt auf ebenso unterhaltsame wie kluge Weise verschiedene Aspekte des Islam von seiner Geschichte im Orient und in Europa bis hin zur politischen, kulturellen und spirituellen Seite des Glaubens.

Wir aßen gemeinsam in einem Restaurant zu Mittag. Ich war neugierig und gespannt. Gai Eaton, der in London lebte, war ein schlanker, eleganter Mann, den eine exzentrische Aura umgab. Er rauchte Zigaretten mit Spitze und war, wie er uns schmunzelnd erzählte, ausgebildeter Schauspieler. Er war bereits über siebzig Jahre alt, als wir uns das erste Mal begegneten, wirkte aber alterslos. Ihn zeichnete der typisch feine Humor eines gebildeten englischen Gentlemans aus. Er war in der Schweiz geboren und hatte nach dem Studium in Cambridge etliche Jahre im diplomatischen Dienst in Jamaika, Ägypten und Indien verbracht. Seit seiner Pensionierung arbeitete er im Islamischen Zentrum der Hauptmoschee Londons am Regent's Park. Ich war vom ersten Augenblick an von ihm fasziniert und bin es bis heute. Gai Eaton ist für mich Berater, Freund und kluger Wegweiser in allen Fragen geworden.

Beim Essen erzählte er Imran und mir, wie er zum Islam gefunden hatte. Er hatte sich immer für Philosophie und Ethik interessiert, viele große Denker studiert und sich davon Orientierung und Erkenntnis für das eigene Leben versprochen. Irgendwann stellte er fest, dass ihn diese Gedankenwelten zwar faszinierten, ihn aber in seiner eigenen Suche nach einer höheren, absoluten Wahrheit nicht weiterbrachten. Außerdem fehlten ihm konkrete Anleitungen dazu, wie man sich im täglichen Leben verhalten solle, um Erkenntnis und Seelenheil zu erlangen. So fing er an, sich mit den Heiligen Schriften zu beschäftigen, bis er im Islam fand, was er suchte, und 1951, mit knapp dreißig Jahren, in Ägypten konvertierte.

Dann sprachen wir über die Religion und den Glaubensweg. Gai Eaton besitzt die Gabe vieler Hochgebildeter, komplexe Zusammenhänge sehr einfach darstellen zu können, und ich hörte ihm begeistert zu. Schnell fasste ich Vertrauen zu ihm und erzählte ihm, dass ich überlegte zu konvertieren, aber Zweifel hätte, die ganze Tiefe dieser Religion zu verstehen, die Gebote einzuhalten und eine gute Muslima zu werden. Er gab mir einen ebenso klugen wie hilfreichen Rat: Die Auseinandersetzung mit dem Islam sei ein lebenslanger Lernprozess, der niemals aufhöre. »Ein wahrer Muslim wird man nicht über Nacht«, sagte er. »Es geht vielmehr um die Bereitschaft, das eigene Verhalten täglich aufs Neue zu reflektieren und sich immer wieder zu fragen: Wie und wo kann ich mich noch verbessern?« Der Koran sei dem Propheten über einen Zeitraum von 23 Jahren offenbart worden, und die Menschen um ihn herum, die allererste *Ummah*, die Gemeinschaft der Gläubigen, hätten daher viel Zeit gehabt, sich an die göttlichen Gebote zu gewöhnen. Gott habe keineswegs verlangt, dass der Mensch von Anfang an alle Gebote umsetzen und verinnerlichen solle.

Das waren äußerst beruhigende Worte. Gai ermutigte mich außerdem, den Islam nicht als Gegensatz, sondern vielmehr als mögliche Weiterführung des Christentums zu sehen. Das Christentum, das auch für Gai den kulturellen Hintergrund darstellte, dem er entstammte, werde vom Islam nicht verneint. Viele der zentralen Elemente sind auch im Islam zu finden, wie der Glaube an Gott, das Gebot der Nächstenliebe und der Barmherzigkeit. Allerdings besitze der Islam den Vorteil, so fuhr er fort, dass er die jüngste Religion sei und frühere Botschaften zusammenfasse und ergänze. Zudem sei das heilige Wissen im Islam relativ leicht zugänglich. Wer nach einem spirituellen Weg mit klaren Instruktionen suche, sei daher im Islam unter Umständen besser aufgehoben.

Nach dem Gespräch hatte ich vor allem eines verstanden: Der Islam ist ein Weg zu Gott und keine intellektuelle Übung. In mir wuchs der Wunsch, den Islam nicht nur zu studieren, sondern ihn auf einer praktischen Ebene in mein Leben zu integrieren.

Zunächst ging es allerdings um handfestere Dinge, denn das Thema Heirat stand immer noch im Raum. Bei meiner letzten Pakistanreise hatten Imran und ich noch von einer Farm in der zauberhaft bergigen Landschaft von Skardu im Norden Pakistans geträumt, wo wir mit vielen Tieren leben wollten. Bald sahen wir uns jedoch immer seltener. Imran hatte zunehmend in Pakistan zu tun und überließ es mir, die Renovierungsarbeiten der Wohnung zu beaufsichtigen. Meine Freundin Lynn, eine Innenarchitektin, half mir dabei. Imran erklärte, er habe ungeheuren Stress, denn die Eröffnung des Krankenhauses stehe unmittelbar bevor, es sei jetzt der Endspurt, und ich müsse mich gedulden. Meine Bewunderung für seinen Ehrgeiz und seinen Idealismus war ungebrochen, und ich wusste, dass er wirklich alles gab, doch mein Bauch sagte mir, dass etwas nicht stimmte.

Als ich die Rolling Stones direkt nach meiner letzten Pakistanreise im September 1994 zu einem Interview in Boston traf, saß ich nach dem Dreh noch mit Mick Jagger auf einen Drink zusammen. Dabei erzählte ich, dass Imran mit mir seit zwei Jahren über Heirat sprach, erst jedoch seinen Traum verwirklichen wolle. Mick reagierte reserviert und sagte nur, ich solle mir das gut überlegen. Ich besäße eine westliche Mentalität und hätte sicher Schwierigkeiten, in Pakistan zurechtzukommen. Nach einer Pause fragte er mich, ob ich eigentlich wisse, welchen Ruf Imran habe. Mick spielte darauf an, dass Imran in dem Ruf stand, ein Frauenheld zu sein. Das wusste ich sehr wohl. Allerdings schien es so, als meine er es ernst mit mir. Als ich Mick dies erzählte und er mich ansah, spürte ich, dass ich selbst nicht recht überzeugt war von dem, was ich da sagte.

Silvester 1994 verbrachten Imran und ich getrennt. Er war in Pakistan, wo man Silvester nicht feiert, ich an der Ostsee. Ich fühlte mich einsam und machte lange Deichspaziergänge mit meiner Freundin Nora und ihrem kleinen Sohn. Es war eisig kalt, neblig und dunkel, in Pakistan dagegen war es warm und sonnig. Dort war auch Imran, der behauptete, er habe im Augenblick keine Zeit für mich. Es war der passende Auftakt für das Jahr

1995, das eines der schwierigsten, aber auch eines der wichtigsten meines Lebens werden sollte.

Im Frühling eröffnete mir Imran aus heiterem Himmel am Telefon, seine spirituellen Berater hätten ihm gesagt, es könne mit uns auf Dauer nicht funktionieren. Dies verunsichere ihn sehr.

Meine Gefühle glichen einer Achterbahnfahrt, und mir wuchs die Situation über den Kopf. Ich musste die Bauarbeiten in seiner Wohnung anleiten, ich musste arbeiten, wohnte noch immer bei Steve im Gästezimmer und hatte Imran seit Monaten nicht gesehen. Der ganze Stress machte mich regelrecht krank. Alles war seltsam, ich war traurig und enttäuscht zugleich, dann wieder hoffnungsvoll und kurz darauf erneut verzweifelt. Mein Körper reagierte, ich bekam einen Hautausschlag und konnte nichts mehr essen.

Ein Freund empfahl mir eine Ärztin in der Harleystreet. Die Räume ihrer Privatpraxis waren stilvoll eingerichtet, zahlreiche Bücher und orientalische Kunstgegenstände standen in den Regalen, und ich kam mir gar nicht vor wie in einer Arztpraxis, sondern eher wie in einer Wohnung. Die Atmosphäre wirkte beruhigend auf mich, und zu meinem Erstaunen stellte sich heraus, dass Dr. Anne Coxon zum Islam konvertiert war und viele muslimische Patienten hatte.

Sie erinnerte mich an eine englische Rose: einfühlsam, blond und sanft. Sie nahm sich viel Zeit für mich und fand schnell heraus, dass meine Beschwerden seelische Ursachen hatten. Als ich ihr von Imrans spirituellen Beratern erzählte, empfahl sie mir, dass ich mir ebenfalls einen zulegen solle. Sie schlug mir vor, sie zu einem Sheikh in eine Moschee zu begleiten. Es handelte sich um Sheikh Nazim, dem Meister ihrer Sufi-Gruppe. Ich dachte mir, das könne nicht schaden.

Die Moschee befand sich im türkischen Viertel von London, in Tottenham, in einem alten, großen Stadthaus und trug den Namen St. Anne's. Früher hatte ein Nonnenorden das Gebäude als Kloster genutzt, daher der christliche Name, folglich sah die Moschee von außen auch gar nicht aus wie ein islamisches Gotteshaus. Sie besaß zwar keine Minarette, dafür aber ein verwinkeltes Dach und mehrere Eingänge. Wir gingen in einen großen Raum, in dem sich viele Menschen, vor allem Türken, befanden. Ich sah aber auch viele Pakistani, einige Araber und auch europäische Muslime, darunter zahlreiche Frauen und Kinder.

Sie alle sammelten sich um eine Gestalt, die einen grünen Turban, ein graugrünes Gewand und einen langen weißen Bart trug, sich auf einen Gehstock stützte und lachende, große blaugrüne Augen hatte. Das war Sheikh Nazim. Jede Sufi-Gruppe auf der Welt hat einen Sheikh, erfuhr ich später, der die Rolle des Lehrers, Anleiters und Ratgebers einnimmt. Sheikh Nazim gab Dr. Coxon und mir freundlicherweise eine Privataudienz, hörte sich meine Probleme an und erteilte mir den Rat, geduldig zu sein und zu Gott zu beten. Er lud mich ein, zu seinen Vorlesungen zu kommen, sofern ich die Zeit dazu fand. Ich dankte ihm. Ob ich wiederkommen würde, wusste ich nicht, aber ich hatte das Gefühl, dass ich einen wichtigen Schritt getan hatte: Ich war in einen islamischen Kontext eingetreten – alleine, ohne Imran.

Meine Hinwendung zum Islam war der Öffentlichkeit nicht verborgen geblieben und sorgte vor allem in Deutschland für Diskussionen. Im März hatte ich die 100. Sendung von *Bravo-TV* moderiert, und das Jubiläum wurde entsprechend inszeniert. Viele Journalisten, auch von Boulevardmedien, waren da und interviewten mich. Ein Reporter von der *BILD* fragte mich unverhohlen, ob ich bereits konvertiert sei. Ich antwortete wahrheitsgemäß, dass ich nicht übergetreten, aber im Herzen Muslima sei. Es folgten interessierte Fragen zu meiner Beziehung mit Imran, der Journalist hatte offensichtlich gründlich recherchiert. Ich hielt mich bedeckt, und dennoch fand sich am Tag darauf ein großer Bericht in besagter Zeitung mit der Überschrift: »Kristiane Backer – Bald First Lady von Pakistan?«

Nichts lag der Wirklichkeit ferner. Eine Woche später warf mir Imran, der immer noch in seiner Heimat weilte, aus heiterem Himmel vor, ich hätte ihn mit einem anderen Mann hintergangen. Ich sei nachts gesehen worden, als ich aus dem Haus eines

Mannes gekommen sei. Ein absurder Vorwurf und zudem völlig haltlos. Unter Tränen versuchte ich ihm klarzumachen, dass es sich um eine Verwechslung handeln musste.

Wenn Schluss sein sollte, warum auch immer, dann konnten wir doch offen drüber reden. Die Umstände schienen gegen uns zu sein, und da ich es nicht ändern konnte, versuchte ich es zu akzeptieren. Aber diese Unterstellung, das war einfach zu viel.

Dr. Coxon, mit der ich mich inzwischen angefreundet hatte und die ich seit einer Weile bei ihrem islamischen Namen Dr. Amina nennen durfte, schüttelte den Kopf. Üble Nachrede, sagte sie, sei eine große Sünde im Islam, und Allah sei auf der Seite der zu Unrecht Beschuldigten – auch und vor allem, wenn es sich dabei um Frauen handele. »Mach dir keine Sorgen«, beruhigte sie mich, »für jede Verleumdung von Menschen bekommst du Segen von Gott.« Dann erzählte sie mir eine Geschichte:

Jedes Mal, wenn der Prophet Muhammad Medina verließ, begleitete ihn eine seiner Frauen. Sie pflegten die Verwundeten bei Feldzügen, hielten Wache am Lager, den Laden am Laufen und kannten auch so manches Heilkraut, das in der Wüste zu finden war. Auf solchen Reisen saßen die Frauen in Kamelsänften, die mit einem Vorhang verschlossen waren, damit sie vor der glühenden Sonne und unliebsamen Blicken geschützt waren. Eines Morgens nach einer Rast, als die Kamele schon beladen wurden, stellte Aischa, die jüngste Frau des Propheten, bestürzt fest, dass sie beim Waschen ihre Halskette verloren hatte. Sie ging das Schmuckstück suchen, und niemand bemerkte ihr Verschwinden. Alle glaubten, Aischa sei schon in ihre Sänfte gestiegen, und die Karawane brach auf. Als Aischa die Kette gefunden hatte, zurückkam und niemanden mehr vorfand, behielt sie einen kühlen Kopf. Sie wusste, dass die anderen sie bald vermissen und nach ihr suchen würden. Daher beschloss sie, sich nicht von der Stelle zu bewegen, zumal es Schatten und einen Brunnen gab. Sie wartete. Schon bald entdeckte Safwan, ein junger Mann, der die Nachhut der Karawane bildete, die junge Frau. Er hatte die Raststelle erst erreicht, als das Gros der Karawane schon weitergezogen war. Als er Aischa erkannte, ließ er sie auf sein Kamel steigen und ging selbst zu Fuß, bis sie am frühen Nachmittag in Medina ankamen, wo die Karawane bereits eingetroffen war. Die Erleichterung über ihre Ankunft war groß.

Nun fingen aber unter denen, die Aischa und Safwan in Medina ankommen sahen, einige Menschen an, schlecht über die beiden zu reden. Sie hatten weder Respekt vor der Frau des Propheten, noch schätzten sie Safwans selbstverständliche Hilfsbereitschaft, sondern hegten schmutzige Gedanken und setzten üble Verleumdungen in Umlauf. Aischa selbst wusste anfangs nicht einmal etwas davon, denn sie war krank geworden und hatte den Propheten gebeten, sie bei ihren Eltern wohnen zu lassen, bis es ihr wieder besser ging. Als sie schließlich von den Gerüchten erfuhr, war sie bestürzt und traurig.

Natürlich hatte inzwischen auch der Prophet davon gehört, weshalb er in einer Ansprache die Leute aufforderte, sowohl von Aischa als auch von Safwan nur das Beste zu denken. Aber die Heuchler nahmen die Geschichte zum Anlass, den Propheten lächerlich zu machen und Streit unter den Muslimen anzustiften. Da ging der Prophet zu Aischa, die noch bei ihren Eltern war, um mit ihr über die Sache zu sprechen.

Er sagte zu ihr: »Wenn das wahr ist, was du gehört hast, dann fürchte Allah. Solltest du das, was die Leute dir nachsagen, wirklich begangen haben, dann suche Erbarmen bei Allah. Er nimmt die Reue Seiner Diener an.«

Als Aischa das hörte, verwandelte sich ihre Traurigkeit in Empörung. Sie sah ihre Eltern an, weil sie erwartete, dass diese etwas dazu sagten, aber die beiden schwiegen. »Antwortet ihr nicht?«, rief Aischa.

»Bei Allah«, erwiderte ihr Vater Abu Bakr, der Freund des Propheten, ratlos, »was sollen wir darauf antworten? Wir wissen es nicht.«

Da fing Aischa an zu weinen, doch nach einer Weile fasste sie sich und sagte: »Ich habe nichts von dem zu bereuen, was du mir da gerade vorgehalten hast. Bei Allah, gäbe ich zu, was die Leute von mir behaupten – und Allah weiß, dass ich unschuldig bin –, dann würde ich etwas Unwahres sagen. Wenn ich es dagegen abstreite, dann glaubt mir ja doch niemand. So muss ich denn, wie der Vater des Propheten Yusuf, sagen: Da bleibt mir nichts als schöne Geduld mit dem, was ihr sagt.«

Der Prophet versank daraufhin in tiefes Nachdenken. Schließlich gelangte er in den Zustand, in dem er die Offenbarungen empfing, und erfuhr Folgendes:

»Warum dachten die gläubigen Männer und Frauen, als ihr es hörtet, nicht Gutes von ihren eigenen Leuten und sprachen: ›Dies ist eine offenkundige Lüge?‹ Warum brachten sie nicht vier Zeugen dafür? Da sie keine Zeugen gebracht haben, sind sie es also, die vor Allah die Lügner sind … Warum sprachet ihr nicht, als ihr es hörtet: ›Es kommt uns nicht zu, darüber zu reden. Heilig bist Du! Das ist eine arge Verleumdung! Allah ermahnt euch, nie wieder dergleichen zu begehen, wenn ihr gläubig seid, und Allah erklärt euch die Gebote, denn Allah ist allwissend.‹« (Sure 24:12–21)

Da atmete Abu Bakr erleichtert auf und küsste seine Tochter, und die Mutter forderte sie auf, sich an die Seite ihres Mannes zu stellen.

»Bei Allah«, entgegnete Aischa, »ich stelle mich nicht an seine Seite, denn allein Allah habe ich den Freispruch zu verdanken.«

•

Als Dr. Amina geendet hatte, fügte sie hinzu, dass üble Nachrede dem Koran nach fast genauso hart bestraft werde wie Ehebruch. Die Geschichte richtete mich auf und zeigte mir, dass Allah Frauen schützte und ehrte.

Später telefonierte ich wieder mit Imran, und wir sprachen uns aus. Er sollte verstehen, dass ich nicht getan hatte, was er mir unterstellte, das war mir wichtig. Ich glaube, das tat er auch. Schluss war trotzdem.

Dr. Amina und meine Freundinnen versuchten mich aufzurichten und sagten alle, dass ich froh sein solle. Ich hätte nicht in Pakistan leben, dort nicht arbeiten können, und Imran hätte wahrscheinlich nicht ausreichend für mich gesorgt. Für ihn stand seine Mission immer an erster Stelle. Jetzt war es das Krankenhaus, später würde es die Politik sein. Es tat weh, aber es war die Wahrheit.

Es begann eine Zeit des Liebeskummers – und des Neubeginns. Denn ich hatte endlich eine neue Wohnung gefunden: zwei schöne Zimmer über einem Restaurant in Chelsea. Der Neuanfang in eigenen vier Wänden tat mir gut. Nach ein paar Wochen war ich aus dem Gröbsten raus und fand, dass es ruhig mal wieder aufwärts gehen könnte, doch stattdessen kam es noch dicker.

Seit in der Zeitung stand, dass ich »im Herzen« Muslima sei, war in Deutschland eine Presselawine ins Rollen gekommen. In vielen Artikeln stellte man mich als verwirrte Prinzessin dar, die nicht weiß, wohin sie gehört. Das ging ja noch, aber es gab auch Schlagzeilen, die fragten, ob ich jetzt den Terrorismus unterstütze. Eine andere lautete: »Während Kristiane fünfmal am Tag betet, gehen coole Leute zu Rockkonzerten.« Dauernd trafen irgendwelche Faxe aus Deutschland mit Artikeln ein, entweder von meinen Eltern oder der Redaktion von *Bravo TV*. Beide machten mir Vorwürfe, dass ich so offen über die Religion meines Herzens gesprochen hatte. Die machte ich mir inzwischen auch, aber ich war einfach ehrlich gewesen. In England, vor allem in London, wäre so etwas nie passiert, denn dort sind Toleranz und Gelassenheit anderen Glaubensrichtungen gegenüber eine Selbstverständlichkeit. Ich konnte nicht begreifen, dass das in Deutschland anscheinend anders war.

Ich war gestresst, und ich vermisste Imran, doch vor allem vermisste ich es, mit ihm über spirituelle Dinge und den Islam zu diskutieren. Natürlich sprach ich mit Bekannten über die Religion, manchmal auch ausführlich, aber es waren eher anstrengende, kontroverse Gespräche, in denen ich etliche Vorurteile geraderücken musste, und keine Gespräche, die mich aufbauten.

Was ich suchte und brauchte, war Kontakt zu Gleichgesinnten. In einem Gedicht von Dschalaluddin Rumi heißt es: »Der Mensch muss sein Unterscheidungsvermögen von allen Zwecken leeren und einen Glaubensfreund suchen. Glaube ist, den wahren Freund zu erkennen. Wenn jemand sein Leben in der Gesellschaft von Leuten verbracht hat, die kein Unterscheidungsvermögen haben, wird auch sein eigenes Unterscheidungsvermögen schwach.« Intuitiv verstand ich, was Rumi sagte, und sehnte mich danach, Glaubensfreunde zu finden, denn plötzlich stand ich ziemlich allein mit allem da, was mein Herz bewegte.

Wenn ich Zuflucht oder ganz einfach muslimische Gesellschaft suchte, ging ich daher in die Moschee zu den Sufis um Dr. Amina und Sheikh Nazim. Die Gruppe gehörte der *Tariqa* der Nasqshibandis an, einem der größten Sufi-Orden, der aus Zentralasien kommt, aber auch in Russland, der Türkei und im Balkan ansässig ist. *Tariqa* bedeutet Weg und bezeichnet im spirituellen Zusammenhang eine Gruppe von Menschen, die sich gemeinsam auf dem Weg zu Gott befindet.

Ich hatte im Laufe der letzten Jahre viel von der eindrucksvollen spirituellen Stärke der Sufis gehört, die ihnen hilft, allen Schwierigkeiten und Fährnissen mit einem Lächeln zu begegnen und sich nicht von den Wogen des Lebens mitreißen zu lassen. Rumi definierte Sufismus als die Fähigkeit »Freude zu finden im Herzen, wenn die Zeit des Kummers kommt«. Er sagte weiter: »Es ist der Schmerz, der den Menschen zum Herrn zieht, denn wenn es ihm wohlergeht, gedenkt er des Herrn nicht.«

Sufis betrachten das Leben als lange Kette von Momenten, die uns geschenkt werden. Unsere Herausforderung besteht darin, Gott für jeden dieser Momente zu danken, sie als göttliche Bestimmung zu begreifen und darauf zu vertrauen, dass alles, was geschieht, der Wille des allmächtigen und barmherzigen Gottes ist. Dies ist jedoch nicht fatalistisch zu verstehen, nach dem Motto, egal was passiert, ich kann sowieso nichts ändern. Im Gegenteil: Bemühen sollten wir uns immer. Wenn wir an einer Krankheit leiden, wenn uns jemand Schmerzen zufügt oder sonst ein Unglück geschieht, so lehrt der Islam, liege darin ein höherer Sinn, den wir vielleicht in diesem Moment noch nicht verstehen können. Das Leid, sagen Muslime, sei ein Fingerzeig Gottes, der uns hilft, uns zu verbessern und unsere Fehler abzulegen. Anders gesagt, es ist ein Test, dem Gott uns unterzieht, um unsere Glaubensstärke, die Güte unseres Charakters und die Fähigkeit zu lieben auch in schwierigen Situationen auf den Prüfstein zu stellen.

All das wusste ich damals noch nicht. Zunächst einmal fand ich bei den Sufis einfach nur ein warmes Gefühl der Geborgenheit und Herzlichkeit und einen Ort, zu dem ich mit meinen Sorgen gehen konnte. Hier waren Menschen, die mir, selbst wenn sie nicht wussten, was mir widerfahren war, das Gefühl gaben, ich sei willkommen. Ich musste nicht viel reden, nicht viel erklären. Ich war einfach dort, und das tat mir gut.

Die Gruppe vereinte ein recht großes, kosmopolitisches Spektrum von Menschen, darunter Ärzte, Politiker und Mitglieder der britischen Aristokratie, sogar ein persischer Prinz und ein ehemaliger jemenitischer König sowie natürlich eine Reihe ganz normaler Leute. Da war zum Beispiel der 70-jährige Bangladeschi Khondkar, mit dem ich später auf die Hadsch gehen sollte, ein Vorbild an Güte, Glaubenskraft und Höflichkeit. Auch die Frauen, die ich dort traf, waren durchweg liebenswürdig und hilfsbereit. Sie zeigten mir, wie ich meine Waschung vor dem Gebet machen müsse, schrieben mir Gebete und ihre Bedeutung auf und nahmen mich in ihre Mitte.

Bald freundete ich mich mit Zero an, einer Schwedin, die perfekt Deutsch sprach und eine beeindruckende Persönlichkeit war. Sie hatte große blaue Augen, war vielleicht zehn Jahre älter als ich und in der Studentenbewegung der 70er Jahre in Berlin sehr aktiv gewesen. Rudi Dutschke hatte bis zu seinem Tod zu ihren besten Freunden gezählt, und sie war die Letzte, die vor seinem tragischen Tod mit ihm telefoniert hatte. An seinem Ableben hatte sie lange zu knabbern. Als sie einigen ägyptischen Frauen, die sich um sie sorgten, erklärte, was passiert war, erwiderten diese: Wenn jemand sterbe, dann sei man im Islam dankbar, denn man wisse, der Betreffende sei jetzt bei Gott. Das beeindruckte Zero tief. Nach einer intensiven Zeit in Afrika und Ägypten, in der sie die muslimische Religion in sich aufsog, lebte sie ein halbes Jahr im Sufi-Zentrum von Haus Schnede in der Nähe von Hamburg, wo sie auch konvertierte. In London arbeitete sie als Journalistin und schrieb hin und wieder Bücher für Sheikh Nazim, wenn er eine spitze Feder brauchte.

Und dann war da natürlich noch Dr. Amina, die als Schatzmeisterin darauf achtete, dass die Kasse stimmte. Oft sammelten die Mitglieder der Gruppe Geld für Spendenaktionen, das zur Instandhaltung des Gebäudes oder als Armenspende verwendet wurde.

Sie alle halfen mir, meinen Kummer aus einer spirituellen Perspektive zu verstehen und darauf zu vertrauen, dass jedes Leid, wie groß es auch scheinen mag, dazu da ist, Gott zu erkennen und gestärkt und gereinigt daraus emporzusteigen wie Phönix aus der Asche. Oder, wie Rumi es ausdrückt: »Das Leid ist das Wasser, in dem die Kichererbsen kochen, bis sie weich und köstlich werden.«

Apropos Essen, häufig aß ich mit den anderen in der Moschee, und wenn sie nach dem Mahl beteten, sah ich ihnen interessiert zu. Ich nahm an Treffen teil, bei denen sie gemeinsam Gott besangen, die verschiedenen Namen Gottes anriefen oder den Propheten ehrten. Diese gesanglichen Lobpreisungen Gottes, die zu den zentralen spirituellen Übungen gehören, nennen die Sufis *Dhikr*. Der Prophet sagte einmal: »Für jeden Schmutz gibt es ein Reinigungsmittel. Für den Schmutz des Herzens ist es *Dhikr*, Gottesgedenken.«

Der Sheikh hielt uns immer wieder an, regelmäßig zu beten. »Die Gebete sind dein Reittier auf dem Weg zum Jüngsten Tag, sie sind deine Nahrung und dein Schutz. Im Gebet bist du Gott am nächsten und baust eine ganz persönliche enge Beziehung zu Gott auf.«

Mir wurde nun immer klarer, dass zu einem Glauben auch die Glaubenspraxis gehört. Das Lesen über den Glauben war eine Sache – eine gute –, die mir dabei half, den Sinn und die Zusammenhänge der Religion zu verstehen. Im Prinzip war es so, als stünde ich vor einem Schaufenster voller schöner Dinge, die ich bewunderte und von denen ich wusste, warum sie schön waren. Letztlich war ich aber von ihnen durch einen Scheibe, oder wie die Muslime sagen würden, durch einen Schleier getrennt. Diesen Schleier würde ich erst dann lüften können, wenn ich die gewonnenen Erkenntnisse auch umsetzte und den Glauben in mein tägliches Leben integrierte. Das hieß auch, mich auf den Gebetsteppich zu begeben und mit dem Beten anzufangen.

Eines Tages besuchte ich einen Freund in Cornwall und las dort das Buch *Was ist Sufismus?* von Martin Lings, der schon die schöne Biographie über Muhammad geschrieben hatte. Es war das letzte Buch, das ich eingehend studierte, bevor ich mich entschied zu konvertieren. Darin hieß es, dass der Sufismus die spirituelle Frucht des Islam sei, sozusagen ein Vorgeschmack des himmlischen Königreiches in dieser Welt.

Ich machte lange Spaziergänge an der wunderschönen Küste, genoss die See und die Luft und atmete regelrecht auf. Mir wurde gewiss, dass der Islam, insbesondere die Glaubensphilosophie der Sufis, mein Weg sein sollte. Der Einzige, dem ich vertrauen musste, der immer für mich da sein würde und der Einzige, vor dem ich mich rechtfertigen musste, war Gott. Das konnte ich, da war ich mir sicher. Von ganzem Herzen. Dieses Gefühl von Unabhängigkeit und gleichzeitig von Geborgenheit war eine enorme Kraftquelle, die ich anzapfen, freischaufeln, zum Sprudeln bringen wollte. In meinem Zimmer in Cornwall betete ich zum ersten Mal zu Allah. Ganz für mich allein.

Natürlich hatte ich nach wie vor Bedenken, dass ich nicht alle Gebote würde einhalten können. Doch Dr. Amina und Zero beruhigten mich und wiederholten das, was schon Gai Eaton mir gesagt hatte: Meister fielen nicht vom Himmel. Um eine gottergebene Muslima zu werden, bedürfe es Geduld und Ausdauer. Niemand, auch nicht Allah, verlange von einem, dass man von heute auf morgen zum Engel werde.

Auch was die Frauenfrage betraf, räumten die beiden letzte Zweifel in mir aus. Frauen und Männer, sagten sie, seien nicht gleich, sondern verschieden und besäßen jeweils unterschiedliche Vorzüge. Für beide gelten jedoch dieselben ethischen Werte und religiösen Pflichten, und sie haben dieselbe Verantwortung für ihre Aufgaben in dieser Welt. »Die gläubigen Männer und die gläubigen Frauen sind Freunde, die untereinander Verantwortung tragen«, heißt es im Koran.

Wieder zurück in London, klärte ich einige letzte praktische Fragen. Ich hatte vor, nach Israel in den Urlaub zu fahren, und erkundigte mich beim Sheikh höchstpersönlich, wie ich mich am Strand von Eilat am Roten Meer kleiden sollte, um Gott zu gefallen.

Er schmunzelte und sagte durch seinen langen Bart hindurch, dass ich mir keine Sorgen zu machen brauchte, die Religion sei flexibel. Er zitierte den Koran: »Wir haben euch Kleidung gegeben, eure Blöße zu bedecken und als Schmuck. Doch das Kleid des Gottesbewusstseins ist das beste.« (7:26) Ich solle mich dezent kleiden, um keine unnötige Aufmerksamkeit auf mich zu lenken. Jede Frau müsse für sich selbst entscheiden, was sie darunter verstehe, womit sie sich wohl und reinen Herzens fühle. Für einige bedeute das, gar nicht oder nur in voller Montur baden zu gehen, andere trügen knielange Shorts oder neuerdings einen Burkini – den berühmten islamischen Badeanzug –, wieder andere Muslima tatsächlich nur einen Badeanzug. Damit waren auch die letzten Gewissensfragen geklärt.

Ich konvertierte mit ein paar anderen Frauen und Männern an einem grauen Apriltag. Die Zeremonie fand vormittags statt, und ich war ein wenig aufgeregt. Wir saßen in einer Gruppe um den Sheikh herum, die Männer auf der einen, die Frauen auf der anderen Seite. Sheikh Nazim trug einen grünen Turban, der die Mitglieder der Sufi-Orden der Naqshbandis kennzeichnet, und ein langes graues Gewand. Wir fassten uns an den Schultern, während der Vorderste Sheikh Nazims Stock festhielt, so dass wir alle mit dem Sheikh verbunden waren. Er murmelte einige Formeln, dann sprach er die *Schahada*, das Glaubensbekenntnis: »*La ilaha illAllah, Muhammadun rasul Allah* – Es gibt keinen Gott außer Gott, und Muhammad ist Gottes Gesandter.« Anschließend wiederholten wir Neuen die *Schahada* nacheinander.

Das war alles. Nun war ich Muslima, und alle beglückwünschten mich: »*Mabrouk*, willkommen, möge Gott dich beschützen und deinen Weg segnen.« Zum Abschluss gab mir der Sheikh einen muslimischen Namen: Yusra, was übersetzt Erleichterung bedeutet. Dieser Name kommt auch im Koran vor, unter anderem in Sure 94, die da lautet: »Haben wir dir nicht deine Bürde abgenommen / die schwer auf deinem Rücken lastete / Siehe, mit dem Schweren kommt die Erleichterung / Und wenn du entlastet bist, bemühe dich um Gutes und Schönes. / Und wende dich deinem Herrn zu.«

Es war eine der ersten Suren, die ich auswendig lernte, und ich bete sie seither fast täglich. Es ist üblich, dass neue Muslime mit ihrem neuen Glauben auch einen neuen Namen annehmen, der den Neuanfang symbolisiert.

Kurz darauf erlebte ich mein erstes rituelles islamisches Gemeinschaftsgebet. Es war das Mittagsgebet, das im Stillen stattfindet und bei dem nur ab und an die Ausrufe des Imams zu hören sind, die den Wechsel der Gebetspositionen signalisieren. Ich gesellte mich zu den Frauen im hinteren Teil des Raumes und imitierte ihre Bewegungen. Danach kaufte ich mir auf Dr. Aminas Rat hin ein Kinderbuch, in dem alle Gebete mit ihren Positionen beschrieben und lautmalerisch transkribiert waren. Das Buch hatte ich anfangs beim Beten immer dabei, denn es gab viel zu lernen. Später riss ich mir die wichtigsten Seiten heraus und legte sie in mein Filofax.

Das erste private Gebet machte ich in meinem Wohnzimmer. Ich hatte einen Gebetsteppich geschenkt bekommen, den ich ehrfürchtig ausrollte. Die Frage war nur, in welche Richtung. Ich musste ja erst mal feststellen, wo Mekka lag. Dazu hatte ich mir einen besonderen Kompass gekauft, der die Qibla, die Gebetsrichtung, anzeigt. Schließlich fing ich an, mit dem Kinderbuch in der Hand. Ich nahm mir zuerst Fatiha vor, die aus sieben Versen besteht, und durchlief die verschiedenen Positionen, welche die Haltungen gegenüber Gott symbolisieren: aufrecht stehen (Anbetung Gottes), verbeugen (Ergebenheit), den Oberkörper aufrichten (Dank), hinknien und mit der Stirn den Boden berühren (Entwerden in Gott). In jeder dieser Positionen werden bestimmte Verse und Lobpreisungen gesprochen.

Es war zuerst ungewohnt, so vor Gott zu stehen, und es dauerte einige Zeit, bis ich mich wirklich in seiner Gegenwart fühlte. Ich versuchte die Gebete jeden Tag zu verrichten, auch wenn ich es zunächst nicht täglich fünfmal schaffte. Auf Reisen hatte ich meine Gebetszettel, meinen Kompass und meine Bücher im Gepäck. Ich konzentrierte mich in erster Linie auf die obligatorischen Gebete, die *fard*-Gebete, und begann mit dem Morgen- und Abendgebet, die bei Anbruch der Morgendämmerung und Sonnenuntergang gesprochen werden. Wenn ich verschlief, holte ich das Gebet nach dem Aufstehen nach. Manchmal fuhr ich zum Morgengebet aber auch mit Dr. Amina in die Moschee.

Die Stille des Morgengrauens soll die beste Zeit zum Beten sein, denn angeblich sind zu dieser Stunde besonders viele Engel unterwegs, um die Gebete in den Himmel zu tragen. Es waren stets schöne, besondere Momente. Die Stadt schlief noch, die Straßen waren leer, und ich spürte, dass ich hier etwas nur für mich tat – und für Gott. Mit einem Lächeln dachte ich daran, dass ich früher oft um diese Zeit erst vom Feiern nach Hause gekommen war. Wenn ich den Tag so segensreich begonnen hatte, fühlte ich mich beschützt, und mein Herz öffnete sich.

Als meine Freunde nach und nach von meiner Konversion erfuhren, erntete ich überwiegend Respekt und Anerkennung. Nicht alle verstanden mich, aber viele von ihnen waren inzwischen über 30 und ebenfalls dabei, ihre Spiritualität zu entdecken und sich zu fragen, welchen Sinn ihr Leben besaß und wie sie es sinnvoll gestalten sollten. Meine Patentante sagte sofort, dass wir alle Geschwister seien und Abraham als Stammvater hätten.

Meine Eltern hingegen waren zunächst befremdet und hielten das Ganze für eine Laune, vielleicht sogar für eine Art Realitätsflucht. Sie hatten nicht zuletzt erhebliche Vorurteile gegen den Islam, insbesondere gegen muslimische Männer, und natürlich sahen sie sich durch Imrans Verhalten darin bestätigt. Sie konnten nicht verstehen, wieso ich seine Religion ernsthaft weiterverfolgen wollte. Wir würden nicht heiraten, wunderbar, dann müsse ich doch auch nicht mehr konvertieren. Ich wiederum versuchte ihnen klarzumachen, dass ich diese Religion für mich entdeckt hatte, und zwar für mich allein. Imran war nur der Wegbereiter, der Türöffner gewesen. Es bedurfte vieler Diskussionen und Erklärungen im Laufe der Jahre, damit auch meine Eltern dies verstanden. Letztlich tun sie es heute und unterstützen mich.

Auf das größte Unverständnis stieß ich damals jedoch nicht bei Freunden und Verwandten, sondern in der deutschen Öffentlichkeit. Kurz nach einer Serie von Selbstmordattentaten in Israel fragte man mich, ob ich als Gast an einer Talkshow zum Thema Islam teilnehmen wolle. Es handelte sich um die von Ulrich Meyer moderierte Sendung »*Die Menschen hinter den Schlagzeilen*«, die für kurze Zeit auf Sat1 lief. Als weitere Gäste waren Peter Scholl-Latour und Betty Mahmoody eingeladen, die gerade den Bestseller *Nicht ohne meine Tochter* geschrieben hatte, worin sie erzählt, wie sie mit ihrer Tochter aus dem Iran flieht und in ihr Heimatland Amerika zurückkehrt. Da ich ohnehin gerade für Aufzeichnungen in Hamburg war, sagte ich kurzentschlossen zu. Ich hielt es für eine gute Gelegenheit, einiges geradezurücken und dem deutschen Publikum zu erklären, warum ich mich für den Islam entschieden hatte. Allerdings schlug ich vor, auch einen gebürtigen Muslim einzuladen. In einer Talkshow zum Thema Islam sei dies doch sinnvoll, argumentierte ich, und nach einigem Zögern stimmte man mir zu. Auf die Schnelle wusste man allerdings niemanden, daher bot ich an, einen Bekannten aus der Sufigruppe einzuladen, Prinz Faradudin, der in Paris lebte. Die Redaktion war einverstanden.

Am Tag der Sendung hieß es jedoch plötzlich, noch dazu ohne Angabe von Gründen, die Aufzeichnung müsse etwas früher beginnen als geplant. Da Faradudin einen knappen Flug gebucht hatte, fiel seine Teilnahme an der Gesprächsrunde ins Wasser. Er kam ganz einfach zu spät und saß ohne Mikrofon im Publikum.

Die Sendung begann mit einem Einspieler, der pechschwarz gekleidete, komplett verschleierte Frauen zeigte, dazu Männer mit Gewehren in der Hand und zum Abschluss Bilder der jüngsten Attentate. Dazu sprach eine Stimme aus dem Off. »Angst vor Allah«, hieß es da, der Heilige Krieg tobe erbarmungslos überall auf der Welt. Die Fundamentalisten wollten Ungläubige unterwerfen und bekämpfen, was sie weltweit mit Krieg, Terror und Mord versuchten. Dann kam die Frage auf: »Wie gefährlich ist der Islam?«

Die Sendung war ein abgekartetes Spiel. Schon der Einspieler war ein Paradebeispiel für extreme Islamophobie und zeugte von enormem Unwissen. Dschihad, wie Heiliger Krieg oft falsch übersetzt wird, bezeichnet zunächst die Anstrengung eines Muslims, die er vollbringt, um die Gebote einzuhalten und ein gottergebener, besserer Mensch zu werden. Nur im Verteidigungsfall darf ein Muslim zur Waffe greifen, und auch dann nur unter strengen ethischen Bedingungen, etwa darf Unbeteiligten kein Schaden zugefügt werden. Dies wird dann als »kleiner Dschihad« bezeichnet. Der große, der wahre Dschihad ist jedoch der Kampf um den eigenen Glauben. In den allermeisten muslimischen Ländern tragen die Frauen außerdem nicht Schwarz, sondern viele verschiedene Farben. Der Beitrag hatte im Grunde nur ein Ziel: Angst zu schüren. So etwas dürfte in England niemals gesendet werden, es würden – zu Recht – sofort verschiedene muslimische Organisationen gegen religiöse Diskriminierung klagen.

Nachdem die Schauerbilder gesendet waren, wandte sich der Moderator mir zu und fragte, was mich am Islam so fasziniere. Ich antwortete, dass mich vor allem die Hilfsbereitschaft der Muslime beeindrucke, und erzählte davon, was Imran – ich sprach von ihm als meinem Exfreund – zusammen mit Tausenden Freiwilligen weltweit auf die Beine gestellt hatte. Die Kraft dafür liege in seinem Glauben, erklärte ich und sagte auch, dass Islam Frieden bedeute und dass die Ausübung von Gewalt im Namen Allahs der Religion widerspreche.

Daraufhin fragte mich der Moderator, ob ich diese Dinge auch in meinen Sendungen erzählte. Ich konnte die Frage kaum fassen und verstand den Sinn zunächst gar nicht. Dann begriff ich, dass er mir unterstellte, ich würde meine Position bei MTV oder Bravo TV womöglich dazu nutzen, die Kids zu islamisieren. Mir blieb die Spucke weg. Ich erklärte ihm, dass ich in meinen Sendungen über Musik und nicht über Religion sprach.

Dann war Betty Mahmoody aufgefordert, von ihren schrecklichen Erlebnissen im Iran zu erzählen. Sie sagte, sie habe ebenso wie ich zunächst nur Gutes und Schönes über den Islam erfahren und erlebt, bis ihr muslimischer Mann angefangen habe, sie zu terrorisieren. Ulrich Meyer bat mich, dazu Stellung zu nehmen, woraufhin ich sagte, es tue mir leid für sie, dass sie solche Erfahrungen habe machen müssen. Ich fügte aber hinzu, dass man die Qualität einer Religion nicht nach den Menschen beurteilen könne, die sie praktizieren.

Im Hintergrund waren Schilder zu sehen, auf denen »Angst vor Allah!« stand, dazu leuchtete auf der Leinwand ein riesiges Bild von einer Frau in einer Burka. Von da blendeten sie über zu einem Foto von Mahmoodys verschleierter Tochter, anschließend folgte ein Bild von mir und Imran auf einem Ball, dann wieder die Dame in der Burka. Irgendwann war es mir zu blöd. Ich zeigte auf das Bild und sagte, eine Burka sei übrigens unislamisch, im Koran stehe nirgendwo, dass eine Frau ihr Gesicht verschleiern müsse.

Dann war Peter Scholl-Latour am Zug. Er gab mir recht und sagte, im Koran finde sich tatsächlich kein Gebot zur Verschleierung. Er warf mir allerdings vor, wobei er seltsam väterlich rüberkam, dass der Islam, von dem ich sprach, eine Utopie sei. Ein schöner Traum – mehr nicht. Im Westen, in London könne ich diesen Traum vielleicht leben, im Orient hingegen nicht. Da würde ich meine Musiksendungen nicht machen können und so manches andere auch nicht.

Ulrich Meyer griff dies auf und fragte mich, wie ich es fände, in einem islamischen Land alles aufzugeben. Ich sagte, dass es für mich überhaupt nicht zur Debatte stehe, in naher Zukunft in ein solches Land überzusiedeln. Das Tolle an London sei: Ich konnte dort leben, arbeiten, mich amüsieren und trotzdem Muslima sein. Im Stillen dachte ich mir, es wäre doch auch mal interessant, im Orient zu leben und etwas anderes zu machen.

Je länger die Sendung dauerte, umso mehr hatte ich das Gefühl, dass niemand ein wirkliches Interesse daran hatte, über den Islam zu sprechen. Sobald ich etwas Positives über die Religion sagte, ließ man mich kaum ausreden, und ich bekam von drei Seiten Gegenargumente geliefert. Ich fühlte mich von oben herab behandelt und nicht ernst genommen. Alles in allem war es eine ziemlich frustrierende Erfahrung, und nach der Sendung war mir regelrecht elend zumute. Immerhin hatte ich mich dem deutschen Publikum gestellt, sagte ich mir.

Netterweise bekam ich anschließend Post von zahlreichen muslimischen Menschen, die mir zu meinem Mut gratulierten, gegen zwei erklärte Islamgegner öffentlich angetreten zu sein, und mir Gottes Segen wünschten. Sie fanden, ich hätte mich gut geschlagen. Dennoch nahm ich mir vor, mich in Deutschland erstmal nicht mehr öffentlich zu meinem Glauben zu äußern, und tatsächlich schwieg ich dann auch lange Zeit.

Inzwischen war ich mehr als urlaubsreif und flog nach Israel zu Rebecca, einer persischen Jüdin. Ich war noch nie dort gewesen und sehr gespannt auf das Land, in dem sich die gemeinsamen Wurzeln von Judentum, Christentum und Islam finden. Rebecca und ich machten uns zunächst ein paar schöne Tage am Roten Meer. Am Strand trug ich einen Badeanzug zum Baden, sonst einen langen Sarong und dazu ein T-Shirt.

Wir hatten eine herrliche Zeit, und ich las zwei Bücher, die ich mitgenommen hatte: die Bibel und den Koran. Ich war hier so nah an den Ursprüngen dieser Weltreligionen, deshalb war es eine spannende Erfahrung, gerade hier in den Heiligen Schriften zu lesen und sie zu vergleichen. Wir besuchten den Mosesberg und das Katharinenkloster, ließen uns auf dem Toten Meer treiben und fuhren nach Jerusalem, *Al Quds* auf Arabisch, die Heilige Stadt mit ihren imposanten Stadtmauern, in deren Innerem sich die berühmten religiösen Viertel befinden: das arabische, das christliche und das jüdische.

Ich interessierte mich natürlich vor allem für den arabischen Teil. Der Anblick des Felsendoms mit seiner goldenen Kuppel und der al-Aqsa-Moschee auf dem Tempelberg war atemberaubend. Ich stand vor dem drittwichtigsten Heiligtum des Islam, nach den Moscheen in Mekka und Medina. Der Felsendom wurde bereits im siebten Jahrhundert erbaut und ist das älteste muslimische Monument, das komplett erhalten ist – ein Meisterwerk der islamischen Architektur und zudem der Ort, von dem Muhammad aus seine mystische Nachtreise zu Gott im Himmel angetreten haben soll.

Touristen durften nur an bestimmten Tagen in das heilige Gebiet, aber ich war ja jetzt Muslima und galt damit als Pilgerin. Doch als ich eintreten wollte, bat mich ein Wärter, zum Beweis die Fatiha zu rezitieren. Ich konnte das Grundgebet aber noch nicht auswendig, und so musste ich am nächsten Tag wiederkommen. Meine Freundin betete derweil an der Klagemauer, wir spazierten die Via Dolorosa entlang und besuchten die Grabeskirche. Diese Reise war meine erste echte Pilgerreise, der noch viele folgen sollten.

Als ich einigermaßen erholt wieder nach Hause kam, wartete die nächste unangenehme Überraschung auf mich. Ich erfuhr aus der Presse, dass von nun an Heike Makatsch *Bravo TV* moderieren sollte. Mit mir hatte niemand darüber gesprochen, weshalb ich erstaunt bei meinem Management in Hamburg anrief.

Noch ein paar Wochen zuvor hatte man mich inständig gebeten, die Sendung für ein weiteres Jahr zu moderieren, mich anlässlich der 100. *Bravo-TV-Sendung* über den grünen Klee gelobt und mit Goldenen Ottos überschüttet. Woher der plötzliche Sinneswandel? Das Büro meines Managers vermochte mir keine einleuchtende Erklärung zu geben. Da ich vertragliche Ansprüche hatte, bot man mir an, eine neue Sendung zum Thema Umwelt zu moderieren. An sich eine schöne Idee, doch ich lehnte ab, denn ich wollte nicht jemand sein, der heute dies, morgen das macht. Was jedoch schwerer wog: Ich fühlte mich hintergangen.

Denn natürlich hing die plötzliche Vertragsauflösung mit meiner Konversion und dem Auftritt bei Ulrich Meyer zusammen. Das lag auf der Hand – zumindest für mich. Auch die *Sunday Times* in London stellte diesen Zusammenhang her und appellierte an die deutschen TV-Produzenten, mir meine Sendung wiederzugeben. Man konnte sich in England einfach nicht vorstellen, jemanden wegen seines Glaubens erst öffentlich anzuprangern und anschließend fallen zu lassen. Aber es half alles nichts, das Kapitel *Bravo TV* war vorbei. Es war kein großer Verlust. Ich hatte die Sendung drei Jahre moderiert, und das war genug. Die Art und Weise, wie man mich trotz des frisch unterzeichneten Vertrags abserviert hatte, enttäuschte mich dennoch.

Ich war verunsichert und suchte Rat. Ich erinnerte mich noch gut an das erste Treffen mit Gai Eaton, der mir so viel Mut für meine Konversion gemacht hatte. Spontan rief ich ihn in der Moschee am Regent's Park an, wo er arbeitete. Gai wusste noch, wer ich war, und schlug ein Treffen in dem vornehmen Travellers Club auf der berühmten Pall Mall vor. Ich erzählte ihm, was mir seit meiner Konversion widerfahren war. Er fand es gar nicht überraschend und erklärte mir, dass ein »neuer« Muslim zunächst einmal kräftig »getestet« würde, um beweisen zu können, wie ernst er es mit dem Glauben meine.

Zu meiner Geschichte über Imran sagte er nur lakonisch: »*Boys will always be boys.*« Es sei offensichtlich nicht so vorherbestimmt gewesen, dass wir zusammenblieben. Ich solle darauf vertrauen, dass es so zum Besten sei, auch wenn ich es im Moment noch nicht verstünde. Wie in jedem Leid liege auch im Liebeskummer ein versteckter Segen, eine Läuterung der Seele. Meine Erfahrungen seien alles in allem ein gutes Zeichen, denn diejenigen, die

Gott liebe, suche Er heim. Was vielleicht auch der Grund sei, warum Gott so wenige Freunde habe, scherzte er.

Dann erzählte Gai mir vom berühmten Becher des Herzens, den ich nun beginnen müsse zu leeren. Die Sufis vergleichen unser spirituelles Herz, den Sitz Gottes in uns, mit einem Becher, in den Gottes Liebe unablässig hineinfließt. Dieser Becher muss allerdings leer sein, bevor er gefüllt werden kann. Diese Leere herzustellen ist ein langwieriger Prozess, der Mut, Charakterstärke und Willenskraft verlange, vor allem aber Aufrichtigkeit. Es ist ein Prozess des Loslassens von materiellen Sehnsüchten, schlechten oder ungesunden Gewohnheiten und emotionalen Abhängigkeiten. Sufis vergleichen ihn oft mit dem Prozess von Tod und Wiedergeburt. Der Prophet sagte: »Stirb, bevor du stirbst.« Auch Goethe zitierte diesen Gedanken in seinem *West-östlichen Divan*: »Und so lang du das nicht hast, / Dieses: Stirb und werde! / Bist du nur ein trüber Gast / Auf der dunklen Erde.«

Ich prägte mir Gais Worte gut ein und erinnerte mich daran, als ich ein paar Tage später den Telefonhörer abhob.

Einige Wochen nach unserer Trennung rief Imran bei mir an und erzählte mir, dass er heiraten werde. Er sagte, er werde eine arrangierte Ehe eingehen, seine Familie habe ihm mehrere Kandidatinnen vorgestellt. Ich war ziemlich überrascht und wusste nicht, was ich dazu sagen sollte.

Ein paar Tage später meldete sich Dr. Haroon, der Arzt des pakistanischen Cricketteams, den ich über Imran kannte und der inzwischen auch mein Arzt geworden war, bei mir und fragte mich, ob ich schon wisse, dass Imran demnächst Jemima Goldsmith heiraten werde. Offenbar kannte er die Tochter aus wohlhabendem britischem Haus, eine schöne, umschwärmte, sehr junge Frau, schon länger.

Diesmal war ich fassungslos, und vor meinem inneren Auge stürzte Imran von einem Thron in ein dunkles Kellerloch. Kaum war das Gespräch beendet, klingelte das Telefon auch schon wieder, und die *Sunday Times* war am Apparat. Die Journalistin hatte die Meldung gerade über den Ticker laufen sehen und bat mich um einen Kommentar. Ich konnte dazu nichts sagen.

Als ich Stunden später das Haus verließ, wartete ein Pulk von Reportern vor meiner Tür, die mir ihre Mikrofone ins Gesicht hielten. Ich konnte noch immer nichts sagen, sondern hatte genug damit zu tun, die Nachricht zu verkraften. Nun auch noch eine Schlammschlacht auszutragen war zu viel für mich. Doch so leicht gab die Presse nicht auf.

Am nächsten Morgen wachte ich um acht Uhr durch lautes Gebrüll auf. Es war die Stimme meines Nachbarn, der ein deftiges »F… off!« aus dem Fenster brüllte. Der Pulk von Journalisten war schon wieder da und hatte versehentlich bei ihm geklingelt. Es dauerte Tage, bis auch der letzte verschwunden war. Später bot mir eine Zeitung viel Geld an, damit ich auspackte, was mit Imran gelaufen war. Aber ich schwieg.

Was sollte ich auch erzählen? Schimpfen und Tratschen sind Sünden der Zunge, besagt eine islamische Überlieferung. Auch wenn es mir schwerfiel: Ich wollte Imran loslassen und mich auf meinen eigenen Weg konzentrieren. Am Tag von Imrans und Jemimas Hochzeit wäre ich am liebsten aus London verschwunden, ich verbrachte ihn dann schließlich mit Dr. Amina in der Moschee und betete für das Glück der beiden. Dr. Amina tröstete mich mit den Worten: »Du hast einen Menschen verloren, aber du hast etwas unvergleichlich Wertvolleres gefunden: Gott. Gott und seine Liebe währen ewiglich.«

Zero forderte mich auf, Imran zu vergeben. Sie sagte mir, der Weg des Glaubens sei ein Weg der Vergebung. Indem ich anderen vergäbe, würde Gott auch mir vergeben. Sie erzählte mir eine Anekdote aus dem Leben des Propheten: »Als ihn (den Propheten) ein Mann fragte, was er tun solle, damit Gott gnädig sei und ihm vergebe, antwortete er: ›Sei dir selbst gegenüber gnädig, sei gnädig deinen Mitmenschen gegenüber, dann wird Gott auch gnädig zu dir sein.‹« Außerdem sagte er, dass man niemanden be- oder verurteilen solle, bevor man nicht zunächst 70 Entschuldigungen für sein Verhalten gefunden habe.

Es dauerte zwar eine Weile, bis ich Zeros Tat befolgen konnte und die Sache so sah: Ich hatte durch Imran zu Gott gefunden, und dafür war ich ihm dankbar. Heute denke ich, Gott hat Imran als Werkzeug benutzt, um mich zu sich rufen, und als solches war er ziemlich treffend ausgesucht. Hätte Allah mir einen streng religiösen Iman geschickt, hätte es sicher nicht funktioniert. Diese Sichtweise war nicht zuletzt die Perspektive eines Gläubigen: das Gute im sogenannten Schlechten zu sehen und im Leid den versteckten Segen zu finden. Ich betete viel und regelmäßig, übte die Gebetspositionen, war oft in der Moschee und nahm an Gruppentreffen teil, bei denen wir Gott besangen, also *Dhikr* praktizierten.

Dennoch verkroch ich mich nicht, sondern ging weiterhin gerne aus, wenn auch weniger. Eine der schönsten Partys, auf der ich in jener Zeit war, fand mal wieder im Badminton House statt, dem Landhaus des Herzogs von Beaufort in Gloucestershire. Einer der Säle in dem imposanten Gebäude mit den riesigen Räumen und hohen Decken ist genauso groß wie ein Badmintonfeld, daher hat das Spiel auch seinen Namen. Mick Jagger war da, Steve Winwood, Bryan Ferry, dazu viele andere Prominente, und der Herzog selbst kam standesgemäß mit einem Helikopter. Nach einem ausgiebigen Spaziergang mit meiner Freundin Lynn über die Ländereien, auf denen alljährlich die berühmten Badminton Horsetrials stattfinden, bei denen sogar die Queen einmal teilgenommen hat, begann der Abend mit einem exquisiten Dinner, serviert von den zuvorkommenden Hausangestellten.

Ich saß neben einem Filmregisseur, dem auffiel, dass ich keinen Alkohol trank. Als ich ihm sagte, dass ich Muslima sei, wollte er wissen, wie ich das bloß aushielte – keinen Alkohol, keine Drogen, keinen Sex. Ich sagte ihm, dass ich jetzt ein reines Leben bevorzugen würde und darauf wartete, den Richtigen zu finden und zu heiraten. Daraufhin guckte er verständnislos. Er hatte das Drehbuch für den Film *Eine verhängnisvolle Affäre* geschrieben und war stolz auf die gewagten Szenen in dem Film.

Nach dem Essen wechselten wir in eine Art Ballsaal und gingen zum lockeren Teil des Abends über. Steve Winwood setzte sich ans Klavier und gab ein Privatkonzert, bei dem die Anwesenden sich jeden Hit wünschen durften, der ihnen einfiel – er spielte sie alle, inklusive seiner eigenen. Bunter sang aus voller Kehle mit, und Mick tanzte ausgelassen mit Steves Frau. Zu späterer Stunde setzte sich Lynn, die noch nie einen Drumstick in der Hand gehabt hatte, ans Schlagzeug und trommelte wild drauflos. Es war eine astreine Party.

Am Morgen darauf ging ich mit den Winwoods, die gläubige Christen sind, und einigen anderen, die es schafften, sich aus den Federn zu hieven, in die Hauskapelle, um zu beten. Ich rezitierte im Stillen die Fatiha sowie einige persönliche Gebete. Muslime dürfen auch in einer christlichen Kirche beten, allerdings zählt das dann nicht als rituelles Gebet.

Inzwischen besuchte ich auch viele muslimische Events, etwa Vorlesungen, Seminare und kulturelle Veranstaltungen. Eines Tages lud mich Dr. Amina zum alljährlichen Calamus Dinner ein. Hier kommt Jahr für Jahr alles zusammen, was in der muslimischen Society in London Rang und Namen hat. Renommierte Religionsgelehrte wie Karen Armstrong, John Esposito oder Gai Eaton sprachen über Gott, interreligiösen Dialog und verschiedene Aspekte des Islam. Als der Sonnenuntergang und damit der Zeitpunkt des Abendgebets nahte, unterbrachen wir das Essen, und Sheikh Nazim, der ebenfalls mit von der Partie war, leitete draußen im Gang das Maghreb, das Abendgebet. Rasch herbeigeholte Tischdecken dienten als Gebetsmatten, Dr. Amina und ich bedeckten unsere Haare mit Kopftüchern und Schals. Danach kehrten wir zurück in den großen Saal, und der Abend ging weiter, als ob nichts gewesen wäre.

Ich arbeitete immer noch für MTV, hatte mittlerweile aber auch einen Nebenjob. Die Charity-Organisation *Learning for life*, die Schulprojekte auf der ganzen Welt fördert, hatte mich engagiert. Die Gründerin Sophia Swire, eine Bekannte von Imran, rief mich eines Tages an und fragte, ob ich Interesse hätte, ihr Projekt zu unterstützen. Ich sagte sofort zu, schließlich war Charity-Arbeit Gottesarbeit. Kurz darauf trafen wir uns in ihrem Büro in Chelsea, anschließend stellte sie mich bei einem Mittagessen zwei anderen neuen Mitarbeitern vor: Ruby und Dani.

Es war jene Ruby, die ich vor Jahren gemeinsam mit Imran kennengelernt hatte. Wir hatten uns aus den Augen verloren, und nun saß sie mir gegenüber und wir sollten zusammenarbeiten. Darüber freuten wir uns beide. Ruby und Dani sollten bald meine besten Freundinnen werden, und zusammen mit Sophie bildeten wir das A-Team – so nannten wir uns, nach der berühmten Serie aus den 80ern. Nur jagten wir keine Verbrecher, sondern leisteten Wohltätigkeitsarbeit und stellten dabei so einiges auf die Beine. Wir überzeugten Harrods, für uns zu spenden, und veranstalteten Benefizkonzerte mit Right Said Fred und Boney M.

Vor allem mit Dani und Ruby verstand ich mich hervorragend, und wir waren bald wie Schwestern füreinander. Ich nahm sie zu Showbiz-Events mit, zu Sufi-Musikkonzerten, auf Ausstellungen und Vorlesungen, und sie führten mich im Gegenzug in ihre Clique ein.

Ruby hatte viele indisch-pakistanische Freunde. Darunter waren unter anderen Fa, die bei Imran im Büro gearbeitet hatte, eine junge Anwältin namens Renna, die für Glamour und großes Kino schwärmte, sowie einige andere Frauen aus Pakistan, die im Sommer nach London kamen, und nicht zuletzt war sie bekannt mit Benazir Buttho. Es war schon interessant. Obwohl Rubys Freundinnen im Grunde alle bereits eigenes Geld verdienten oder studierten, lebten viele von ihnen immer noch zu Hause. Als Frau alleine zu wohnen kam für sie einfach nicht in Betracht, denn in ihrer Kultur zog man erst aus, wenn einen der passende Ehemann über die Schwelle trug. Dennoch waren sie starke, eigenständige Persönlichkeiten mit einer durchweg herzlichen Ausstrahlung. Sie besaßen nicht nur ein inneres Feuer und zugleich Gelassenheit, sondern auch ein unerschütterliches Vertrauen in Gott. Daran konnte ich mich immer aufrichten und orientieren.

Für diese Frauen war ich zunächst eine Art Berühmtheit, da ich lange mit ihrem Nationalhelden zusammen gewesen war.

Ich erzählte Ruby vom Sufismus, und sie war fasziniert von meinem Weg. Der Islam des Herzens war ihr, der gebürtigen Muslima, bis dato quasi unbekannt gewesen, und nun wollte sie mehr wissen. Ich nahm Ruby mit zu meiner Sufi-Gruppe, und auch sie bekam von Sheikh Nazim einen neuen Namen. Aus Spaß nannten wir uns damals die Sufi-Groupies – weil wir überall auftauchten, wo der Sheikh war, aber die Phase legte sich bald wieder. Unsere Beziehung ist im Laufe der Jahre immer spiritueller geworden, und es kommt sogar vor, dass die eine für die andere etwas träumt oder erkennt. Das mag merkwürdig klingen, geschieht aber tatsächlich von Zeit zu Zeit. Erst durch meine Suche, erzählt Ruby immer wieder, habe sie die spirituelle Dimension des Islam kennengelernt und begonnen, sich geistig mit der Religion auseinanderzusetzen. Ich wiederum habe durch sie viele menschliche Dinge gelernt, die für sie als Muslima selbstverständlich sind, wie zum Beispiel die Bereitschaft, sich für Freunde und Familie aufzuopfern.

Im Sommer 1995 machte ich mit einigen Freunden aus Hamburg eine Mittelmeer-Kreuzfahrt, an der auch etliche Prominente teilnahmen, die es eher mit Technomusik und Rambazamba hielten, was nicht mehr so mein Ding war. Briggite, die nicht zu unterschätzende Fähigkeiten als Wahrsagerin besitzt, Sylvie, die Buddhistin ist, und ihr Mann Caesar, ein Schmuckdesigner, der ein Faible fürs Mittelalter hatte, und ich saßen lieber an Deck und philosophierten über den Sinn des Lebens.

In unseren Gesprächen stießen wir auch immer wieder auf universelle Prinzipien, die sich anscheinend überall wiederfinden und auf verschiedenen Wegen erschließen. Die sieben kosmischen Gesetze beispielsweise, die von Hermes Trismegistos aufgestellt wurden – wie ich von Briggite und Caesar erfuhr –, finden sich in der islamischen Philosophie wieder. Als mir Briggite anbot, die Karten zu legen, um mir die Zukunft vorherzusagen, lehnte ich dankend ab. Nach dem Islam kennt die Zukunft nur Gott, und selbst der Prophet besaß dieses Wissen nicht. Verständnisvoll sagte sie: »Das brauchst du auch gar nicht.«

Ende November 1995 erneuerten die Verantwortlichen bei MTV meinen Vertrag nach siebeneinhalb Jahren Zusammenarbeit nicht mehr. Zunächst setzten sie den *Coca Cola Report* ab, weil sich viele Teile der Sendung in eigene Programme verselbständigt hatten. Dann boten sie mir genau die Chartshow an, mit der ich einst begonnen hatte, das war natürlich ein Rückschritt. Obendrein war MTV im Begriff, seine Struktur zu verändern, und baute nach und nach nationale Dependancen auf, anstatt von einem Ort aus ein Programm für ganz Europa zu machen. So gab es kurz nach meinem Ausstieg MTV Deutschland, MTV Italia und dazu verschiedene MTV-Sender für unterschiedliche Musikgenres. Auf diese Weise konnte der Sender einfach besser auf die nationalen Musikszenen und die Bedürfnisse der Kids eingehen. Zur neuen Politik gehörte es angeblich auch, die VJs nicht mehr zu Stars werden zu lassen, denn in den Augen von MTV hatten Ray Cokes, Steve Blame, Rebecca de Ruvo und ich zu viel Macht gehabt. Wir VJs personifizierten damals den Sender in ganz Europa, und damit war MTV enorm abhängig von uns. Heute achtet man darauf, dass die VJs viel häufiger gewechselt werden und keinen Kultstatus erlangen. Aber die gesamte Musikindustrie hat sich inzwischen durch das Internet ja sowieso völlig verändert und MTV seine Bedeutung verloren.

Wir trennten uns damals in beiderseitigem Einvernehmen. Ich hatte bei MTV alles erreicht, was man erreichen konnte. Außerdem war ich der Videoclipkultur langsam wirklich entwachsen, nicht zuletzt durch meinen Glauben. Ich hatte ohnehin bereits eine Rekordzeit als VJ hinter mir. Die Arbeit bei MTV mit allen Höhen und Tiefen war ein außergewöhnlich schöner und spannender Teil meines Lebens gewesen, den ich nicht missen möchte. Aber nun war die Zeit reif für neue Herausforderungen.

Mein letztes Interview für MTV auf dem letzten Dreh mit dem *Coca Cola Report* führte ich mit den Simple Minds in Schottland, wo ich Jim Kerr nach langer Zeit wieder traf. Auf der großen Abschiedsparty, die MTV für mich in London gab, bekam ich einen wunderschönen marokkanischen Spiegel geschenkt, der noch heute in meinem Schlafzimmer hängt. Ein Geschenk mit wegweisendem Charakter.

Nur in Deutschland kam man mit meinem Abgang bei MTV aus irgendeinem Grund nicht klar. In der Presse stand: »MTV feuert Kristiane Backer«. Das war ganz einfach Blödsinn. Niemand hatte mich gefeuert, aber irgendwie war es mir langsam auch egal. Ich wollte mich erholen und endlich mal ausspannen, daher nahm ich Jims Einladung nach Schottland an. Er gab mir den Rat, den Schlagzeilen keinen Glauben zu schenken, weder den guten noch den schlechten, denn beides bekomme einem nicht. Während wir in den Highlands wanderten, wollte er alles wissen über meinen Sufi-Weg und meine Erlebnisse in Pakistan.

Eine letzte schöne Erinnerung an meine Zeit des Musikfernsehens bescherte mir die Eröffnungsparty von VH1, einem Ableger von MTV, der für Erwachsene konzipiert war und Musikvideos aus den 80ern spielte. Hier bat mich einer der größten Rockstars aller Zeiten und einer meiner Lieblinge, den ich nie interviewt hatte, um ein Foto. Es war David Bowie. Mir verschlug es fast die Sprache, aber dann fiel mir zum Glück das Thema Berlin ein, die Stadt, in der er mit Iggy Pop in den 70er Jahren gelebt hatte. Seit dem Mauerfall sei er nicht mehr dort gewesen, erzählte er mir. Heute ist er übrigens mit einer Muslima verheiratet, dem äthiopischen Model Iman.

Im Dezember bekam ich schließlich einen neuen Job angeboten. NBC sprach mich auf einer Weihnachtsfeier an, ob ich eine Kultur- und Entertainmentsendung machen wolle, in der ich Künstler, Regisseure und Musiker aus allen Bereichen interviewen und von aktuellen kulturellen Events berichten könne. Die Sendung sollte Mitte 1996 starten. Ein Volltreffer. Das war genau das, was ich wollte: Kunst und Kultur – aber für Erwachsene. Ich sagte ja.

Was für ein turbulentes Jahr – und was für ein schönes Ende.

Alles, was nicht mehr wichtig für mich und mein zukünftiges Leben war, hatte sich von mir getrennt, dafür hatten sich mir neue Perspektiven eröffnet. Als ich mit Dr. Amina das Jahr Revue passieren ließ, gab sie mir schmunzelnd eine alte Weisheit aus Japan mit auf den Weg: »Mein Haus ist abgebrannt, jetzt kann ich den Vollmond sehen …«

Genauso war es: Der Himmel war wieder offen.

Learning for Life

Komm, komm, wer immer du bist, es macht nichts,
Ob du ein Ungläubiger, ein Götzen- oder ein Feueranbeter bist.
Komm, unser Karawan ist kein Ort der Verzweiflung,
Auch wenn du deinen Schwur hundertmal gebrochen hast.
Komm wieder.

Dschalaluddin Rumi

Learning for Life war der Name des Projektes, für das ich mich nach meinem Ausstieg bei MTV engagierte. Allerdings hätte es genauso gut die Headline für mein Leben sein können, wie es sich von nun an gestaltete. Ich hatte vieles hinter mir gelassen und blickte in eine offene, aber auch ungewisse Zukunft.

Ende 1995 feierte ich mit Freunden meinen 30. Geburtstag in einem Restaurant in Notting Hill. Unter den Gästen waren auch einige Freunde von Imran, mit denen ich mich gut verstand. Ich beging den Tag in dem Bewusstsein, viele Schwierigkeiten gemeistert zu haben und gestärkt daraus hervorgegangen zu sein. Mein Leben, das spürte ich genau, hatte jetzt eine neue Richtung.

Den berühmten Becher des Herzens, das Symbol der Sufis für spirituelle Reinheit, hatte ich allerdings noch lange nicht geleert. Zwar bemühte ich mich, die Gebete einzuhalten, gelassener und geduldiger zu werden, weniger zu rauchen und noch weniger zu trinken. Aber das Askeseprogramm, das mir mein Glaube auferlegte, war schon ganz schön hart. Wie viel ich noch zu lernen hatte, zeigte mir mein erster, leider wenig glorreicher Versuch, den Fastenmonat Ramadan zu meistern.

Die 30-tägige Fastenzeit, in der man sich vermehrt Gott zuwendet und seine gesellschaftlichen Aktivitäten einschränkt, gehört zu den Grundpflichten eines jeden Muslims. Während dieser Zeit darf von Anbruch der Morgendämmerung bis Sonnenuntergang nichts gegessen und getrunken werden, und auf Sex soll man ebenso verzichten wie darauf, zu fluchen oder schlecht über andere zu denken. Der Ramadan ist eine Zeit der Sanftmut, der Selbstkontrolle und der Reinigung.

Am Abend vor dem ersten Fastentag war ich ausgegangen und hatte Champagner getrunken. Vielleicht wollte ich die letzte Gelegenheit vor der langen Durststrecke noch einmal ausgiebig nutzen – ich weiß es nicht mehr –, jedenfalls war es keine gute Idee. Als ich am nächsten Morgen mit pochenden Kopfschmerzen aufwachte und wusste, dass ich bis zum Sonnenuntergang weder essen noch trinken durfte, nicht mal einen Schluck Wasser, blieb ich im Bett, was ich sonst nie tue. Ich fühlte mich furchtbar matt und elend, und am Nachmittag gab ich das Unterfangen schließlich auf. Ramadan ist nichts für mich, dachte ich mir, Gott möge mir vergeben. Mein Becher des Herzens war anscheinend noch randvoll. So konnte es nicht weitergehen auf dem Weg zum Heil. Es war höchste Zeit, den Alkohol aufzugeben.

Der Koran verbietet ihn, genauso wie jedes andere Rauschmittel, das unsere natürliche Urteilsfähigkeit und Gesundheit schwächt. Denn die Wirkung dieser Mittel entfremdet uns von unserem göttlichen Selbst und macht uns anfälliger, Reizen und Leidenschaften zu erliegen, was einem selbst genauso wenig guttut wie der Familie und der Gesellschaft. Ein Rauschzustand übrigens, der durch Ärger oder Wut entsteht, ist ebenso verpönt.

Keinen Alkohol mehr zu trinken fiel mir glücklicherweise leichter, als ich gedacht hatte. Viel hatte ich sowieso nicht mehr getrunken, denn meist war ich mit dem Auto unterwegs, nur zu besonderen Anlässen gönnte ich mir ab und zu ein Glas Champagner. Catherine Deneuves Devise, dass Champagner das einzige alkoholische Getränk sei, das die Schönheit einer Frau nicht entstelle, stimmte ich schon zu MTV-Zeiten voll und ganz zu. Bei meinem Unterfangen, dem Alkohol abzuschwören, stieß ich jedoch auf ein ganz anderes Problem: Immerzu bot man mir alkoholische Getränke an, und ich musste fast darum kämpfen, auf Dinnerpartys und Events Wasser trinken zu dürfen.

Es war schon seltsam. Ständig musste ich Erklärungen abgeben, und viele Leute schienen geradezu enttäuscht, wenn ich

MTV-VJs, ca. 1997

Erstes MTV-Pressefoto, 1988

Eröffnung von Euro Disney, 1992

In Paris, 1991

Eröffnung von Euro Disney, 1992

Fackellauf in Saragossa, Olympiade 1992

Mit Annie Lennox, August 1992

Mit den Rolling Stones und den Gewinnern eines Preisausschreibens, 1995

Mit Lenny Kravitz, 1995

Auf der Bambi-Verleihung, 1993

MTV-Moderation in Belgien

Mit Bob Geldorf bei der Eröfffnung von Euro Disney, 1992

Der letzte Dreh für den *Coca Cola Report*, in Glasgow

MTV-Foto, 1993

abstinent blieb. Mir wurde bewusst, welche zentrale Rolle der Alkohol in unserer Gesellschaft spielt. Eine Party ohne Alkohol ist für die meisten Menschen schlichtweg nicht vorstellbar, und das fand ich schon ein wenig erschreckend. Während meiner Zeit im Entertainment-Business hätte ich mich fast jeden Abend auf irgendwelchen Events betrinken können. Erstaunlich ist auch, wie sehr sich Menschen unter Alkoholeinfluss verändern. Wenn man selbst mittrinkt, merkt man es oft gar nicht. Bleibt man hingegen nüchtern, fällt einem erst mal auf, wie fremd die Menschen sich selbst werden und wie zügellos sie sich verhalten. Es ist, als nähme eine fremde Macht von ihnen Besitz.

Anfangs bestaunte ich das »*Dr. Jekyll und Mr. Hyde*«-Phänomen, doch irgendwann war es mir unangenehm. Zudem hatte ich keine Lust mehr, mit angetrunkenen Menschen über den Islam zu diskutieren. Ich fand es anstrengend, auf Dinnerpartys immer öfter mit den Worten: »Dies ist Kristiane, sie ist zum Islam konvertiert«, vorgestellt zu werden, um mich zu später Stunde dann darauf ansprechen zu lassen, womöglich noch mit lauter Musik im Hintergrund.

Nach einiger Zeit hatte ich mich daran gewöhnt, nichts mehr zu trinken. Zwar ging ich immer noch ganz gerne, wenn auch deutlich seltener, auf Partys, doch ich verließ sie, sobald ich merkte, dass der Alkoholpegel stieg. Dafür war ich am nächsten Tag frisch und ausgeruht und hatte plötzlich mehr vom Leben. So halte ich es übrigens bis heute.

Wenn ich Gesellschaft brauchte, zog es mich statt ins Londoner Nachtleben immer häufiger zu den Sufis. Die Gruppe um Sheikh Nazim war für mich über die letzten Monate zu einem Ort der Inspiration und Seelenruhe geworden. Die gemeinschaftlichen Gebete, die melodischen Gesänge, in denen wir Gott priesen, die gemeinsamen Mahlzeiten – all das tat mir gut. Es war ein anderes, ein erfülltes Zusammensein, das frei war von Alkohol, lauter Musik, verqualmter Luft und sinnlosen Gesprächen.

Leider musste ich jedoch bald feststellen, dass selbst Sufi-Gruppen nicht immer ein Hort der Reinheit sind. Meine Begeisterung für das, was ich im Sufismus gefunden hatte, teilte ich hin und wieder auch meinen Freundinnen mit. Ruby war sofort Feuer und Flamme und lernte den Sufismus, den »wahren Islam«, wie sie sagt, erst durch mich lieben. Andere hingegen konnten weniger damit anfangen. Zu ihnen zählte Bob Geldof.

Ich kannte ihn noch aus MTV-Zeiten, und da er wie ich in Chelsea wohnte, traf ich ihn eines Tages zufällig auf der Straße. Wir kamen schnell ins Gespräch, und ich erfuhr, dass nicht nur ich mit Liebeskummer zu kämpfen gehabt hatte. Seine Frau war mit Michael Hutchence durchgebrannt, dem Sänger von INXS, und Bob war ziemlich deprimiert. Ich dachte, vielleicht könne auch ihm die Spiritualität helfen, weshalb ich ihm Gai Eatons Buch über den Islam empfahl. Außerdem lud ich ihn zu einer Lesung von Sheikh Nazim ein, die ich mit einigen Freunden organisiert hatte. Sie war für Nichtmuslime gedacht, die sich für den Sufismus interessierten.

Obwohl Bob ein eingefleischter Atheist und Skeptiker ist, sagte er zu. Den »holy man« wolle er gern kennenlernen. Ob er das von mir empfohlene Buch gelesen hatte, weiß ich nicht. Jedenfalls hörte er sich den Vortrag zwar an, war anschließend jedoch nicht sonderlich beeindruckt von dem, was Sheikh Nazim zu sagen hatte. Bob fand wohl einfach keinen Zugang dazu – aber egal, den Versuch war es allemal wert.

Das dachte ich zumindest, ehe ich vom grotesken Ende des Unterfangens erfuhr. Wenige Wochen nach der Lesung klingelte Bob bei mir und zog kommentarlos einen Zeitungsartikel heraus, in dem stand, dass er zum Islam übergetreten sei und Sheikh Nazim ihn in die Gemeinschaft aufgenommen habe. Als Beweis war ein Foto abgedruckt, auf dem beide abgebildet waren. Einer der Anhänger des Sheikhs hatte wohl heimlich Fotos von dem Abend gemacht und sie an die Presse gegeben. Ich war sprachlos. Bob dagegen nahm die Sache mit Humor und konnte darüber lachen, obwohl ihm diese Pressemeldung im Nachhinein Stress bereitete und er noch heute gelegentlich darauf angesprochen wird.

Ich konnte den Vorfall im Gegensatz zu ihm nicht auf die leichte Schulter nehmen und beschwerte mich bei der Sufi-Gruppe, da ich mich in meinem Vertrauen betrogen fühlte. Abgesehen davon, dass der Verantwortliche Bob gegen seinen Willen fotografiert und die Fotos obendrein veröffentlicht hatte, waren bewusst Lügen über ihn verbreitet worden. Anscheinend ging es darum, den Sänger für das Ansehen des Islam zu instrumentalisieren. Ob der Sheikh davon wusste und solche Dinge tolerierte, konnte ich nicht einschätzen, aber das spielte auch keine Rolle. Trotz meiner Beschwerde entfernte die Gruppe die Meldung nicht aus dem Internet, und bald entdeckte ich dort weitere Meldungen, denen zu entnehmen war, dass inzwischen sogar Prinz Charles konvertiert sei.

Nach diesem Vorfall war ich nie wieder in der Moschee, weshalb ich auch meine Sufi-Gruppe los war – oder vielmehr sie mich. Einige Zeit später verließ Dr. Amina diesen Kreis ebenfalls. Ich war enttäuscht, denn ich hatte Sheikh Nazim gemocht, außerdem hatte ich das Zusammensein in der Gruppe genossen. Aber es war besser, einen klaren Schnitt zu machen, denn der Vertrauensbruch war zu groß. Ich verdeutlichte mir einmal mehr, dass es falsch ist, seine Hoffnung und sein Vertrauen in Menschen zu setzen und sie zu verehren. Menschen sind fehlbar. Der Einzige, dem man bedingungslos vertrauen kann und den man verehren soll, ist Gott. Ihn wollte ich suchen und hielt daher fortan Ausschau nach Anhaltspunkten, die mir den Weg zu ihm aufzeigten.

Derlei Hinweise fand ich nach wie vor am ehesten in meinen Büchern. Einige der reichhaltigsten Orientierungsquellen waren für mich die Werke von Annemarie Schimmel, der großen deutschen Islamforscherin. Die Sufi-Expertin hatte über hundert Werke über islamische Literatur, Mystik und Kultur veröffentlicht, erfuhr größte Verehrung in der islamischen Welt und wurde 1995 mit dem Friedenspreis des Deutschen Buchhandels ausgezeichnet.

Als Erstes las ich von ihr die *Mystischen Dimensionen des Islam*, eine ausführliche Geschichte des Sufismus. Später hörte ich

Annemarie Schimmel oft auf Vorlesungen in London zu, etwa wenn sie mal wieder Ehrengast bei der Temenos Academy von Prince Charles war, wo sie ergreifende Vorträge über den Liebeslyriker Dschalaluddin Rumi hielt, dem sie zahlreiche ihrer Werke widmete. Wenn Annemarie Schimmel sprach, schloss sie die Augen und erzählte völlig frei, ohne Notizen. Häufig wechselte sie ad hoc die Sprache und trug Gedichte in Persisch, Arabisch oder Dialekten wie dem pakistanischen Paschtu vor.

Nach einer ihrer Vorlesungen sprach ich sie an und unterhielt mich mit ihr über Pakistan. Frau Schimmel lebte in Bonn, bezeichnete Pakistan jedoch als ihre zweite Heimat. In Lahore ist sogar eine Straße nach ihr benannt. Wir hatten nicht nur einige gemeinsame Bekannte dort, Yusuf Salaudin zum Beispiel, sondern stellten fest, dass es noch eine weitere Parallele zwischen uns gab: 1995 war unser beider *annus horribilis* gewesen. Damals hatte sie viel Kritik für ihre vermittelnde Haltung in der Affäre um Salman Rushdie ernten müssen, was sie sehr bedrückte. Sie hatte öffentlich einen gewissen Grad an Verständnis für die Verletzung der Muslime durch Rushdies Buch *Die satanischen Verse* geäußert und betont, dass eine verletzende oder diffamierende Darstellung des Propheten, wie Rushdie sie in den Augen vieler Muslime in seinem Buch geliefert hatte, für Islamgläubige nicht hinnehmbar sei.

Die Sensibilität und Verletzlichkeit der Muslime im Hinblick auf ihren Propheten, die sich zuletzt auch im Karikaturenstreit zeigte, ist für westliche Menschen nur schwer nachvollziehbar. Allerdings vergessen die meisten meiner Ansicht nach dabei, dass »die Liebe zum Propheten das Blut in den Adern der Muslime« ist, wie Frau Schimmel einmal sagte. Gleichzeitig machte die Expertin ebenso wie viele andere Islamgelehrte stets deutlich, dass die von Khomeini ausgerufene Fatwa, die Rushdie zum Tode verurteilte und jeden Muslim aufrief, dieses Urteil zu vollstrecken, zutiefst unislamisch sei.

Ich las ihre Bücher erstmals während eines Urlaubs auf Tobago, wo ich mit meiner Hamburger Freundin Sylvie entspannen und Kraft auftanken wollte. Wir unterhielten uns viel über das menschliche Bedürfnis nach Spiritualität. Sylvie war zwar auf einem anderen Glaubensweg, doch wir stellten durchaus einige Gemeinsamkeiten fest. Sowohl im Sufismus als auch im Buddhismus geht es darum, gütig zu sein und Gutes zu tun, und um die Überwindung des Egos durch eine bestimmte spirituelle Praxis. Beide bezeichnen den Endzustand, den man dadurch zu erreichen sucht, als Glückseligkeit. Mit dem großen Unterschied allerdings, dass der Sufi danach strebt, sein Bewusstsein in Gott aufzulösen, während im Buddhismus die Frage nach Gott sekundär ist.

Es waren wunderbare, erholsame Tage. Die Aloe vera, die mir ein freundlicher christlicher Gärtner schenkte, steht seither bei mir zu Hause, und inzwischen sind sogar zwei daraus geworden. Aloe vera wird auf Tobago nicht nur zur Pflege der Haut bei Sonnenbrand benutzt, sondern auch zur inneren Reinigung. Genau das wollten Sylvie und ich.

Da passte die Einladung von Bryan Ferry, der ebenfalls auf Tobago war, natürlich nicht besonders gut ins Programm. Er wollte Sylvie und mich zu einem Abend in der Sunday School überreden, wo die Gäste auf der Tanzfläche zu heißer karibischer Musik bestimmte Körperteile aneinanderrieben. Da wir auf einem ganz anderen Trip waren, lehnten wir dankend ab.

Allerdings hielt unsere heilige Phase nicht lange an, denn kaum waren wir zurück in London, feierten wir dann doch mit ihm und anderen Freunden aus der Szene gepflegt Sylvies Geburtstag.

Solche Partys waren für mich inzwischen allerdings eher die Ausnahme, vielmehr nutzte ich meine Kontakte zum Showbiz weiterhin für *Learning for Life.* Als berüchtigtes A-Team organisierten meine Mitstreiterinnen und ich mehrere Events, bei denen wir Geld für den Aufbau von Grundschulen in Pakistan, Nepal und Afghanistan sammelten.

Die erste Veranstaltung, an der ich als Verantwortliche teilnahm, war das *Tamarind Dinner* – eine Dinnerparty inklusive

Auktion, die in einem neueröffneten indischen Restaurant stattfand. Wir organisierten die Getränke, sammelten Sachspenden für die Versteigerung, informierten die Presse und überzeugten etliche prominente Menschen davon, Tische für den Abend zu kaufen. Ich lud Bob Geldof und Mick Hucknall von Simply Red als Ehrengäste ein. Sophies Bruder Hugo, der bei Sotheby's Auktionator gewesen war, moderierte die Versteigerung mit viel Humor. Bei Veranstaltungen wie dieser nahmen wir in der Regel zwischen 15 000 und 20 000 britische Pfund ein, bei größeren Events auch schon mal 30 000. Damit waren die Schulen für mehr als ein Jahr versorgt.

Inzwischen gab es auch in meinem Privatleben neue Entwicklungen. Der *Tatler* hatte mich zu einem der »100 heißesten Dates« des Landes auserkoren. Jedes Jahr gibt das angesehene britische Gesellschaftsmagazin das *Little Black Book* heraus, in dem die begehrtesten Singles präsentiert werden. Tatsächlich tauchte ich auf dieser Liste mit einem Foto auf, wenn auch mit dem bezeichnenden Zusatz: »*You better talk mosques.*«

Bald hatte ich ein paar glühende Verehrer, die nach weltlichen Kriterien sehr erfolgreiche Männer waren, aber das beeindruckte mich nicht sonderlich. Ich verjagte sie alle, indem ich die Muslima-Karte zog und ihnen klarmachte, dass nichts laufe, solange wir nicht verheiratet seien. Nebenbei war das natürlich auch eine gute Ausrede, wenn ich jemanden nicht mochte. Ließ der Herr trotzdem nicht locker, erzählte ich ihm außerdem, dass ich gerne einen Muslim heiraten wolle, da ich mir wünschte, meine Weltsicht, den Idealismus und den Glauben mit meinem Lebensgefährten teilen zu können.

Jenen, die weiterhin Interesse bekundeten, gab ich einige Bücher über den Islam, um zu überprüfen, wie ernst sie es tatsächlich meinten. Ich testete meine Verehrer regelrecht auf Leib und Nieren. Leider stieß ich dabei auf ein Problem, das mich noch lange begleiten sollte: Kein westlicher Mann machte die Sache mit. Eine Beziehung ohne Sex bis zur Heirat kam für keinen Einzigen in Frage – und eine Konversion ebenso wenig. Langsam kristallisierte sich für mich heraus, dass mein zukünftiger Mann wohl nicht leicht zu finden sein würde. Aber das war nicht weiter schlimm, denn ich wusste, Gott würde mir schon den Richtigen schicken, wenn die Zeit gekommen war.

Dafür hatte ich inzwischen den neuen Job für den europäischen Ableger des amerikanischen Networks NBC angetreten, der mich stark forderte. Die von mir moderierte, täglich ausgestrahlte Show *The Ticket* war im Herbst 1996 an den Start gegangen und sollte viele Millionen Haushalte in Ost- und Westeuropa sowie im Mittelmeerraum erreichen. Die Arbeit war deutlich interessanter als bei MTV, da das Themenspektrum um ein Vielfaches größer war. Neben weltberühmten klassischen Musikern wie Yehudi Menuhin oder Placido Domingo interviewte ich auch die Filmregisseure Peter Greenaway oder Michael Radford sowie die Schauspieler Ute Lemper und Ben Kingsley.

Durch meine guten Kontakte aus MTV-Zeiten konnte ich vieles tun und bewegen, was mir Spaß machte. Eine Reihe von Drehs und Interviews organisierte ich selbst, zum Beispiel das *Festival of Speed* auf dem Gut des Earl of March oder Interviews mit Peter Gabriel und Steve Winwood. Zwischendurch präsentierte ich eine wunderbare Ausstellung islamischer Kunst aus dem persischen und Osmanischen Reich. Als der von mir sehr geschätzte Sufi-Sänger Nusrat Fateh Ali Khan im Alter von nur 49 Jahren in London starb, produzierte ich einen Nachruf für ihn. Ich suchte mir meine Themen oft selbst, weshalb ich meine Interessen ganz anders einbringen konnte als zuvor.

Natürlich hatte die Medaille – wie so oft – auch eine Kehrseite: Zwar selten, aber immerhin regelmäßig musste ich Inhalte vertreten, die mir Unbehagen bereiteten. Dazu gehörten Filme von Quentin Tarantino, in denen extreme Gewalt gezeigt wurde, Hardrock-Videos, in denen der Teufel verehrt wurde, Schock-Kunst, die pornographische Elemente beinhaltete, und dergleichen. So geriet ich im Rahmen meiner Arbeit immer wieder in kleinere Konflikte mit meinem Glauben. Zunächst fand ich es nicht weiter schlimm, schließlich musste ich auch Geld verdienen, und im Großen und Ganzen machte mir der Job bei NBC Spaß. Dennoch wuchs die Gewissheit in mir, dass ich in der Entertainment-Industrie nicht ewig würde arbeiten können, sollte mein Glauben weiter wachsen.

Und das tat er. Wenige Monate nachdem ich den Job angetreten hatte, begann der Ramadan, und diesmal war ich fest entschlossen, die Fastenzeit durchzuhalten. Also stellte ich mich psychisch darauf ein und mobilisierte all meine Kräfte.

Das Ganze war schon eine besondere Herausforderung, denn kurz vor Weihnachten, just zur Zeit des Ramadan, moderierte ich nicht wie sonst eine Sendung, sondern wir drehten doppelt so viele Folgen ab, damit alle anschließend zwei Wochen Ferien machen konnten. Das hieß, ich musste von morgens bis abends moderieren und Kommentare einsprechen. Normalerweise trank ich zwischendurch Wasser, um die Stimmbänder zu beruhigen und den Redefluss beizubehalten, oder nahm einen Snack zu mir, um die Energiedepots wieder aufzufüllen. Nun durfte ich dagegen von Sonnenaufgang bis Sonnenuntergang weder essen noch trinken – obwohl ich echte Zweifel hatte, ob ich es schaffen würde.

Erstaunlicherweise gelang es mir. Die ersten paar Tage hatte ich zwar mit Kopfschmerzen zu kämpfen, doch dann gewöhnte sich mein Körper an die Umstellung. Ab einem gewissen Zeitpunkt genoss ich das Fasten sogar. Dabei werden die Geruchs- und Geschmacksnerven sensibilisiert, und man fühlt sich wie in eine höhere Sphäre versetzt. Natürlich verleiht einem das Gefühl, seinen inneren Schweinehund im Griff zu haben, zusätzlich Kraft. Die Fastenzeit ist nicht zuletzt auch eine gute Übung zur Stärkung des Willens. Wenn der innere Schweinehund zu laut knurrte, beschwichtigte ich ihn damit, dass ich ja essen könne, so viel ich wollte, sobald die Sonne untergegangen war. Das war aber gar nicht nötig, denn da ich den ganzen Tag gefastet hatte, war ich meist nach einem kleinen Snack am frühen Abend schon satt. Traditionell wird das Fasten übrigens mit ein paar Datteln gebrochen, wie es der Prophet getan hat, und ich trinke dazu am liebsten ein Glas Milch.

Mein Durchhaltevermögen flößte auch meinen Kollegen Respekt ein, und nicht wenige machten mir Komplimente, dass ich so strahlend wirkte. Wer weiß – vielleicht war ja wirklich was dran? Wer islamisch fastet, reinigt sich auf vielen Ebenen, körperlich wie spirituell. Er verzichtet nicht nur auf Nahrung, sondern auch auf Klatsch und Tratsch, Ärger und Ungeduld und versucht, jederzeit höflich zu sein. Wenn einem das gelingt, hat man vielleicht eine besondere Ausstrahlung. Es heißt auch, dass einem während der Fastenzeit nichts Schlechtes passieren könne. Der Prophet soll dazu gesagt haben: »Für diejenigen, die fasten im Ramadan, sind die Tore des Paradieses weit geöffnet und die Tore der Hölle geschlossen.« Fasten wirkt außerdem wie ein Schutzschild.

Manchmal fühlte ich mich zwischendurch aber auch schwach und ging viel früher als sonst schlafen. Insbesondere gegen Ende des Ramadan wurde es ziemlich anstrengend, doch als ich es schließlich geschafft hatte, war ich überglücklich. Ich fühlte mich rein, erfüllt und Gott ein Stückchen näher – eine tolle Empfindung, die noch einige Zeit über das Fasten hinaus anhielt.

Wenn eine neue Mondsichel am Himmel steht und der Fastenmonat zu Ende geht, wird das *Id*-Fest gefeiert, das Fest des Fastenbrechens, ein echtes Highlight im muslimischen Kalender, das die Menschen in der Regel sehr fröhlich und festlich begehen. In der ganzen muslimischen Welt trifft sich an diesem Tag die Familie, man setzt sich zu einem Festmahl an den Tisch, und die Kinder bekommen Geschenke. Man beglückwünscht sich gegenseitig und freut sich, all die Genüsse, auf die man so lange verzichten musste, neu zu entdecken. Ich fühlte mich an diesem Festtag allerdings ein wenig einsam, denn als »neue« Muslima hatte ich keine Familie, mit der ich feiern konnte.

Um den Tag dennoch zu würdigen, ging ich am Morgen zum gemeinschaftlichen Gebet in die große Moschee am Regent's Park. Das Gotteshaus war bis auf den letzten Platz gefüllt, es herrschte ein unglaubliches Gedränge und Geschubse, und dennoch war es sehr schön. Mir gefiel vor allem, dass so viele Menschen verschiedenster Herkunft zusammenkamen, um vereint vor Gott zu beten. Alle hatten einen Monat gefastet, hatten Verzicht geübt und versucht, sich seelisch zu reinigen, zu kontrollieren und Gott nahe zu sein. Das verband mich mit den anderen und gab mir letztlich doch das Gefühl, einer Gemeinschaft anzugehören. Am Abend lud mich Dr. Amina zu unseren Lieblingsperser zum Essen ein.

Auch wenn der Alltag bald wieder Einzug hielt und das Gefühl der Reinheit verschwand – die überstandene Fastenzeit war ein Meilenstein für mich.

Im folgenden Frühjahr packte ich erneut meine Bücher und machte eine Reise nach Granada. Über Bekannte hatte ich von einer Sufi-Gruppe in Südspanien erfahren und war gespannt darauf, andere europäische Muslime kennenzulernen. Andalusien, al-Andalus, wie der arabische Name für jenen Landesteil lautet, in dem für viele Jahrhunderte die islamische Zivilisation aufblühte, interessierte mich allein wegen seiner historischen Bedeutung. Hier zeigt sich, wie tief der Islam in Europa verwurzelt ist. Während der mehr als sechs Jahrhunderte andauernden muslimischen Herrschaft war Andalusien ein Zentrum für Naturwissenschaft, Theologie, Handel und Kunst gewesen – eine Hochkultur im Mittelalter, die die Aufklärung maßgeblich beeinflusste. In dieser Zeit entstand auch die berühmte Alhambra, die mächtige Burg hoch über der Stadt Granada. Sie gilt als architektonisches Meisterwerk und als eines der schönsten Beispiele des maurischen Stils in der islamischen Kunst.

Über Freunde hatte ich die Telefonnummer von Bashira bekommen, einer Amerikanerin, die Jahre zuvor Muslima geworden war. Sie lebte schon sehr lange in Granada und war mit dem Muqaddam der Sufi-Gruppe verheiratet, dem örtlichen Vertreter des Sheikhs, der selbst in Schottland lebte. Bashira besuchte ich gleich am ersten Tag, wir unterhielten uns lange, und sie erzählte mir von ihrem Leben. Genau wie ich mochte auch sie die Musik der Sufis sehr und spielte mir eine CD mit arabo-andalusischer Musik vor. Ich vernahm tiefe Männerstimmen, die für Gott sangen, begleitet von einem Orchester mit traditionellen Instrumenten wie der Lute, der Oud, Tamburinen und Violinen, wie sie mir erklärte. Da mir die Musik sehr gut gefiel, besorgte ich mir später ein paar CDs.

Ich war gespannt auf die anderen Sufis aus Bashiras Gruppe, mit denen wir einen gemeinsamen Besuch der Alhambra planten. Um elf Uhr abends trafen wir uns im Zentrum von Granada und schlenderten gemeinsam den Hügel hinauf, auf dem die maurische Burg thront. Sie war hell erleuchtet und menschenleer. Um diese Uhrzeit waren die Touristen längst verschwunden, und wir konnten alles in Ruhe bestaunen: den Löwenhof mit seinen Rundbögen, die so filigran aus Stein gemeißelt sind, dass sie federleicht aussehen und die feine Arbeit fast wie Spitze anmutet. Wir bewunderten die Murqanas, kleine Wölbungen, die zwischen der Kuppel und der Mauer wie Waben übereinanderhängen, um das Licht einzufangen, und symbolisch Himmel und Erde verbinden.

Im Innengebäude des Palastes erblickte ich erstmals die typisch maurischen Fliesenmosaiken, die in geometrischen Mustern auf ein Zentrum zulaufen, das symbolisch für Gott steht. Die Architektur bezauberte mich besonders, denn ich stieß auf ein Prinzip, das sich quer durch die gesamte islamische Kunst zieht und das mich von Anfang an fasziniert hat: die ästhetische Umsetzung religiöser Prinzipien – in diesem Fall unter anderem die Einheit Gottes. An vielen Wänden der Alhambra befinden sich über den Mosaiken florale Arabesken und kunstvolle Kalligraphien von Koranversen. Der am meisten verbreitete Schriftzug lautet: »Kein Sieg außer mit Gott.« Die vollendete Schönheit und Harmonie der Architektur betrachten Muslime als einen Ausdruck von Gottesverehrung. Der Prophet sagte: »Gott ist schön, und Er liebt die Schönheit.«

So schön die Kunst und Kultur auch waren, stieß ich bei diesen Sufis jedoch zum ersten Mal auf einen Aspekt des Islam, der mir Schwierigkeiten bereitete. Einige Männer der Gruppe lebten nämlich polygam – noch dazu auf eine Art und Weise, die ganz und gar nicht alle Beteiligten glücklich machte.

Bashira zum Beispiel erzählte mir, dass ihr Mann nach 20 Jahren Ehe ein junges Mädchen geheiratet und es anschließend zu ihnen in die Wohnung geholt habe. Sie lebten zu dritt auf engstem Raum, und Bashira musste mit ansehen, wie die beiden turtelten und sich hinter verschlossenen Türen vergnügten. Bald empfing die junge Zweitfrau ein Kind von Bashiras Mann, und der Amerikanerin ging es dementsprechend schlecht. Die Frau tat mir sehr leid, vor allem da sie keine eigenen Räumlichkeiten besaß, um sich abzugrenzen. Selbst als der Prophet mehrere Frauen heiratete, hatten sie alle ein eigenes Haus. Außerdem achtete Muhammad darauf, mit jeder von ihnen gleich viel Zeit zu verbringen und ihnen die gleiche Aufmerksamkeit zu erweisen. Dieses Vorbild gilt es in einer polygamen Ehe nachzuahmen.

Viele der Sufis in Granada, so stellte ich bald fest, waren auf der Suche nach einer zweiten Frau, denn der Sheikh der Gruppe riet ihnen dazu, damit der Islam in Europa schneller verbreitet werde. Mir war all das sehr suspekt, daher besuchte ich die Gruppe auch nicht wieder.

Das Thema Polygamie vermochte ich allerdings nicht so einfach abzuhaken, schließlich könnte es eines Tages auch mich betreffen. Immerhin erlaubt der Koran einem Mann, bis zu vier Frauen zu heiraten. Ich fragte mich ernsthaft, ob ich mir eine polygame Ehe vorstellen könne, und mein Gefühl sagte eindeutig nein.

Dennoch recherchierte ich die Hintergründe der Polygamie im Islam. Ursprünglich, so sagen viele Islamwissenschaftler und islamische Theologen, hatte man die Polygamie als Möglichkeit zur Lösung sozialer Probleme eingeführt, insbesondere zur Versorgung von Witwen und Waisen nach Kriegen. Einige muslimische Frauen sollen es sogar als Ehre empfinden, zu einem Mann zu gehören, der viele Frauen hat. Sie sehen es wohl als Zeichen seiner

Stärke und trösten sich mit dem Gedanken: Lieber mit einem tollen Mann halb zusammen als mit einem langweiligen Mann ganz. Außerdem hat man nur halb soviel Arbeit und mehr Zeit für sich. Das Problem der Eifersucht ist damit trotzdem nicht aus der Welt. Eifersucht ist zwar menschlich, man solle sie aber, so der Koran, beherrschen und unter Kontrolle halten. Das war selbst für die tugendhaften Prophetenfrauen nicht leicht, allen voran für Aischa.

Damit Polygamie in der Realität funktionieren kann, lässt der Koran sie nur unter strengen Bedingungen zu, die einen Mann, der sich eine Zweitfrau nimmt, ganz schön auf Trab halten. Er muss nämlich für den Unterhalt jeder Frau komplett selbst sorgen und sie, wie bereits erwähnt, alle gleich behandeln, was in der Praxis ziemlich schwierig zu bewerkstelligen ist. Selbst der Koran gesteht ein, dass diese Gleichbehandlung unmöglich ist, denn es heißt dort: »Wenn ihr aber fürchtet, sie nicht gleich zu behandeln, dann [heiratet] nur eine.« (4:3) Später in derselben Sure heißt es in Vers 129: »Ihr könnt mit den Frauen nicht gerecht sein, auch wenn ihr euch noch so sehr bemüht.« Deshalb, so interpretieren es moderne Gelehrte, plädiere der Koran in Wirklichkeit auch für Monogamie. Genau wie ich. Mit diesem tröstlichen Gedanken konnte ich das Thema für mich erst einmal abschließen.

Umso mehr interessierte mich die spirituelle Perspektive, die mir die Religion aufzeigte, wodurch ich immer wieder auf den Sufismus stieß. Er scheint sich westlich geprägten Menschen generell leichter zu erschließen als andere, strengere Strömungen des Islam. Als sich die mystische Richtung des Islam, der Sufismus, herauszubilden begann, übertrug man den Begriff kurzerhand auf alle seine Anhänger. Über die außergewöhnliche Glaubenskraft jener ersten Sufis, zu denen von Anfang an auch Frauen gehörten, existieren zahlreiche Legenden. Ich mag vor allem die Geschichte von Rabia, der berühmten Sklavin von Basra, die ihr Leben der Liebe Gottes widmete und davon überzeugt war, dass alles, das Gute wie das Böse, das Schöne wie das Hässliche, Ausdruck von Gottes Allmacht und Vollkommenheit sei. Sie geht so:

Rabia kam zu Beginn des achten Jahrhunderts in ärmlichen Verhältnissen in Basra im heutigen Irak auf die Welt, wo sie auch den größten Teil ihres Lebens verbrachte, und wurde bereits in jungen Jahren Waise. Nach dem Tod ihrer Familie verkaufte man sie als Sklavin, und sie musste für ihren Herrn hart arbeiten, obwohl sie eine Frau war. Die Legende besagt, dass ihr eines Tages ein fremder Mann nachstellte, woraufhin sie Angst bekam und vor ihm floh. Als sie auf der Straße stolperte und sich das Handgelenk verrenkte, neigte sie das Gesicht in den Staub und betete: »O mein Herr, ich bin unerfahren und habe weder Mutter noch Vater, bin eine Waise und eine Sklavin, ich bin in Gefangenschaft geraten, und mein Handgelenk ist verletzt. Jedoch gräme ich mich deshalb nicht, denn ich möchte nichts anderes, als Dich zufriedenstellen. Ich wäre froh, wenn ich wüsste, ob Du mit mir zufrieden bist oder nicht.« Daraufhin soll sie eine Stimme vernommen haben, die zu ihr sagte: »Sei nicht betrübt, denn am Tag der Auferstehung wirst du einen Rang einnehmen, um den jene, die Gott im Himmel am nächsten sind, dich beneiden.« Rabia wurde schließlich freigelassen, verließ den Ort und verblieb eine Zeitlang in der Einöde. Sie erhielt viele Heiratsanträge, lehnte jedoch alle ab.

Mit der Zeit gesellten sich immer mehr Menschen zu ihr, die bei ihr Zuflucht suchten und ihren Predigten und Unterweisungen zuhörten. Ihr werden viele Wunder zugeschrieben, unter anderem soll sie auf ihrem Gebetsteppich geschwebt sein, und auf ihrer Pilgerreise nach Mekka soll ihr die Kaaba entgegengekommen sein.

Die bekannteste Legende über Rabia berichtet, wie sie in den Straßen von Basra mit einem Eimer Wasser in der einen und einer Fackel in der anderen Hand herumlief. Als jemand sie fragte, was dies zu bedeuten habe, antwortete sie: »Ich will Wasser in die Hölle gießen und Feuer im Paradies legen, damit diese beiden Schleier verschwinden und niemand mehr Gott aus Furcht vor der Hölle oder in Hoffnung aufs Paradies anbete, sondern nur noch um Seiner ewigen Schönheit willen.«

Viele Gelehrte, darunter auch Annemarie Schimmel, betrachten sie als die zentrale Figur des frühen Sufismus, die eine höhere Form der Verehrung Gottes initiierte. Sie gelobte Gott allein aus Liebe und nicht, um die Hölle zu vermeiden oder ins Paradies zu kommen. Rabia erreichte ein hohes Alter und wurde schließlich in Basra begraben.

Ein wichtiger Aspekt des Sufismus ist, dass der Mensch sich mit seiner innersten Natur verbindet, wo er aufgehoben ist in Gott, rein und glücklich wie ein Kind. In seinem Buch *Was ist Sufismus?* erklärt der Gelehrte Martin Lings, dass der Begriff *sufi,* wörtlich »aus Wolle«, auch eng mit dem Wort *safi* (rein) verknüpft sei. Annemarie Schimmel verstand Sufismus als Vertiefung der zentralen Botschaft des Islam, der Verehrung Gottes und der Liebe für den Propheten. Das Ziel eines jeden Sufis, so schrieb sie, sei es, »zu werden, wie er war, bevor er war«. Auch war sie der Meinung, dass der Sufismus die Gebote des Islam mit menschlicher Wärme erfülle.

Das empfand ich ebenso. Vor allem die Verse der großen Sufi-Dichter Dschalaluddin Rumi und Abd al-Qadir al-Dschilani, die inzwischen zu meinen festen Begleitern geworden waren, in den Bergen von Andalusien ebenso wie in meinem Zuhause in London, liebte ich heiß und innig.

Rumi, der im 13. Jahrhundert lebte, stammte aus Balkh, einer Stadt, die früher dem persischen Reich angehörte und heute in Afghanistan liegt. Er wanderte mit seinem Vater nach Konya in Anatolien aus, wo er zu hohen wissenschaftlichen Ehren als Gelehrter in den verschiedensten Disziplinen kam: Koran- und Hadith-Lehre, islamisches Recht, Geschichte, Philosophie, Mathematik und Astronomie. Sein Schicksal wendete sich, als er den Mystiker Shams al-Din aus Tabriz im Jahr 1244 traf. Zwischen den beiden entwickelte sich eine tiefe Beziehung, und Rumi begann zu schreiben, vor allem Poesie und Liebeslyrik.

Vordergründig handeln seine Gedichte von der Liebe zwischen Mann und Frau, hintergründig jedoch immer von der Liebe zu

Gott. Sein Werk wird heute im Orient wie im Westen bewundert, und in Amerika ist der persische Dichter der erfolgreichste Poet aller Zeiten und inzwischen eine Art New-Age-Guru. Daran lässt sich erkennen, dass im Sufismus zeitlose und allgemein gültige Botschaften transportiert werden, die überall auf der Welt verstanden werden, gleich welcher Kultur oder Religion man angehört.

Wie viele Mystiker sprach Rumi immer wieder von der Liebe. Selbst die deutschen Romantiker haben sich von ihm und anderen orientalischen Dichtern inspirieren lassen. Für Rumi war die Liebe die einzige Wirklichkeit, und er sah sie in allen Dingen: in der Wüste ebenso wie im Feuer oder im Wasser. Das Verlangen der Liebenden nacheinander beschrieb er folgendermaßen: »Die Geliebte und der Liebende ähneln sich wie Wasser und Durst. Nicht nur die Durstigen suchen das Wasser, auch das Wasser sucht die Durstigen.« Die Liebe zwischen Mann und Frau, so lehrte Rumi, sei eine Manifestation der universellen göttlichen Liebe, und die Sehnsucht der Liebenden nacheinander eine Reflexion der Sehnsucht des Gläubigen nach Gott.

Dschalaluddin Rumis Hauptwerk, das 26000 Verse umfassende *Mathnawi*, beginnt mit den Worten: »Höre auf der Flöte Rohr, wie es erzählt / und wie es klagt, vom Trennungsschmerz gequält.« Die Bambusflöte ist ein Symbol für unsere Seele, die sich nach ihrem Ursprung, nach Gott, zurücksehnt wie das Bambusrohr nach dem Beet, aus dem es entrissen wurde. Denn, wie der Koran besagt: »Wir gehören Gott an und zu Ihm kehren wir zurück. Solange wir auf der Erde verweilen, können wir das Heimweh unserer Seele nur mit Gottgedenken stillen und indem wir danach streben, in der Liebe aufzugehen, »wie Zucker, der sich in Wasser auflöst«, wie der Falter, der das Licht sucht und darin verbrennt. Die Auslöschung des Egos in der Sehnsucht nach dem Geliebten – dies sei das Geschick aller wahrhaft Liebenden. Rumi sagt auch, wer mit ganzem Herzen liebe, der befinde sich auf dem Weg zu Gott – glücklich oder unglücklich.

Ein Erlebnis, an das ich mich in diesem Zusammenhang heute noch oft erinnere, ist eine Pilgerreise zu der Kapelle der heiligen Rita in Italien. Meine Freundin Agenta, eine Katholikin, die mir besonders in der ersten Zeit nach der Trennung von Imran beigestanden hatte, nahm mich mit zum Grab der Santa Rita, die Ende des 14. Jahrhunderts als Klosterschwester bei den Augustinerinnen in Cascia gelebt hatte. Die fromme Frau war nach dem Tod ihres Ehemanns und ihrer Söhne Nonne geworden und widmete ihr Leben der Hilfe für Kranke und deren Familien. Es heißt, ihre Liebe zu Gott sei unermesslich gewesen, und sie soll 15 Jahre lang die Stirnwunde Jesu getragen haben. Die Legende besagt außerdem, dass die heilige Rita kurz vor ihrem Tod um eine Rose aus ihrem Heimatort Roccaporena in Umbrien gebeten habe, um mit ihrer Lieblingsblume in der Hand vor Gott zu treten. Allerdings war es mitten im Winter, und die Hügel ihrer Heimat waren tief verschneit. Dennoch fand man eine Rose und brachte sie ihr – es war das berühmte Rosenwunder, wodurch die Rose zum Symbol der Heiligkeit dieser Frau wurde. Die Kirche genehmigte später sogar eine eigene Weiheformel für die berühmten Santa-Rita-Rosen.

Als ich mit Agenta gemeinsam in der Kapelle von Santa Rita betete, verspürte ich plötzlich einen wundervollen Rosenduft, auf den ich meine Freundin aufmerksam machte. Sie nahm ihn jedoch nicht wahr und war ziemlich erstaunt, denn nirgendwo waren Rosen zu sehen. Später erzählte uns ein katholischer Priester, dass der Rosenduft ein heiliger Duft sei. Ich war überrascht, denn auch in der islamischen Tradition spielt die Rose eine wichtige Rolle. Muhammad soll sie bewundert haben, und es heißt, seine Schweißperlen hätten nach Rosen geduftet. Der steinige und oft mühsame Weg der Sufis zu Gott wird als der dornenreiche Stängel einer Rose beschrieben, an deren Ende der Blütenkelch und damit das Paradies wartet.

Die Rose gilt allgemein als Symbol für himmlische Vollkommenheit, Liebe und Tod, Erotik und Leidenschaft. Sie ist die Blume des Herzens und der Weiblichkeit, und Goethe lobte sie einst als »die vollkommenste Blume«, die die Welt zu bieten hat. Die Rose wurde auch zu meiner Lieblingsblume.

Vielleicht, dachte ich später, sind die Religionen in ihrem Wesenskern wie Kellen, mit denen man Wasser aus demselben Brunnen schöpft.

Die Brücke

Gottes ist der Osten und der Westen. Wo immer ihr euch hinwendet, da ist Gott gegenwärtig. Gott ist allumfassend und allwissend.
KORAN (2:115)

The Ticket beanspruchte mich voll und ganz, und so sehr mir die Arbeit mit *Learning for Life* auch am Herzen lag – ich musste mein Engagement einschränken, als ich bei NBC begann. Dabei lief es wirklich gut, und die Arbeit für wohltätige Zwecke machte mir großen Spaß.

RTL war nach London gekommen, um einen Beitrag über mich und meine Mitstreiterinnen zu drehen, und kurz darauf wollte auch der *Stern* wissen, was ich nach meinem Ausstieg bei MTV so tat. Der Reporter, der mich interviewen sollte, stellte mir erst ein paar Fragen zu dem Projekt, dann wollte er mehr über meinen Glauben erfahren. Ich war inzwischen sehr vorsichtig, da der Schock nach den bewusst polarisierenden Presseberichten und der schlechten Erfahrung in der Talkshow noch zu tief saß. Ich wusste nicht, wie ich über meinen Glauben auf eine Weise sprechen konnte, die in Deutschland nicht sofort Diskussionen und negative Schlagzeilen zur Folge hatte. Außerdem machte ich mir Sorgen, dass sich das Ganze auf meine berufliche Laufbahn auswirken könnte – was letztlich auch der Fall war.

So kam es, dass ich auf die Frage des *Stern*-Reporters, ob ich tatsächlich wegen meines Exfreundes zum Islam übergetreten sei, mit Nein antwortete und lediglich mein Interesse an der Religion bekundete – was ja stimmte. Konvertiert bin ich für keinen anderen Menschen, sondern ganz allein für mich. Mein Schutzinstinkt ließ mich diese Antwort geben, da ich nicht in eine Schublade gesteckt werden wollte – auch nicht in die Schublade Islam, die ja mit so vielen Vorurteilen behaftet ist. Außerdem glaube ich an die Wahrheit in allen Religionen.

Zu jener Zeit war es für mich nicht leicht in der Öffentlichkeit, zu meinem Glauben zu stehen. Das Interview für den *Stern* war exemplarisch für viele Situationen, in denen ich in einen inneren Konflikt zwischen meinem Glauben und äußeren Erwartungen geriet, vor allem im beruflichen Leben. Obwohl ich bei NBC jede Menge interessante Menschen traf und immer mehr Themen selbst einbringen konnte, belastete es mich zunehmend, dass ich regelmäßig Inhalte mit einem Lächeln verkaufen musste, die im Widerspruch zu meinem Glauben standen.

Aber: Wenn innerlich Prozesse der Veränderung und Auseinandersetzung ablaufen, manifestieren sie sich früher oder später in äußeren Entwicklungen. Demnach war es vermutlich kein Zufall, dass ich Ende 1997 die Gelegenheit zu einer Erfahrung bekam, die mir neue Horizonte eröffnete. Kurz vor Weihnachten fragte mich ein Bekannter, ob ich Lust hätte, mich an einem Wohltätigkeitsprojekt in Bosnien-Herzegowina zu beteiligen. Es ging um die Eröffnung des Pavarotti-Musikzentrums in der Stadt Mostar.

Der Bosnienkrieg lag noch nicht lange zurück. Während des Krieges, der von 1992 bis 1995 stattfand und nach offiziellen Angaben 200 000 Menschenleben forderte, war insbesondere der östliche, muslimische Teil der Stadt beinahe völlig zerstört worden. Doch die schweren Gefechte hatten nicht nur hier, sondern in beinahe allen Teilen des ehemaligen Jugoslawiens zahlreiche Opfer gefordert. Die internationale Staatengemeinschaft hatte lange Zeit tatenlos zugesehen, wie die Truppenführer schwere Kriegsverbrechen begingen. Der Hass, der urplötzlich unter den verschiedenen Ethnien und Angehörigen einzelner Religionen ausgebrochen war, die über Jahrhunderte in relativem Frieden miteinander gelebt hatten, schien unfassbar.

Menschen wurden als lebendige Schutzschilde benutzt, Tausende Frauen systematisch vergewaltigt, unzählige Zivilisten aus ihren Häusern vertrieben. Die Stadt Sarajewo wurde knapp vier

Jahre von serbischen Streitkräften belagert und beschossen und war völlig eingekesselt – ohne Strom, Hilfsgüter und medizinische Versorgung. 10 000 Menschen starben während der Belagerung, und vielfach waren die Toten Muslime, die in Bosnien die Bevölkerungsmehrheit stellten. 1995 wurden in Srebrenica unter den Augen niederländischer UN-Soldaten 8000 muslimische Männer und Jungen hingerichtet. Es war das schlimmste Massaker auf europäischem Boden seit dem Zweiten Weltkrieg und wurde vom Kriegstribunal in Den Haag später als Völkermord eingestuft.

Ich hatte die Geschehnisse in Bosnien besorgt und ohnmächtig verfolgt, denn als Muslima hatte ich eine besondere Affinität und Sensibilität für das Schicksal der Muslime in aller Welt. Der Prophet verglich die Umma, die Glaubensgemeinschaft der Muslime, einmal mit einem Körper, wenn ein Teil schmerze, leide der gesamte Körper.

Als mich ein Bekannter von der Hilfsorganisation *War Child* einlud, bei der Eröffnung des Musikzentrums dabei zu sein, das mit der Unterstützung von Luciano Pavarotti errichtet worden war, freute ich mich und sagte sofort zu. Was die Menschen hier auf die Beine gestellt hatten, war einfach phantastisch. Der großartige Tenor hatte jahrelang auf einen Teil seiner Gagen verzichtet, damit inmitten der Ruinenlandschaft ein Ort der Musik, der Hoffnung und Versöhnung entstehen konnte. Er sollte eine Leuchtturmfunktion einnehmen und ein Anziehungspunkt für nationale wie internationale Künstler werden. Ein wunderbares Projekt, für das Brian Eno und David Bowie die Schirmherrschaft übernahmen.

Die Gründer von *War Child*, die Regisseure Bill Leeson und David Wilson, kannte ich schon länger. Ihr Büro lag damals ganz in der Nähe von MTV Europe in Camden, und ich hatte dort ab und an ausgeholfen. Sie hatten die Wohltätigkeitsorganisation, die traumatisierten Kindern in Krisengebieten hilft, 1993 ins Leben gerufen. Bei den Dreharbeiten zu einem Dokumentarfilm in Bosnien hatten sie unzählige elternlose und verstümmelte Kinder gesehen und zutiefst schockiert beschlossen, etwas zu tun. Mit Hilfe so gut wie aller, die in der Rock- und Popszene Rang und Namen hatten, sammelten sie Gelder für Projekte, die den Kindern Hoffnung, Hilfe und Schutz gaben. Mein Beitrag bestand darin, durch meine Anwesenheit mehr Aufmerksamkeit auf die Situation in Bosnien zu lenken. Dazu organisierte ich ein paar Interviews mit Musikern und den Verantwortlichen vor Ort, um anschließend einen Artikel darüber zu schreiben.

Es gab aber noch einen anderen Grund, warum mich die Reise nach Mostar reizte: Über 500 Jahre lang war im Bosnien des Osmanischen Reiches das friedliche Zusammenleben von Juden, Christen und Muslimen eine Selbstverständlichkeit gewesen. Aufgrund seiner geographischen und kulturellen Wurzeln besitzt das Land eine zutiefst europäische Identität und stellt damit eine einmalige Brücke zwischen West und Ost, zwischen Christentum und Islam dar. Der Krieg und der Genozid an den Muslimen, aber auch die weithin gleichgültige Haltung des Westens unterwarfen die Bosnier einer schweren und leidvollen Prüfung. Dennoch ist der alte bosnische Geist der Toleranz und des friedlichen Zusammenlebens dort noch immer lebendig.

Diese Haltung der bosnischen Muslime zeigte sich zuletzt beim Karikaturenstreit: Zwar hielten die Menschen in Sarajewo Protestkundgebungen vor der dänischen Botschaft ab, diese verliefen jedoch friedlich. Trotz der Diffamierung des Propheten, der in Bosnien ebenso verehrt wird wie in Saudi-Arabien oder Syrien, gab es keinerlei Ausschreitungen. Für das Verbrennen eines winzigen dänischen Plastikfähnchens hat man sich hinterher sogar entschuldigt.

Ich war jedenfalls sehr gespannt, die bosnischen Muslime kennenzulernen. Vielleicht, so dachte ich, stellt das Land ja auch für mich eine Brücke dar.

Die Eröffnung des Musikzentrums war ein bewegendes Ereignis, zu dem Kamerateams und Journalisten aus aller Welt anreisten. Hunderte Bosnier standen Schlange vor dem strahlend weißen, frisch renovierten Gebäude, das inmitten von zerbombten

Ruinen ein deutliches Zeichen für Versöhnung und Wiederaufbau setzte. Im Inneren befanden sich moderne Tonstudios und Kursräume, in denen Musik- und Tanztherapie angeboten werden sollten, um vor allem Kindern und Jugendlichen eine Chance zu geben, ihre Traumata auf kreative Weise zu verarbeiten.

Unter Blitzlichtgewitter begrüßten bosnische VIPs und Politiker die internationalen Künstler, die schon im Vorfeld mitgeholfen hatten und nun selbstverständlich anwesend waren: Tom Stoppard, Bianca Jagger, Zucchero, The Chieftains, Jovanotti. Viele hochkarätige Politiker hatten Grußbotschaften geschickt, und natürlich war auch Bono da, der mittlerweile zum Ehrenbürger Bosniens ernannt worden war. Stolz zeigte er seinen bosnischen Pass, hielt eine kleine Rede und sagte: »Obwohl es in den Augen einiger Menschen uncool ist, mit Charity-Projekten in Verbindung gebracht zu werden, die medial hochgeschaukelt werden, bin ich froh und überglücklich, bei diesem Event dabei zu sein. Denn es waren die Medien, die der ohrenbetäubenden Stille der internationalen Gemeinschaft entgegengebrüllt haben.«

Bono ist ein äußerst medienkritischer Mensch, weiß jedoch um ihre Macht und versteht es, sie für gute Zwecke zu nutzen. Während ihrer Zooropa-Welttournee 1993 hatten U2 zum Beispiel bei den Konzerten regelmäßig live in das eingekesselte Sarajewo geschaltet und die Bilder des Elends auf Großbildleinwände übertragen. Dazu hatte es Bono bei dieser Tour zu einem Ritual gemacht, westliche Politiker von der Bühne aus anzurufen, um mit ihnen darüber zu sprechen, warum sie nichts gegen das Unrecht unternahmen.

Es gab aber auch pessimistische Stimmen. Wilhelmina Verloop, die damalige Chefin des *War-Child*-Büros in den Niederlanden, erzählte mir vom Alltag in Mostar. Von außen betrachtet, sagte sie, sehe es so aus, als kehre in Bosnien die Normalität langsam zurück. Auf der zerstörten Ostseite öffneten Cafés und Geschäfte, sogar einen Levi's- und einen Bennetton-Laden gab es inzwischen. Viele Menschen waren modisch gekleidet und machten den Eindruck, als verfügten sie über einen gewissen

Wohlstand, schließlich wollten sie so sein wie die anderen Europäer. Sie gingen in Kneipen, Cafés und Discos, aber wenn man genauer hinsah, merkte man, dass sie an einem Bier oder einer Tasse Kaffee stundenlang nippten. Auch von ihren Levi's-Jeans besaßen sie genau ein Paar, das sie wie ein Relikt verehrten. Die Wahrheit war: Die Menschen dort hatten fast nichts, und viele trugen großen Schmerz in sich.

Die Bosnier, mit denen ich sprach, waren alle sehr freundlich und herzlich, aber wenn ich mich länger mit ihnen unterhielt, war es, als fiele eine Maske von ihrem Gesicht, und eine unglaubliche Trauer trat in ihre Augen, die mich selbst manchmal zu Tränen rührte. Sie hatten Familienmitglieder, Freunde und oft auch all ihr Hab und Gut verloren. Viele waren vertrieben und verfolgt worden, hatten sich verstecken oder miterleben müssen, wie jemand – womöglich ein Angehöriger – vor ihren Augen getötet oder vergewaltigt worden war. Allmählich bekam ich eine Ahnung, dass Krieg mehr bedeutet als Bomben, Tod und zerstörte Häuser. Er verletzt die Seelen der Menschen und zerstört ihren Glauben an das Gute, an einen Sinn im Leben. Mir wurde bewusst, wie viel Arbeit, Zuspruch und Unterstützung es bedurfte, den Überlebenden diesen Glauben zurückzugeben und sie zu ermutigen, Brücken zu bauen – in die Zukunft und zueinander. Nicht umsonst hatten die Verantwortlichen Mostar als Ort für das Zentrum ausgewählt.

Mostar bedeutet wörtlich übersetzt »alte Brücke«. Das Wahrzeichen der Stadt ist eine 450 Jahre alte Einbogenbrücke, die den Fluss Neretwa überspannt. Im osmanischen Stil erbaut, ist sie ein Meisterwerk der Ingenieurkunst, das den westlichen, kroatisch geprägten Teil der Stadt mit dem bosniakisch-muslimischen verbindet. Sie galt immer als ein Symbol der Vermittlung, des Dialogs zwischen Ost und West, zwischen Christentum und Islam – und damit auch zwischen den katholischen Kroaten und den orthodoxen Serben. Während des Krieges wurde sie zerbombt und völlig zerstört. Die Vereinten Nationen setzten sich nach Kriegsende dafür ein, sie wieder aufzubauen.

Als ich vor Ort war, liefen die Instandsetzungsarbeiten gerade auf Hochtouren. Die Arbeiter fischten einen Stein nach dem anderen aus dem Fluss und trockneten sie in der Sonne, fehlende Bruchstücke besorgten sie aus demselben Steinbruch wie vor 450 Jahren. Das Ganze war ein schwieriges Unterfangen, und es sollte noch bis 2004 dauern, bis die Brücke wieder originalgetreu aufgebaut und eingeweiht war. 1997 ragten jedenfalls noch die wackligen Holzplanken der improvisierten Hängebrücke über den Fluss, dessen Ufer von lauschigen Cafés und Restaurants gesäumt war. In besseren Zeiten, dachte ich mir, ist es hier bestimmt sehr schön und gemütlich. Damals war jeder Anspruch auf Gemütlichkeit jedoch fehl am Platze, denn die halbe Stadt lag in Trümmern.

Die westliche, kroatische Seite der Altstadt war relativ intakt. Die Ostseite, wo die Muslime wohnen, war völlig zerstört. Überall entdeckte ich Ruinen und Einschusslöcher in den Fassaden, als ich durch die Straßen schlenderte. »*Allahu akbar*« (Gott ist groß) war als Graffiti auf den Wänden zu lesen, die noch standen. Ein bewegendes Glaubenszeugnis, das mir die Bedeutung des Ausrufs erst bewusst machte. Gott ist wahrlich groß, sogar größer als alles andere, neben ihm wird alles relativ – auch das Leid, der Tod und der Verlust, den die Bomben brachten.

Auf der Eröffnungsfeier lernte ich unter anderem Bure kennen, den Leadsänger der bosnischen Band Sikter, der nicht sehr groß war und dunkles Haar hatte. Zusammen mit seinem Bandkollegen, einem blonden Punk, stand er lange mit Bono zusammen, und bald kamen auch wir ins Gespräch. Bono bestärkte mich im Glauben, er sagte, die Riten des Islam seien eine wunderbare Stütze und das ganze ein empfehlenswerter Weg zu Gott, denn der Islam sei »*full on!*« Man könne ihn nicht nebenbei als Hobby betreiben, und das sei auch gut so. Bure, der eine poetische Ader hatte und die Texte der Band schrieb, war witzig und intelligent und freute sich, Bono wiederzutreffen. Bure erzählte mir begeistert von dem Konzert, das U2 unmittelbar nach Kriegsende in Sarajewo gegeben hatten. Es musste ein unvorstellbares Ereignis gewesen sein und hatte geradezu Volksfestcharakter. Die Atmosphäre in der Stadt sei wie bei den Olympischen Spielen 1984 gewesen, berichtete er. Plötzlich hätten sogar die Züge und die Stromversorgung wieder funktioniert, und alle, Freund und Feind sowie Menschen, die sich jahrelang gehasst und bekämpft hatten, seien gekommen. Sie hätten sich zwei Stunden in den Armen gelegen und gemeinsam Hits wie »One« oder »With or Without You« mitgesungen. Anschließend kehrten die Konzertbesucher, die von weiter her gekommen waren, als Botschafter des Friedens zurück in ihre Dörfer. Der Rock'n'Roll, befand Bure, habe mehr erreicht, als die Politik es je vermocht hätte.

In der herzlichen Art der Bosnier lud Bure mich ein, mir am nächsten Tag seine Heimatstadt Sarajewo zu zeigen. Da ich ohnehin geplant hatte, einen Abstecher dorthin zu machen, sagte ich zu. Die Stadt, die in mehrere grüne Hügel eingebettet ist und vier große religiöse Gemeinden (serbisch-orthodox, kroatisch-katholisch, bosniakisch-muslimisch und jüdisch) in sich vereint, beeindruckte mich sehr. Insbesondere die Vielfalt der Architektur begeisterte mich. Traditionelle Bauten aus dem Osmanischen Reich wie achteckige Stadtkioske, Familienhäuser und Moscheen wechseln sich ab mit imposanten Jugendstilhäusern und Kirchen aus der Zeit des österreichisch-ungarischen Königreichs. Riesige Betonklötze aus den 50er Jahren dagegen zeugen von der Zeit des Kommunismus. Im jüdischen Viertel herrscht wiederum ein ganz eigener Baustil vor.

Bure führte mich auch auf den jüdischen Friedhof, von dem aus die Serben die Stadt beschossen hatten, und erzählte mir vom Krieg. Er beschrieb, wie Menschen, die über Jahrhunderte friedlich miteinander gelebt hatten, plötzlich misstrauisch, aggressiv und gewalttätig gegeneinander geworden seien. Jeder habe sich von jedem angegriffen gefühlt, die Leute seien plötzlich verrückt geworden, und sogar Mitglieder derselben Familie hätten sich auf einmal bekämpft.

Dennoch, so erzählte er weiter, habe er während des Krieges die besten Partys seines Lebens gefeiert. Die Menschen hätten unendlich viel aufgestaute Energie in sich gehabt und sich um nichts mehr geschert. Die Hemmschwellen sanken, alles war wilder und archaischer, und dennoch lag eine permanente Angst über der Stadt wie eine Käseglocke. Er selbst, berichtete Bure, dachte fast täglich, er könne jederzeit ermordet werden, und wenn 100 Leute so dächten, dann habe man eine Party. Das einzige Problem war, wie in allen Bereichen des täglichen Lebens, die Organisation, denn es gab keinen Strom. Manchmal brauchten sie mehrere Wochen, um etwas Benzin und einen Generator aufzutreiben. Eine Flasche schlechter Whiskey kostete 100 Mark, aber das war irgendwann auch schon egal, denn wenn sie erst einmal feierten, dann richtig. Häufig feierten sie regelrechte Nusrat-Partys und tanzten die ganze Nacht zu seiner Qawwali-Musik.

Viele seiner Bekannten, sagte Bure, hätten während des Krieges angefangen, kreativ zu werden, zu filmen oder Musik zu machen. Jobs hatte ohnehin keiner mehr, und irgendwas mussten die Leute mit ihrer Zeit ja anfangen. Er erzählte mir auch, wie viele junge Menschen im Krieg MTV gesehen hätten, um Ablenkung zu finden. Ich fühlte mich geschmeichelt, Steve hatte damals also doch die Wahrheit gesagt.

Als ich Bure fragte, woher er die Inspiration für seine Liedtexte nehme, ging mir das Herz auf, denn er antwortete, dass er die größte Inspiration aus der Sufi-Poesie beziehe. Sein Großvater, ein glühender Verehrer von Dschalaluddin Rumi, habe ihm als kleiner Junge aus dem *Mathnawi* vorgelesen. Er sei ein Sufi gewesen und habe dem Quadiri-Orden angehört, der sich bis heute zum *Dhikr* in einer alten *Tekkije*, einem traditionellen sufistischen Gebetshaus, in Sarajewo treffe.

In Bures Alltag hingegen schien die Religion keine große Rolle zu spielen, ebenso wenig wie für seine Freunde, die Maler, Schriftsteller, Filmemacher oder Musiker waren. Sie alle sprachen zwar von sich als Muslime, viele tranken jedoch Alkohol und beteten auch nicht. Der Kommunismus habe den Glauben ausgehöhlt, sagten sie, denn viele Moscheen waren in dieser Zeit geschlossen oder zerstört worden.

Als ich schließlich auch Heiligabend in Sarajewo verbrachte, hatte ich allerdings den Eindruck, als spiele der Glaube trotzdem eine große Rolle im Leben der Menschen. Ich hatte mich mit einer Reporterin verabredet, deren Mutter eine katholische Kroatin war, ihr Vater hingegen serbisch-orthodox. An ihrem Beispiel konnte ich sehen, wie die Konfliktlinien des Krieges manchmal mitten durch die Familien liefen. Boba, die während des Krieges ausländische Medien mit Informationen versorgt hatte, war groß und schlank, hatte dunkles Haar und kleidete sich modisch. Mit Freunden von ihr gingen wir gemeinsam in die Christmette, und da die große Kirche bis auf den letzten Platz besetzt war, konnten wir lediglich Stehplätze am Eingang ergattern. Bure und seine Freunde waren ebenfalls da.

Als der Priester die Gläubigen begrüßte und sich zunächst an die Christen wandte, war es still in der Kirche. Nach einer Pause hieß er schließlich auch alle anderen herzlich willkommen, und auf einmal jubelte und applaudierte das ganze Kirchenschiff. Eine solche Stimmung hatte ich während meiner Kindheit an Weihnachten in der Kirche nie erlebt: ein wahres Fest der Freude und der Liebe. Alle waren zusammengekommen, egal ob katholische Kroaten, orthodoxe Serben oder muslimische Bosnier, man befand sich im Haus Gottes, und alles, was die Menschen wollten, war das Miteinander im Gebet.

Boba erzählte mir anschließend, dass die Kirchen und Moscheen, ja der Glaube an Gott überhaupt, im Krieg eine unglaubliche Popularität erfahren hätten. Die Menschen brauchten Gott, sagte sie, um in diesen schwierigen Zeiten die Hoffnung nicht zu verlieren und Trost zu finden. Vor allem junge Menschen hätten ihre religiöse Identität wiederentdeckt und sich damit auseinandergesetzt.

Dies bestätigte mir auch Mustafa Cerić, das religiöse Oberhaupt der bosnischen Muslime. Ein paar Tage nach Weihnachten hatte ich das Glück, ihn interviewen zu dürfen, und traf den Großmufti von Sarajewo in seiner Moschee. Vor mir stand ein imposanter Mann mit einem ausdrucksstarken, sympathischen

Gesicht, schlohweißem Haar und Dreitagebart. Er trug einen langen Mantel und eine Kopfbedeckung – jedoch keinen Turban. Im Verlauf des Gesprächs sagte er zu mir: »Wenn du feststellst, dass die irdischen Mächte nicht auf dich hören, dass wir vier Jahre lang eingekesselt und beschossen wurden, ohne dass die internationale Gemeinschaft irgendetwas unternommen hat, was sollst du machen? Sterben? Nein, du bittest den Himmel um Hilfe.«

Cerić bekleidet seit 1993 ein Amt, das in der islamischen Welt sehr ungewöhnlich ist: Er ist *Reis ul-ulema,* was so viel bedeutet wie »Oberhaupt der Gelehrten«. Dieses Amt, das religiöse Führung und politische Repräsentanz vereint, richteten die Habsburger Ende des 19. Jahrhunderts ein. Cerić, der als liberal und als eine der wichtigsten Stimmen im zeitgenössischen Islam gilt, ist Mitglied einiger lokaler und internationaler wissenschaftlicher Organisationen und sehr aktiv im interreligiösen Dialog. 2003 erhielt er den UNESCO-Friedenspreis für seinen Beitrag zum Weltfrieden, außerdem die Auszeichnung des *International Council of Christians and Jews* für seinen Beitrag zu interreligiösem Dialog und Verständigung. Er genießt großes Ansehen im Westen ebenso wie unter Muslimen.

Als europäische Muslima war ich daran interessiert, von ihm mehr zum Islam in Europa zu erfahren. Cerić hob besonders die Tradition der Toleranz und des interreligiösen Dialogs in Bosnien hervor. Er glaube daran, dass es keinen Widerspruch zwischen Demokratie und Islam gebe, im Gegenteil, die Demokratie sei tief in der islamischen Religion verwurzelt. Denn als Muhammad gestorben war und es darum ging, einen Stellvertreter für ihn zu finden, wählte die junge Gemeinde seinen engsten Freund Abu Bakr aus. In vielen Büchern entwickelte Cerić die Vision eines Islam, der in Europa gleichberechtigt neben anderen Glaubensrichtungen auf der Grundlage eines gemeinsamen Gesellschaftsvertrages existiert. An erster Stelle steht für den Großmufti unser Bund mit Gott.

Ich fragte ihn, da es inzwischen immer mehr neue Muslime in Europa gab, nach der Identität europäischer Muslime, und er gab mir zur Antwort: »Wer Muslim wird, bleibt der Mensch, der er vorher war, in seiner Identität und Kultur. Der Islam tut nur eines: Er stärkt dich von innen und hilft dir, deine Persönlichkeit zu verwirklichen, zu verstehen, wer du wirklich bist, was du hier auf der Erde tun solltest und was der Sinn deines Lebens ist.«

Den europäischen Islam, so Cerić, gebe es im Grunde gar nicht, denn die Religion werde in Europa auf viele verschiedene Arten gelebt. Er hatte recht: Bosnier, Türken und Albaner, Einwanderer aus arabischen Ländern, Muslime, die in Europa geboren waren, oder Konvertiten wie ich – wir alle haben unterschiedliche Erfahrungen als Muslime in Europa, aber uns verbindet die Idee des Islam. Es gibt keinen europäischen Islam als solchen, ebenso wenig wie einen indonesischen oder arabischen. Der Islam ist nun mal nicht der monolithische Block, als den ihn viele Menschen oft sehen, vielmehr ist er sehr heterogen und vielfältig. Die jeweilige Kultur beeinflusst die Auslegung und Praxis der Religion.

Deshalb wehrt sich Cerić auch dagegen, in Europa kulturelle Aspekte aus dem Orient wie etwa die Kleidung zu übernehmen. Er hält es sogar für schädlich, wenn europäische Muslime kulturelle Gepflogenheiten imitieren, statt sich auf die Essenz des Glaubens zu konzentrieren. Es war ein außerordentlich interessantes Gespräch, und mir gefiel sehr, was der Mufti sagte. Seine Vision des Islam lag mir als Europäerin sehr nah und leuchtete mir ein.

Zurück in London hatte ich viel zu verarbeiten, denn die Bosnienreise hatte eine Menge in mir ausgelöst. Mein Job bei NBC kam mir auf einmal ziemlich sinnlos vor, auch wollte ich gerne mehr europäische Muslime kennenlernen, die meine Erfahrungen teilen konnten. In London hatte ich bisher hauptsächlich Pakistani, Perser und Araber getroffen, von denen viele entweder westlich eingestellt waren und den Islam kaum praktizierten oder sehr viel kulturelles Gepäck dabeihatten. Insbesondere die Männer standen oft zwischen den Kulturen und wussten nicht recht, was sie wollten: eine Hausfrau, die mit Schleier zu Hause saß, gehorchte und mit niemandem sprach, oder eine eigenständige Frau, die womöglich arbeitete, ihren eigenen Bekanntenkreis hatte und mit beiden Beinen im Leben stand.

Die verschiedenen muslimischen Ethnien waren zudem recht hermetisch in ihrem Sozialverhalten und blieben meistens unter sich. Es gab keine, der ich mich so richtig zugehörig fühlte, und auch keine große, offene muslimische Gemeinschaft. Alle hatten sie ihr eigenes Viertel und ihre Moscheen, sie fasteten zu unterschiedlichen Zeiten – je nachdem, ob sie sich nach der saudi-arabischen oder der britischen Sichtung des Mondes richteten.

Zum Glück existierte in London aber auch eine kleine islamische Szene, die modern, weltoffen und manchmal sogar hip war. Ende der 90er Jahre gab es in der Stadt auch einen besonderen Ort, an dem sich diese Szene traf: ArRum, ein Privatclub. Reedah Nijabat, eine ehemals erfolgreiche Anwältin, hatte den Club gegründet, der selbst für Londoner Verhältnisse ungewöhnlich war. Hier gab es ein Restaurant, eine Cocktailbar, eine Chill-out-Zone, eine Galerie und ein Kaminzimmer. Das Publikum bestand aus Journalisten, Bankern, Anwälten und Künstlern, alles Muslime, die in der zweiten Generation in London lebten und sich als Briten verstanden. Nichtmuslime waren aber ebenso willkommen.

ArRum atmete eine moderne, kosmopolitische und islamische Atmosphäre. Junge Designer der *Prince of Wales School for Traditional Art*, einer Kunstschule für traditionelle, meist islamische Kunst, hatten die Inneneinrichtung übernommen. Die Schule, deren Ausstellungen ich noch heute oft und gerne besuche, legt großen Wert auf Handwerk und Tradition, fördert dabei jedoch ebenso die Integration moderner künstlerischer Elemente. Wichtig ist und bleibt dabei das große Prinzip der heiligen Kunst: die individuelle ästhetische Umsetzung höherer Prinzipien und Archetypen. Die Aufgabe islamischer Kunst besteht darin, den Menschen an Gott zu erinnern, daher gehört diese Kunst auch nicht in Museen, sondern versteht sich als Teil des Alltags. Sie zeigt sich in Gebrauchsgegenständen, in der Architektur, im Design.

Im ArRum interpretierten die Designer die heiligen Prinzipien zeitgemäß: hellgrünes Milchglas mit islamischen Ornamenten. Grün ist übrigens die Farbe des Propheten Muhammad, der sie bei der Wahl seiner Kleidung und als Farbe seiner Standarte bevorzugte, weshalb auch die Moschee in Medina, in der er begraben ist, bald nach seinem Tode ein grünes Dach erhielt. Im Koran ist Grün außerdem die Farbe des Paradieses.

Nicht nur die Inneneinrichtung von ArRum war ganz und gar göttlich, auch alles andere war *halal* (rein). Das Fleisch, in Form von modernen orientalischen Gerichten serviert, war nach islamischen Gesetzen mit einem Segensgebet geschlachtet worden, zu trinken gab es köstliche Fruchtsäfte und andere nichtalkoholische Getränke, während im Hintergrund leise Sufi-Musik lief. In der Chill-out-Zone konnte man sich entspannen oder ungestört seine Gebete verrichten.

Mir gefiel ArRum sehr gut, denn es war ein öffentlicher Treffpunkt, wie man ihn sich als Muslim oft wünscht, aber selten findet. Hier begegneten sich muslimische Männer und Frauen in respektvoller, angenehmer Atmosphäre. In normalen Bars oder Pubs, in denen Alkohol konsumiert wird und Flirtatmosphäre herrscht, fühlt sich eine praktizierende muslimische Frau – ebenso wie ein muslimischer Mann – nicht selten fehl am Platz. Auf traditionellen muslimischen Events wiederum sind Männer und Frauen häufig getrennt. Der Umgang zwischen Mann und Frau ist unter konservativen Muslimen nicht so frei wie im Westen. Man bezeichnet sich als »Bruder« oder »Schwester« und macht damit klar, dass man sich nicht als potenzielle Heiratskandidaten betrachtet. Ein lockerer, offener Kontakt im öffentlichen Raum kommt da nur selten zustande. ArRum war innovativ, dynamisch und trendy, es bot Muslimen Gelegenheit zum respektvollen *Socialising* – das kam gut an.

Eine Zeitlang traf sich hier alles, was in der muslimischen Szene in London Rang und Namen hatte. Yusuf Islam war ebenso ein gern gesehener Gast wie der ehemalige Rock-'n-'Roll-Fotograf Peter Sanders, der unter anderem Jimi Hendrix fotografiert hatte, und dessen Frau Hafsa. Beide kommen aus der Londoner Hippiebewegung und fanden über den Sufismus zum Islam. Seit seiner Konversion fotografiert Sanders nur noch muslimische Motive, und zusammen mit Hafsa legte er ein großes Fotoarchiv poetischer Bilder aus der gesamten islamischen Welt an. Ich erinnere mich auch an das Ehepaar Salazar – sie die Gründerin und Verlegerin des spirituellen Buchverlags Archetype, er ein amerikanischer Schauspieler und Filmemacher. Auch Dr. Amina Coxon und Gai Eaton waren gerne hier. Leider gab es ArRum nur wenige Jahre, denn als Reedah heiratete, machte der Laden zu, da sie sich voll und ganz auf ihre Ehe konzentrieren wollte. Es war ein echter Verlust für uns alle.

Nach wie vor gehe ich abends hin und wieder gern zu Kunstausstellungen, ins Theater, zu Weltmusik- und Sufi-Konzerten oder zu Vorlesungen. Insbesondere der Besuch von Lesungen war auch damals schon eine gute Gelegenheit, mich weiterzubilden und Glaubensfragen für mich zu klären. Da die Gelehrten, die in London ihre Vorträge halten, nicht nur zu den besten der Welt zählen, sondern auch aus den unterschiedlichsten Ländern kommen – und zwar sowohl aus dem Orient als auch aus dem Okzident –, lernte und lerne ich noch heute viele Aspekte der Religion besser verstehen. Der Vortrag des Islamgelehrten Dr. Seyyed Hossein Nasr, den ich kurz nach meiner Rückkehr aus Bosnien gehört hatte, ist mir bis heute in Erinnerung geblieben.

Nasr, ein eleganter, distinguiert wirkender Gentleman mit Anzug und Nehru-Hemd, stammt ursprünglich aus einer persischen Gelehrtenfamilie, studierte als junger Mann in den USA und machte in Harvard mit 25 Jahren seinen Abschluss. Seit 1984 unterrichtet er an der George Washington University am Lehrstuhl für Islamische Studien. Nasr verfasste über 50 Bücher und gilt als einer der führenden islamischen Philosophen. Als größtes

Problem unserer Zeit begreift er die Umweltkrise, die er darin begründet sieht, dass das Heilige, der Respekt für Gottes Schöpfung, aus unserem Leben verschwunden ist.

Nasr ist außerdem einer der Hauptvertreter der Sophia Perennis, jener Philosophie, die davon ausgeht, dass es gewisse dauerhafte und allgemeingültige Wahrheiten gibt, die sich in philosophischen Schriften und mündlichen Traditionen aller Zeiten wiederfinden. Er zählt neben Mustafa Cerić zu den 138 Islamgelehrten, die sich 2007 an der Initiative *A Common Word between Us and You* beteiligten und in einem offenen Brief an christliche Religionsführer die Gemeinsamkeiten zwischen Christentum und Islam hervorhoben und für Frieden und Dialog plädierten. 2008 wurde Nasr zusammen mit dem Großmufti und einigen anderen in den Vatikan eingeladen, um mit dem Papst über gemeinsame Glaubenshorizonte zu sprechen.

Die Voraussetzungen auf dem Weg zu Gott, betont Nasr, seien die religiöse Praxis und die Einhaltung der Gebote. In besagter Vorlesung erläuterte er außerdem, dass das Menschsein auf zwei Ebenen basiere – der horizontalen und der vertikalen. Die horizontale ist die weltliche, materielle, alltägliche Ebene, die vertikale dagegen ist die spirituelle, transzendente. Wer zu Gott wolle, so der Philosoph, müsse sich ihm vertikal nähern, was bedeute, die horizontale Ebene zu beschränken. Praktisch gesprochen: Man muss sich voll und ganz auf eine Religion einlassen und Gottes Gebote einhalten.

Es dürfe keine dunklen Ecken geben, vielmehr müssten wir wie ein Tiefseetaucher in die Tiefen einer Religion eintauchen, um die Perlen des himmlischen Glücks zu finden. Stattdessen kurvten die Menschen oft wie Eiskunstläufer auf der Oberfläche herum und pickten sich von den Religionen lediglich hier und da die Rosinen heraus, wie es in vielen New-Age-Bewegungen der Fall sei. Wichtig sei auch, dass der spirituelle Weg in das solide Fundament einer Religion eingebettet ist. Nur dann könnten wir sicher unser Ziel erreichen, denn auch in der spirituellen Welt lauerten Gefahren. Der direkteste Draht zu Gott, damit schloss er seinen Vortrag, sei und bleibe natürlich das Gebet und der *Dhikr*.

Auf der Vorlesung traf ich unter anderem Chrissie Hynde, die Exfrau von Jim Kerr. Als ich Jim in Schottland besucht hatte, sagte er mir, ich müsse Chrissie unbedingt kennenlernen, da wir uns sicher sehr gut verstehen würden. Chrissie ist die Leadsängerin der Pretenders und eine echte Queen of Rock. Ich bewunderte ihre einmalig schöne Stimme und ihre Shows, denn bei ihr saß einfach jede Bewegung. Inzwischen ist sie über 50, doch sie trägt Jeans und T-Shirt noch immer mit einer Coolness, als wäre sie Anfang 20. Allerdings ist sie nicht nur eine tolle Rockerin, sondern auch eine echte Hare-Krishna-Anhängerin mit großem Interesse für alle spirituellen Wege – auch für den Islam. Jim sollte recht behalten, denn wir mochten uns auf Anhieb und tauschten Telefonnummern aus. Später trafen wir uns backstage bei einem Konzert von Bryan Ferry wieder und unternahmen seitdem regelmäßig etwas zusammen.

Die Vorlesung von Dr. Nasr bestärkte mich in dem Gefühl, das ich schon lange hatte: Um meinen Glauben konsequent zu leben, musste ich ihn in alle Bereiche des Lebens integrieren, und dies bedeutete, dass ich den Job bei NBC nicht länger ausüben konnte.

Vielleicht hatte Gott ja ein Einsehen mit mir, denn NBC zog sich Mitte des Jahres 1998 aus Europa zurück. Die Verantwortlichen hatten einsehen müssen, dass der Vollprogrammsender NBC Europe mit seinen Serien, Nachrichten, Magazinen, Comedys und Talkshows nicht erfolgreich genug war. Das lag daran, dass die meisten Menschen nun mal lieber in ihrer Muttersprache fernsehen und Englisch nur die zweite Sprache in Europa ist. MTV Europe hatte sich damals aus ähnlichen Gründen verändert. NBC wollte sich künftig in Europa auf eine Sparte spezialisieren, und zwar auf Business, mit dem Wirtschafts- und Finanznachrichtensender CNBC.

In gewisser Weise war der Zeitpunkt für mich sogar geradezu ideal, denn ich hatte gerade erst ein Projekt an Land gezogen, hinter dem ich zu 100 Prozent stand und für das ich mich voll und ganz engagieren wollte. Der damalige UNO-Botschafter Bosniens, Mohammed Sacirbey, hatte mich im Zuge der Eröffnungsfeierlichkeiten in Mostar gefragt, ob ich mithelfen wollte, im September 1998 ein politisch-kulturelles Forum in Sarajewo zu organisieren. Das Projekt nannte sich *Die Brücke* und sollte dazu dienen, den politischen und religiösen Dialog in Bosnien weiter zu fördern und eine Basis des friedlichen Miteinanders zu initiieren. Ich war sofort Feuer und Flamme.

Als kultureller Beitrag war ein großes Musikfestival geplant, das ich organisieren sollte. Begeistert machte ich mich an die Arbeit und nutzte alle meine Beziehungen, um möglichst gute Acts zu verpflichten. In einer Zeitung stolperte ich über ein Porträt des zeitgenössischen muslimischen Künstlers und Islamgelehrten Ahmed Moustafa, dessen Werke auf Einladung des Papstes gerade im Vatikanmuseum ausgestellt waren. Zudem war in dem Artikel ein Vortrag Moustafas in der Ägyptischen Botschaft in London angekündigt. Meinem Faible für islamische Kunst folgend, ging ich hin, denn der Termin traf sich gut. Der Vortrag war am Vormittag des gleichen Tages angesetzt, an dem ich mit dem UN-Botschafter Sacirbey und Yusuf Islam verabredet war, den wir als Headliner nach Sarajewo holen wollten.

Ahmed Moustafa sprach im Ägyptischen Kulturzentrum über die Entstehung und die Physiognomie arabischer Kalligrafien. Die Formen und Proportionen der arabischen Schriftzeichen unterliegen strengen geometrischen Gesetzen, die für eine besondere visuelle Harmonie im Schriftbild sorgen. Das Zeichen für den Laut A zum Beispiel, das Alif, ist ein langer, senkrechter Strich mit einem Haken. Dieser Haken, so Moustafa, verhalte sich zum Rest des kalligraphischen Zeichens wie der Kopf eines Menschen zu seinem Körper. Ich fand das alles interessant.

Nach der Vorlesung sah ich mir den Katalog mit seinen Werken an, die mir sehr gut gefielen. Zahlreiche Bilder waren auf Leinwand gemalt, andere auf Stoff gestickt, und einige waren sogar aus buntem Glas, ähnlich den Fenstern einer Kirche. In ihrer Motivik waren sie allesamt von Koranversen und Hadithen inspiriert, dennoch wirkten sie absolut zeitgenössisch, denn ihre Farben erinnerten an Graffiti, manchmal sogar an Videokunst. Die Kunstwerke waren leuchtend bunt, und einige Bilder strahlten regelrecht, andere Farben erinnerten an abgeblätterte bunte Hausfassaden. Die Motive waren Kalligraphien, bei denen die einzelnen Zeichen vielfach übereinandergelegt waren, so dass dreidimensionale Effekte und Formen entstanden. Dennoch war die heilige Geometrie der islamischen Kunst deutlich spürbar.

Besonders gut gefiel mir das Bild mit dem Titel *Where the two oceans meet*, das von der 55. Sure des Korans, *Al-Rahman*, inspiriert ist und heute im Museum von Sarajewo hängt. Darin wird beschrieben, wie Gott die Welt erschuf und alle Dinge in ein Maß zueinander setzte, das es nicht zu verändern oder zu überschreiten gilt. Darin heißt es: »Er ließ beide Gewässer fließen und einander begegnen, doch zwischen beiden ist eine Trennwand, die sie nicht überschreiten.« Später beobachtete ich dieses Phänomen einmal in Brasilien, wo der Rio Negro und der Rio Grande aufeinandertreffen. Der Schwarze Fluss trennt sich klar vom Rio Grande ab, die Gewässer vermischen sich nicht, vielmehr erstreckt sich ein langer Kamm aus Strudeln und Kreuzwellen bis zum Horizont. Im übertragenen Sinne bedeutet die Sure, dass es Dinge gibt, die nicht miteinander vereinbar sind und dennoch gemeinsam ein Ganzes bilden.

Ich beschloss, dass diese Bilder unbedingt in Sarajewo gezeigt werden mussten. Ich sprach kurzerhand Ahmeds Frau Catherine an und erzählte ihr von dem Projekt. Dabei versuchte ich sie zu überzeugen, dass die Werke ihres Mannes die perfekte künstlerische Umsetzung des Grundgedankens des Projektes seien, nämlich Vermittlung und Dialog zwischen den Kulturen und Religionen. Catherine zeigte sich sehr aufgeschlossen und berichtete von dem großen Erfolg der Ausstellung in Rom, die nicht nur die Kardinäle, sondern auch den Papst persönlich beeindruckt hatte. Später stellte sie mich dann ihrem Mann vor, dem die Idee ebenfalls gefiel.

Daher dauerte es nicht lange, bis wir uns einig waren: Wir wollten die Bilder direkt von Rom nach Sarajewo bringen, um sie den Menschen dort zugänglich zu machen. Nun musste ich nur noch Mohammed Sacirbey davon überzeugen. Catherine schenkte mir einen Ausstellungskatalog, den ich zu dem Meeting mit Sacirbey und Yusuf Islam mitnahm. Die beiden waren sofort begeistert und unterstützten meinen Vorschlag.

Der konvertierte Sänger trug inzwischen kein langes weißes Gewand mehr, auch schien er moderater geworden zu sein, spielte inzwischen wieder Musik und hatte sein erstes Konzert seit 17 Jahren 1997 in Sarajewo gegeben. Das machte uns Hoffnung, ihn für einen erneuten Auftritt dort gewinnen zu können, doch als es um die Frage ging, ob er sich vorstellen könne, mit Bono von U2 zusammen auf der Bühne zu stehen, schüttelte er entschieden den Kopf. Mit jemandem, der daran glaube, dass Gott eine Mutter habe, könne er nicht zusammen auftreten.

In den folgenden Wochen war ich ziemlich beschäftigt. Erst mal ging es darum, Bands zu finden, die bereit waren, kurzfristig und umsonst in Sarajewo aufzutreten. Das war gar nicht so einfach, denn die meisten – und die bekanntesten – hatten bereits volle Tourpläne. Hinzu kamen die Reiseplanung, die Buchung adäquater Hotels und die gesamte Logistik, kurz: Meine Telefonleitungen liefen heiß.

Als besonders schwierig erwies es sich, die großen und wertvollen Kunstwerke von Ahmed nach Sarajewo zu transportieren. Zum einen mussten sie gut verpackt und versichert werden, dann musste ich einen passenden Ort in Sarajewo ausfindig machen, wo sie ausgestellt werden konnten. Zum Glück gewann Ahmed einen Sponsor, denn wir hätten die nötigen Mittel niemals aufbringen können. *The Book Foundation*, eine gemeinnützige Organisation aus Großbritanien, die sich sehr für islamische Künstler einsetzt, übernahm die Transport- und Versicherungskosten. Die Bilder wurden schließlich mit einem Lkw auf dem Landweg von Rom nach Sarajewo gebracht.

Ahmed, Catherine und ich reisten schon zwei Wochen vor

dem Beginn des Projekts an den Ort des Geschehens. Inzwischen hatte ich die beiden besser kennengelernt. Mit Catherine, einer schottischen Muslima, verstand ich mich sehr gut. Sie wurde bald eine enge Freundin von mir. In Sarajewo trafen wir auf völliges Chaos. So standen die Musiker keineswegs alle in den Startlöchern, denn die eine Band konnte plötzlich doch nicht, die andere hatte Einreiseschwierigkeiten. Zudem passierten unzählige Missgeschicke, da wir hauptsächlich mit Laien und nicht mit Profis aus dem Entertainment zusammenarbeiteten.

Durch gekonnte Improvisation und großen Enthusiasmus waren die meisten Probleme dennoch leicht zu beheben, und wir waren erst mal erleichtert. Allerdings nicht lange, denn bald versetzte uns eine Nachricht in einen kollektiven Schockzustand: Der Lkw mit den Bildern war plötzlich verschwunden. Sofort machten wildeste Spekulationen die Runde, und es hieß, die Mafia habe den Wagen gestoppt und alle Bilder gestohlen. Mohammed Sacirbey schickte unverzüglich ein paar Männer los, um den Lkw zu suchen und, wo nötig, die passenden Leute zu schmieren. Unterdessen standen Ahmed und Catherine kurz vor einem Nervenzusammenbruch. Einen Tag vor der Ausstellungseröffnung kam der Wagen nachmittags schließlich doch noch um die Ecke gezuckelt. Der Fahrer sagte nur lapidar: »Sorry, man hat uns aufgehalten.«

In Windeseile und dank der helfenden Hände vieler Freiwilliger hängte Ahmed die Bilder in einem Museum in Sarajewo auf. Wir arbeiteten Tag und Nacht, und am Ende war alles doch noch wunderschön. Das wichtigste Kunstwerk der Ausstellung war ein riesengroßer Würfel aus Plexiglas, der aus 99 kleinen Würfeln zusammengesetzt war und geöffnet werden konnte. Er symbolisierte die Kaaba, das Haus Gottes, in Mekka.

Die Zahl 99 hat für Muslime eine besondere Bedeutung, denn es heißt, dass Gott 99 schöne Namen besitze, von denen jeder einzelne eines seiner Attribute und besonderen Qualitäten bezeichne. So ist er nicht nur *al-Ahad*, der Eine (die absolute Einheit), *al Ali*, der Höchste, *al-Aziz*, der Allmächtige, oder *al-Haqq*, die Wahrheit (oder die Realität), *al-Rahman*, der Barmherzige, sondern auch *al-Hayy*, der Lebende, *al-Alim*, der Wissende, *al-Wadud*, der Liebende, *al-Karim*, der Großzügige und *al-Ghafur*, der Vergebende. All diese Eigenschaften gilt es zu verinnerlichen und zu praktizieren. Später erfuhr ich, dass die Sufi-Sheikhs gewisse Namen als spirituelle Medizin verschreiben. Sie immer wieder auszusprechen könne dabei helfen, die Eigenschaft, die sie bezeichnen, selbst anzunehmen.

Schließlich war es so weit, und der damalige Präsident von Bosnien und Herzegowina, Alija Izetbegović, eröffnete unter großem Applaus Ahmeds Ausstellung. Politiker, Religionsexperten, Künstler, Musiker und sonstige örtliche Würdenträger waren gekommen, auch der amerikanische Botschafter war anwesend, und es war vom ersten Augenblick an eine sehr gelungene Veranstaltung.

Ein paar Tage später, am Abend des 1. September 1998, fand in der Metalac-Arena unser Konzert statt. Aus Deutschland war inzwischen auch meine Freundin Heike angereist, um das Ganze für ein deutsches Magazin zu dokumentieren. Sie hatte jede Menge Stofftiere mitgebracht, die wir später in mehreren Waisenhäusern verteilten. Fünf Minuten vor Beginn des Konzerts bescherte mir Mohammed Sacirbey noch einen kurzen Schweißausbruch, als er mich aufforderte, das Konzert zu moderieren. Das kam ein bisschen sehr plötzlich, und ich war überhaupt nicht darauf vorbereitet, dennoch kam ich seiner Bitte gerne nach und stieg spontan auf die Bühne.

An dem Abend traten die besten geistlichen Chöre der Stadt auf: ein orthodoxer, ein jüdischer und ein Sufi-Chor. Zum Auftakt sang ein junger Imam, der eigens aus Zagreb angereist war, mit engelsgleicher Stimme das Lied »Shahid«, was wörtlich übersetzt »Gottes Zeuge« bedeutet. Der Song des Imam, der damit die Gefallenen dieses schrecklichen Krieges betrauerte und ehrte, traf uns alle bis ins Mark, und mir lief ein Schauer über den Rücken. Der junge Mann war einfach super und sah noch dazu gut aus – er hätte garantiert das Zeug zum Weltstar gehabt.

Nach ihm war die französische Band Djam and Fam an der

Reihe, die eine sehr tanzbare Fusion aus Rock und arabischen Klängen spielte, um dem Laden ein wenig einzuheizen. Sie begrüßten das Publikum mit »*Assalamu alaikum*«, zogen eine unglaubliche Show ab und rissen die Menschen zu Beifallsstürmen hin. Eric Burdon mit den Animals kam auch gut an, und Transglobal Underground mit Natacha Atlas drehten nach Mitternacht dann noch mal richtig auf und groovten, was das Zeug hielt. Natachas heißer Bauchtanz, begleitet vom Rhythmus afrikanischer Drums, war zwar nicht ganz islamisch, aber das war ausnahmsweise mal egal. Alle tanzten und feierten mit leuchtenden Augen, und sogar der Schweizer Kulturattaché Wolfgang Amadeus Bruelhart, der sich sehr für den Dialog der Kulturen einsetzt, stürzte sich in die Menge.

Da konnte mir auch der kleine Wermutstropfen nichts anhaben, als ich um vier Uhr nachts merkte, dass ich meine Prada-Handtasche inklusive Pass, Flugticket und Portemonnaie verloren hatte. Sofort ging ich ins Stadion zurück, um danach zu suchen, und als ich eintraf, waren die Aufräumarbeiten schon in vollem Gange. Und siehe da: Ich entdeckte sie ganz oben auf einem Stapel Stühle, wo sie ein freundlicher Mensch für mich deponiert hatte. Als ich feststellte, dass nichts fehlte, war ich erleichtert und gerührt zugleich.

Den krönenden Abschluss unseres gemeinsamen Projektes bildete ein Ausflug nach Mostar mit Ahmed und Catherine, zu dem uns der damalige Kulturminister des Landes mitnahm. Wir wollten die *Tekkije* des Naqshbandis-Ordens von Blagaj besuchen – ein wunderschöner spiritueller Ort, an dem Sufis seit vielen Jahrhunderten beten und für Gott singen. Nach der Fahrt durch die grünen Hügel von Bosnien gingen wir zunächst einen idyllischen Uferweg entlang. Der Fluss mündete in einen kleinen See, der von steilen Felswänden umschlossen war. Das weiße, gemütliche Fachwerkhaus mit den dunkel gebeizten Fensterrahmen und dem geschwungenen Dach, war direkt in die Felsen gebaut und thronte über einem türkisblauen Pool – ein magischer Ort, der großen Frieden ausstrahlte.

Als wir das Haus betraten, öffnete sich vor uns ein Raum, der mit Teppichen und Kissen ausgelegt war. Hier fanden die gemeinsamen Lobpreisungen statt. Im Hintergrund hörte man leise das Wasser rauschen, und die Atmosphäre war beeindruckend. Was für ein schöner Ort der Stille, um hier zu Gott zu beten, dachte ich nur. Dankbarerweise gewährte man es mir und ließ uns zudem eine besondere Ehre zuteilwerden. Der Minister hatte arrangiert, dass seinen Gästen ausnahmsweise die Tür zum Heiligtum der *Tekkije* geöffnet wurde, nämlich zu den Gräbern mehrerer Sufi-Sheikhs des Naqshbandis-Ordens, die hier residiert hatten. Ihre Särge standen frei im Raum und waren mit grünen Samtdecken überzogen, auf denen Gebetsketten lagen. An den Kopfenden standen kleine, mit Stoff bespannte Säulen, auf denen je ein grüner Turban befestigt war.

Ahmed riet mir, die Fatiha zu beten, was ich auch tat. Dabei passierte etwas mit mir, was ich noch nie zuvor erlebt hatte. Während ich die arabischen Verse rezitierte, spürte ich plötzlich eine ungeheure Energie aus Richtung der Särge auf mich zuströmen, eine immense Kraft, die mich fast zum Umfallen brachte. Dann spürte ich ein heftiges, erfüllendes Liebesgefühl in der Herzgegend. Ich wusste gar nicht, wie mir geschah. Ich spürte diese unbändige Kraft später noch häufiger an heiligen Orten, am stärksten in Medina, am Grab des Propheten.

Auf der Rückfahrt besuchten wir die Gräber der Bogomilen, einer urchristlichen Glaubensgemeinschaft, die fast 500 Jahre lang, vom zehnten bis zum 15. Jahrhundert, hier gelebt hatte, bevor die orthodoxe Kirche sie ausrottete. Ihre Gräber sind besonders gestaltet, und in die Grabsteine sind Figuren gemeißelt, die ihre Hände zum Friedensgruß ausstrecken. Auf vielen Gräbern sind zudem ein Halbmond und ein Kreuz zu sehen – ein beeindruckender Beweis für die friedliche Koexistenz von Christentum und Islam.

Kurz darauf hieß es Abschied nehmen, und der Kulturminister lud uns vor unserer Rückkehr nach London zu einer Tasse Tee im Garten seines Landhauses ein. Das Gebäude war im Krieg völlig zerstört worden, so dass wir unsere Stühle im Licht des Spätsommers auf dem Rasen neben der Ruine aufstellen mussten. Gemeinsam ließen wir die vergangenen Tage Revue passieren. Ich war überglücklich, dass alles so gut geklappt hatte, und spürte noch immer den Nachhall meines Erlebnisses in der *Tekkije* von Blagaj. Auch Ahmed war zufrieden und dankbar, denn die Menschen hatten seine Bilder begeistert aufgenommen. Der Sufi-Chor von Sarajewo hatte beim Anblick der Werke spontan einen *Dhikr*-Gesang angestimmt – mitten im Museum. Ich glaube, dass Ahmed in Sarajewo erst richtig bewusst geworden ist, welch kulturübergreifendes Potential seine Kunst besitzt. Zum Dank kreierte er für mich das Logo einer Naturkosmetikserie, an der ich arbeitete.

Um ein ähnliches Chaos wie beim Hintransport zu vermeiden, ließen wir die Bilder mit einem Flugzeug der Royal Air Force nach England zurücktransportieren, das Ganze von höchster Ebene eingefädelt.

Der Weg zurück nach London in den Alltag war nicht einfach, immerhin wartete unendlich viel Arbeit auf mich. Ich hatte mir nämlich einen langgehegten Traum erfüllt und mir ein kleines, typisch britisches Häuschen über zwei Etagen mit Dachterrasse und Kamin gekauft. Das Ganze hatte allerdings einen kleinen Haken: Das Haus musste komplett renoviert werden.

Mein Sufi-Weg

Sei niemals ohne Gedenken an Ihn, denn Sein Gedenken gibt dem Vogel der Seele Flügel und Schwingen und Flugstärke.
DSCHALALUDDIN RUMI

Ich führte seit Jahren ein unruhiges Leben und wünschte mir einen Ruhepunkt: mein eigenes Zuhause. Bisher hatte ich in London zur Miete gewohnt und war alle paar Jahre umgezogen, wie die meisten jungen Menschen hier. Irgendwie ist man immer auf dem Sprung, und da die Mieten hoch sind, teilen sich viele eine Wohnung. Meistens sind die Wohnungen zudem kleiner und enger als in Deutschland. Ich hatte Glück, denn ich wohnte zuletzt immerhin vier Jahre lang in einer netten Zweizimmerwohnung, zwar über einem Restaurant, aber wenn ich mal keine Lust hatte, mir etwas zu kochen, konnte ich jederzeit den »Roomservice« kommen lassen. Außerdem war in Chelsea immer etwas los.

Irgendwann entschloss ich mich, es den Engländern gleichzutun und mir, statt ständig das Geld für die Miete zum Fenster hinauszuwerfen, eine Wohnung zu kaufen. Da die Immobilienpreise in London schon seit Jahrzehnten schneller als in anderen europäischen Städten stiegen, war dies darüber hinaus eine solide Investition, auch wenn das Eigenheim noch so klein war und sich einige Engländer sogar über 100 Prozent des Kaufpreises von der Bank leihen mussten. Ein Grund, warum Großbritannien heute besonders schwer von der weltweiten Wirtschaftskrise betroffen ist.

Bereits über ein Jahr war ich erfolglos auf der Suche gewesen, als meine Freundin Dani schließlich ein kleines Haus nahe der Themse am Rande von Chelsea mit einem Schild vor der Tür bemerkte: *For Sale*. Es war ein typisches schmales Häuschen mit Balkon und Kamin, das mir sofort gefiel. Zum Glück fand ich einen sehr guten Architekten, der mir half, den Grundriss neu zu strukturieren. Im Erdgeschoss ließ ich die Wand zwischen Ess- und Wohnzimmer durchbrechen, damit ein offener Raum entstand, und das Kinderzimmer im ersten Stock verwandelten wir in ein En-suite-Badezimmer mit begehbarem Kleiderschrank. Den Balkon baute ich in ein kleines Arbeitszimmer um. Der Dachboden avancierte zum Gästezimmer mit Bad, und natürlich durfte auch eine Dachterrasse nicht fehlen.

Anfangs hieß es, die Umbauten würden drei Monate dauern. Das ist absehbar, dachte ich und war etwas irritiert, als Freunde meine Pläne ironisch mit »*Welcome to building hell!*« kommentierten. Im Stillen dachte ich mir: *Not me.*

Leider sollten die anderen recht behalten, und aus zwölf Wochen wurden am Ende zwölf Monate. Als ich an meinem Geburtstag einzog, war gerade mal das Gästezimmer fertig. Also lebte ich lange Zeit aus Koffern unter dem Dach, während die Handwerker von morgens bis abends im Haus hantierten, bohrten und hämmerten. Es war der reinste Psychoterror, doch ich hatte keine Wahl. Schließlich konnte ich nicht ewig Miete und Hypothek gleichzeitig bezahlen.

Die Bauarbeiten gingen äußerst schleppend voran. Die erste Baufirma meldete Konkurs an, mit der zweiten stritt ich mich in einer Tour. Auf nichts war Verlass, Termine und Verabredungen schienen den Herren herzlich egal zu sein. Dinge, die frisch installiert waren, funktionierten nicht oder gingen sofort kaputt, und ich stand wochenlang allein da mit den Problemen. Während des Ramadan war ich durch das Fasten einmal so geschwächt, dass ich mich mitten in einem Streit mit einer Baufirma zehn Minuten hinlegen musste, um Kraft zu schöpfen, ehe ich weiter mit den Arbeitern diskutieren konnte. Als ich schon beinahe verzweifelte, kam endlich die Erlösung. Dr. Amina vermittelte mir zwei Bauarbeiter aus Libyen, Ahmed und Mustafa. Sie waren Brüder – und gläubige Muslime. Mit ihrer Hilfe gelang es, meine Baustelle in ein gemütliches, orientalisch angehauchtes Zuhause zu verwandeln.

Mustafa, der ältere der beiden, war ein Vorbild an Freundlichkeit, Zuverlässigkeit und Höflichkeit. Wir kamen schnell ins Gespräch, und so fand ich heraus, dass die beiden aus einer großen Sufi-Familie stammten. Mustafa erzählte mir viel von seinem Leben als kleiner Junge in Libyen. Regelmäßig fanden bei ihm zu Hause gemeinsame *Dhikrs* und *Hadras* statt, heilige Sitzungen, bei denen Gott zu rhythmischen Trommelschlägen verehrt wird. Spiritualität hatte schon immer eine wichtige Rolle im Leben der Brüder gespielt, die im Umfeld vieler Sheikhs aufgewachsen waren und viel von ihnen gelernt hatten. Mustafa zum Beispiel konnte aus Händen und Gesichtern lesen. Auch gab er mir viele Tipps fürs tägliche Leben, unter anderem erklärte er mir die muslimische Methode des »Anger-Managements«, die ich im Zuge meiner nervenaufreibenden Baustelle gut gebrauchen konnte. Nach dem Rat des Propheten sollen wir uns, wenn wir Ärger oder Wut spüren, zunächst einmal hinsetzen. Wer bereits sitzt, soll sich hinlegen. Wenn das alles nicht hilft, ist die rituelle Waschung eine gute Methode, um das innere Feuer zu löschen. Es gibt auch bestimmte Gebetsformeln, auf die man sich im Notfall konzentrieren kann.

Seitdem versuche ich Mustafas Rat zu befolgen. Auch wenn es nicht immer gelingt – allein der Versuch, mit negativen Gefühlen konstruktiv umzugehen und darauf zu reagieren, anstatt sich darin zu verlieren, hat besänftigende Wirkung.

Einmal war eine Tante der beiden, die als Heilerin und Psychologin arbeitete und auf Stresskrankheiten spezialisiert war, in London zu Besuch. Sie besaß viele Privatpatienten, arbeitete aber auch im Krankenhaus von Birmingham. Ahmed fragte mich, ob ich an einer Behandlung durch Gebete interessiert sei. Bei dem Stress, den ich immer noch hatte, konnte ein wenig Koranmedizin sicher nicht schaden, also sagte ich zu.

Eines Abends brachte Ahmed seine Tante dann zu mir. Als traditionelle arabische Frau trug sie ein langes Gewand, das bis auf den Boden reichte, und dazu ein Kopftuch. Wir tranken gemeinsam eine Tasse Tee, danach ließ Ahmed uns allein, und wir setzten uns mit einer Schale Wasser im Gästezimmer auf den Fußboden. Die Frau legte mir ihre Hände sachte auf den Kopf, atmete tief ein und fing an, auf Arabisch zu beten. Über eine Viertelstunde lang rezitierte sie aus dem Koran. Die Schale mit Wasser stand währenddessen immer zwischen uns. Das Wasser, sagte sie hinterher, habe die Gebete ebenso aufgenommen wie ich, deshalb solle ich es im Laufe der folgenden Tage trinken. Gebete seien energetische Schwingungen, die von allen Objekten um einen herum aufgenommen würden – genau wie von einem selbst. Ich fühlte mich tatsächlich entspannter und ausgeglichener – aber vielleicht lag es auch an der liebevollen Zuwendung der Dame. Das Wasser trank ich in kleinen Schlucken verteilt über die nächsten Tage.

Mustafa und Ahmed, die alles nach meinen Vorstellungen bauten und installierten, verbreiteten schon durch ihre bloße Gegenwart eine angenehme Atmosphäre. Während sie arbeiteten, machten sie regelmäßig *Dhikr*, und es lief arabische Musik, die so schön war, dass sie sogar manchmal die Nachbarn anlockte. Da Mustafa auch etwas von islamischer Kunst sowie orientalischer Inneneinrichtung verstand und vor allem einen sechsten Sinn besaß, fand er die perfekten Farbmischungen für meine Wände, half mir, Seidenstoffe auszusuchen, die Küche mit handglasierten türkisfarbenen und dunkelblauen Kacheln zu gestalten und hölzerne Paravents, die mit Arabesken und geometrischen Mustern verziert waren, zu Fensterläden umzufunktionieren. Ich hatte sie bei meinem letzten Besuch in Pakistan erstanden und nach Europa verschiffen lassen. Mustafa schenkte mir schließlich sogar noch zwei glänzende, leuchtende blaugrüne Seidentücher aus Tripolis. Am Ende war alles wunderschön. Menschen, die mich besuchen kommen, sagen mir immer wieder, mein Haus besitze gute Energie. Das habe ich zweifelsohne auch Mustafa und Ahmed zu verdanken.

Als endlich alles fertig war, hatte ich das Gefühl, einen großen Schritt nach vorne gemacht zu haben – auch in meinem Glauben. Seitdem ich hier wohne, bete ich täglich die fünf Gebete, faste im Ramadan und finde die Ruhe, den Raum und die Stille, die für einen spirituellen Weg wichtig sind.

Wie jeder Umzug war auch dieser eine Gelegenheit, das eigene Leben einer Inventur zu unterziehen. Mein Job bei NBC war Vergangenheit, und ich suchte nach neuen Herausforderungen. Da ich während der Bauarbeiten sowieso keinen Platz, geschweige denn Ruhe zum Arbeiten gehabt hatte, entschloss ich mich, das zu tun, was ich mir so lange wünschte: Ich begann Naturheilkunde zu studieren, da ich mich schon immer für Medizin, Psychologie und Ernährungswissenschaften interessiert hatte. Insbesondere die Zusammenhänge zwischen emotionalen Problemen und körperlichen Krankheiten faszinierten mich. Mit großer Begeisterung las ich das Buch *Krankheit als Weg*, in dem erklärt wird, auf welche psychischen Probleme bestimmte Krankheitsbilder hinweisen. Auch träumte ich davon, anderen Menschen dabei zu helfen, nicht nur auf körperlicher, sondern auch auf geistiger und spiritueller Ebene Heilung zu finden.

Den Ausschlag für diese Entscheidung gab ein letztes, ziemlich frustrierendes Erlebnis mit einem deutschen Fernsehsender. Nach meinem Ausstieg bei NBC hatte ich zunächst überlegt, freiberuflich weiterzumachen, weshalb ich einem deutschen Sender anbot, als Kulturkorrespondentin regelmäßig aus London zu berichten. Wir kamen ins Geschäft, und auf dem berühmten *Goodwood Festival of Speed* interviewte ich bekannte Rennfahrer und Prominente. Als ich das Material am nächsten Tag schneiden wollte, hatte ich auf dem Weg zum Studio einen Autounfall, bei dem ich eine Gehirnerschütterung erlitt. Das wusste ich zu dem Zeitpunkt allerdings noch nicht, denn all meine Gedanken galten dem Abgabetermin. Nachdem die Polizei den Vorgang aufgenommen hatte, raste ich ins Studio. Mein Kopf hämmerte vor Schmerzen, außerdem war ich spät dran. Die Redakteure beruhigten mich und schlugen mir vor, einen Rohschnitt anzufertigen und nach Deutschland zu schicken. Das war angeblich so üblich, wenn die Zeit knapp war. Aus Berlin hagelte es jedoch Kritik, und die schönen Bilder wurden am Ende auf zehn Sekunden zusammengekürzt. Nach meinem Unfall fragte niemand. Mir reichte es nun endgültig.

Also schrieb ich mich an der University of Westminster für einen einjährigen Grundkurs in Naturheilkunde ein und gleich dazu für Islamwissenschaften. Bevor das Semester begann, wartete noch eine schöne Überraschung auf mich. Michael Radford rief mich an und fragte, ob ich nicht Zeit und Lust hätte, ihn in Ojai in Kalifornien zu besuchen. Der Regisseur arbeitete dort zusammen mit einem Kollegen an einem Filmskript.

Spontan sagte ich zu, kam mal für zwei Wochen raus und fand mich an einem ganz bezaubernden Fleckchen Erde wieder, von dem ich vorher noch nie gehört hatte. Ojai liegt in einem wunderschönen Tal nördlich von Ventura und östlich von Santa Barbara, circa 25 Kilometer landeinwärts vom Pazifik. Das kleine Städtchen ist ein Anziehungspunkt für Hippies, Lebenskünstler und Filmleute. Frank Capra drehte hier 1937 seinen berühmten Film *Lost Horizon*, der vom *Shangri-La* erzählt, einem Paradies auf Erden.

Wir wohnten in einem traditionellen Gästehaus aus dem 19. Jahrhundert, dem Moon's Nest, zwischen Paradise Found, einem Hippieladen, der Kristalle, Räucherstäbchen und Steine verkaufte, und einem New-Age-Spa namens Heaven on Earth. Wenn Mike tagsüber an seinem Film schrieb, verzog ich mich in den Garten und las in meinen Büchern. Abends unternahmen wir lange Spaziergänge, manchmal sogar in die Berge, die das Ojai-Tal umschließen. Die Gegend hat nämlich ein einzigartiges Naturschauspiel zu bieten: *The pink moment.* Wenn die Sonne untergeht, taucht sie die Berge in ein leuchtend rosa-orangefarbenes Licht. Da musste ich Mike natürlich hinschleppen, obwohl er gerade mit einer Schreibblockade zu kämpfen und eigentlich gar keine Zeit hatte. Aber dieses Naturschauspiel in den Bergen ließ ihm dann doch das Herz aufgehen und beflügelte seine Kreativität.

Bald lernte ich beim Yoga Ingrid kennen, ein ehemaliges Model, das inzwischen als Lifestyle-Coach arbeitete. Sie stellte mir ihre Freunde, die Exhippies Jeff und Zubin, vor, und kurz darauf lud Zubin uns auf sein Anwesen ein. Auf einem 18 Hektar großen Stück Land hatte er einen Kunstpfad kreiert. Ihn schmückten Bäume, in denen Spiegel hingen, die das Laub reflektierten. An einem baumelte ein Schild mit Versen von Khalil Gibran, die den Besucher daran erinnern sollten, die Antworten auf seine Fragen in sich selbst und nicht in materiellen Dingen zu suchen. An anderer Stelle standen buddhistische Schalen, die Töne erzeugten, wenn man die Ränder mit dem Finger entlangfuhr. Ein paar Schritte weiter sollten wir unsere Träume visualisieren, aufschreiben und die Zettel mit einem Stück Schnur an die Äste eines Busches knoten.

Zubin erklärte feierlich: »Entertainment gründet sich heute hauptsächlich auf äußerlichen Erfahrungen, während unser Erleben hier in Ojai innerer Erfahrung entspringt. Der Spaziergang ist eine Reise zu dir selbst, die dich erfrischt und friedlich stimmt.« Mike und ich fühlten uns wie Kinder auf einer Schnitzeljagd und waren wie verzaubert. Am Ende zeigte Zubin uns noch seine größte Erfindung: ein riesiger begehbarer Kristall, in dem man meditieren konnte. Im Inneren brach sich das Sonnenlicht in den schönsten Farben, ätherische Klänge und Düfte schwebten durch die Luft und harmonisierten Körper, Geist und Seele.

Es schien mir, als wären die Menschen in Ojai ihrer Zeit voraus. Die Atmosphäre war inspirierend, die Menschen wirkten ausgeglichen und fröhlich. Ingrid, Zubin und Jeff kannten natürlich auch Dschalaluddin Rumi und weitere Sufi-Poeten. Obwohl sie sich auf einem anderen spirituellen Weg befanden, war die Botschaft dieselbe: Innertainment statt Entertainment. Sie sprachen mir aus dem Herzen, denn genau das wollte ich für mein Leben. Gut erholt und voll neuer Eindrücke kehrte ich zurück nach London und konzentrierte mich auf mein Studium.

Im Grundkurs erhielten wir einen Überblick über die verschiedenen Heilmethoden: Homöopathie, Qigong, traditionelle chinesische Medizin, Kräuterkunde, Ernährungswissenschaften, Blütenessenzen und Aromatherapie. Wir besuchten eine Aromafabrik in Frankreich, eine Kräuterfarm bei Stonehenge und lernten, wie man Kräuter, Salben und homöopathische Präparate herstellt. Am renommierten Londoner Muslim College besuchte ich darüber hinaus Kurse über das Leben des Propheten, islamische Geschichte und islamisches Recht. Erstaunlicherweise entdeckte ich interessante Parallelen zwischen den beiden Wissensgebieten.

Viele alternative Heilsysteme arbeiten mit körpereigenen Energien oder mit externen, energetisch aufgeladenen Substanzen. Bei Yoga, im Qigong und in der Akupunktur geht es darum, die Energie im Körper zum Fließen zu bringen und Blockaden aufzulösen, denn Krankheiten entstehen immer dann, wenn der Energiefluss unterbrochen ist. Die Ursachen liegen nicht selten im seelisch-emotionalen Bereich. Hier setzt die Homöopathie an, denn sie heilt ganzheitlich und therapiert nicht nur körperliche Symptome. Im übertragenen Sinne spricht man davon, die Häute, die wir uns im Laufe der Zeit zugelegt haben, ähnlich wie beim Pellen einer Zwiebel abzulegen, um so langsam wieder zu unserem ursprünglichen Gesundheitszustand zurückzukehren: zu sich selbst zu finden und vor allem sich selbst gegenüber ehrlich zu sein. Denn der Preis, den man für Kompromisse zahlt, ist viel zu hoch. Eine Fassade zu leben ist viel zu anstrengend und macht auf Dauer krank. Die innere Leidenschaft zu finden, sich mit dem zu verbinden, der wir wirklich sind, dem inneren Selbst – darin liegt der Schlüssel zum Erfolg. All das kam mir sehr bekannt vor.

Die Religion ist ebenfalls ein Prozess der Heilung, nämlich eine Heilung der Seele durch Gott, durch Heiligkeit. Darauf weist schon der Sprachgebrauch hin: Heiligkeit, Heilung, heil sein, sein Heil suchen. Nach dem Glauben des Islam werden alle Menschen rein und makellos geboren. Erst im Laufe unseres Lebens legen wir uns durch schlechte Gewohnheiten und falsches Verhalten »schwarze Flecken« und dunkle Ecken in unserer Seele zu. Diesen »Schmutz« der Seele beseitigt man durch Gebete und *Dhikr*, damit die Seele wieder zu einem Spiegel wird, der Licht reflektieren kann, so wie es Rumi in seinen Gedichten beschrieben hat. Ich beobachtete häufig, dass gottergebene Menschen strahlende Augen haben, die von innen heraus leuchten und Gottes Licht spiegeln. »Die großen echten Wahrheitssuchenden haben einen besonderen Duft und leuchtende Zeichen in ihrem Gesicht«, schrieb der große Sufi-Meister Abd al-Qadir al-Dschilani einmal.

Gesundheit wird im Islam häufig als ein Ergebnis guter Moral oder guten Glaubens gesehen. Die Muslime glauben, dass das Einhalten der religiösen Gebote, die Liebe zum Propheten und der Respekt vor der göttlichen Schöpfung die Seele und damit den Körper fit hielten. Andersherum formuliert: Wer sich außerhalb des göttlichen Gesetzes stellt, riskiert einen inneren Konflikt, der gesundheitliche Probleme mit sich bringen kann.

Wenn ich nicht gerade studierte, moderierte ich Galas und machte Sprachaufnahmen für Werbezwecke. Nach einem Jahr intensiven Lernens fragte ich mich, welches Studium mir wichtig war: die Naturheilkunde oder die Islamwissenschaften. Beides war zeitlich leider nicht möglich, also entschied ich mich für die Naturheilkunde, denn den Islam würde ich sicher noch mein Leben lang studieren.

Mein privates Umfeld hatte sich inzwischen weiter verändert, und die Glamourwelt war nicht mehr wichtig für mich. Wenn ich Gesellschaft brauchte, traf ich mich mit Gai Eaton, Dr. Amina, Ruby oder Ahmed und Catherine Moustafa. Mittlerweile hatte ich fast so etwas wie eine kleine Familie aus Glaubensfreunden und Ratgebern.

Wenn ich doch mal auf Partys ging, wo ich Leute aus der Szene wiedertraf, dann war ich erstaunt, wie wenig sich in ihrem Leben getan zu haben schien. Viele vertraten dieselben Standpunkte wie vor Jahren, ihr Handeln war in wesentlichen Punkten noch immer von Wichtigkeiten bestimmt, die mir inzwischen gleichgültig geworden waren – Smalltalk, sehen und gesehen werden, kurz: *social bullshit*, wie man in London so schön sagt. Ich fühlte mich auf diesen Partys deplatziert und ging meist früh nach Hause.

Dennoch stellte ich mit Befriedigung fest, dass es auch im Rockbusiness und in meinem Freundeskreis Menschen gab, die inzwischen einen Glaubensweg eingeschlagen hatten. Chrissie Hynde zum Beispiel oder Teixeira, eine strahlende, schlanke, extrem energetische Person, die früher mit ihrem Mann Toni, einem Banker, die besten Dinnerpartys in ihrer Altbauwohnung an der Themse gegeben hatte. Inzwischen hatte sie sich immer mehr zurückgezogen und war auch auf einem Sufi-Weg. Das Gleiche galt für die Österreicherin Jacqueline, ein Exmodel und praktizierende Katholikin, die meditierte und Yoga unterrichtete. Früher war sie sehr gesellig, mittlerweile war sie am liebsten für sich und stöberte in heiligen Texten.

Menschen wie sie traf ich auf Charity-Events, auf Vorträgen, bei Sufi-Konzerten oder einfach privat. Ich erinnere mich auch an Cora, eine Anwältin aus Irland, die damals eine Zeitlang bei mir wohnte. Sie war gläubige Katholikin, und wir führten die intensivsten Gespräche über Werte und Praktiken unserer beiden Religionen. Mit all diesen Menschen kam ich zum selben Schluss: Glauben trennt nicht, sondern verbindet.

Irland ist für mich ohnehin das Land in Europa, das dem islamischen Glauben am nächsten steht. Der christliche Glaube, so scheint mir, wird dort auch im Alltag aktiv und mit allen Konsequenzen gelebt. Ich hatte das Land der grünen Hügel während einiger Besuche bei meiner Schulfreundin Nora kennen- und lieben gelernt. Sie lebte mit einem Fischer und ihren drei Kindern in einem Haus, das von jedem Fenster aus eine herrliche Sicht über den Atlantik bot. Nora fand in Irland zu Gott und ging wie jeder anständige Ire mit ihrer Familie sonntags in die Kirche. Ihr kleiner sechsjähriger Sohn erzählte uns einmal, dass man Gott nicht sehen, sondern nur fühlen könne. Bei vielen langen Spaziergängen lernte ich arabische Gebete auswendig und las die Werke von Imam al Ghazali oder Abd al-Qadir al-Dschilani. Die Lektüre eines der Bücher von Dschilani half Nora übrigens bei ihrer Entscheidung, von Hamburg nach Irland zu ziehen. Dschilani, der auch zu meinen Lieblingsmeistern zählt, wurde im 11. Jahrhundert in der persischen Provinz Dschilan geboren und wanderte mit 18 Jahren nach Bagdad aus. Er galt als der Qutb al-Aqtaab, als spiritueller Pol oder höchster Heiliger seiner Zeit, war zudem der Gründer des Qadiri-Ordens, eines der ersten Sufi-Orden überhaupt, und ein weithin angesehener und verehrter Lehrer. Schon als Junge war er für seine Ehrlichkeit bekannt. Die Legende besagt, dass er einmal, als er von Dieben überfallen wurde und sie ihn fragten, ob er Geld dabeihabe, freimütig ja sagte und ihnen die Goldmünzen zeigte, die in seinem Umhang eingenäht waren. Daraufhin ließen die Diebe beschämt von ihm und seiner Familie ab. Er studierte islamisches Recht in Bagdad und durchwanderte anschließend 25 Jahre lang die Wüsten des Orients. Danach begann er öffentlich zu predigen, und nicht nur Muslime, sondern auch Juden und Christen hörten ihm zu. Bald gründete er eine Schule und unterrichtete Islamwissenschaft und Mystik.

Abd al-Qadir al-Dschilani gilt als *Wali*, als ein Freund Gottes, der von Ihm die Gabe geschenkt bekam, Menschen in seinen Reden und Schriften zu berühren und zu inspirieren. Wenn ich zum Beispiel Dschilanis *Enthüllungen aus dem Verborgenen* lese, fühle ich mich so, als wenn er direkt zu mir spräche. Unter anderem sagt er: Wer Gott sinnbildlich einen Wassertropfen gebe, der werde von Ihm einen Ozean erhalten – in dieser und in der zukünftigen Welt werde Er uns für unsere guten Taten reich belohnen. Nichts bleibe vor Gott versteckt. Nach der Lektüre fühle ich mich meist glücklich und habe das Gefühl, die Welt mit anderen Augen zu sehen – mit Gottes Augen. Seitdem weiß ich: Gott sendet seine Botschaft auf verschiedene Weisen, eine Art sind die Bücher von Dschilani.

Um auf meinem Weg weiterzukommen, brauchte ich jedoch mehr als nur Bücher, weise Sprüche und gute Freunde. Der Wunsch nach einem Lehrer, einem spirituellen Meister, der mich auf meinem Weg zu Gott anleiten konnte, wurde immer größer. Ein Sufi-Spruch besagt: Wer sich selbst zum Meister ernenne, habe den Teufel als Meister. »Suchet, so werdet ihr finden«, heißt es in der Bibel. Also begab ich mich auf die Suche.

Dabei ging ich nach dem Prinzip von *trial and error* vor und war auch das eine oder andere Mal auf dem Holzweg. Einmal geriet ich in eine Sufi-Gruppe um einen jemenitischen Sheikh, in der die Frauen dicht gedrängt in einem Kinderzimmer über einen Bildschirm seinen Worten lauschen durften. Es herrschte Geschlechtertrennung, wie so häufig bei konservativen Muslimen. Nach der Vorlesung aßen wir getrennt von den Männern auf dem Fußboden – nicht unbedingt das, was ich mir unter spiritueller Führung vorgestellt hatte. Ein anderes Mal entdeckte ich eine Sufi-Gruppe, in der viele Teilnehmer gar keine Muslime waren. Außerdem tranken sie Alkohol und hielten sich auch sonst nicht an die Gebote. Das mochte für sie funktionieren, aber ich suchte für mich einen orthodoxeren Weg.

Wie so oft half mir Gai Eaton weiter, indem er mir seinen Lehrer vorstellte, den er schon viele Jahrzehnte kannte: Dr. Martin Lings oder Sheikh Abu Bakr Siraj Ad-Din.

Der Autor, wurde 1909 in England geboren, war Protestant und hatte in Oxford Literatur studiert. Während des Studiums wurde sein Interesse für die Weltreligionen geweckt, wobei ihn besonders die Schriften René Guénons und Frithjof Schuons prägten. 1938 begab er sich zu den Sufis um Schuon nach Basel, dessen Schüler er zeitlebens blieb. Im selben Jahr konvertierte Lings zum Islam, wobei er den Namen Abu Bakr Siraj Ad-Din erhielt. Schuon initiierte ihn in die Tariqa der Shadhilija, die besonders in Nordafrika beliebt ist. Er arbeitete von 1938 bis 1948 als Dozent für Englische Literatur an der Universität Kairo. In dieser Zeit war er zudem als persönlicher Sekretär von René Guénon tätig und studierte die arabische Sprache sowie den Sufismus. Schließlich kehrte er nach England zurück, wo er weiter Arabistik studierte und über den algerischen Gelehrten und Sufi-Meister Ahmed al-Alawi promovierte. Die Dissertation mit dem Titel *Ein Sufi-Heiliger des zwanzigsten Jahrhunderts* gilt als eines der wichtigsten Werke über den Sufismus unserer Tage. Lings war dann für lange Zeit im British Museum tätig, zuletzt als Verantwortlicher für orientalische Schriften.

Lings war immer ein großer Wahrheitssucher und ein mystischer Wanderer und bis zu seinem Tod 2005 auch ein gefragter Redner und Buchautor. Prinz Charles schrieb in dem Vorwort zu *Return to the Spirit*, seinem letzten Werk, über ihn: »Dr. Lings half uns den Schleier zu lüften, hinter dem die heilige Bedeutung so vieler Geheimnisse im Leben verborgen liegt.« Ich wusste damals bereits, welch großer Gelehrter Martin Lings war, dass er jedoch auch ein Sufi-Sheikh war, das war mir neu. Umso begeisterter war ich von der Idee, bei ihm zu lernen.

Er war fast 90 Jahre alt, als ich ihn zusammen mit Gai das erste Mal in Kent besuchte, dem »Garten Englands«, wie die Provinz, die eine Autostunde von London entfernt liegt, oft genannt wird, weil die Landschaft aus unendlichen Wiesen, Feldern und Wäldern besteht. Als sich die Haustür öffnete, stand ein Gentleman mit blauen Augen, vollem hellgrauem Haar und Bart vor mir, der eine marokkanische Dschellabia aus Wolle trug. In vornehmem *Queens English* begrüßte er mich freundlich und bat mich herein. Ein echter Sufi-Sheikh, dachte ich nur, als ich ihm ehrfürchtig durch den Flur des kleinen, alten Hauses in den großen Garten folgte. Kurz darauf stand ich mitten in einem Blumenmeer, umsäumt von Wiesen und Feldern. Die Blumen waren blau, weiß, rot, gelb, und das Zusammenspiel der Kardinalfarben machte den Garten besonders fröhlich. Martin Lings war leidenschaftlicher Gärtner, wie er mir später erzählte, er interessierte sich für Farbsymbolik und forschte weltweit nach ausgefallenen Gewächsen. So suchte er zum Beispiel nach einer ganz bestimmten Blauschattierung, die himmlische Vollkommenheit symbolisieren sollte. Später lernte ich von ihm, dass Gartenarbeit eine heilige Kunst ist – und Balsam für die Seele.

Ich spürte: Hier war ich richtig. Den Mann umgab eine besondere Aura, dieses *Baraka* (Segen) war offensichtlich die Frucht seines Lebens, das er fast sieben Jahrzehnte dem Gedenken an Gott gewidmet hatte. Lings war ein orthodoxer Sunnit, der alles aus einer spirituellen Perspektive betrachtete, moderne Trends ablehnte und stattdessen traditionelle Werte schätzte. Einen Fernseher besaß er natürlich nicht, das hätte ihn nur vom eigentlichen Sinn des Lebens abgelenkt.

Das größte Zimmer in seinem Haus war der Gebetsraum, die Zawia, der orientalisch und minimalistisch eingerichtet war. Wenige, dafür sehr schöne Kalligraphien des Namens Allah schmückten die Wände, handgearbeitete ägyptische Lampen verbreiteten ein sanftes, diffuses Licht, und der Fußboden war mit weichen, hellen Teppichen, Lammfellen, marokkanischen Kelims und Sitzkissen ausgelegt. Am Ende des Raumes befand sich ein Koranstand, auf dem das Heilige Buch aufgeschlagen lag. Gleich zu Beginn unseres ersten Treffens erklärte mir Martin Lings, welch wichtige Funktion das Ambiente im spirituellen Leben eines Menschen einnehme. Es übe entscheidenden Einfluss auf die Seele aus: Harmonisch und schön solle es sein. Er empfahl mir, auch in meinem Haus einen Gebetsraum einzurichten und, falls das nicht möglich sei, wenigstens eine Ecke für Gebet und Einkehr zu reservieren. Nach einer Hadith des Propheten heißt es: »Wer einen Raum für Gott in seinem Haus schafft, für den hält Gott einen Raum im Paradies bereit.«

Sheikh Abu Bakr, wie ich Dr. Lings von nun an nennen will, erklärte mir, dass Tariqa letztlich Weg bedeute, Weg zu Gott. Er sagte, dieser Weg sei mit harter Arbeit an sich selbst verbunden, dass man gegen die Nafs (Triebseele) ankämpfen müsse und es großer Anstrengung bedürfe, sie in den Griff zu bekommen. Ziel des Weges sei die Heiligung, die wir erreichten, indem wir unser Herz durch ständiges Gottgedenken reinigten. Letztendlich, so sagte er, sei der Sufi-Weg eine Vorbereitung auf den Tod, das Treffen mit Gott.

Sämtliche großen Religionen der Welt, die alle eine Berechtigung und Gültigkeit hätten, seien vom Himmel gesandt worden, entsprechend den unterschiedlichen Bedürfnissen der Menschen. Die verschiedenen Wege zu Gott seien vergleichbar mit den Punkten auf dem Rand eines Kreises, die alle wie die Speichen eines Rades durch eine Linie mit dem Zentrum, also mit Gott, verbunden seien. Die Heiligkeit, die Nähe zu Gott, die mystische Erfahrung befinde sich im Herzen aller traditionellen Glaubensrichtungen, wo sie zusammenträfen. Jeder konsequent gelebte spirituelle Weg, der in eine Religion eingebettet ist, führe zu Gott.

Ich war begeistert, denn er sprach genau das aus, was ich schon oft gespürt hatte: in Jerusalem, am Grab der heiligen Rita oder in Bosnien.

Dann erzählte er mir, wie einmal einige übereifrige Muslime zu ihm gekommen seien und ihn gefragt hätten, was seiner Meinung nach die beste Methode sei, alle Menschen im Westen zum Islam zu bekehren. Er habe ihnen geantwortet, am wichtigsten sei es, dass die Menschen überhaupt zu Gott zurückfänden. Wenn alle Menschen die Religion ihres Kulturkreises auch wirklich praktizierten, sei schon sehr viel erreicht.

Was die Glaubenspraxis betreffe, so sei es wichtig, dass man sich ausschließlich auf eine Religion einlasse. Schließlich erklärte er mir noch, wie man einen Dhikr ausübt. Ich solle nichts überstürzen, sondern zunächst täglich nur dreimal zehn Minuten lang den ersten Teil der Schahada sprechen – laut, leise oder nur in Gedanken: »*La ilaha illAllah*«. Das reiche für den Anfang schon. Nachdem er mir noch ein paar Lesetipps gegeben hatte – er empfahl mir *Die Innere Einheit der Religionen* von Frithjof Schuon und sein eigenes Buch über Sheikh al-Alawi –, lud er mich zu den Madschales ein, die alle zwei Wochen stattfanden.

Ich war überglücklich, denn ich hatte endlich einen spirituellen Lehrer gefunden, dem ich vertraute. Die Aussicht, an den gemeinsamen Gebeten der Gruppe teilnehmen zu können und auf wirkliche Gefährten zu stoßen, beflügelte mich ebenfalls.

Als Erstes besorgte ich mir eine vornehme Dschellabia bei einer britischen Modedesignerin, denn ein traditionelles und gepflegtes Äußeres gehörte zum Stil dieser *Tariqa* dazu. Darin betet es sich außerdem ganz anders als in einer engen Jeans, das lockere Gewand trägt sich viel angenehmer in den verschiedenen Gebetspositionen. Natürlich gehörte zum Beten auch eine Kopfbedeckung. Die Männer der Gruppe um Sheikh Abu Bakr trugen marokkanische Dschellabias und einen Turban, die Frauen ein loses Schaltuch.

Die Madschales fanden nicht in Kent, sondern in einem großen Haus im Süden von London statt. Die Gruppe war gemischt: Neben Engländern waren auch eine Brasilianerin, Pakistani, ein Ehepaar aus Sri Lanka, zwei Araberinnen, eine Amerikanerin, die mit einem Libanesen verheiratet war, und Rabia dabei, die Frau des Sheikhs. Die Zawia war noch größer als im Haus des Sheikhs, sie war ähnlich einfach, schön und im nordafrikanischen Stil eingerichtet. Hier beteten wir gemeinsam, wobei sich die Frauen im hinteren Teil des Raumes aufhielten und die Männer im vorderen Teil im Kreis saßen.

Wir sprachen die *Wird,* eine Folge von Gebetsformeln, die mit der Istighfar, der Bitte um Vergebung, beginnt. Jeder nahm seine Gebetskette in die Hand, die aus 99 Gliedern besteht, und sagte 99-mal *»Astaghfirullah«* (Entschuldigung). Nachdem wir weitere Formeln je 99-mal gesprochen hatten, hielt der Sheikh eine Ansprache, und im Anschluss daran sangen wir einige Lieder. Nun folgte die Hadra, der heilige Tanz, bei dem nur Eingeweihte mitmachen dürfen. Da ich diesen Status noch nicht hatte, setzte ich mich auf den Boden und sah zu. Die Sufis stellten sich aufrecht hin und machten eine Reihe von synchronisierten Bewegungen zu den Rhythmen einer Handtrommel. Dabei sprachen sie immer wieder Gottes Namen aus, um ihr Herz Ihm zu öffnen. Es war wie ein Mantra, voller Andacht und Inbrunst und sehr intim. Es sollte noch einige Zeit dauern, bis ich weit genug war, um bei den Hadras mitmachen zu können. Doch der Vorgeschmack, den ich bei meinen ersten Madschales bekam, inspirierte mich, geduldig zu sein.

Ich wollte eine gute Schülerin sein und praktizierte in den ersten Wochen voller Enthusiasmus täglich meinen Dhikr. Anfangs spürte ich gar nichts, aber die regelmäßige Auszeit tat mir gut und wirkte beruhigend, obwohl ich häufig Schwierigkeiten hatte, mich zu konzentrieren. Wenn ich mit den Gedanken abschweifte, vollführte ich den Dhikr einfach etwas lauter. Nach einiger Zeit erzählte ich dem Sheikh von meinem Enthusiasmus. Er lobte mich, wies aber auch darauf hin, dass es vor allem darauf ankomme, den Dhikr kontinuierlich zu praktizieren, auch wenn einem mal nicht danach sei, immer weiter, sein Leben lang. Er warnte mich, dass es auch Momente der Lustlosigkeit gebe, doch gegen die müsse man angehen und trotzdem weitermachen. Am allerbesten wäre es, jeden freien Moment für den Dhikr zu nutzen, denn ein wahrer Sufi trage Gott immerzu im Herzen und auf den Lippen.

Der Sheikh sollte recht behalten, denn meine anfängliche Begeisterung legte sich bald wieder. Manchmal ist man zu gestresst vom Alltag, manchmal auch einfach nur zu faul – das sind eben die Prüfungen. Hin und wieder ist man zudem frustriert, weil nichts passiert – kein Zeichen, keine Erleuchtung, nichts. Heute weiß ich, dass es darum gar nicht geht, sondern um die innere Verbindung mit Gott, die sich langsam aufbaut und den Sufi verwandelt.

Besonders schön für mich waren die Madschales. Egal, ob ich Stress oder Sorgen hatte, danach kehrte ich jedes Mal glücklich und entspannt nach Hause zurück. Die Menschen in der Gruppe um Sheikh Abu Bakr gefielen mir, denn sie waren aufgeschlossen und intellektuell. Ihre spirituelle Sichtweise war keine graue Theorie, sondern beeinflusste alle Lebensbereiche. Viele versuchten ihren Glauben auch in ihr Berufsleben zu integrieren. Einer schrieb spirituelle Bücher, ein anderer drehte Filme über muslimische Persönlichkeiten wie Imam al Ghazali oder zu islamischen Themen wie dem Ramadan, ein dritter wollte göttliche Prinzipien als Architekt oder Designer umsetzen. Und noch etwas fiel mir positiv auf: die extrem guten Manieren der Sufis. Sie waren alle sehr höflich, bemühten sich immer um andere und halfen, wo sie konnten. Niemanden hörte ich je schimpfen oder fluchen. »Islam ist gutes Benehmen«, sagte schon der Prophet.

Mit einigen aus der Gruppe traf ich mich bald auch privat, unter anderem mit Samiya, einer Anwältin aus Sri Lanka, die mit ihrer Familie ganz bei mir in der Nähe wohnt. Ihre Villa in

Kensington ist orientalisch eingerichtet, und im Vorgarten steht ein Brunnen, der mit schönen marokkanischen Fliesenmosaiken dekoriert ist. Samiya und ihr Mann, ein Chirurg, verbinden religiöse Tradition mit modernem Zeitgeist und laden mich und andere neue Muslime jedes Jahr zum Id-Fest ein. In der Lailat al Qadr (Nacht der Kraft) treffen sich alle Freunde aus der Sufi-Gruppe zum Fastenbrechen und Gebet bei ihnen zu Hause. Ein anderes junges Ehepaar, sie eine Amerikanerin, er Libanese, veranstalteten immer donnerstags kleine Madschales, zu denen jeder willkommen war. Die Treffen waren stets kleine Highlights im Alltagsstress.

Motiviert durch das Beispiel meiner neuen Glaubensfreunde, versuchte ich, weiter an mir zu arbeiten. Ich machte regelmäßig meinen Dhikr, auch beim Spazierengehen oder beim Warten in einer Schlange. Warte- und Leerlaufzeiten sind perfekte Gelegenheiten. So liegt zum Beispiel in meinem Auto eine Koran-CD, mit der ich jeden Stau bestens überbrücken kann. Statt wie früher ungeduldig zu werden, fülle ich leere Momente nun mit Bedeutung und bin so immer in bester Gesellschaft, mit Gott.

Durch die spirituellen Übungen, den Umgang mit der Gruppe und das Glaubensbeispiel der neu gewonnenen Freunde änderte sich langsam meine innere Haltung. Wo ich früher rebellisch gewesen war und mir nichts hatte vorschreiben lassen, gehorchte ich den Regeln und Geboten nun gern und freiwillig – zumindest so gut ich konnte. Schließlich kamen sie von Gott, der höchsten Instanz. Das hieß natürlich nicht, dass ich keine Fehler mehr machte und plötzlich lammfromm geworden wäre, ganz im Gegenteil. Aber immerhin bemühte ich mich mehr, und wenn ich mich dabei ertappte, etwas falsch gemacht zu haben, entschuldigte ich mich bei demjenigen, den ich verletzt haben könnte. Ebenso wie bei Gott. Fehler, so erklärte der Prophet, hätten einen Lerneffekt: »Ein Diener ist von Fehlern und Sünden heimgesucht, die dazu dienen, ihn Gott zu nähern durch Gebete und Reue.« So lernte ich in dieser Zeit unglaublich viel.

Sheikh Abu Bakr und seine Frau Rabia luden uns Fuqara,

wie Sufis auf dem spirituellen Weg genannt werden, ein paar Mal im Jahr zu sich nach Kent ein. Die Zusammenkünfte begannen – *very british* – stets mit dem traditionellen *afternoontea*. Trotz seines hohen Alters bestand der Sheikh darauf, uns höchstpersönlich zu bedienen. Anschließend machten wir alle einen Spaziergang, bei dem wir dem Sheikh, auch unter vier Augen, Fragen stellen konnten.

Es war Tradition, dass anschließend eine der Frauen das Abendessen servierte, das sie zuvor gekocht hatte. Für die Gemeinschaft kochen zu dürfen begriffen wir als Auszeichnung. Meine Kochkünste hatten einen guten Ruf, man sagte, ich hätte *Baraka* in den Händen, was mich sehr freute.

Einmal blieb der Segen allerdings aus. Als ich wieder einmal an der Reihe war, hatte ich zu Hause bereits ein Couscous mit Hühnchen und Gemüse gekocht, das ich beim Sheikh nur noch aufzuwärmen brauchte. Leider vertat ich mich jedoch mit der Ofentemperatur, so dass das Essen nur lauwarm war, als wir Frauen es servierten. Alles musste wieder abgeräumt werden und noch einmal in den Ofen. Das Ganze war mir extrem peinlich, zumal im Zuge dieser Prozedur wohl die eine oder andere fragwürdige Bakterie zum Leben erwacht sein musste. Jedenfalls rief Gai Eaton mich am nächsten Tag an und sagte, er habe sich den Magen verdorben. Auch Sheikh Abu Bakr und einigen anderen gehe es ziemlich schlecht. Ich wäre am liebsten im Erdboden versunken, es tat mir unendlich leid, und ich rechnete damit, nie wieder an den Herd gelassen zu werden. Doch erstaunlicherweise lief alles sehr glimpflich ab. Der Sheikh lud mich zwei Wochen später erneut ein und bat mich zu meiner großen Überraschung, gleich wieder zu kochen. Letztlich war es ein wunderbares Beispiel für das Prinzip spiritueller Großzügigkeit: statt zu strafen, vergeben! Das öffnet die Herzen.

Die Sache mit der Öffnung des Herzens kommt nicht von ungefähr, deshalb hat das Herz auch eine besondere Bedeutung für die Sufis, zumal es etwa 130-mal im Koran erwähnt wird. Es rein und offen zu halten gehört zu den wichtigsten Voraussetzungen für den Glaubensweg, denn es gilt als der Sitz des Wissens und als der Zugang zum höheren Selbst. Mystiker vergleichen das Herz mit der Kaaba, dem Haus Gottes in Mekka und dem Thron Gottes in uns. Nach einer Hadith Qudsi sagte Gott mit der Zunge des Propheten: »Meine Erde und Mein Himmel erfassen Mich nicht, aber das Herz Meines gläubigen Dieners, das erfasst Mich.«

Wenn Muslime von Gottesbewusstsein sprechen, bezeichnen sie es oft als »Wachsamkeit des Herzens«. Dem Herzen werden außerdem seherische Kräfte zugesprochen: Muslime bitten Gott um Al-Basira, um klare Sicht des Herzens, damit sie die Wirklichkeit erkennen und richtige Entscheidungen treffen können. Von arabischen Muslimen höre ich immer wieder den Ausspruch: »Frage dein Herz«, oder: »Mein Herz sagt mir …« Schon Antoine de St. Exupéry sagte: »Man sieht nur mit dem Herzen gut – das Wesentliche ist für die Augen unsichtbar.« Fehler machen wir hauptsächlich, wenn wir nicht auf unser Herz und damit auf unsere innere Stimme hören. Das erlebte ich zumindest immer wieder.

Die innere Stimme zu erhören und unter vielen anderen Stimmen erkennen zu können bedarf der Übung, der Einhaltung der Glaubenspraxis und guter Taten. Auch gottgefälliges Verhalten gehört dazu, Einschränkungen, die man sich für Gott auferlegt, die rechte Umgangsweise mit anderen Menschen und eine gute Ausdrucksweise. Ich sehnte mich danach, diesen Weg des Herzens zu gehen, und empfand es manchmal regelrecht als Befreiung, Gottes Regeln zu folgen und Riten wie Gebet, Fasten und Dhikr zu praktizieren. Sie schützten mich vor negativen Gefühlen, destruktiven Verhaltensweisen und Einsamkeit.

Ende 1999 begab ich mich zusammen mit meiner Sufi-Gruppe auf eine Pilgerreise nach Ägypten. In Kairo trafen sich zu diesem Zeitpunkt Sufis und Gelehrte aus aller Welt. Für die anderen Fuqara war es eine gute Gelegenheit, den Sheikh zu treffen und unter Gleichgesinnten zu sein, für uns eine Chance, die Atmosphäre eines traditionellen islamischen Landes zu genießen. Die Gesellschaft war bunt gemischt. Ich erinnere mich an Muslime aus Jordanien und Ägypten, Sufis aus Malaysia, Südafrika und Spanien, außerdem an ein junges Paar aus der Türkei, die Hilalis aus London sowie Reza, der mit seiner Frau Nurin in Kent direkt neben Sheikh Abu Bakr wohnte. Der große Gelehrte Seyyed Hossein Nasr, den ich zusammen mit Chrissie Hynde in London gehört hatte, kam ebenfalls später hinzu. Zu meinem Erstaunen traf ich in Kairo auch viele Konvertiten, unter anderem Abdullah Schleiffer, einen Amerikaner, der jahrzehntelang Bürochef für NBC im Nahen Osten gewesen war und an der AUC, American University of Cairo, Fernsehjournalismus unterrichtete, und den Amerikaner Shams Friedlander, einen Grafikdesigner, der die schönsten Filme über Rumi produzierte.

Die arabische Metropole war zunächst einmal riesig und verdammt aufregend. Wie anständige Touristen bestaunten wir den Pharaonen Tut-ench-Amun und schlenderten über den Khan-el-Khaili-Markt, den ältesten Markt Kairos. Auch das berühmte Café El-Fishawi suchten wir zusammen auf, tranken dort den obligaten Pfefferminztee, rauchten Shisha und erstanden anschließend ein paar schöne Kunsthandwerke: handgefertigte Gebetsketten mit Silbereinlage, mundgeblasene blaue und türkisfarbene Gläser und Schalen. Wir besuchten die Al-Hussein-Moschee im Stadtzentrum, für Muslime der heiligste Ort in Ägypten. Darin soll sich der Kopf von Hussein befinden, dem Enkel des Propheten, der als Märtyrer starb.

Natürlich waren wir nicht nur hier, um die Sehenswürdigkeiten abzuklappern. Als echte Pilger ging es uns darum, in den großen Heiligtümern der Stadt zu beten. Überhaupt war es für mich eine besondere Erfahrung, das Gebet in einer Stadt wie Kairo zu erleben. Den Ruf des Adhan, der fünfmal am Tag zum Gebet auffordert, hört man hier überall. Wenn er von einer der vielen Minarette erschallt, lassen die Menschen die Arbeit ruhen und strömen in einer der vielen Moscheen zusammen, um gemeinsam Gott zu gedenken. Am beeindruckendsten war das Freitagsgebet in der Sultan-Hassan-Moschee. Das Gotteshaus, das im 14. Jahrhundert erbaut wurde und zu den größten Gebäuden der islamischen Welt zählt, ist 150 Meter lang, 36 Meter hoch, und das höchste Minarett misst 68 Meter. In der Mitte des weiten Innenhofes befindet sich ein großer Brunnen für die rituellen Waschungen vor dem Gebet.

Als wir ankamen, war es schon ziemlich voll. Kinder spielten hier, andere wuschen sich. Die Männer strömten nach vorn, die Frauen versammelten sich im hinteren Teil auf einer Empore, von wo aus wir die beste Sicht hatten. In anderen Moscheen erlebte ich, dass Männer im Glanz des Schönen und Ehrwürdigen saßen, während sich Frauen mit einem kleinen, stickigen Raum zufriedengeben mussten. Das war hier erfreulicherweise anders.

Die große Moschee hatte sich bald mit Tausenden Menschen gefüllt, von denen die meisten lange Dschellabias in den verschiedensten Farben trugen. Auch wir hatten uns extra ein paar schöne Gewänder für das Gebet im Khan-el-Khalili-Markt schneidern lassen. Das bunte Treiben inmitten der altehrwürdigen Gemäuer vermittelte einen Eindruck von der historischen Dimension des Glaubens. Seit Jahrhunderten versammelten sich die Menschen jeden Freitag an diesem Ort, und für eine Weile fühlte ich mich wie in eine andere Zeit versetzt. Der Großmufti Ägyptens, Dr. Ali Jummah von der Al-Azhar-Universität, hielt seine Ansprache von der Minbar aus, hoch über der Gemeinde. Dann folgte das Gebet, das am Freitag nur aus zwei Rak'at besteht. Ich betete inmitten der Frauen – ein schönes Gefühl der Verbundenheit.

In Kairo gibt es unendlich viele heilige Gräber, die immer sehr gut besucht sind. Männer und Frauen, die an diesen Stätten beten, erhoffen sich, dass etwas von dem Segen des Heiligen auf sie überspringen möge. Wir besuchten das Grab von Sayyida Nafissa in einer sehr schönen Moschee. Nafissa war eine große Rechtsgelehrte aus dem neunten Jahrhundert, die direkt vom Propheten abstammte und mit Imam Schafi'i zusammenarbeitete, dem Begründer einer der islamischen Rechtsschulen. Ihr Grab, welches sie sich eigenhändig geschaufelt haben soll, befand sich wie die meisten Gräber, hinter einem silbernen Gitter.

Die Gläubigen betraten das Grab durch verschiedene Eingänge, berührten kurz die Gitterstäbe, beteten die Fatiha und ein persönliches Segensgebet für die Heilige, spendeten ein wenig für die Armen, und schon war die Ziara (Besuch) zu Ende.

Die schönsten Erlebnisse jedoch waren die Madschales, bei denen sich über 150 Sufis aus aller Welt zum gemeinsamen Dhikr trafen, der hier eine echte Kraft hatte. Allein der Anblick war eine Augenweide. Die Madschales fanden meist in der Moschee des großen Sufi Ibn Ata Allah al-Iskandari statt. Er lebte im 14. Jahrhundert und schrieb die erste systematische Abhandlung über den Dhikr mit dem treffenden Namen *Der Schlüssel zur Erlösung.* Die Moschee befindet sich in der Stadt der Toten – so heißt der riesengroße Friedhof etwas außerhalb von Kairo, auf dem nicht nur Tausende Menschen begraben sind, sondern tatsächlich viele arme Menschen leben. Hier und an anderen heiligen Plätzen tankten wir viel spirituelle Energie.

Manchmal ging ich auch alleine auf Erkundungsreise. Einmal setzte ich mich für zwei Stunden in die Al-Azhar-Moschee, eine Oase der Stille inmitten des Trubels, um einen ausgedehnten Dhikr, eine Khalwa, zu praktizieren. Nach einiger Zeit schlenderte ich meditierend die Kreuzgänge entlang, danach stellte ich mich eine Weile aufrecht hin, um mich anschließend wieder auf die Anrufung zu konzentrieren. Plötzlich sah ich, wie eine Katze von der anderen Seite der Moschee schnurgerade auf mich zulief. Sie strich mir um die Beine und sprang mir schließlich auf den Schoß. Ich streichelte sie eine Weile, während sie behaglich vor sich hin schnurrte. Am Abend erzählte ich meinen Freunden von dem Erlebnis, die darüber nicht erstaunt waren. Ihre Katzen, erzählten sie, gesellten sich immer zu ihnen, wenn sie in ihrer heimischen *Zawia* beteten. Sie setzten sich einfach dazu. Tiere sollen ein besonders ausgeprägtes Bewusstsein für die Heiligkeit haben. Ich freute mich, denn wenn sogar die Tiere von meinen Gebeten angetan waren, konnte ich nicht alles falsch machen.

Am letzten Tag unserer Reise begann der Ramadan. Den Fastenmonat in einem arabischen Land wie Ägypten zu erleben war ein echtes Highlight. Nach Sonnenuntergang versammelten sich Tausende Gläubige im Stadtzentrum bei der Saydna-Hussein-Moschee, um nach der Mondsichel Ausschau zu halten. Dazu riefen sie: »Großzügiger Ramadan, schöner Mond, wo bist du?« Als die schmale Sichel schließlich am Nachthimmel erschien, brachen alle in lauten Jubel aus.

Ich war gerührt über diese Freude, die schließlich den Beginn der harten Zeit des Fastens und des Sich-Zurücknehmens markierte. Doch es war überall eine ungeheure Feststimmung zu verspüren, die Cafés waren voller Menschen, die sich darauf freuten, in den nächsten dreißig Tagen mehr für Gott als für ihre eigenen Bedürfnisse zu leben.

Als wir tags darauf zurückflogen, fastete ich im Flugzeug, obwohl man nach dem Koran an Reisetagen nicht fasten muss. Doch aufgeladen mit Heiligkeit, wie ich war, sah ich keinen Grund dafür.

Kurz darauf stand Weihnachten vor der Tür, und ich besuchte meine Familie in Hamburg. Ich fastete noch immer und machte mir Sorgen, es könnte meinen Eltern vielleicht auf die Nerven gehen, dass ich immer erst später an den Festessen teilnahm. Am ersten Weihnachtstag, beim großen Familientreffen mit Kaffee und Kuchen, saßen bereits alle am Tisch, als Leonie, die siebenjährige Tochter meiner Cousine, mit ernster Miene sagte: »Wir können aber erst anfangen, wenn Kristiane ihr Fasten brechen darf.« Die Kleine bestand darauf, und glücklicherweise ging die Sonne bald unter. Meine ganze Familie wartete tatsächlich brav, bis es so weit war. Ich war sehr gerührt, denn es war eine große Erleichterung für mich. Anfangs war es insbesondere für meine Eltern nicht einfach gewesen, mich in meinem Glauben zu verstehen – was mich natürlich ebenso belastete wie sie. Inzwischen waren sie jedoch beeindruckt, wie konsequent ich meinen Glauben lebte.

Sie sagten, ich erinnere sie an die Mutter meines Vaters, die eine tiefgläubige Christin gewesen sei und die sich ihr Leben lang an alle Gebote gehalten habe. Während meiner Jugend hatte mich ihr Glaubensweg nie interessiert, nun wollte ich gern mehr darüber erfahren. Fragen konnte ich sie leider nicht, denn sie lebte nicht mehr, doch mein Vater gab mir den Tipp, an einem der Weihnachtstage in die Elim-Pfingstgemeinde zum Morgengottesdienst zu gehen. Ich konnte die Kirche, der meine Großeltern 50 Jahre lang angehörten, tatsächlich ausfindig machen und nahm an der Andacht teil. Die Gemeinde sang inbrünstig, die Menschen umarmten sich herzlich, und der Pastor redete aus irgendeinem Grund vom Fasten. Das gefiel mir alles richtig gut, da es mich an die Gospelkirchen in Amerika erinnerte, die ich als Schülerin während meines Austauschjahrs gesehen hatte.

Nach dem Gottesdienst sprach ich den Pastor an, um von ihm etwas über den Glauben meiner Großeltern zu erfahren, und er war von meinem Interesse zunächst sehr angetan. Als ich ihm jedoch erzählte, ich sei Muslima und fastete auch gerade, reagierte er beinahe entsetzt. Er behauptete, dass alle, die von Jesu Botschaft gehört hätten und ihm als Herrn nicht folgen wollten, verdammt seien. Meine anfängliche Freude wurde gedämpft.

Etwas Ähnliches hatte mir meine erste Koranlehrerin auch einmal berichtet. Da der Islam die letztgültige der monotheistischen Religionen sei, Gottes letztes Update sozusagen, seien Judentum und Christentum hinfällig. Diejenigen, die die alten Religionen dennoch weiter praktizierten, seien leider verdammt. Ich hatte ihr damals vehement widersprochen und darauf hingewiesen, dass es in allen Religionen unzählige fromme Anhänger gebe, die beteten und rechtschaffen seien. Diese Menschen könnten unmöglich alle in der Hölle landen. Daraufhin ging ich nie wieder zu ihr.

Religiöse Intoleranz hat für mich etwas Vorsintflutliches. Ist es nicht egal, ob jemand im Ramadan, an Jom Kippur oder im Lent fastet? Allein die Tatsache, dass das Fasten in jeder Religion praktiziert und als Weg zu Gott gepriesen wird, ist doch ein Zeichen der Gemeinsamkeit, und darauf können wir aufbauen. In einer Zeit, in der wir unendlich viele Möglichkeiten haben, zu reisen, andere Kulturen zu entdecken und uns über jedes beliebige Thema zu informieren, gibt es keine Entschuldigung für solche Scheuklappen. Wir sollten uns darauf konzentrieren, zueinanderzufinden, Brücken zu bauen und einen Dialog zu führen, um die Welt, in der wir leben, gemeinsam zu verbessern.

Der Koran besagt: »Jedem Volk haben wir einen Rechtsweg und eine Glaubensrichtung gewiesen. Wenn Gott gewollt hätte, hätte Er euch zu einem einzigen Volk gemacht. Er hat euch aber verschieden geschaffen, um euch zu prüfen und zu erkennen, was ihr aus den euch offenbarten verschiedenen Rechtswegen und Glaubensrichtungen macht. Wetteifert miteinander, gute Werke zu vollbringen! Ihr werdet alle am Jüngsten Tag zu Gott zurückkehren, und Er wird euch die Wahrheit über eure Streitereien kundtun.«

Ich blieb bis zum *Id*-Fest in meiner Heimatstadt und ging zur Feier des Tages zum allerersten Mal in die Hamburger Shia-Moschee. Mit dem hellblauen Anstrich, den Türmen und den Wasserspielen sieht die Moschee an der Hamburger Alster aus wie eine Stein gewordene Kindervorstellung von Tausendundeiner Nacht. Es kam mir merkwürdig vor, mit meinem Schaltuch auf dem Kopf am Alsterufer entlangzuspazieren, und ich hatte sogar ein wenig die Befürchtung, erkannt zu werden. Das Gebet in der Moschee war dann jedoch sehr schön und vertrieb jedes Gefühl von Fremdheit. Ich saß dicht neben einer Kurdin, die mich spontan zu sich zum Id-Fest einlud. Ich kannte sie zwar nicht, aber vielleicht spürte sie, dass ich allein gekommen war und auch kein *Id*-Fest geplant hatte. Jetzt freute ich mich und nahm die Einladung gerne an.

Zuerst hatte ich allerdings noch eine kleine Verabredung. Ich traf mich mit Halima Krausen, einer gebürtigen Hamburgerin. Sie stammt aus einer christlichen Familie, ist seit ihrer frühen Teenagerzeit bekennende Muslima und leitet heute die deutschsprachige islamische Gemeinde der Hansestadt. Halima arbeitet in der Hamburger Moschee und berät deutschsprachige Muslime, insbesondere Frauen und heiratswillige Paare, wenn es um Eheverträge, Kindeserziehung oder gemeinsame Finanzen geht.

Sie selbst ist mit einem gebürtigen Pakistaner verheiratet. Halima sieht ihre Glaubensausrichtung sachlich: »Ich habe nicht einfach die Schublade gewechselt«, sagt sie, »sondern meinen Weg zu Gott entdeckt.« Nicht zuletzt wuchs Halima in einem religiösen Elternhaus auf, in dem ihr ursprünglich evangelischer Vater der Mutter zuliebe zum Katholizismus konvertierte.

Mit neun Jahren las Halima die Bibel und konnte einiges mit Jesus und der Idee der Auferstehung anfangen. Die Vorstellung, dass er für die Sünden der Menschen gestorben sei, und die Idee der Dreifaltigkeit erschienen ihr jedoch seltsam. Sie legte sich ein Heft mit weisen Aphorismen aus verschiedenen Religionen an, die sie in Büchern aus der Bibliothek fand und die ihr gut gefielen. Islamische Sprüche waren am häufigsten vertreten, und schnell war die Sache klar. Mit 13 Jahren wusste sie, dass sie Muslima war, und ihr war bewusst, dass sie damit nicht auf Wohlgefallen stoßen würde. Genau so war es dann auch: Ihre Mutter war zutiefst erschrocken und bat den örtlichen Priester ebenso wie den Religionslehrer, die Tochter auf den richtigen Weg zurückzubringen.

»Es war wie einmal barfuß durch die Hölle und zurück«, sagt Halima. Sie ging diesen Weg trotzdem. Später bereiste sie den Orient, studierte Islamwissenschaften, Theologie und Religionswissenschaften. Sie wirkte an einer kommentierten Koranübersetzung mit und engagiert sich bis heute sehr im interreligiösen Dialog sowie in Frauenfragen.

Kennengelernt habe ich Halima in London, wo sie regelmäßig Seminare leitet. Nach dem Id-Gebet traf ich mich mit ihr in einem Café in der Nähe der Moschee, wo zahlreiche Muslime zum Id-Kaffeetrinken versammelt waren. Einige junge Leute in dem Café erkannten mich und waren begeistert, dass die ehemalige MTV- und *Bravo-TV*-Moderatorin mit ihnen beim Kaffeetrinken saß – und auch noch Muslima war. Es war eine schöne und wichtige Erfahrung für mich: Zum ersten Mal war ich in Hamburg, meiner Heimat, öffentlich als Muslima und mit Muslimen unterwegs.

Ich ergriff die Gelegenheit beim Schopfe, Halima einige Fragen zur Religion zu stellen, die mir gerade als Frau auf der Seele brannten. Zum Beispiel, ob der Koran tatsächlich legitimiere, dass Männer Frauen schlügen, wenn sie sich nicht ihren Wünschen entsprechend verhielten. Das Wort »schlagen« hatte ich in vielen Koranübersetzungen gelesen, und ich hatte immer wieder davon gehört, dass leichtes Schlagen erlaubt sei.

Als ich geendet hatte, fragte Halima mich entgeistert, welche Übersetzungen ich denn besäße. Die könnten nur von Männern stammen, meinte sie, noch dazu von ziemlich hinterwäldlerischen. Das arabische Wort, das in den Ausgaben mit »schlagen« übersetzt war, hat unzählige Bedeutungen, darunter auch »einprägen« oder »klarmachen«, und das Wort »Widerspenstigkeit« bezeichne asoziales Verhalten Gott und der Gesellschaft gegenüber. Es beziehe sich nicht ausschließlich auf Frauen, sondern auf Männer ganz genauso, und zwar in derselben Sure, nur ein paar Verse später.

Laut Halima sagt der Koran, in einem solchen Fall solle man in einem ersten Schritt den Betreffenden auf seinen Fehler hinweisen. Ändert er sein Verhalten nicht, solle man sich von ihm distanzieren. Bewege er sich auch dann nicht, so solle man ihm in einem letzten Schritt die Fehlerhaftigkeit und die Konsequenzen seines Verhaltens noch einmal in aller Deutlichkeit klarmachen, es ihm sozusagen einprägen. Wie man jemandem etwas »einpräge«, müsse jeder für sich selbst entscheiden, von Schlägen sei jedoch nirgendwo die Rede – schließlich sei Gewalttätigkeit im Islam ein Scheidungsgrund.

Ich war Halima sehr dankbar, und ich hatte wieder etwas gelernt. Ich nahm mir vor, nach einer Koranübersetzung von einer Frau Ausschau zu halten, die ich bisher noch nicht entdeckt hatte. Vielleicht war das ja eine Aufgabe für Halima?

Der Tag endete mit einem Besuch in einer Sozialwohnung in Steilshoop, wo die kurdische Dame wohnte, die so nett war, mich zum Id-Fest zu sich einzuladen. An den Wänden hingen Bilder von Muhammad und Ali, dem Cousin und Schwiegersohn des Propheten. Später erfuhr ich, dass solche Bilder, die in der islamischen Tradition als problematisch gelten, im schiitischen Volksglauben sehr beliebt sind. Im Gegensatz zu den Sunniten, der größten Strömung im Islam, betrachten die Schiiten Ali als einen Menschen, der spirituelle und politische Fähigkeiten in idealer Weise in sich vereint. Einige hätten ihn gern anstelle von Abu Bakr, dem langjährigen Freund des Propheten, als ersten Kalifen gesehen.

Wir aßen auf dem Fußboden mit den Kindern, dem Mann und anderen Verwandten der Dame. Als Festmahl gab es ein köstliches Lamm, und ich genoss das Zusammensein sehr. Ich war in Hamburg, meiner Heimatstadt, und hatte mit Muslimen zusammen gebetet und gefeiert. Meine Familie, das Haus meiner Kindheit, meine alte Schule – all das lag nur wenige Kilometer entfernt. Und ich saß hier als Muslima bei Menschen, die ich zuvor nicht kannte, fühlte mich ihnen trotzdem verbunden und feierte gemeinsam mit ihnen das Id-Fest. Ich war fremd hier, und dennoch war ich zu Hause. Endlich!

Treueschwur

Wir gehören Gott an und zu Ihm kehren wir zurück.
KORAN

Sparkling Elderflower Water – so hieß der Drink, mit dem Ruby und ich die Jahrtausendwende auf einer Silvesterparty bei Michael Radford begossen. Als ordentliche Muslima wollte ich natürlich »*clean and serene*«, rein und gelassen, ins neue Millennium starten, außerdem fiel der Jahreswechsel mal wieder mitten in den Ramadan. Alkohol war inzwischen kein Thema mehr für mich, dafür hatte ich eine Leidenschaft für exquisite Wassersorten entwickelt. Der Rest der Party becherte dagegen wie üblich. Nun denn, jeder nach seiner Fasson.

Als die Raketen in den Himmel stiegen, schweiften meine Gedanken in die Ferne – zu einem ganz bestimmten Menschen. In Ägypten war nämlich noch etwas geschehen: Bei einer der abendlichen Zusammenkünfte der Sufis hatte Dr. Nasr mir einen guten Freund vorgestellt, einen österreichischen Sufi, der in Kairo lebte und sich vor einiger Zeit von seiner Frau, einer Deutschägypterin, hatte scheiden lassen. Alfred hatte lange an der Al-Azhar-Universität Literatur gelehrt und arbeitete inzwischen für einen deutschen Fernsehsender. Er war etwas älter als ich, hatte mittelblondes Haar, war ungemein belesen, besaß einen freien Geist und sprach fließend Arabisch.

Ich mochte ihn sofort, und an jenem Abend unterhielten wir uns sehr lange. Für mich war es etwas Außergewöhnliches, auf Deutsch mit jemandem über den Glauben zu sprechen, da ich ansonsten nur auf Englisch darüber redete. Es vermittelte mir ein Gefühl von Nähe und Vertrautheit. Ich wusste gar nicht, wie sehr mir das gefehlt hatte. Vielleicht ging es Alfred genauso, jedenfalls versprach er, sich bei mir zu melden, wenn er wieder nach Europa komme. Seitdem schrieben wir uns täglich.

Ein paar Monate später war es dann so weit. Alfred musste nach Süddeutschland, ich hatte einen Termin in Würzburg, und wir beschlossen, uns dort zu treffen. Gemeinsam wollten wir Dr. Nasr besuchen, der beim Weltwirtschaftsgipfel in Davos als Redner eingeladen war. Zunächst machten wir jedoch eine Spritztour durch die Schweiz mit dem einen oder anderen interessanten Abstecher. So besuchten wir die Geburtsstätte des großen Heilers und Alchemisten Paracelsus, über den ich im Laufe meines Homöopathiestudiums viel gelesen hatte, und beteten im Mekka der Schweiz, der Benediktinerabtei Einsiedeln. Das Kloster ist eine bedeutende Station auf dem Jakobsweg, vor allem wegen der schwarzen Madonna in der Gnadenkapelle. Schließlich erreichten wir Davos, wo sich namhafte Politiker, Wirtschaftsexperten und Philosophen trafen.

Zwischen Alfred und mir war alles sehr harmonisch, und wir begegneten einander mit großer Offenheit und ehrlichem Interesse. Er war zuvorkommend, liebenswürdig und klug, und ich hörte gespannt zu, wenn er von sich erzählte. Er berichtete mir von seinem Glaubensweg, seiner intensiven Beschäftigung mit dem Islam seit seiner Jugend und von seiner Sehnsucht, die Heiligen Schriften der Menschheit im Original lesen zu können. Eigens dafür hatte er mehrere alte Sprachen studiert, darunter Sanskrit, Hebräisch und Persisch. Schließlich hatte er auch Arabisch gelernt, um den Koran lesen zu können, denn das Heilige Buch ließ ihn nicht mehr los.

Seine Lieblingsstelle war die Einweihungsgeschichte aus der 18. Sure, genannt »Die Höhle«. Hier begegnet Moses einem mystischen Lehrer, der ihn über die Bewertung von Gut und Böse in der Welt nachdenken lässt und ihm zeigt, dass er häufig vorschnell urteilt, Gutes für schlecht und Schlechtes für gut hält. Moses erkennt im Laufe der Geschichte, dass wenig bis gar nichts so ist, wie es zu sein scheint. Letztlich kann er nur eines tun: darauf vertrauen, dass alles gut ist, wie es ist. Die Quintessenz der

Parabel bestand in Alfreds Augen darin, dass Tawakkul (Gottvertrauen) die größte Weisheit und das beste Rezept für das Leben im Alltag sei.

Mich beeindruckte vor allem Alfreds ungeheures Wissen über Religion und alte Kulturen. Fast noch schöner aber war es, einem Mann zu begegnen, der wie ich auf dem gleichen Sufi-Weg war, meine Sprache sprach und wusste, wo ich herkam. Darüber hinaus verband uns die Liebe zur Natur und die Tatsache, dass wir beide in Medienberufen zu Hause waren. Alfred ist ein sehr spiritueller Mensch und schwärmte von seinen »Kraftplätzen«, wie er sie nannte, in Kairo und in der ägyptischen Wüste.

Es dauerte nicht lange, bis der Funken übergesprungen war. Alles schien zusammenzupassen, dennoch ging es in dem Moment nicht viel weiter, denn wir waren Muslime und hielten uns an die Gebote. Und ein Gebot des Islam lautet, dass Sex nur innerhalb der Ehe stattfinden darf. Um nicht zu sündigen und um unsere gemeinsame Zukunft auf einen festen Grund zu stellen, beschlossen wir, vor Gott zu heiraten. Ich wollte das Studium abbrechen und zu Alfred nach Ägypten ziehen, da ich wusste, ich würde mich dort frei bewegen und reisen können. Für meine Eltern, so dachte ich, war es sicher beruhigend, dass mein zukünftiger Mann aus unserem Kulturkreis kam. Wenn es denn ein Muslim sein musste, dann half ihnen vielleicht die Tatsache, dass sie mit ihm deutsch sprechen konnten. Da ich außerdem das Single-Dasein einigermaßen satthatte, sagte ich ja, als Alfred mir einen Antrag machte.

Die Ehe gilt als Fundament der muslimischen Gesellschaft und ist fast so etwas wie eine Grundvoraussetzung gottgefälligen Lebens. Laut Koran ist sie der von Gott gewünschte, naturgegebene Zustand für Mann und Frau. Ganze Bände gibt es in der islamischen Literatur über die Vorzüge der Ehe, darunter auch die Zeugung und Erziehung der Nachkommenschaft sowie der Schutz der Gesellschaft. Das klingt vielleicht erst mal merkwürdig, doch wenn man darüber nachdenkt, erschließt sich einem der Sinn: In der Ehe wird nicht nur das menschliche Bedürfnis nach Liebe, Zärtlichkeit und körperlicher Intimität auf geregelte Art und Weise erfüllt, sondern es werden auch der mitunter destruktiven Kraft der Leidenschaft Grenzen gesetzt und der Zusammenhalt der Familie geschützt. Hinzu kommen die gegenseitige Hilfe im Haushalt, bei der Lebensbewältigung und vor allem die Charaktererziehung. Nicht zuletzt sind in der Ehe Kompromissbereitschaft, Vertrauen und Vergeben wichtig – alles Eigenschaften, die nach islamischem Glauben der Vervollkommnung des Menschen dienen.

Das ist sicher auch ein Grund dafür, weshalb der Prophet sagte: »Ehe ist die halbe Religion.« Denn erst in der Ehe, deren Intimität zudem die Spiritualität fördert, kann man sein volles spirituelles Potential ausleben. Sex in der Ehe wird sogar als gottesdienstliche Handlung angesehen, und da der Liebesakt zwischen Eheleuten als Nachempfindung des Schöpfungsaktes Gottes gilt, ist er heilig und edel. Das Vergnügen, das wir empfinden, symbolisiert einen Vorgeschmack auf das Paradies. »Es ist ein Segen, wenn der Ehemann die Hand seiner Frau nimmt, und ein noch größerer Segen, wenn er sie küsst, und ein noch größerer Segen, wenn er mit ihr schläft«, sagte der Prophet.

Dabei kommt es natürlich darauf an, dass dies auf eine Art und Weise geschieht, mit der sich beide Partner wohl fühlen, schließlich soll das Liebesspiel Mann und Frau gleichermaßen beglücken. Der Prophet gebot den Männern: »Niemand soll über seine Frau herfallen wie ein Tier, lasst zunächst einen Botschafter zwischen euch kommen.« – »Und was ist das für ein Botschafter?«, fragten seine Begleiter. Er antwortete: »Küsse und Worte.« Vor dem Liebesakt, so rät der Koran, sollen die Geliebten zuerst eine spirituelle Verbindung zueinander aufbauen. Im Islam wird die Liebe zwischen Mann und Frau als untrennbar von der Liebe zu Gott angesehen. »Meine Liebe ist obligatorisch für diejenigen, die sich um Meinetwillen lieben«, sprach Gott mit der Zunge des Propheten. Ein weiteres Koranzitat dazu lautet: »Sie (eure Frauen) sind wie ein Gewand für euch, und ihr seid wie ein Gewand für sie.« (2:187) Demnach sind sich Ehepartner so nah wie Stoff auf der Haut, sie sind unentbehrlich füreinander, denn sie schützen, wärmen, kleiden und zieren einander.

So weit die hehre Theorie. In der Praxis lernt sich ein muslimisches Paar in der Regel erst richtig in der Ehe kennen. Dies kann insbesondere für junge Muslime ein Problem sein, die in westlichen Gesellschaften aufwachsen, wo die Sexualität von der Institution Ehe komplett abgekoppelt ist.

Früher fragte auch ich mich oft, wie ein Sexverbot vor der Ehe gelebt werden könne, und dachte, wenn man vorher nichts ausprobiere, kaufe man mit der Hochzeit im Grunde die Katze im Sack. Ganz so ist es in Wirklichkeit nicht, denn man kann auch so spüren, ob die Chemie stimmt. Mich betraf ein ganz anderes Problem, nämlich die Tatsache, dass man sich ab einem gewissen Alter nicht mehr so leicht auf jemanden einlassen und einstellen kann. Man ist nicht mehr so formbar und kompromissbereit wie mit Anfang 20 – jenes Alter, in dem die meisten Muslime heiraten. Selbst wenn Alfred und ich uns vor der Ehe gerne näher hätten kennenlernen wollen, wäre dies aufgrund der räumlichen Distanz schwierig gewesen.

Zwei Monate nach unserem Ausflug in die Schweiz kam Alfred nach London, und wir schlossen die Ehe vor Gott in einer Nikkah-Zeremonie. Das Wort bedeutet sowohl Eheschließung als auch Vertrag. Die islamische Ehe ist nämlich kein Sakrament, sondern ein zivilrechtlicher Vertrag, und um ihn zu schließen, braucht das Paar jemanden, der berechtigt ist, die Eheschließung durchzuführen, also einen Sheikh oder Imam, sowie zwei Zeugen. Alfred und mich verheiratete Sheikh Abu Bakr, und als hochkarätige Trauzeugen hatten sich Gai Eaton und Dr. Nasr bereit erklärt. Meine Mutter war ebenfalls zu der Zeremonie angereist – mein Vater nicht. Er war in einem seit langer Zeit geplanten Urlaub, hatte uns aber vorher seinen Segen gegeben. Für meine Mutter hingegen war es eine gute Gelegenheit, meine Sufi-Freunde kennenzulernen, von denen sie schon so viel gehört hatte, und auch die *Zawia* zu sehen, in der ihre Tochter betete.

Die Zeremonie war schlicht, aber sehr würdevoll. Alfred und

ich saßen vor dem Sheikh, während Reza, sein Nachbar in Kent, schöne Verse zur Ehe aus dem Koran rezitierte. »Zu Seinen Zeichen gehört, dass Er Gattinnen für euch erschaffen hat, damit ihr bei ihnen Ruhe findet, und Er hat zwischen euch Liebe und Barmherzigkeit bewirkt« (30:21), las er. Danach sprach der Sheikh die Heiratsformel, fragte jeden von uns, ob wir den anderen heiraten wollten, und nachdem wir beide mit »*Naam*« (ja) geantwortet hatten, tauschten wir die Ringe. Nun waren wir Mann und Frau – vor Gott.

Alfred blieb erst einmal in London, allerdings nur für eine Woche, Flitterwochen wollten wir anschließend in Ägypten machen. Wir verbrachten die Zeit bei mir zu Hause oder spazierten durch die Stadt, besuchten Ausstellungen und trafen uns mit unseren Sufi-Freunden. Zwei Monate später besuchte ich Alfred in Ägypten, und wir unternahmen eine wunderschöne Nilfahrt nach Aswan, wo wir im legendären Old Cataract Hotel wohnten, einer traumhaften Anlage unter Palmen mit Blick auf den Nil, eingerichtet im maurischen Stil.

In den folgenden Tagen zeigte Alfred mir seine Welt. Wir kletterten in die Gräber im Tal der Könige und bewunderten den Karnak-Tempel nördlich von Luxor. Der riesige Säulenwald in der Hypostyl-Halle, errichtet von Ramses II., beeindruckte mich schwer. Anschließend führte er mich in sein Ferienhaus mitten in der Wüste bei Abusir, einem Ort, der eng mit dem ägyptischen Osiriskult verknüpft ist und, wie Alfred mir erklärte, das Tor zur Unterwelt darstellt. Ein einzigartiger Ort, an dem bis heute wichtige archäologische Funde gemacht werden. Er hatte dieses Haus mit eigenen Händen im nubischen Rundbaustil errichtet. Es war aus *Dabsch* (Kalkstein) gebaut, mit Lehm verkleidet, und die drei Kuppeln symbolisierten die drei Pyramiden von Abusir. Wenn man vor die Haustür trat, konnte man sie in der Ferne sehen, und wenn die Sonne unterging, wirkten sie mystisch und erhaben. Es war wirklich ein außergewöhnliches Fleckchen Erde.

Bald zeigte sich jedoch, dass Alfred und ich trotz vieler Gemeinsamkeiten ziemlich unterschiedliche Persönlichkeiten wa-

Sarajewo, 1998: Wer von diesem Brunnen trinkt, kommt wieder – lautet eine bosnische Legende.

Im Karakorum-Gebirge in Pakistan

Imran und Moby

In Pakistan, 1993

Mit Briggite beim Nusrat-Konzert in Pakistan, 1992

Ali Izetbegovic, der damalige bosnische Präsident, Catherine und Ahmed Moustafa

Vor den Arbeiten von Ahmed Moustafa im Kunstmuseum von Sarajewo

Luciano Pavarotti und Zuccherro bei der Eröffnung des Musikzentrums in Mostar

Tee im Garten vor einer Ruine in der Nähe von Mostar

Natacha Atlas mit *Transglobal Underground* beim Brücke-Konzert

Die zerstörte Brücke von Mostar

Tekkije Blagaj in der Nähe von Mostar

Martin Lings, Sheikh Abu Bakr Siraj Ad-Din

Mit Gai Eaton auf dem Khan-al-Khalili-Markt

Hochzeit in Marokko

Henna-Party

ren. Er mochte die Wüste, ich die üppige Natur. Ich war temperamentvoll, impulsiv und dynamisch, er eher zurückgezogen, sanft und in sich gekehrt. Auch hatten wir ganz unterschiedlich gelebt, bevor wir uns kennenlernten. Er war 20 Jahre lang Familienvater in Kairo gewesen, ich über mehrere Jahre hinweg Single in der Medienwelt Londons. Kurz: Unser Zusammenleben gestaltete sich in der Praxis um einiges schwieriger als gedacht.

Nach den Flitterwochen flog ich zurück nach London, moderierte die Umweltsendung *Earth & Space* für einen Internetsender und setzte erst mal mein Studium fort. Erneut vergingen fast zwei Monate, bis Alfred und ich uns in Ägypten wiedersahen.

Es war Hochsommer, und wir schleppten uns in der brütenden Hitze durch Zamalek, um dort nach einer gemeinsamen Wohnung zu suchen. In dem Stadtbezirk von Kairo, der sich im nördlichen Teil der Insel Gezira befindet, waren unter anderem mehrere Botschaften angesiedelt. Die Hausverwalter trugen in der Regel lange Dschellabias, und mir fiel auf, dass einige von ihnen einen runden braunen Fleck auf der Stirn hatten. Als ich Alfred danach fragte, erklärte er mir, das komme vom vielen Beten. Schließlich fanden wir eine schöne Wohnung, gaben in einer staubigen Werkstatt in einem Basar noch die Herstellung von ein paar Möbeln in Auftrag und fuhren danach ans Meer. Dort landeten wir leider in einer Touristenhochburg und mussten von morgens bis abends Discomusik über uns ergehen lassen.

Die Umstände trugen nicht gerade zur Entspannung unserer Beziehung bei, ganz im Gegenteil. Unsere persönlichen Differenzen nahmen eher zu als ab. Hinzu kam, dass ich die verschmutzte ägyptische Metropole, die hochsommerliche Hitze und das karge Land nur schwer ertragen konnte. So begann ich daran zu zweifeln, ob ich hier jemals glücklich werden würde, denn auch beruflich sah ich hier keine Perspektive.

Wieder in London sprach ich mit einigen vertrauten Freundinnen, und im Laufe weniger Wochen wurde mir klar, dass es einfach ein zu großes Risiko bedeutete, alles in Europa aufzugeben. Als Bob Geldof von meinen Plänen erfuhr, fragte er mich spontan: »Was machst du denn, wenn es nicht klappt?« Das mulmige Gefühl in der Magengegend wurde immer stärker und verwandelte sich bald in offene Angst.

Schließlich teilte ich Alfred meine Sorgen am Telefon mit. Er verstand mich und kam daraufhin nach London, um sich hier nach einem Job umzusehen. Aber genauso, wie mir in Kairo klargeworden war, dass ein Leben unter den gegebenen Umständen in Ägypten für mich nicht in Frage kam, konnte er sich auf Dauer kein Leben in London vorstellen. Schweren Herzens mussten wir uns eingestehen, dass wir nicht füreinander bestimmt waren, und für mich platzte damit der Traum von Familie und Kindern. Doch wir kamen aus zwei Welten, die einfach nicht kompatibel waren.

Danach begann eine schwere Zeit, denn das Scheitern unserer Beziehung traf mich tief. Ich machte mir Vorwürfe, dass wir die praktische Basis unserer Ehe viel gründlicher hätten prüfen müssen, nur war das aufgrund der Entfernung leider nicht möglich gewesen. Schon der Prophet sagte: »Vertraue Gott, aber binde zuerst dein Kamel an.« Das hatte ich im Rausch der Gefühle übersehen, ein klassischer Fall von »Liebe macht blind«. Aber ich hatte gelebt, und ich hatte geliebt. Und ich hatte mich bemüht, Gottes Gebote einzuhalten. Ich beschloss, die Krise als Chance anzunehmen.

Von nun an konzentrierte ich mich wieder auf mein Studium der Heilkunde und lernte viel – vor allem mich selbst zu heilen. So wurde ich beispielsweise dank der Homöopathie endlich meinen Heuschnupfen los, an dem ich seit Jahrzehnten litt. Auch machte ich mir bewusst, wie wichtig es ist, negative Gefühle abzubauen, die Vergangenheit loszulassen und nach vorne zu blicken, und ich lernte das Resonanzprinzip kennen. Dieses Lebensprinzip kann das ganze Leben verändern, denn es basiert auf der Erkenntnis, dass alles, was wir an Energie aussenden, wechselseitig wirkt. Wer demnach Freude ausstrahlt, der löst auch Freude im anderen aus. Das Gleiche gilt, wenn man eine Situation verändern will: Man muss zuerst sein eigenes Verhalten ändern. Wer die eigenen Schwingungen verfeinert, zum Beispiel indem er keinen Alkohol oder andere Rauschmittel zu sich nimmt, durch die Einnahme eines homöopathischen Mittels oder auch durch Meditation, der zieht völlig andere Energien an. Die eigene positive Veränderung wirkt sich nämlich konstruktiv auf unser Umfeld aus.

Ich wollte mich weiter entwickeln und verbessern, und zwar aus eigener Kraft, daher hinterfragte ich mich, meine Erwartungen und meine Träume. Ich betete, ich machte *Dhikr*, ich studierte. Natürlich ging ich nach der Scheidung von Alfred weiter zu den Madschales meiner Sufi-Gruppe. Der Sheikh war betrübt, dass es mit der Ehe, die er geschlossen hatte, nichts geworden war, doch alles geschehe mit Gottes Wille, sagte er zu mir. Meine Aufgabe sei es jetzt, mich auf meine Reise zu Gott zu konzentrieren.

Irgendwann war ich dann so weit, dass ich in die Gruppe initiiert wurde. Bei der Einweihung gibt der Sufi ein Versprechen der Treue gegenüber dem Sheikh der *Tariqa* ab, das *Bayat*. Aber in Wirklichkeit gilt dieser Schwur Gott. Die Zeremonie erinnert an den Treueschwur der ersten Muslime, der da lautet: »Diejenigen, die dir Treue geloben, geloben Gott Treue. Gottes Hand liegt über ihren Händen. Wer nun sein Wort bricht, bricht es zu seinem eigenen Schaden. Und wer das erfüllt, wozu er sich Gott gegenüber verpflichtet hat, dem lässt Er einen großartigen Lohn zukommen.« (48:10) Das Ganze war also eine ernstzunehmende Angelegenheit, und ich fragte mich, ob ich die Verantwortung überhaupt tragen konnte. War ich wirklich schon so weit, Gott mein Versprechen zu geben, alle seine Gebote einzuhalten? Wenn ich sie brechen oder vom Weg abkommen würde – was dann?

Ich traf mich mit meinem alten Berater Gai Eaton, um das Ganze zu besprechen, und er sagte mir, dass sich viele Gläubige in einem sehr ähnlichen Konflikt befänden. Ihm sei es ebenso ergangen, fügte er hinzu und erzählte mir von seiner eigenen Initiation im Jahr 1965. Bevor er diesen Schritt wagte, hatten ihn schwere Zweifel geplagt, die er schließlich seinem Sheikh gegenüber äußerte. Er sei von Natur aus rebellisch, gestand er, deshalb habe er Angst, dass er irgendwann einmal gegen die Gebote aufbegehren könnte, und zwar einfach so, weil er Befehle schlecht ertrage. Daraufhin antwortete der Sheikh: »Wir geben dir keine Befehle, und wir bringen dich auch nicht ins Gefängnis, wenn du die islamischen Gebote brichst. Das Einzige, worum wir dich bitten, ist der Dhikr. Sonst nichts.«

Gais Anekdote beruhigte mich, denn ich ähnelte ihm auf gewisse Weise. Aber den Dhikr praktizieren und mich ehrlich anstrengen – das konnte und wollte ich.

Die Initiation fand in der Zawia statt, wo wir auch die Madschales abhielten. Die Männer bildeten einen Kreis, in dem auch der Sheikh Platz nahm, die Frauen saßen auf der anderen Seite des Raumes in mehreren Reihen hintereinander. Wie immer, wenn ein Faqir oder eine Faqira initiiert wird, rezitierten wir zunächst verschiedene Koranverse melodisch, darunter auch: »Er ist es, der innere Ruhe und Frieden in die Herzen der Gläubigen legte, damit sie noch mehr an Glauben gewinnen.« (13:28) Danach rief Sheikh Abu Bakr mich bei meinem muslimischen Namen Yusra, worauf ich aufstand und langsam auf den Kreis der Männer zuging. Ich trat in den Kreis ein und setzte mich vor ihn. Eine außergewöhnliche, spannungsvolle Situation.

Dann streckte ich dem Sheikh eine Hand entgegen, die er mit beiden Händen ergriff. Er betete still und leise, dann betete die gesamte Gruppe für mich, anschließend grüßte ich alle und ging wieder auf meinen Platz zurück. Damit war ich eingeweiht.

Von nun an gehörte ich offiziell dazu und durfte zum ersten Mal bei der Hadra mitmachen. Es war ein erhebendes Gefühl, mir war danach fast schwindlig, und als ich mich wieder setzte, wirkte dieser Dhikr noch eine ganze Weile nach. Nachdem mir die anderen mit dem Glückwunsch »Mabrouk« gratuliert hatten, sprach der Sheikh eine Weile mit mir allein. Er gab mir eine neue Formel für meinen Dhikr und erinnerte mich daran, dass Gott tatsächlich gegenwärtig sei, wenn ich ihn anriefe. Sein Name, Allah, sei wie ein Sakrament und vereinige alle anderen Namen. Schließlich trug er mir meine erste große spirituelle Übung auf:

die Khalwa. Sechs Stunden lang sollte ich mich, am besten noch in dieser Nacht, auf den *Dhikr* konzentrieren und währenddessen mit niemandem sprechen, damit sich meine Seele für die Gegenwart der Heiligkeit öffnen könne.

Als ich wieder zu Hause war, dimmte ich das Licht, setzte mich auf den Boden und begann mit der Khalwa. Es fiel mir schwer, die Konzentration so lange aufrechtzuerhalten, weshalb ich mehrmals die Position wechselte. Mal saß ich, mal schritt ich durchs Wohnzimmer, mal stand ich, mal lag ich auf der Seite, dann saß ich wieder, doch die ganze Zeit über sprach ich meine Formel. Zwischendurch stieg die Intensität immer mal wieder, ich spürte Feuer und Ungeduld, dann verklangen diese Gefühle, ich sprach wieder leiser, bittender. So durchlief ich viele emotionale Stadien. Das Ganze war sehr anstrengend. Schließlich dämmerte es, die sechs Stunden waren vorüber, und ich ging erschöpft, aber glücklich schlafen. Ich hatte es geschafft. Das war ein kleiner Sieg.

Dennoch war nicht alles *easy going*. Nach vier Jahren Studium hatte ich meinen Abschluss als Homöopathin in der Tasche, und die Praxis lief zwar vorher schon an, doch ich konnte davon nicht leben. Die Gemeinschaft in den Madschales half mir, die weltlichen Probleme nicht allzu ernst zu nehmen, geduldig zu sein und Gott zu vertrauen. Ich blieb standhaft bei der Sache. Wenn ich meinen Dhikr machte, reagierten bald mein Bewusstsein und auch mein Innerstes schon auf die ersten Formeln, und ich war in einem anderen Modus.

An guten Tagen spüre ich, wie der Rhythmus sich in meinem Körper wiederholt, egal wo ich bin und was ich tue, ob an der Supermarktkasse oder in der Rushhour. Ich wurde geduldiger, weicher, umsichtiger und schoss weniger schnell zurück, wenn mir jemand blöd kam. Bald machte mir meine Mutter ein Kompliment und sagte mir, ich sei um einiges höflicher, hilfsbereiter und zuvorkommender geworden. Das Schönste war jedoch: All diese Dinge waren irgendwann nicht mehr anstrengend, sondern kamen spontan von innen heraus, sozusagen als erster Impuls, nicht mehr als eine kontrollierte, reflektierte Reaktion. Das war ein tolles Gefühl.

Im Dezember 2000 erfüllte sich einer meiner Herzenswünsche, denn ich machte meine erste richtige Pilgerfahrt nach Mekka. Zusammen mit den Freunden meiner Sufi-Gruppe und unserem Sheikh ging ich auf die *Umrah*, die einen Neubeginn für die Gläubigen symbolisiert. Anders als die Hadsch, die nur während eines bestimmten Monats des islamischen Mondjahres absolviert werden kann, ist die kleine Schwester der großen Pilgerreise zu jeder Zeit des Jahres möglich. Im Angesicht der Kaaba tritt der Gläubige betend vor Gott, bittet ihn um Vergebung und hofft, von den Sünden der Vergangenheit gereinigt zu werden.

Wir flogen zunächst nach Kairo, wo wir wieder an dem Sufi-Treffen teilnahmen, bei dem ich vor ziemlich genau einem Jahr Alfred kennengelernt hatte. Die Fahrt vom Flughafen in die Stadt, die an unzähligen antiken Monumenten und Moscheen mit ihren verzierten Kuppeln und Minaretten vorbeiführt, war mir noch ganz vertraut, und viele Erinnerungen wurden in mir wach. Während des Aufenthaltes traf ich mich auch mit Alfred. Wir sprachen lange und arbeiteten einiges auf, was uns beiden guttat.

Ich hatte Gai Eaton überreden können, mit nach Kairo zu kommen und seinen 80. Geburtstag gemeinsam mit uns zu feiern. Damit wollte ich mich bei ihm für die jahrelange Unterstützung bedanken. Gai war seit vielen Jahren nicht mehr in einem arabischen Land gewesen, in jener Welt, die sein Leben in jungen Jahren so maßgeblich geprägt hatte. Für ihn war es ein echtes Erlebnis, die schönen Madschales in Kairo mitzuerleben und überhaupt einmal wieder einen Fuß in ein muslimisches Land zu setzen. Aber er war auch schockiert, wie sehr sich Kairo in den letzten 50 Jahren verändert hatte, denn die Stadt hatte eine immense Bevölkerungsexplosion erlebt. Kairo hatte inzwischen so viele Einwohner wie in Gais Jugendjahren ganz Ägypten und dehnte sich nun fast bis zu den Pyramiden aus, wo einst weit und breit nur Wüste gewesen war. Zu seinem Entsetzen hatte sich sogar Kentucky Fried Chicken direkt gegenüber der berühmten Sphinx etabliert. All das konnte die Freude über seine Rückkehr jedoch nicht trüben.

An seinem Geburtstag organisierte ich ein Essen in einem gemütlichen orientalischen Restaurant im edlen Mena House Hotel in der Nähe der Pyramiden. Gai unterhielt uns alle wie zu besten Zeiten, und ich freute mich, ihn so zu sehen.

In Kairo bereiteten wir uns auf die Pilgerreise vor. Auf dem Khan-al-Khalili-Markt suchte ich mir einen schönen eierschalfarbenen Stoff aus und ließ mir daraus eine bestickte Dschellabia schneidern, den Ihram. Der Name des Pilgergewandes bezeichnet den Zustand der Weihe und der Reinheit, in dem sich der Pilger befindet. Der Körper der Frau muss, bis auf das Gesicht und die Hände, vollkommen bedeckt sein, kein Haar soll irgendwo herausschauen. Für Männer besteht der Ihram aus zwei nahtlosen Tüchern, die durch geschicktes Wickeln und mit einem Gürtel oder mit Sicherheitsnadeln zusammengehalten werden. Für Frauen wie für Männer ist das Gewand traditionell weiß. Vor Gott sollen alle Pilger gleich aussehen, so wie am Tag des Jüngsten Gerichts, an dem nur noch die Taten der Menschen und keine Äußerlichkeiten mehr zählen werden. Stirbt ein Muslim, so wird ihm das Pilgergewand traditionell als letztes Kleid angelegt.

Die kleine Pilgerfahrt und der damit verbundene Neubeginn schienen mir eine passende Gelegenheit, einen neuen Namen für mich zu finden. Auch wenn ich den Namen Yusra nur im Kreis meiner muslimischen Freunde benutzt hatte, war ich nie ganz glücklich mit ihm gewesen, schließlich war er mit der Erinnerung an die unguten Erfahrungen in meiner ersten Sufi-Gruppe besetzt, von der ich mich lösen wollte. Im Gespräch mit Dr. Nasr entschied ich mich für einen neuen Namen: Zahra, der »Blume« und zugleich »strahlend« bedeutet. Die Tochter des Propheten, Fatima al Zahra, soll ihm sehr geähnelt haben in ihrer Spiritualität und ihrem sozialen Engagement. Ich war glücklich mit dem Namen und begriff ihn als Auszeichnung und Ansporn.

Nachdem auch das geklärt war, flogen wir nach Dschidda in

Saudi-Arabien, um von dort nach Mekka weiterzufahren. Die Einreise in das Kernland des Islam lief allerdings nicht ganz problemlos, da man als unverheiratete Frau nicht so ohne weiteres einreisen darf. Man braucht entweder eine Empfehlung, also die Einladung eines Einheimischen, oder man schließt sich einer offiziellen Pilgergruppe an. Ich hatte mich für die Variante Empfehlung entschieden und mir in London von einem saudischen Patienten Dr. Aminas ein entsprechendes Schreiben besorgt. Der Brief sollte bei meiner Einreise den Behörden vorliegen, was jedoch nicht der Fall war. Keiner der Beamten wusste irgendetwas von einem Brief, und man ließ mich nicht passieren. Händeringend suchte ich nach Worten, um meine Lage zu erklären, doch es half nichts.

Als Nächstes versuchte ich den Fahrer zu erreichen, der mich vom Flughafen abholen sollte, in der Hoffnung, er würde für mich bürgen, aber er war nicht erreichbar. Mir gingen langsam die Ideen aus. Meine mitreisenden Freundinnen waren inzwischen verschwunden, da sie nicht die ganze Nacht warten wollten und zudem woanders untergebracht waren als ich, und ich fühlte mich ziemlich verloren.

Plötzlich sah ich, wie ein Mann mit langem Bart meine Koffer an sich nahm und mit ihnen in Richtung Abflugterminal verschwand. Ich sprang auf, lief hinter ihm her und forderte ihn gestenreich auf, mir sofort das Gepäck wiederzugeben. Ich sei zur Umrah angereist und dächte gar nicht daran, wieder zurückzufliegen. Er diskutierte mit mir, ich hielt dagegen, und es war ziemlich entnervend, dennoch schien mein Protest seine Wirkung nicht völlig zu verfehlen. Die Beamten erreichten schließlich meinen Fahrer, der bereits auf dem Nachhauseweg gewesen war. Er sorgte dafür, dass der Brief von Riad, wo Dr. Aminas Bekannter wohnte, an ein Restaurant nach Dschidda gefaxt wurde. Mit dem Fax in der Hand erschien der gute Mann schließlich abgehetzt am Flughafen, und ich durfte nach Saudi-Arabien einreisen. Eine Stunde später war ich im Hotel und fiel völlig erschöpft in einen Tiefschlaf.

Am nächsten Tag hielt ich als Erstes Ausschau nach einem passenden Outfit, um als Frau nicht aufzufallen. Ich kaufte mir eine leichte schwarze *Abbaya*, einen langärmligen bodenlangen Mantel, der vorne zugebunden wird. In London trage ich sie gerne zum Beten, da man sie bequem über die Kleidung ziehen kann, hier in Dschidda trugen die Frauen sie auf der Straße. Dazu besorgte ich mir ein elegantes schwarzes Schaltuch, um mein Haar zu bedecken. Saudi-Arabien ist berühmt für seine Tücher, daher betrachtete ich das Ganze als gute Investition.

Im arabischen Wüstenstaat werden zudem die besten Parfümöle der Welt hergestellt. Ich verfolgte seit einiger Zeit die Idee, eine orientalisch inspirierte Kosmetikserie herauszubringen, die den Namen *Baraka* (Segen) tragen sollte. In Dschidda traf ich mich mit zwei Parfümeuren, um mich zu informieren und Kontakte aufzubauen.

Der erste besaß ein luxuriöses Geschäft in einer Seitenstraße, und als ich eintrat, erblickte ich unzählige Parfümfläschchen mit natürlichen Ölen und beschnupperte neugierig die exquisitesten Mischungen. Viele arabische Prinzen und Prinzessinnen lassen sich hier ihre persönlichen Düfte kreieren. Fasziniert beobachtete ich, wie der Parfümeur das wertvolle Öl aus einer großen Flasche kunstvoll in ein ganz kleines Fläschchen goss, ohne dass auch nur ein Tropfen danebenging. Viele dieser betörenden Düfte gibt es bei uns überhaupt nicht zu kaufen, echten Moschus oder Amber zum Beispiel, aber auch den in Saudi Arabien sehr beliebten und teuren Duft des Oud.

Der Parfümeur zeigte mir ein Stück naturbelassenes Holz, das vielleicht einen halben Meter lang war und 10 000 Dollar kosten sollte. Oud wird auch gern zum Räuchern benutzt, es verbreitet einen tiefen, erdigen Duft, der in der mystischen Tradition für Initiation und Selbsterkenntnis steht. Unser Sheikh verbrannte es oft vor den Madschales in London. Ich kaufte mir ein paar von den Holzstückchen und bekam einige schöne Proben geschenkt, unter anderem auch Ward Taif, einen Rosenduft. Taif ist eine Gebirgsstadt in der Nähe von Medina, in der die Luft besonders rein und klar sein soll, weshalb die wilde Rose aus Taif einen unvergleichlich bezaubernden Duft hat. Ich bedankte mich für die freundliche Beratung und verließ mit meinen Schätzen den Laden.

Im Geschäft des zweiten Kandidaten wies mich der Ladenverkäufer zur Begrüßung barsch darauf hin, dass ich nicht ordnungsgemäß verschleiert sei. Ich war entsetzt, schließlich hatte ich einiges unternommen, um mich den Sitten und Gebräuchen des Landes anzupassen. Ich antwortete ihm, nirgendwo im Koran stehe geschrieben, dass eine Frau sich verschleiern müsse, und empfahl ihm, lieber über Gott als über mein Outfit nachzudenken. Daraufhin verließ er den Raum und kam mit seinem Chef zurück, der zum Glück ein Anhänger der alten Weisheit zu sein schien, dass der Kunde König ist. Er ließ seinen Angestellten links liegen und deckte mich mit edlen Düften ein.

Zum Essen gingen wir in ein saudi-arabisches Restaurant, in dem eine besondere Sitzordnung galt. Ehepaare und Familien saßen in der Familiensektion, Männer in der Männersektion. Der Familienbereich war in mehrere zugähnliche Abteile gegliedert, in denen sich auch die Frauen aufhielten. Auf diese Weise blieben sie unter sich und könnten sich ungestört und sicher fühlen, erklärte mir eine der Damen. Sicher wovor?, fragte ich mich und nahm Platz.

Am Abend rief uns der Sheikh zusammen, um uns auf den bevorstehenden Aufbruch nach Mekka vorzubereiten. Er erzählte uns, dass Mekka bereits seit 4000 Jahren ein Pilgerort sei, an den früher auch Christen und Juden gekommen seien. Heute pilgerten jedes Jahr mehr als drei Millionen Muslime aus aller Welt nach Mekka. Der Sheikh ging jedes Jahr auf die *Umrah,* und ich bewunderte seine Kraft, sich den körperlichen Strapazen auch in seinem hohen Alter immer wieder auszusetzen. Nach dem Essen leitete er die Madschales in kleiner Runde. Bei dem gemeinsamen Dhikr empfand ich plötzlich wieder dieses unbändige, intensive Liebesgefühl in der Brust, das ich schon ein paar Mal erlebt hatte. Bisher hatte ich es allerdings nur an Heiligengräbern gespürt. Vielleicht ergriff ja bereits die heilige Energie aus Mekka und Medina vorauseilend von mir Besitz?

Als wir am nächsten Tag bei Sonnenuntergang aufbrachen, lag eine etwa einstündige Autofahrt nach Mekka durch die angenehm kühle Nacht vor uns. Wir hatten uns entschlossen, am Abend zu reisen, um der Hitze zu entkommen. Bevor wir losfuhren, machten wir die rituelle große Waschung, auch Ghusl genannt, bei der man erst den gesamten Körper reinigt, dann dreimal Mund und Nase ausspült, dreimal erst das Gesicht, dann die Arme bis zum Ellbogen und die Ohren mit Wasser erfrischt. Danach wäscht man den Nacken, die Haare vom Ansatz bis zu den Spitzen und schließlich die Füße. Es gibt auch die »kleine« Waschung, Wudhu, die man täglich vor dem rituellen Gebet vornimmt. Beide dienen als spiritueller Schutz. Dabei reinigt man lediglich Gesicht, Mund und Nase, Hände, Unterarme und die Füße und streicht sich mit der nassen Hand über die Haare.

Nach der Waschung zog ich mein Ihram-Gewand an, betete meine Absichtserklärung, auf die Umrah zu gehen, und traf in der Hotellobby meine Freundinnen. Wir waren der Ansicht, dass wir sehr brav und gottesfürchtig aussahen, und beschlossen, uns in den kommenden Tagen auch so zu benehmen.

Im Weihezustand des Ihram gelten bestimmte Regeln, die für alle Pilger bindend sind: Man darf keine sexuellen Begegnungen haben, keine Tiere töten, keine Kosmetika benutzen und sich keine Körperhaare entfernen, weshalb die Männer sich auch nicht rasieren dürfen. Außerdem ist man angehalten, Gefühle wie Wut oder Ärger zu kontrollieren, und sich gottgefällig zu verhalten.

Unterwegs beteten wir das Pilgergebet *Labbaika Allah humma labbaika,* was so viel bedeutet wie »Hier bin ich, mein Gott, Dir zu dienen«. Nach etwa einer Dreiviertelstunde Fahrt erblickten wir am Straßenrand ein riesiges, surreal wirkendes Monument. Es war ein neongrün beleuchteter Koranstand, auf dessen Scheitelpunkt das Modell eines aufgeschlagenen Heiligen Buches prangte. Er markierte den Punkt, den ein Nichtmuslim nicht überschreiten darf, denn ab hier, genau 22 Kilometer vor der Kaaba, dem Haus

Gottes, beginnt die heilige Gegend, das Haram. Diese umschließt die Stadt Mekka wie ein Bannkreis, in dem es Sicherheit und Schutz für alle gibt, selbst für Tiere, Bäume und Pflanzen. Hier herrscht Friedenspflicht, Streit und Gewalt sind verboten.

Wir fuhren weiter an unzähligen hochmodernen, weniger heiligen Wolkenkratzern und Hotels vorbei und stiegen schließlich vor einem riesigen Bauwerk aus grau glänzendem Marmor aus. Vor uns lag die Moschee, die Masjid al-Haram, der heiligste Ort der muslimischen Welt, in der sich die Kaaba befindet. Die dreistöckige Moschee ist ein Gebäude von monumentalem Ausmaß, denn sie erstreckt sich über 356 000 Quadratmeter. Zur Hochsaison, während der Hadsch oder im Ramadan, beten hier über eine Million Pilger gleichzeitig. Im Vorhof der Moschee, der mit weißem Marmor ausgelegt ist und genauso wie der Innenhof mehrmals täglich gereinigt wird, finden weitere zwei Millionen Pilger Platz. Wir betraten die Moschee, in der Rolltreppen in die oberen Geschosse führen.

Überall sah ich Pilger in weißen Gewändern. Sie kamen aus aller Welt, und doch waren sie aus dem gleichen Grund hier wie ich. Im wahrsten Sinne des Wortes glichen wir uns alle: Die Suche nach Gott verband uns miteinander. Dann erblickte ich die Kaaba und musste erst einmal einfach nur stillhalten. Beim Anblick des großen schwarzen Würfels auf dem spiegelblanken weißen Marmorboden, um den die vielen weiß gekleideten Pilger zogen, verschlug es mir schlicht die Sprache.

Die Kaaba ist zehn Meter breit, 16 Meter hoch und aus rauem Stein. Die Überlieferung besagt, dass Adam das Gotteshaus erbaut habe, Noahs Arche siebenmal um die Kaaba getrieben sei und Abraham und sein Sohn die Ruine später wieder aufgebaut hätten. Die Kaaba gilt als das erste Gebetshaus der Geschichte, das Gott geweiht ist.

Wir reihten uns in den Strom der Pilger ein, die die Kaaba entgegen dem Uhrzeigersinn langsam umrundeten. Die rituelle Umrundung der Kaaba, während der man bestimmte Gebete spricht, wird Tawaf genannt. Da wir zur Nebensaison anwesend waren und es vergleichsweise leer war, konnten wir ganz dicht an der Kaaba vorbeigehen, sie berühren und betrachten.

Die dunklen Außenwände waren mit einem schwarzen Brokatvorhang bedeckt, der Kiswah, die mit goldbestickten Kalligraphien aus dem Koran verziert war und jedes Jahr erneuert wird. Die vier Ecken des Würfels zeigen die vier Himmelsrichtungen an. Im Osten, in der Nähe der Tür der Kaaba ist der berüchtigte schwarze Stein eingelassen. Die Geschichte dieses Steines ist in verschiedenen Varianten überliefert. Eine Legende besagt, dass es sich um einen Meteoriten handelt, den Abraham vom Erzengel Gabriel empfangen haben soll. Dieser komme allerdings nicht aus dem Weltall, sondern direkt aus dem Paradies. Man erzählt sich auch, dass der Stein einmal strahlend weiß gewesen sei, die vielen Sünden der Menschen hätten ihn jedoch schwarz gefärbt. Eine andere Legende besagt, der Stein sei von den unzähligen Berührungen all der Pilger über die Jahrtausende schwarz geworden.

Da der Prophet die Angewohnheit hatte, auf seinen Pilgerreisen den schwarzen Stein zu küssen, versuchen die Pilger, es ebenso zu tun. Wer an den schwarzen Stein nicht direkt herankommt, der streckt bei jeder Umrundung die rechte Hand in Richtung des Steins. Ich hatte Glück, ich konnte ganz nah an den Stein herantreten und ihn küssen. Als ich den schwarzen Stein mit den Lippen berührte, kam es mir so vor, als wäre ich zurückgeküsst worden.

Neben mir sah ich große, starke Männer, die ihre Hände gegen die Kaaba stützten und dabei bitterlich weinten und flehten. Ich nahm einen intensiven Moschusduft wahr. Moschus soll der Lieblingsduft des Propheten gewesen sein. Der Duft kam von den Wänden des Würfels, die mit Duftölen eingerieben werden. Selbst der Innenraum der Kaaba, in den zahlreiche Inschriften aus dem Koran eingelassen sind, ist damit parfümiert, ansonsten ist er leer. Zur Zeit Muhammads soll die Kaaba voll mit Götzen und Götterbildnissen gewesen sein, welche die Menschen in der vorislamischen, polytheistischen Zeit verehrten. Doch der Prophet hatte die Götzen aus dem Hause Gottes verbannt und die Gebetsrichtung von Jerusalem nach Mekka geändert. Seitdem ist die Kaaba das Zentrum der islamischen Welt, und 1,5 Milliarden Muslime weltweit beten täglich in Richtung der Kaaba, an deren Wände ich beide Hände hielt und nun ebenfalls intensiv betete. Sie ist wie das Herz im Körper des Islam. So wie sie von Trugbildern, Götzen und falschen Göttern gereinigt wurde, sind Muslime aufgerufen, auch ihr Herz rein zu halten, denn erst dann kann Gott darin wohnen.

Schließlich richtete ich mich auf und ließ mich vom Strom der Pilger weitertreiben. Ich dachte an nichts Weltliches, außer an die Menschen, für die ich betete. Wer die Kaaba umkreist, so heißt es, der spürt, dass nicht er, sondern Gott das Zentrum der Welt ist. So erging es auch mir.

Nach sieben Umrundungen beteten wir zwei Ra'kat am sogenannten Standplatz Abraham, wo man in einer goldenen Vitrine seinen Fußabdruck sehen kann. Auf diesem Stein soll er gestanden haben, als er die Kaaba mit seinem Sohn Ismael wieder aufgebaut hatte. Abraham, der für den Glauben an einen Gott steht, soll Gott darum gebeten haben, diesen Ort zu einem Ort des Friedens und der Sicherheit zu machen. Der Standplatz Abraham bezeichnet zugleich die innere Haltung des Herzens, aus der heraus wir unsere Gebete vorbringen sollen.

Am Rande des Innenhofs findet sich die heilige Zamzam-Quelle, die eng mit der Standplatzlegende verknüpft ist. Nach islamischer Auslegung der alttestamentarischen Abraham-Legende schickte Abraham seine zweite Frau Hagar, die ihm Ismael gebar, nicht alleine in die Wüste, wie es die Bibel berichtet, sondern ging mit ihr. Später jedoch ließ er Hagar und Ismael, der noch ein Baby war, tatsächlich in einem öden Tal an der Straße nach Hidschaz zurück, angeblich um ein Gebot Gottes zu befolgen. Als das Kind durstig wurde, begann Hagar besorgt zwischen den Hügeln Safa und Marwah hin und her zu laufen, um nach Wasser oder menschlicher Hilfe zu suchen. Siebenmal soll sie den Weg zwischen den Hügeln verzweifelt zurückgelegt haben, ehe sie dort, wo das Kind mit den Füßen gestrampelt hatte, schließlich eine Wasserquelle entdeckte, die direkt aus dem Paradies kommen soll. Dort sprach ein Engel ihr dann Trost und Verheißung zu. Nach Abrahams Rückkehr ließen sich die beiden an der Quelle nieder, wo Abraham das Haus Gottes erbaute.

Als Pilger schlüpft man für eine Zeit in die Rolle der Hagar und geht siebenmal zwischen den beiden Hügeln hin und her, bevor man sich an der heiligen Quelle erfrischt, die bis heute Wasser für Millionen von Pilgern liefert. Der Weg wird Sayi genannt, und eine seiner sieben Teilstrecken misst 400 Meter. Sogar der 90-jährige Martin Lings lief diesen Weg mit uns, der außerdem symbolisiert, wie wir im Leben hin und her laufen auf der Suche nach Gott und nach Hilfe, bis wir schließlich zur Quelle und damit zu Gott gelangen – und zwar an genau den Ort, an dem wir losgelaufen sind.

Am Ende der Umrah schnitt ich mir gemäß der Pilgertradition eine Haarsträhne ab, wofür eine meiner Freundinnen eigens eine kleine Schere mitgebracht hatte. Viele Männer rasieren sich zum Zeichen des Neubeginns den Kopf kahl.

Die Umrah war geschafft, doch unsere Reise war noch nicht vorüber. Wir flogen weiter nach Medina, wo der Prophet nach seiner Auswanderung aus Mekka bis zu seinem Tod im Jahr 632 gelebt hatte. 622 war er aus seiner Heimatstadt Mekka nach Medina gekommen. Der in Mekka herrschende Stamm der Quraisch hatte etwas gegen seine Lehren des Monotheismus, er fürchtete um seine Macht und wollte Muhammad töten. In Medina, wo die Menschen den Propheten herzlich aufnahmen, führte er die Stämme zusammen und baute die erste muslimische Gemeinde auf. Acht Jahre später eroberte er Mekka und reinigte die Kaaba von allen Götzenbildern, wobei er von einer Bestrafung der ehemaligen Verfolger absah. Daraufhin nahmen die Menschen den islamischen Glauben auch hier an.

Bei unserer Ankunft in Medina waren wir erst einmal zum Lunch eingeladen. Unser Gastgeber war Bodo Rasch, ein Stuttgarter Architekt, der den Spitznamen »Allahs Architekt« trägt, da er an vielen der heiligen Stätten in Saudi-Arabien arbeitet. Einer seiner Kunden ist eine einflussreiche ortansässige Bauunternehmerfamilie mit Namen bin Laden. Rasch entwickelte und errichtete in ihrem Auftrag im Vorhof der Moschee des Propheten in Medina riesige aufklappbare Schirme, die die Pilger vor der sengenden Sonne schützen sollen. Im Mina-Tal bei Mekka befindet sich ein gigantisches Lager aus feuerfesten Spezialzelten, das er für die Pilger entworfen hat. Leider war Bodo Rasch schon fort, als wir zum Essen eintrafen, weshalb ich ihn erst später kennenlernen sollte.

Nach dem Essen machten wir uns auf zur großen Moschee des Propheten, um das Grab Muhammads zu besuchen. Er liegt in seinem ehemaligen Haus zwischen den beiden ersten Kalifen Abu Bakr und Omar begraben, die nach seinem Tod die Führung der *Ummah* übernahmen. Neben Muhammad ist übrigens ein Platz freigehalten – für Jesus. Falls er je auf die Erde zurückkehrt, soll Jesus, der im Islam als Prophet verehrt wird, hier ewige Ruhe finden. Wir standen hinter einer Balustrade und blickten auf drei mit Gold verzierte Tore: die Eingänge zu den drei Gräbern. Die Vorstellung, über den Grund und Boden zu laufen, auf dem Muhammad und seine Begleiter gelebt und gebetet hatten, erfüllte mich mit Ehrfurcht und Freude. Als ich schließlich am Grab des Propheten stand, spürte ich wieder dieses warme, alles umströmende Glücksgefühl in der Brust. So stark wie dieses Mal war es bisher allerdings noch nie.

In Medina besuchten wir weitere Orte der islamischen Geschichte, den Berg Uhud zum Beispiel, an dem Muhammad im Jahr 625 eine bittere Niederlage gegen die Feinde aus Mekka einstecken musste und nur knapp mit dem Leben davonkam. Jene Zeit gilt als die Zeit der Prüfung und Heimsuchung. Außerdem die Qiblatain-Moschee, die an jener Stelle errichtet wurde, an der Muhammad auf Anweisung Gottes die Gebetsrichtung von Jerusalem nach Mekka änderte. Das einzigartig schöne, strahlend weiße Gebäude gilt daher als Moschee der zwei Gebetsrichtungen. Ursprünglich besaß sie sogar zwei Gebetsnischen – eine in Richtung Jerusalem und eine in Richtung Mekka. Die Saudis haben die Jerusalemer Mihrab jedoch entfernt, um von der Bedeutung Jerusalems für den Islam abzulenken, wie Kritiker behaupten. Das Abendgebet beteten wir in der Moschee des Propheten. Der Iman rezitierte so voll Emotionen, er variierte zwischen sanftem Flüstern und inbrünstigem Gesang, das mir ein Schauer über den Rücken lief. Es war das schönste Gebet, das ich jemals hörte.

Zum Abschluss unserer Reise machten einige von uns einen zweiten Abstecher nach Mekka und hängten eine weitere Umrah an. Wo wir schon einmal in der Gegend waren, in welcher der Prophet gewirkt hatte, wollten wir so viel Heiligkeit tanken wie nur möglich. Diesmal quartierten wir uns direkt gegenüber der Heiligen Moschee in einem jener riesigen Hotels ein, die dem Heiligtum in den letzten Jahrzehnten sehr nahe gerückt sind. Martin Lings erzählte uns von den Zeiten, als die Moschee noch das größte Gebäude weit und breit gewesen sei und mehr oder weniger einsam in der Landschaft gestanden habe. Die waren leider vorbei. Auf der anderen Seite war es großartig, die Kaaba zu besuchen, wann immer man wollte, und noch vom Hotelzimmer aus das Kreisen der Pilger im Orbit des schwarzen Würfels beobachten zu können.

Diesmal machten wir die Tawafs mitten in der Nacht. Es waren nur wenige Menschen unterwegs, es war sehr still, und der Zauber der Nacht verstärkte die Aura des Heiligtums. Wir blieben bis zum Morgengrauen, und als der Gebetsruf in der kühlen, klaren Luft erschallte, beteten wir gemeinsam das Morgengebet *Fajr* und begrüßten den Tag. Ein neuer Morgen – das war das, was ich mir auch für mich wünschte, als wir die Heimreise antraten.

Islam des Herzens

Nicht ihre Augen sind blind,
sondern ihre Herzen.
KORAN (22:46)

Ein paar Monate später, im Frühjahr 2001, rief mich eines Tages Bodo Rasch an und fragte mich, ob ich noch immer Single sei. Ich bejahte und hakte nach, warum er dies wissen wolle. Daraufhin erklärte er mir, er kenne da jemanden, der eine Ehefrau suche. Er könne sich vorstellen, dass ich mich mit dem geheimnisvollen Unbekannten gut verstehen würde. Solche Vermittlungen sind unter Muslimen übrigens gang und gäbe, denn sie erleichtern vieles.

Ich war angenehm überrascht, dass jemand in dieser Hinsicht an mich gedacht hatte, also willigte ich ein. Der Name des Kandidaten, Bakr bin Laden, sagte mir damals nichts, und Bodo erzählte mir nur, der Mann stamme aus einer großen Bauunternehmerfamilie, die zu seinen besten Kunden zähle. Ich erlaubte ihm, dem Unbekannten meine Telefonnummer weiterzugeben, und kurze Zeit später meldete sich Bakr bei mir. Er sprach ein sehr kultiviertes Englisch und war ziemlich lustig am Telefon. Nachdem wir uns ein wenig unterhalten hatten, machte er ein Spiel mit mir: Ich solle raten, wie viele Brüder und Schwestern er habe. Er gestehe mir plus/minus zehn zu, und wenn ich mit der Schätzung richtigläge, könne ich eine Weltreise gewinnen. Er war sich offensichtlich seiner Sache sicher. Dreimal durfte ich raten und griff erst mal hoch: 15, 28, nein, vielleicht 40? Ich lag leider immer noch total daneben, denn 54 wäre die richtige Antwort gewesen. Sie waren alle vom selben Vater, aber natürlich von verschiedenen Frauen. Na, das fängt ja gut an, dachte ich nur.

Nach einigen weiteren Telefonaten kam Bakr nach London, und wir verabredeten uns zum Dinner. Er war etwas älter als ich und kleiner, hatte aber ein attraktives Gesicht, und wir verbrachten einen interessanten und amüsanten Abend. Bakr war moderat religiös, ein Mann von Welt, der im Westen studiert hatte, und dazu extrem wohlhabend. Er reiste im Privatjet, war häufig an der Côte d'Azur und in Marbella und erzählte mir von einem Halbbruder mit ziemlich zwielichtigem Ruf, den die Familie verstoßen habe.

Glücklicherweise, wie ich rückblickend feststellen muss, war uns an diesem Abend schnell klar, dass wir nicht füreinander bestimmt waren. Bakr war zwar lustig und zuvorkommend, doch es hatte nicht gefunkt. Lange Zeit hörte ich nichts mehr von ihm, erst ein halbes Jahr später rief er mich an und erzählte mir von einer Idee für eine Fernsehshow, die er gerne mit mir realisieren wollte. Es ging um eine internationale Reise- und Kultursendung auf höherem Niveau. Ihm sei die Sache sehr ernst, er wolle sie auch finanzieren, berichtete er. Ich war interessiert, denn das Projekt klang vielversprechend.

Als er mich bat, ihm bei der Suche nach einem Sender und einer Produktionsfirma behilflich zu sein, nutzte ich meine Kontakte und kam bald mit einem Unternehmen ins Gespräch, das viel für den Discovery Channel arbeitete. Ich traf mich mit dem Chef, präsentierte ihm die Idee und erwähnte natürlich auch den finanzkräftigen Sponsor. Der Mann war durchaus angetan, und wir wollten die Sache im Auge behalten.

Am selben Tag brach ich nach Los Angeles auf, um dort meinen guten alten Freund Steve Fargnoli zu besuchen. Inzwischen war es Anfang September 2001, Steve war schwer krank und lag im Sterben. Zwei Jahre zuvor war er im Alter von nur 50 Jahren an Krebs erkrankt. Prince, der bedeutendste von ihm vertretene Künstler und seine größte Entdeckung, hatte sich auf der Höhe seines Erfolges von ihm getrennt und sich einen anderen Manager gesucht. Ich hatte oft gedacht, dass Steve dies nie wirklich verwunden hatte.

Wie viele seiner Freunde wollte auch ich mich von ihm verabschieden. Neben Mark Booth, Sinead O'Connor und Steves New Yorker Partner Arma Andon gingen noch viele andere langjährige Vertraute in Steves Suite im obersten Stock des stylishen W-Hotels ein und aus. Wir alle versuchten, ihm die letzten Tage so angenehm wie möglich zu gestalten, und feierten mit ihm kurz vor seinem Tod seinen Geburtstag mit einem großen Kuchen. Zwischen den Krankenbesuchen ging ich mit Michael Radford, bei dem ich wohnte, in den kalifornischen Bergen spazieren und inspizierte die berühmte spirituelle Buchhandlung Bodhi Tree auf der Melrose Avenue.

Ein wahres Arsenal an Rumi-Literatur wartete dort auf mich, denn neben all seinen Büchern standen auch zahlreiche DVDs und Hörspiele in den Regalen. Ich kaufte mir *Das Lied der Liebe*, mit Beiträgen von Coleman Barks, Deepak Chopra, Goldie Hawn, Madonna, Martin Sheen und Demi Moore und dazu fünf Ausgaben des aufwendig gestalteten Bandes *The Illuminated Rumi*, in dem die wunderschönen poetischen Verse mit Illustrationen des amerikanischen Künstlers Michael Green versehen waren. Ich schenkte die Bücher meinen Freunden Fa, Ruby, Jim und Mike, und eine Ausgabe behielt ich für mich.

Sufismus war mittlerweile trendy, und nur die Kabbala-Bewegung schien noch angesagter zu sein. Sogar Goldie Hawn und Ben Stiller, die ich auf einer Party in Hollywood traf, sprachen mit Begeisterung davon. Das Interesse des Showbiz an Spiritualität freute mich, wenngleich ich der Meinung bin, dass Religion mehr ist als nur ein Lifestyle und nicht auf Knopfdruck funktioniert.

Am Abend des 10. September war ich mit Mike und einigen Bekannten, darunter Elizabeth Hurley, zum Essen eingeladen. Wir kannten uns aus gemeinsamen Londoner Tagen, als sie noch eine unbekannte Schauspielerin war und in englischen Serien mitspielte. Sie war damals gut mit Caroline befreundet, meiner WG-Mitbewohnerin. Ich mochte Liz gern, denn sie war witzig, schlagfertig und dabei ziemlich bodenständig. Außerdem kochte sie leidenschaftlich gern und gut, am liebsten deftige englische Gerichte wie *Roast Chicken* mit Kartoffelbrei und viel Butter.

1993 hatte Steve eine Geburtstagsparty für mich organisiert, zu der sie mit ihrem Freund gekommen war, dem damals ebenfalls noch unbekannten Schauspieler Hugh Grant. Ein guter Fang, wie sich später herausstellte, denn nach dem Erfolg von *Vier Hochzeiten und ein Todesfall* war Hugh ein Weltstar. Auf der Premierenfeier des Films tauchte Elizabeth in einem Kleid auf, in dem sie ihrem Begleiter komplett die Show stahl. Es war von Versace, provokant knapp und lediglich mit großen Sicherheitsnadeln zusammengehalten. Die Strategie funktionierte. Liz avancierte schlagartig zum Weltstar – mit gutem Aussehen, Marketingtalent und Persönlichkeit.

Zwölf Jahre waren seither vergangen, und wir hatten uns aus den Augen verloren. Sie wollte von mir wissen, wann es nach London zurückgehe, und zu meiner eigenen Überraschung hörte ich mich darauf erwidern, dass ich zwar ein Ticket für den nächsten Tag hätte, aber noch nicht wisse, ob ich wirklich fliegen solle. Ein Gefühl sagte mir, dass ich noch länger hierbleiben würde – obwohl das Ticket nicht umbuchbar war.

Am nächsten Morgen, dem 11. September, wachte ich von einem lauten Gebrüll auf: »Unser Land führt Krieg!« Es war noch viel zu früh, also drehte ich mich wieder um und schlief weiter. Später beim Frühstück bat ich dann Mike, der gerade ins Wohnzimmer kam, den Fernseher anzustellen. Voller Entsetzen sahen wir die gigantischen Rauchsäulen über New York auf dem Bildschirm. Wir waren völlig außer uns und verfolgten schockiert die Nachrichten. Den Rückflug konnte ich vergessen, denn der Flughafen von L. A. war geschlossen, und eine Woche lang flog niemand mehr irgendwohin.

In den folgenden Tagen lud sich die Atmosphäre in Los Angeles mit Wut und Aggression auf. »Wenn ich noch einmal das Wort Allah höre, fliegst du raus!«, blaffte eine amerikanische Freundin von Steve mich sogar an, dabei hatte ich Allah gar nicht erwähnt. Ein anderer Freund war der Ansicht, man solle am besten gleich den gesamten Nahen Osten in die Luft jagen, dann seien wenigstens alle Verbrecher erledigt.

Die Trauer und die Wut der Amerikaner waren grenzenlos, was ich gut verstand, denn sie waren berechtigt und zutiefst menschlich. Weniger verständlich, sondern geradezu beängstigend waren jedoch die Reaktionen gegenüber den Muslimen in Amerika. Sie mussten sich beleidigen, diskriminieren oder tätlich angreifen lassen, außerdem wurden viele Gläubige ohne Anklage oder konkrete Verdachtsmomente festgehalten und verhört. In Texas griffen Menschen eine Moschee mit Maschinengewehren an, und vereinzelt kam es sogar zu Morden. Unter anderem wurde ein ägyptischer Ladenbesitzer christlichen Glaubens in seinem Laden in Los Angeles erschossen, und in Arizona töteten Wahnsinnige den Besitzer einer Tankstelle, einen Sikh.

Ich fühlte mich ziemlich unwohl. Daher war ich ein wenig nervös, als mich Mike an einem der folgenden Abende zu einem Dinner bei seiner Agentin Rose und ihrem Mann mitnahm, die in einer Villa in dem Nobelviertel Bel Air lebten. Die Gastgeber waren jüdischer Abstammung, ich war Deutsche und dazu noch Muslima – angesichts der aktuellen Lage eine ziemlich ungünstige Kombination. Entgegen meinen Befürchtungen waren die Gastgeber jedoch warmherzige, hochgebildete und weltgewandte Menschen. Sie hatten selbst muslimische Freunde und wussten, dass auch an Ground Zero viele Menschen islamischen Glaubens umgekommen waren. Sie wären nie auf die Idee gekommen, mich anzufeinden, sondern zeigten Mitgefühl für alle Toten. Ihre Trauer war aufrichtig, rein und frei von jeder Aggression, was den Abend für mich unvergesslich machte und mir wieder einmal zeigte, dass ein Glaube, der sich mit Bildung und dem Interesse paart, über den eigenen Tellerrand hinauszublicken, das beste Gegengift zu Gewalt und Extremismus ist.

Auf dem Rückflug las ich einen langen Artikel über die bin Ladens und ihre Interessen als Investoren in Amerika. Ihnen gehören mehrere Einkaufszentren, Wohnhäuser, Luxusanwesen und sogar ein Flughafen, und besonders Bakr genoss hohes Ansehen und einigen Einfluss. Unsere gemeinsame Idee ließ ich fallen. Ich habe bis heute nie wieder etwas von ihm gehört, wahrscheinlich hatte er nach dem 11. September andere Dinge zu tun, als Kulturfernsehen zu machen.

Zurück in London, sichtete ich erst einmal die Lage und ordnete meine Gedanken. Auch in England war die Stimmung aufgeheizt, und alle sprachen über die Attentate. Auf der Wand einer Moschee in London war ein Graffito aufgetaucht, das in zwei Meter hohen Buchstaben proklamierte: »Rächt die USA – tötet einen Muslimen.« Durch die Kreuzzugsrhetorik von George W. Bush waren uralte, tiefsitzende Vorurteile gegen den Islam und gegen Muslime wachgerüttelt worden. Glücklicherweise beruhigte sich der Großteil der amerikanischen Bevölkerung wieder und differenzierte erstaunlich klar zwischen Muslime und Terroristen. Auch in London kehrte wieder Ruhe ein.

Für mich war klar, dass diese Attentate absolut unislamisch waren, dennoch wollte ich herausfinden, was in den islamischen Quellen zum Thema Gewalt steht. In jenen Tagen las ich sehr viel und sprach häufig mit Gai Eaton und einigen anderen Gelehrten. Das Ergebnis fiel eindeutig aus:

Der Islam heiligt das Leben und steht für Frieden. Gewalt und Terroranschläge sind weder mit dem Koran noch mit islamischer Ethik vereinbar. Das haben muslimische Staatsoberhäupter, Gelehrte und religiöse Autoritäten wie der Obermufti der Al-Azhar-Moschee in Kairo immer wieder deutlich gemacht. Im Koran steht: »Wer einen Unschuldigen tötet [...], tötet gleichermaßen die gesamte Menschheit.« Extremisten und Fanatiker missbrauchen häufig die Religion zur Rechtfertigung ihrer Morde, was umso verletzender für die große Mehrheit der friedliebenden und rechtschaffenen Muslime ist, die unter Anfeindungen im Namen der Religion leiden müssen.

Terrorismus widerspricht dem muslimischen Glauben zutiefst, umso mehr, wenn er von den Terroristen als Dschihad bezeichnet wird.

Gai erzählte mir dazu folgende Anekdote: In der Schlacht von

Badr im Jahre 624 wollten die Mekkaner die junge islamische Gemeinschaft in Medina auslöschen. Nachdem der Prophet und seine Truppen gesiegt hatten, sprach er zu ihnen: »Ihr seid vom kleinen Dschihad zurückgekommen; nun beginnt der große Dschihad.« Als seine Begleiter ihn fragten, was denn der große Dschihad sei, da sagte er: »Der Dschihad gegen eure Triebseelen.« Der große Dschihad ist demnach die lebenslange Arbeit an sich selbst, also das Bemühen, religiöse Pflichten einzuhalten, Fehler abzulegen und daran zu arbeiten, den Charakter zu festigen und zu verbessern. Aufrichtigkeit, Mitmenschlichkeit und Zivilcourage sind Werte, die der große Dschihad belohnt. Die größten spirituellen »Krieger« im Islam sind die Heiligen, die nicht Gewehre oder Bomben als Waffen tragen, sondern Gebet und Gebetskette.

Muslime dürfen sich zwar gegen Attacken und Unterdrückung wehren, nicht aber Unbeteiligte hineinziehen. Die Verteidigung des eigenen Landes gegen Angriff und Unterdrückung von außen – zur Not auch mit Waffengewalt – bezeichnet man dann als kleinen Dschihad, der nur unter bestimmten Bedingungen ausgerufen werden darf. Zunächst müssen alle Mittel der Diplomatie ausgeschöpft werden, erst dann darf gekämpft werden. Ein Dschihad im klassischen Verständnis des Verteidigungskampfes kann zudem nur von einem islamischen Staatsoberhaupt oder dem Rechtsgelehrten seines Landes ausgerufen werden. Kein Fanatiker hat nach dem Islam das Recht, irgendwo auf der Welt Dschihad zu proklamieren. Im Verteidigungsfall mahnt der Koran die Gläubigen, Maß zu halten. »Bekämpft in Gottes Sache diejenigen, die euch bekämpfen, doch überschreitet nicht das Maß [...] Gott liebt diejenigen nicht, die Überschreitungen begehen« (2:190), heißt es dort ausdrücklich. Die Grundlagen von Terrorismus sind Hass und Rache, und genau davor warnt der Koran: »Euer Hass gegen einige Menschen soll euch nicht dazu führen, ungerecht zu sein« (5:8), heißt es an anderer Stelle.

Die Idee des Märtyrertums und die Vorstellung, das Selbstmordattentat sei eine Eintrittskarte ins Paradies, sind ebenfalls zutiefst unislamisch. Selbstmord ist im Islam verboten, und zum Thema Martyrium sagte der Prophet: »Die Tinte eines Gelehrten ist unendlich viel wertvoller als das Blut eines Märtyrers.« Auf Vergeltung zu verzichten und stattdessen großzügig zu verzeihen gilt als Sühne für begangene Fehler. Ein Koranzitat, das mir in diesem Zusammenhang besonders gut gefällt, ist folgendes: »Die gute Tat ist der schlechten nicht gleichzusetzen. Erwidere die schlechte, die dir geschieht, mit einer guten! So wird derjenige, mit dem eine Feindschaft bestand, zu einem Freund.«

Mein Leben ging weiter, und nach einer Pause von vielen Jahren war ich inzwischen wieder im deutschen Fernsehen zu sehen. Ich moderierte bei RTL in Deutschland eine kleine Rubrik über Naturheilkunde und flog deshalb alle vier Wochen nach Köln. Eines Tages fiel mir am Flughafen eine Gruppe schwarz verschleierter Frauen auf. Ich tat etwas, was ich noch nie zuvor getan hatte: Ich ging auf die Frauen zu und fragte, ob sie sich in Deutschland als Muslime wohl fühlten. Ich weiß gar nicht mehr, warum ich das tat, vielleicht spielte ich im Hinterkopf mit dem Gedanken, nach Deutschland zurückzukehren. Ihr Wohlbefinden in Deutschland bejahten die Damen ohne Einschränkung, und so kamen wir ins Gespräch.

Eine von ihnen erklärte mir, sie lebe in Saudi-Arabien, komme aber aus dem Jemen. Ich dachte mir im Stillen, dass sie dann wohl eher nicht Sufi-orientiert sei, denn der Sufismus ist dort nicht etabliert. Später im Flugzeug sah ich jedoch, wie sie eine Gebetskette herausholte und Dhikr machte. Als ich daraufhin meine eigene Gebetskette in die Hand nahm, war die Frau überrascht und freute sich. Sie dachte kurz nach, dann gab sie mir die Telefonnummer einer Freundin in London, die ich unbedingt einmal anrufen solle. Ich gab ihr ebenfalls meine Nummer, vergaß die ganze Sache aber erst einmal wieder.

Ein paar Wochen später rief eine Frau bei mir an, die sich als Freundin ebenjener Dame vorstellte, und lud mich zum Essen zu sich nach Hause ein.

Fadua stammt ebenfalls aus dem Jemen und wohnt bei mir in der Nähe in South Kensington. Sie ist glücklich verheiratet, hat sechs Kinder und lebt ein so gläubiges Leben, dass ich sie immer wieder dafür bewundere.

Als ich sie damals besuchte, trug sie ein langes, blumenbedrucktes Gewand und ein Kopftuch, das sie zu einem enganliegenden Turban gebunden hatte. Wir saßen entspannt auf dem Sofa und unterhielten uns, während uns eine Hausangestellte das Essen servierte. Bald stellte sich heraus, dass ich völlig falsch gelegen hatte, denn die Dame vom Flughafen war die Mutter eines sehr berühmten Sufi-Sheiks aus dem Jemen: Habib Ali al-Jiffri – für mich ein Volltreffer. Fadua wollte wissen, wie ich zum Islam gekommen sei und wie es mir damit ergehe, außerdem fragte sie, ob ich verheiratet sei. Ich erzählte ihr von Alfred und wie die Sache ausgegangen war, dann erklärte ich ihr, dass ich ein wenig zwischen den Stühlen stünde. Als Europäerin hatte ich keine muslimische Familie, und damit standen die Chancen auf die unter Muslimen übliche arrangierte Heirat relativ schlecht.

Fadua erkannte das Problem und erzählte mir von ihrem ältesten Sohn, der mit 25 Jahren eine junge Frau geheiratet hatte, die seine Mutter ihm vorgestellt hatte. Es war seine erste Beziehung, das Paar hatte vor der Hochzeit hauptsächlich telefonischen Kontakt und sich zuvor nur ein- oder zweimal gesehen. Die beiden seien überglücklich, sagte Fadua, sehr verliebt und hätten gerade ihr erstes Kind bekommen.

Irgendwann sprachen wir auch über das Thema Zwangsheirat. Um es vorwegzunehmen: Natürlich sind Zwangsehen nicht islamisch. Es ist schrecklich, was angerichtet wird, wenn junge Mädchen mit einem wildfremden, oft deutlich älteren Mann verheiratet werden und keine andere Wahl haben, als sich in ein Schicksal zu fügen, das mit Religion nichts, dafür aber mit Zwang, Geld und familienbedingten Repressionen sehr viel zu tun hat. Der Koran sagt ausdrücklich, dass es keinen Zwang in der Religion gebe. Der Prophet selbst soll einmal die Heirat einer jungen Frau, die darüber klagte, dass ihr Vater sie gegen ihren

Willen einem Mann versprochen hatte, für ungültig erklärt und ihr selbst die Entscheidung zugesprochen haben.

Eine arrangierte Ehe sei hingegen etwas völlig anderes, meinte Fadua. Die Familie oder die Gemeinschaft würde zwei Menschen einander vorstellen, die sich frei entscheiden dürften – füreinander oder gegeneinander. Ohne die passende Chemie geht es nun mal nicht, das wusste schon der Prophet. Fadua riet mir, mich auf die Verbindung zu Gott zu konzentrieren, die Absichten zu reinigen und den Glauben zu verbessern. Wenn ich geduldig und standhaft bliebe, dann würde ich, inscha' Allah, irgendwann belohnt.

Fadua nahm ich von Anfang an als starke, selbstbestimmte und gottergebene Frau wahr. Kurz nachdem wir uns kennengelernt hatten, kam sie einmal zu einer homöopathischen Behandlung zu mir und klingelte völlig schwarz verhüllt an meiner Tür. Überrascht bat ich sie herein und platzte heraus: »Meine Güte, dein Mann muss ja streng sein.«

Sie lachte daraufhin nur und sagte: »Ganz im Gegenteil. Er ist Türke und will gar nicht, dass ich die Niqab trage.« Aber sie selbst wolle es eben so und legte den Gesichtsschleier freiwillig an, weil die Frauen des Propheten es auch getan hatten.

Ich war verblüfft. War ich doch bisher der Ansicht gewesen, dass Frauen mit Gesichtsschleier womöglich von ihren Männern unterdrückt würden und dogmatisch seien.

Beides trifft bei Fadua nicht zu, vielmehr ist sie der Inbegriff einer Frau, die mit Hingabe den Sufismus lebt. Ihre Zuversicht und ihr Gottvertrauen sind ganz einfach ansteckend. Jedes Mal, wenn ich Fadua besuche, spüre ich eine tiefe innere Ruhe. Es mag daran liegen, dass ich bei ihr eine völlig reine Aura spüre. Alles, was unter ihrem Dach geschieht, ist halal und damit moralisch und rituell einwandfrei. Dazu gehört auch, dass Männer und Frauen bei ihr stets getrennt sind, selbst beim Essen, und nur wenn ein Gelehrter oder ein Sheikh spricht, hören alle gemeinsam zu. Zu besonderen Anlässen, etwa im Ramadan, liest Fadua uns vor, oft aus Werken von Sufi-Meistern wie Abd al-Qadir al-Dschilani oder Imam al Ghazali. Fadua ist meine wichtigste Glaubensfreundin geworden, sie ist für mich wie eine Schwester und eine Sheikha zugleich.

Ich bin jedoch nicht die Einzige, die ihre Gesellschaft schätzt, auch in der Muslimenszene genießt sie höchstes Ansehen. Ihre Wohnung ist ein beliebter Treffpunkt für Muslime, und ihre Einladungen, denen auch Yusuf Islam gerne folgt, sind begehrt. Faduas Kinder gehen übrigens auf die islamische Schule, die Yusuf in London gegründet hat.

Yusuf war inzwischen noch moderater geworden und verkörperte für mich mittlerweile die vollendete Symbiose zwischen religiösem Leben und der Welt des Showbiz – ohne jeden Kompromiss nach der einen oder anderen Seite. Ich hatte von Anfang an großen Respekt vor seinem Glaubensweg, vielleicht, weil er auch aus der Musikbranche kommt. Daher freute ich mich sehr über eine Einladung zu einer Charity-Veranstaltung, bei der Yusuf Islam als Ehrengast sprechen sollte.

An dem Abend waren neben dem britischen Establishment auch Angehörige aus dem Musikbusiness und extrem viele Musikfans anwesend. Die Veranstaltung war ganz und gar kein muslimischer Event, vielmehr hatte jeder im Publikum 50 britische Pfund gezahlt, um zu hören, was Cat Stevens 1979 dazu gebracht hatte, seine Karriere als Popstar aufzugeben. Er hatte immerhin über 60 Millionen Platten verkauft und war weltweit ein Megastar gewesen, als er sich entschloss, die Musik vorerst einmal an den Nagel zu hängen.

Als Yusuf Islam die Bühne betrat, trug er einen modernen beigefarbenen Anzug und einen gut gestutzten Bart. Er gab sich selbstsicher, humorvoll und souverän, ganz der Star. Alle hörten gebannt zu, wie er von seiner Bekehrung erzählte, an der eine Nahtoderfahrung schuld war. Er sei beim Schwimmen im Meer beinahe ertrunken, weil die Strömung ihn ins offene Meer gezogen hatte. Im Angesicht des sicher geglaubten Todes betete er zu Gott und versprach ihm, dass er für ihn arbeiten werde, sollte Er ihm das Leben schenken. Tatsächlich ergriff ihn einen Moment später eine große Welle und spülte ihn zurück an Land. Der Sänger löste sein Versprechen ein und intensivierte seine spirituelle Suche, die ihn zuvor zum Buddhismus, zur Astrologie und einigen anderen esoterischen Strömungen trug. Aber nirgends fand er, was er suchte. Sechs Monate nach seinem Erlebnis in Malibu gab ihm sein Bruder schließlich den Koran zu lesen.

Es sei das Heilige Buch gewesen, erzählte Yusuf, das ihn letztlich überzeugt, das ihm die Dinge aufgezeigt habe. 1977 konvertierte er, und 1978 änderte er seinen Namen in Yusuf, arabisch für Josef. Er identifizierte sich mit Josef, den seine Brüder wie Ware auf dem Markt verkauft hatten. So ähnlich, berichtete Yusuf, war ihm irgendwann das Leben im Musikbusiness vorgekommen. 1979 war er sich sicher, dass er sich ganz von dieser Welt trennen müsse, um zu Gott zu finden. Er hörte auf, Musik zu machen, spendete einen Großteil seines Vermögens für wohltätige Zwecke und engagierte sich für Schul- und Bildungsprojekte in aller Welt.

Ich freute mich, dass ihm so viele Menschen gespannt zuhörten und ihm Fragen stellten. Das Thema Musik kam natürlich auch zur Sprache. Warum, so wollten viele wissen, hatte er als Muslim bloß aufgehört zu singen? Menschen in aller Welt, darunter auch zahlreiche Muslime von Pakistan bis Marokko, bedauerten zutiefst, dass er sein gottgegebenes Talent so lange Jahre hatte ruhenlassen. Es war seine persönliche Entscheidung, offenbar hatte er diesen Rückzug gebraucht. Er habe dem Druck des Showgeschäfts irgendwann nur noch mit harten Geschossen standhalten können. Was nach außen wie eine 180-Grad-Wendung aussah, sei in Wirklichkeit eine fließende Entwicklung gewesen. Er sei schon immer auf einer spirituellen Suche gewesen, was sich auch in seiner Musik widerspiegele. Die Erfahrung in den Wogen sei letztlich nur eine Erinnerung daran gewesen, den Weg konsequent zu gehen.

Yusuf Islam erwähnte auch, dass er zu Beginn seines Daseins als Muslim stark unter wahabitischem Einfluss gestanden habe, der jegliche Form von Musik verbiete. Inzwischen hat er sich emanzipiert und sogar eine neue CD herausgebracht. Er nahm sie mit anderen Künstlern zusammen auf und spielte auch wieder live. Beispielsweise hörte ich ihn 2004 in der Royal Albert Hall in London, im Zuge einer Jubiläumsfeier seiner islamischen Schule. Zum ersten Mal seit 25 Jahren sang er seinen Song »Peace Train«. Es war ein bewegender Moment.

Im selben Jahr gab es in London eine sehr interessante Kollaboration zwischen dem Shakespeare-Globe-Theater und verschiedenen muslimischen Künstlern und Gelehrten. Unter dem Motto »*Shakespeare and Islam*« fand eine Reihe von Vorlesungen statt, und auch Sheikh Abu Bakr sprach über die spirituelle Perspektive in Shakespeares Stücken. Der Sheikh war ein großer Experte auf dem Gebiet, schließlich hatte er selbst jahrelang Shakespeare inszeniert, sogar in der arabischen Welt. Begleitend projizierten der Fotograf Peter Sanders und seine Frau Hafsa ihre Bilder aus der muslimischen Welt auf die Außenwände des Globe-Theaters. Ich dachte mir, wie schön es wäre, wenn es auch in Deutschland solche Veranstaltungen gäbe, zum Beispiel eine Eventreihe zum Thema Goethe und Islam an einem großen deutschen Theater.

Auch Fuadh Nahdi, ein sehr engagierter, charismatischer Medienmann, rief in Zusammenarbeit mit der britischen Regierung die Bewegung »*The Radical Middle Way*« ins Leben. Bei den Veranstaltungen sprechen bis heute aufgeschlossene Intellektuelle und Sheikhs aus aller Welt über aktuelle Themen aus muslimischer Sicht. Zu den Vortragenden gehören Gai Eaton, Sheikh Hamza Yusuf oder Tim Winter von der Cambridge University. Ziel der Vorträge ist, vor allem junge Muslime positiv zu inspirieren.

Ich beschäftigte mich in meiner Freizeit immer wieder mit Koranlektüre, denn ich wollte das Heilige Buch noch besser verstehen. Dafür ging ich ein Jahr zu einem pakistanischen Gelehrten zum Koranunterricht, der jeden Sonntagmorgen bei ihm zu Hause stattfand. Hier trafen sich Alt und Jung, Muslime wie Nichtmuslime, es war eine bunt gemischte Gruppe. Wir gingen das Heilige Buch Vers für Vers durch, verglichen verschiedene Kommentare und zogen auch andere Heilige Schriften wie das Alte und Neue Testament zu Rate. Anschließend tranken wir zusammen Tee, und danach kehrte ich stets inspiriert nach Hause zurück. Es heißt, wenn sich Menschen Gott zuliebe versammeln, dann sind die Engel anwesend.

Irgendwann wurde mir klar, dass sich mir der Koran erst dann voll und ganz öffnen und erschließen würde, wenn ich ihn auf Arabisch lesen würde. Denn das Sprachwunder des Koran und seine Poesie kann keine Übersetzung, sei sie auch noch so gut, vermitteln, und ebenso wenig kann sie all die Interpretationsmöglichkeiten berücksichtigen, die beinahe jedes Wort eröffnet. Die Übersetzung bleibt stets durch den persönlichen Hintergrund des Übersetzers gefärbt, weshalb sich dem Leser das Heilige Buch immer nur durch die Sicht eines anderen erschließt. Ich habe himmelweite Unterschiede in verschiedenen Koranübersetzungen gefunden, insbesondere was das Bild der Frau betrifft. Die besten Übersetzungen, die ich kenne und die den egalitären Geist und die profunde Lehre und Mystik des Korans hervorheben, stammen von Yusuf Ali und Muhammad Asad. Von den deutschen Übersetzungen ist die von Adel Theodor Khoury ganz brauchbar, obwohl er als Nichtmuslim, wie ich finde, vielleicht nicht denselben Zugang hat wie ein Muslim.

Um mich in diesem Dschungel nicht zu verlieren, begann ich Arabisch zu lernen – ein verdammt schwieriges Unterfangen. Ich brauchte eine halbe Ewigkeit, allein um das Alphabet zu beherrschen, und mir war schnell klar, dass es das Beste wäre, die Sprache in einem arabischen Land zu studieren oder zumindest dort einen Einstieg zu bekommen. Die Gelegenheit dazu ließ nicht lange auf sich warten.

Im Herbst 2004 nahm ich auf Vermittlung von Gai Eaton zusammen mit einigen Freunden aus meiner Tariqa an einer Reise zu einer Sufi-Konferenz in Marokko teil. Gai war als Redner eingeladen worden, doch da er sich nicht gut fühlte, trat er mir seinen Platz ab. In Marrakesch, wo die Veranstaltung stattfand, blüht der Sufismus seit Jahrhunderten, es gibt viele Orden und noch mehr Zawias, wo seit Urgedenken gemeinsam der Dhikr praktiziert wird.

Nach den Vorlesungen über Religion und Sufismus erkundeten wir die Altstadt und besuchten die sieben Schutzheiligen, die beim Volk sehr beliebt sind und an deren Gräbern immer etwas los ist. Wir genossen bei Kerzenschein wunderschöne arabo-andalusische Musik im prächtigen Bahia Palast mit seinen 160 Räumen und den üppig bepflanzten Innenhöfen. Dann schlenderten wir über die Soukhs, die arabischen Märkte. Ich kam mir vor wie in Tausendundeiner Nacht, und es dauerte nicht lange, da hatte ich mich in diese Stadt verliebt. Einer der Organisatoren der Konferenz empfahl mir einen guten Privatlehrer, der klassisches Arabisch unterrichtete, und so beschloss ich, bald wiederzukommen.

Im Vergleich zu meinem zweiten Aufenthalt war der erste Besuch nur ein Aperitif gewesen, denn diesmal blieb ich gleich mehrere Wochen. In den ersten Tagen begleiteten mich meine Freunde Michael Radford, seine schwangere Frau Emma und Said Aburish, ein Londoner Schriftsteller, mit seiner Freundin Nancy.

Wieder zog mich Marrakesch in seinen Bann. Erst jetzt entdeckte ich die bezaubernden Gärten, die überall in der Stadt versteckt liegen und die das Paradies symbolisieren sollen. Insbesondere der Menara-Garten, in dessen Mitte sich ein großer, spiegelglatter See befindet, hatte es mir angetan, und auch der Majorelle-Garten, den der französische Maler Jacques Majorelle Anfang des 20. Jahrhunderts angelegt hatte, gefiel mir sehr. Darin befinden sich Pflanzen von allen fünf Kontinenten, und die Häuser und Brücken sind in einem ganz besonderen Blau gehalten, dem Majorelle-Blau, das an Kobalt erinnert. Anfang der 80er Jahre des vorigen Jahrhunderts erwarb Yves Saint Laurent den Garten, in dem er sehr viel Zeit verbrachte. Nach seinem Tod wurde seine Asche hier verstreut.

Wir gingen in der Medina, der wunderbar verwinkelten Altstadt von Marrakesch, shoppen und aßen in traditionellen Restaurants. Ich betete in der Koutoubia-Moschee, die ausschließlich Muslime betreten dürfen. Sie stammt aus dem zwölften Jahrhundert und markierte einst die Ausdehnung des Islamischen Reiches. Moschee und Minarett haben ihren Namen von den Buchhandlungen, welche einst vor dem Bau eine lange Reihe bildeten. Innen ist das Gotteshaus in 17 Langschiffe gegliedert und ganz in Weiß gehalten. Etliche weiße Spitzbögen im maurischen Stil, allesamt auf Säulen gesetzt, ergeben ein beeindruckendes Bild vollkommener Harmonie und Makellosigkeit, das die Konzentration auf Gott erleichtert.

Nach einer Woche reisten meine Freunde wieder ab, und für mich begann der Arabischunterricht. Ich zog in ein traditionelles Stadthaus, eine Riad, mitten in die Medina. Der Besitzer kümmerte sich reizend um seine Gäste und gab mir ein neuerliches Beispiel der arabischen Gastfreundschaft. Die Hausdame verwöhnte mich mit Pfannkuchen und Pfefferminztee zum Frühstück und einer Vielzahl köstlicher Tagine- und Couscous-Gerichte. Tag für Tag kam der Lehrer zu mir und brachte mir arabische Buchstaben, ihre Aussprache und einen Grundstock an Grammatik und Vokabeln bei. Ich hoffte, damit zumindest eine gute Basis für den weiterführenden Unterricht in London zu schaffen.

Freitags, an dem wöchentlichen Feiertag der islamischen Welt, ging ich zum gemeinschaftlichen Dhikr zum Grab des ersten Schutzheiligen von Marrakesch, Sidi Abbas Sebti. Er lebte im siebten Jahrhundert und war berühmt für sein soziales Engagement für Arme, Benachteiligte und insbesondere Blinde. Wenn ich den Moscheekomplex betrat, ging ich stets an einer Reihe blinder Männer vorbei, die dort saßen und beteten. Blinden werden in der arabischen Mystik seherische Fähigkeiten zugesprochen, es heißt, sie würden mit dem Herzen sehen.

Dennoch war ich froh, dass ich sehend war, denn das Innere des Mausoleums war eine Augenweide. Der Fußboden und die Wände sind mit Fliesenmosaiken in bunten Farben und geometrischen Mustern verziert, die dank der weißen Wände besonders gut zur Geltung kommen und der marokkanischen Ästhetik entsprechen, die ich so mag. Der Schweizer Kunstwissenschaftler Titus Burckhardt stellte einmal fest, dass sich Norddeutsche mit einer protestantischen Prägung von der Strenge der geometrischen Formen in Nordafrika besonders angesprochen fühlen. Dem kann ich nur zustimmen.

Direkt neben dem Heiligengrab saßen etwa 20 Männer in Dschellabias auf dem Fußboden und sangen mit tiefer Stimme die Lieder für Gott und den Propheten. Sie erinnerten mich an die Sufi-Chöre, die ich in Granada auf CD gehört hatte. Nun hörte ich sie live und war wie gebannt. Ich gesellte mich zu den Frauen, die in einer anderen Ecke zusammensaßen, lauschte den heiligen Klängen und machte im Stillen meinen eigenen *Dhikr*. Ein Wärter der Moschee kam vorbei und goss aus einer antiken Kanne jedem von uns warmes Rosenwasser in die Hände. Zum Schluss schenkte er eine Runde Pfefferminztee für die Anwesenden aus. Es war wirklich schön.

Ich lernte Marokko als ein religiöses, gleichzeitig aber offenes Land kennen, in dem der Sufismus frei und offen gelebt wird. Die traditionelle religiöse Tracht – cremefarbene Dschellabias für die Männer und bunte, bestickte Gewänder für die Frauen – wird hauptsächlich zu Feiertagen und festlichen Anlässen getragen. Ansonsten ist eher westliche Kleidung angesagt, und Schleier tragen die Frauen nur, wenn sie es wollen. Viele Frauen arbeiten zudem. Durch die geographische Nähe zu Europa und die historische Verbindung zu Spanien und Frankreich ist Marokko eben vergleichsweise westlich geprägt. Am meisten freute ich mich jedoch, wie der Sufismus in Marokko blühte, da er in vielen anderen islamischen Ländern als Aberglaube verpönt ist und nur als Randbewegung oder im Untergrund existiert.

Wie schwer es für Sufis ist, ihren Glauben unter diesen Bedingungen zu leben, erfuhr ich, als ich ein halbes Jahr später Dr. Nasr und einige seiner Studenten auf eine Vortragsreise in die Türkei begleitete. Auf dem Programm standen Istanbul und Konya, wo sich das berühmte Rumi-Mausoleum befindet.

Im Gegensatz zu Marokko ist der Sufismus in der Türkei seit der Säkularisierungsbewegung der 20er Jahre des vorigen Jahrhunderts offiziell verboten. Ein Türke, der in einer Tekkije oder einer Zawia bei einem gemeinschaftlichen Sufi-Ritual erwischt wird, muss zum Polizeiverhör. Überhaupt kann ein allzu selbstbewusst und offen gelebter Glaube für die berufliche Laufbahn hinderlich sein, insbesondere in der Armee oder dem Bildungswesen. Frauen dürfen kein Kopftuch tragen, wenn sie studieren oder in öffentlichen Institutionen arbeiten möchten.

Dabei ist der Sufismus fest im historisch-kulturellen Gedächtnis der Türkei verankert. Im Garten einer ehemaligen Sufi-Tekkije in Istanbul sah ich einen uralten Baum, der mitten auf dem Marmorsarg eines Heiligen wuchs. Letztlich ein eindrückliches Bild dafür, wie tief der Sufismus in der Türkei verwurzelt ist. Dschalaluddin Rumi, der viele Jahre in der Türkei lebte und dort den Mevlevi-Orden gründete, liegt in Konya im Herzen von Anatolien begraben. Sein Mausoleum, früher die Loge des Ordens, ist heute ein Museum. Viele Perser aus dem Iran und dem Kaukasus nennen es sogar die zweite Kaaba.

Ich bewunderte Rumi von Anfang an, nicht zuletzt wegen seiner Verse, die mich auf meinem Glaubensweg begleiten. Sein Grab, das sich in einem klassischen türkischen Kuppelbau befindet, zu dem man über einen Innenhof mit schönem Brunnen gelangt, wollte ich daher gerne besuchen. In der Nähe gibt es ein Geschäft, das Souvenirs verkauft, und als ich bei unserem Ausflug zu der Gedenkstätte davor stand, wurde ich schwach und kaufte mir einen Rumi-Becher. Einen zweiten für Ruby nahm ich auch gleich noch mit, sozusagen als Symbol für den Becher des Herzens, der bekanntlich geleert werden muss.

Im Inneren ist das Mausoleum übrigens sehr einfach gehalten, nur ein paar kunstvolle Koranschriften und geschwungene Arabesken zieren die weißen Wände. Dschalaluddin Rumis Grab befindet sich im hinteren Teil, wo er neben mehreren anderen Heiligen liegt, und ist mit einem prächtig bestickten Brokattuch geschmückt. An den Kopfenden der Särge, die mit Tüchern umhüllt sind, liegen grüne Turbane. Wir hielten eine Weile inne und beteten für seinen Segen. Gegenüber des Grabes waren Gebetsketten, Mäntel, die berühmte Ney-Bambusflöte, Handtrommeln und Ouds ausgestellt – alles Relikte aus Rumis Leben.

Das größte Highlight der Reise war die Schönheit eines Sufis-Rituals, dem wir beiwohnen durften und das heimlich abgehalten wurde: der berühmte Tanz der Derwische. Er fand in einer Tekkije statt, die von außen völlig unscheinbar wirkte. Niemand hätte vermutet, dass Gläubige in diesem Haus religiöse Zusammenkünfte veranstalteten. Unsere Gruppe hatte eine Einladung erhalten, zur Einstimmung auf den heiligen Freitag, am Donnerstagabend zum Dhikr in die Tekkije zu kommen. In der muslimischen Welt beginnen die einzelnen Tage nicht um Mitternacht, sondern am Vorabend, wenn die Sonne untergegangen ist, weshalb die Versammlungen zu gemeinschaftlichen Dhikr immer donnerstagabends stattfinden.

Wie auch am Eingang von Moscheen üblich, zogen wir uns beim Betreten der Tekkije die Schuhe aus und setzten uns zu den anderen auf den Fußboden, um zu essen. Das Gebäude war relativ groß, mit sehr hohen Decken und einer eigenen Empore für Frauen, und die Gebetsnische war mit blumig bunten Kacheln verkleidet. Nach dem Essen verrichten wir das Abendgebet, dann begann die Hadra, der Höhepunkt der Zeremonie. Die Männer wiederholten, angeführt von einem Sheikh, zunächst im Sitzen, später im Gehen zu Trommelschlägen verschiedene Gebetsformeln und Namen Gottes und bewegten dabei den Körper rhythmisch hin und her. Ihre Bewegungen und die Laute, die sie von sich gaben, wurden immer intensiver und heftiger. Die Frauen verfolgten das Geschehen, das über eine Stunde dauerte, von der Empore aus, und bewegten sich ähnlich. Viele wirkten mitgerissen und bewegt.

Zum krönenden Abschluss traten einige Derwische langsam und bedächtig in die Mitte des Raumes. Sie trugen lange Hüte und schwarze Umhänge, die sie mit einer ruhigen Verbeugung abnahmen. Der Umhang steht für das eigene Grab, und indem sich der Derwisch seiner entledigt, wird er spirituell wiedergeboren. Zum Klang der Ney-Flöte fingen die Derwische langsam an, sich um die eigene Achse zu drehen, bis die weißen, langen Gehröcke durch die Flugkraft der Drehbewegung nach oben stiegen und die Tanzenden sanft wie Wasser umspielten. Sie erinnerten an Drehkreisel, die über den Boden zu schweben schienen. Ich war wie hypnotisiert von der Eleganz und der vollendeten Harmonie, die der Tanz ausstrahlte.

Sheikh Abu Bakr beschreibt seine Bedeutung so: »Das bewegungslose, unsichtbare Zentrum, um das sich der Derwisch dreht, ist die heilige Gegenwart. Der Kreis repräsentiert den Himmel auf Erden, und die Derwische formen Kreise inmitten von Kreisen. Auch die Arme zeichnen einen äußeren Kreis um den Körper herum. Die rechte Hand des Derwischs zeigt nach oben, um den Segen Gottes zu empfangen, und die linke nach unten, um ihn in der Welt zu verteilen. So bezeugen die Arme auf beredte Weise die Funktion des Menschen als Vermittler zwischen Himmel und Erde.«

Auch wenn der Sufismus von offizieller Seite verboten ist, weiß die türkische Regierung natürlich um die besondere Faszination, die die drehenden Derwische ausüben. Sie nutzt diese für ihre eigenen Zwecke und veranstaltet öffentliche Vorstellungen, bei denen die Derwische für Touristen auftreten. Ein ganz und gar kommerzielles Unterfangen und noch dazu ein heuchlerisches, bei dem die tiefere Bedeutung des Tanzes verlorengeht – behaupten viele. Wenn man es positiv sehen will, kann man sagen, dass auf diese Weise viele Menschen immerhin einen Eindruck von der Kraft und Schönheit des Sufismus bekommen. Wer weiß, vielleicht springt bei einigen ja auch der spirituelle Funken über.

Dennoch ist das Verbot eine fast tragische Angelegenheit. Die Ironie der Geschichte besteht darin, dass Rumi, der das Herz des Islam wie kaum ein anderer verkörpert, im Westen mittlerweile beinahe genauso populär ist wie in der Türkei und in anderen islamischen Ländern. Der Sufismus könnte eine ideale religiöskulturelle Brücke zwischen dem Islam und dem Westen bilden.

Umso trauriger ist es, dass gerade die Türkei, das Brückenland zwischen Orient und Okzident, den Sufismus unterdrückt. Würde sie ihn stattdessen fördern, wie es beispielsweise Marokko tut, könnte diese spirituelle Strömung des Islam womöglich eine sehr viel umfassendere Vermittlungsfunktion spielen und zudem wie ein Gegengift zu extremistischen Tendenzen funktionieren.

In seinem autobiographischen Buch *The Islamist* erzählt der ehemalige Islamist Ed Husain, dessen Eltern aus Bangladesch in den 60er Jahren nach London ausgewandert waren, wie der Sufismus ihm dabei half, sich von den radikalen Dogmen zu emanzipieren. Sicherlich ist nicht allein die spirituelle und friedensstiftende Kraft des Sufismus dafür verantwortlich, dass er den Ausstieg schaffte, aber dazu beigetragen hat sie allemal. Einen Sufi-Terroristen kann es nicht geben.

Reise meines Lebens: die Hadsch

> Die Pilgerfahrt lehrt euch Trennung von daheim und zerstört die Bindung an das Heimatland; sie ist ein Gottesdienst, bei dem alle sich als eines fühlen: Sie bindet die Blätter des Buches *Religion* zusammen.
>
> MUHAMMAD IQBAL

Meine Konversion lag inzwischen zehn Jahre zurück, und vieles hatte sich geändert in meinem Leben. Ich hatte es nach islamischen Glaubenssätzen ausgerichtet und eine Menge hinter mir gelassen. Inzwischen betete ich regelmäßig, feierte die islamischen Festtage, fastete im Ramadan und hatte einen Freundeskreis, der meine spirituelle Perspektive verstand und unterstützte.

Ein wichtiger Schritt auf dem Weg zu Gott fehlte jedoch noch: die Hadsch, die große Pilgerfahrt nach Mekka, die Traum und Ziel eines jeden Muslim ist. Auf der *Umrah* hatte ich schon einen kleinen Vorgeschmack bekommen. Beide Pilgerfahrten ähneln sich in vielen Details, aber die Hadsch ist größer und wichtiger, gilt zudem als einer der fünf Grundpfeiler des Islam und ist jedem Muslim vorgeschrieben, der die finanziellen und körperlichen Voraussetzungen besitzt, während die *Umrah* freiwillig ist. Man kann die Hadsch zudem nur zu einem bestimmten Zeitpunkt im islamischen Kalenderjahr verrichten, die *Umrah* hingegen jederzeit, was wiederum zur Folge hat, dass Mekka in Zeiten der Hadsch einem Ameisenhaufen gleicht. Fast drei Millionen Pilger absolvieren die Rituale zur selben Zeit, womit die Hadsch der größte Event der Welt ist und einer unglaublichen Logistik bedarf. Die Heilige Moschee in Mekka wurde im Laufe der Zeit zu drei Stockwerken ausgebaut, und in Mina, dem Ort der symbolischen Steinigung des Teufels, findet das Ritual inzwischen ebenfalls auf verschiedenen Ebenen statt. Wo früher Säulen standen, auf welche die Menschen Kiesel warfen, stehen heute riesige, konkav geformte Mauern, nicht zuletzt um Unfällen vorzubeugen.

Viele Gläubige, die auf diese große Pilgerreise gehen, ziehen die Möglichkeit in Betracht, dass sie davon womöglich nicht zurückkehren. Sie verfassen ihr Testament, verabschieden sich von ihren Verwandten und versuchen, sich mit all jenen zu versöhnen, mit denen sie im Streit leben. Gewiss ist das noch ein Brauch aus alten Zeiten, als die Reise nach Mekka noch ein langwieriges, beschwerliches und gefährliches Unterfangen war. Nun ja, es ist noch immer ein ziemlicher Trip, und immer wieder kommt es vor, dass einige ältere Menschen aufgrund der immensen Strapazen eines natürlichen Todes in Mekka sterben. Die Leichname der Toten werden dann in der Nähe der Kaaba aufgebahrt, und die anwesenden Pilger beten gemeinsam das Totengebet für ihr Seelenheil.

Wer Gelegenheit hat, zur Hadsch zu gehen, sollte es tun, also bereitete auch ich mich innerlich darauf vor. Im Dezember 2005 lag die Zeit der Hadsch kurz vor Weihnachten, und da auch mein 40. Geburtstag bevorstand, hielt ich den Zeitpunkt für perfekt. Zwar war es mein Traum, die Hadsch gemeinsam mit meinem Ehemann zu unternehmen, aber der war bis zu jenem Zeitpunkt nun mal nicht in Sicht. Auch plagten mich Zweifel, ob ich nach der Hadsch den Neubeginn verantwortlich leben könnte, denn genau das ist ihr Sinn: der Beginn eines neuen Lebens.

Erst im August, als ich mich nach dem Morgengebet noch einmal zum Schlafen hinlegte, hatte ich einen Traum gehabt. Ich hörte eine ungewöhnlich tiefe und mächtige Stimme, die klang, als käme sie aus dem Universum und nicht aus einer menschlichen Kehle. Sie fragte mich: »Möchtest du die Hadsch machen?« Als Nächstes träumte ich von meinem Architekten, was mich daran erinnerte, dass ich eine Rechnung noch nicht überwiesen hatte. Die Sache schien ziemlich eindeutig: Dies konnte nur eine Einladung zur Hadsch gewesen sein. Allerdings musste ich vorher meine Schulden begleichen, denn erst wenn alle offenen Rechnungen bezahlt sind oder zumindest eine Zahlungsvereinbarung arrangiert ist, darf man die große Pilgerfahrt antreten. Es wird überliefert, dass sich der Prophet persönlich geweigert habe, Beerdigungsgebete über jemanden auszusprechen, der mit Schulden gestorben war, bevor Angehörige oder Freunde diese beglichen hatten. Nun, die Rechnung war schnell bezahlt, doch dann türmte sich ein viel größeres Hindernis vor mir auf.

Im Herbst hatte ich einen Bandscheibenvorfall, der operativ behoben werden sollte. Ich konnte an manchen Tagen nicht mal mehr aufrecht gehen, eine OP allerdings wollte ich auf alle Fälle vermeiden. Fürs Erste bekam ich Entzündungshemmer und starke Schmerzmittel, die ich jedoch nur morgens und abends einnehmen konnte, weil Ramadan war. Fadua versuchte mich aufzubauen und zitierte Dschilani: »Ein Kranker ist Allahs Gast, solange er krank ist. Jeden Tag, an dem er krank ist, schreibt Gott ihm unendlich viele gute Taten zu, solange er sagt: ›*al hamdulillah*‹ und sich nicht wehrt und klagt. Wenn Gott ihm seine Gesundheit zurückgibt, löscht er all seine Sünden und versetzt ihn in den Zustand eines Neugeborenen. Krankheit ist eine Barmherzigkeit und ein Segen.«

Mir ging es gleich ein wenig besser, dennoch riet mir der Physiotherapeut, den ich dreimal die Woche aufsuchte, klar von der Hadsch ab. Die Pilgerreise bedeute eine extreme körperliche Anstrengung, insbesondere die endlos langen Fahrtzeiten im Bus seien Gift für meinen Rücken. Ich akzeptierte seinen Rat, aber nach ein paar Wochen ging es mir langsam besser, so dass ich fit genug war, meine Rücken- und Bauchmuskulatur mit Pilates weiter aufzubauen. Ich spürte, wie gut mir das tat, und als mir dann noch ein befreundeter Arzt nach einer Untersuchung bestätigte, dass ein kleines Wunder geschehen sei, entschied ich mich, nun doch auf die Hadsch zu gehen.

Ich war überglücklich, vor allem als ich erfuhr, dass Dr. Amina, die schon mehrmals in Mekka gewesen war, mich begleiten wollte. Wir konnten zwischen verschiedenen Varianten der Pilgerfahrt auswählen, denn das Angebot reichte von spartanisch bis luxuriös. Dr. Amina plädierte für die einfache Kategorie, da sie die Erfahrung gemacht hatte, dass diese Reisen oft besser organisiert und persönlicher waren. Euphorisch suchte ich ein Reisebüro am Regent's Park auf, das sich auf solche Reisen spezialisiert hatte, um mich zu informieren. Man gab mir nach ausführlichen Erklärungen sogar ein Video mit nach Hause, damit ich mir einen Eindruck von der Unternehmung verschaffen konnte. Die Bilder beschönigten nichts, es würde sich um eine echte Hardship-Hadsch und damit eine sehr belastende Fahrt handeln – aber um eine Hadsch mit Herz. Nun wusste ich, was mich erwartete, und da ich der Ansicht war, dass Pilgerfahrten keine Luxusunternehmungen seien, war ich damit einverstanden, diese Kategorie zu buchen.

Es heißt, ohne Einladung von Gott fahre niemand auf die Hadsch, und bis man nicht im Flugzeug nach Mekka sitze, könne immer noch jede Menge schiefgehen. Prompt tauchte gleich bei der Reisebuchung das erste Problem auf, da mein Reisepass demnächst ablief und ich nicht nach Saudi-Arabien würde einreisen können. Wieder einmal hatte ich Glück im Unglück, denn ich hatte bereits einen neuen Reisepass in Hamburg beantragt, den meine Mutter für mich abholen konnte, so dass ich mir gerade noch rechtzeitig ein Visum ausstellen lassen konnte.

Die Gruppe, der Dr. Amina und ich uns anschlossen, bestand aus 50 britischen Pilgern, und in Kairo sollten 50 Ägypter dazukommen. Das Reisebüro organisierte alles, vom Visum über die Unterkünfte bis hin zu den Transporten zwischen den rituellen Orten. Für die alleinreisenden Frauen übernahm der Leiter der Hadsch-Gruppe die Funktion des autorisierten Mahram, des männlichen Begleiters, ohne den eine Frau nicht nach Saudi-Arabien einreisen darf. Ein in Kairo ausgebildeter Imam, der unter anderem in der Londoner Moschee am Regent's Park predigte, sollte die Reisegruppe begleiten, die Rituale und ihre Bedeutung erklären und alle sonstigen religiösen Fragen unterwegs beantworten. Jeder Teilnehmer erhielt einen Ausweis mit Foto, Telefonnummern und den Namen der Verantwortlichen vor Ort, jeweils auf Arabisch und Englisch. Wir sollten diese Plastikkarte unterwegs immer um den Hals tragen.

Im Dezember liefen die Vorbereitungen auf Hochtouren. Ich

kaufte mir einen Schlafsack, ein Reisekissen, eine Rückenrolle und ein Handtuch aus schnell trocknendem Stoff. Ich wusste, dass wir unterwegs in Zelten und sogar eine Nacht im Freien schlafen würden. Nachts konnte es in der Wüste bitterkalt werden, dagegen wollte ich gewappnet sein. Ich packte mehrere Ihramgewänder ein, dazu bequeme Schuhe, denn wir würden sehr viel laufen, und meine homöopathische Reiseapotheke – insbesondere Mittel gegen Erkältungskrankheiten. Es hieß nämlich, jeder Pilger, der auf die Hadsch gehe, bekomme erst einmal die Grippe – kein Wunder bei so vielen Menschen auf so engem Raum. Für meinen Koran ließ ich mir außerdem eine flache Umhängetasche schneidern.

Kurz bevor wir aufbrachen, bot mir der muslimische TV-Sender *Islamchannel* an, exklusiv von der Hadsch zu berichten. Ich überlegte kurz, kam dann aber zu dem Schluss, dass ich meine erste Hadsch nur für Gott machen und sie voll und ganz in ihrem ursprünglichen Sinn erleben wollte. Also lehnte ich dankend ab.

Viele Freunde gaben mir noch Tipps oder schenkten mir etwas Nützliches für die Reise. Das beste Geschenk war ein kleines Leporello, das ich mir wie einen Brustbeutel umhängen konnte und das Informationen zu den Ritualen sowie praktische Hinweise enthielt. Allen versprach ich, in der Heiligen Moschee für sie zu beten.

Dann ging es endlich los. Wir flogen zuerst nach Kairo, und nach einem fünfstündigen Aufenthalt ging es weiter nach Dschidda. Als wir dann die Maschine nach Saudi-Arabien bestiegen, wussten wir, dass wir richtig waren: Im Flugzeug saßen ausschließlich Pilger, von denen die meisten schon die weißen Ihramgewänder trugen. Auf dem Flug lernte ich ein paar der Teilnehmer näher kennen, unter anderem eine sehr nette Finnin, die bereits zum zweiten Mal auf die Hadsch ging, und Khondkar, einen 80-jährigen Sufi aus Bangladesch, den ein junger Mann namens Aziz begleitete. Die beiden stammten aus der Sufi-Gruppe von Sheikh Nazim und wurden meine Hadsch-Brüder. Aziz und ich kümmerten uns um Khondkar, während er uns im Gegenzug mit zahlreichen Gebetstipps und Weisheitsperlen versorgte.

Auf dem speziellen Pilgerterminal in Dschidda mussten wir erst einmal mehrere Stunden auf den Bus nach Medina warten, unserer ersten Station. Es war mitten in der Nacht, doch am Flughafen herrschte reges Treiben. Tausende Pilger aus aller Welt warteten unter den riesigen weißen Schirmen von Bodo Rasch auf ihre Weiterreise. Auf dem angrenzenden Basar gab es alles zu kaufen, was ein Hadschi so braucht: faltbare Plastikmatten zum Schlafen im Sand, Ihramkleidung, Abbayas und Gebetsketten.

Einige Menschen richteten sich einfach ein Lager auf dem Fußboden her und schliefen dort. Ich bummelte ein wenig über den Flughafen und verrichtete schließlich mein Morgengebet in einer speziellen Gebetsecke für Frauen. Die Sonne ging auf, es wurde langsam angenehm warm, und wir waren in einer völlig anderen Welt.

Die Busfahrt nach Medina war extrem stressig, denn der Bus war winzig, unbequem und rappelvoll, und wir saßen viele Stunden eng an eng auf den Sitzen. Ich versuchte zu schlafen, doch ich wachte immer wieder davon auf, dass mein Kopf auf die Schulter der Frau des Imams fiel, die neben mir saß. Ich bekam eine erste Ahnung davon, was es heißt, auf einer Hadsch zu sein. Mein Trost war, dass jede körperliche Entbehrung und Unbequemlichkeit, die ich für Gott hinnahm, mir spirituellen Segen bringen sollte.

Irgendwann machten wir Rast und tranken eine Tasse Tee. Eine Dame aus der Pilgergruppe beschwerte sich darüber, dass bei mir ein paar Haare aus dem Kopftuch hervorschauten, dabei hatte ich extra ein besonders breites Stirnband darunter angezogen. »Man wickelt das Tuch am besten doppelt«, erklärte sie mir, »und heftet es mit mehreren Nadeln fest, erst dann sitzt es sicher.« Zum Glück hatte ich Dr. Aminas Tat befolgt und ein ganzes Kästchen Sicherheitsnadeln im Gepäck. Nach der Pause fuhren wir durch eine karge, wüstenähnliche Landschaft, die von mehreren Gebirgsketten durchzogen war.

In Medina bezogen wir zu siebt ein Zimmer in einer Wohnung, darunter auch Fatima, die die Hadsch im Rollstuhl absolvierte. Da sie keine Begleitperson hatte, die den Stuhl schieben konnte, erbot sich Dr. Amina, diese Aufgabe zu übernehmen. In der Wohnung fehlte es an allem, vor allem an Wasser, was nach der langen Reise ziemlich schrecklich war. Aber wir hatten es so gewollt, und nun mussten wir sehen, wie wir mit der Situation zurechtkamen. Dr. Amina hatte als erfahrene Pilgerin eine Sprühflasche mit Wasser dabei, und so konnten wir uns zumindest ein wenig erfrischen, dann kam auch schon der Bus, der uns zum Haupteingang der Moschee des Propheten bringen sollte.

Alle Menschen, denen wir auf den Straßen begegneten, liefen in Richtung Moschee und waren in verschiedenfarbige, lange traditionelle Gewänder gekleidet. Unterwegs passierten wir Teppichhändler, Sandalenverkäufer und Schmuckgeschäfte, dann lag die imposante Moschee in ihrer ganzen Pracht endlich vor uns. Die Sonne war im Begriff unterzugehen, der Himmel leuchtete rosa, die vollendete Architektur des Gotteshauses kam voll zur Geltung. Plötzlich erklang der Gebetsruf klar und laut, und die vielen Pilger legten einen Gang zu. Am Eingang des Vorhofes trennten meine Begleiterinnen und ich uns von den Männern und gingen dorthin, wo die Frauen beteten.

Ich freute mich, die Moschee des Propheten wiederzusehen, und machte spontan ein paar Fotos. Als ich jedoch die Frauen fotografierte, die sich zum Gebet sammelten, winkte mich sofort eine pechschwarz vermummte Moscheewächterin herbei, fragte mich barsch nach meinem Namen und wollte meine Kamera konfiszieren. In Saudi-Arabien wollen Frauen, die ihr Gesicht verschleieren, nicht fotografiert werden, erklärte sie mir. Glücklicherweise konnte ich die Dame davon überzeugen, mir meine Kamera zu lassen, indem ich ihr versprach, keine Fotos mehr zu machen. Artig setzte ich mich auf den Fußboden neben die anderen Damen. Ich hatte meine Tage bekommen, weshalb ich die rituellen Gebete nicht mitmachen konnte und mich auf die persönlichen beschränken musste. Das war zwar sehr schade, aber besser in Medina als in Mekka, dachte ich mir. Es war auch so schön, dem Imam zuzuhören und zuzusehen, wie die Frauen sich beim Beten synchron beugten, aufrichteten und auf die Knie fallen ließen.

Als wir in unsere Wohnung zurückkamen, wartete eine angenehme Überraschung auf uns: Es gab endlich Wasser. Nach einer wohlverdienten Dusche und einer Portion Dahl, einer Linsenspeise mit Brot, fiel ich völlig erschöpft ins Bett. Obwohl es extrem hart und ungemütlich war, schlief ich sofort ein, bis mich um drei Uhr morgens ein grelles Neonlicht unsanft weckte. Die ersten Frauen in unserem Zimmer standen auf, um sich für das *Fajr,* das Morgengebet, in der Moschee des Propheten fertigzumachen. Nur wer es schaffte, den Bus um fünf Uhr zu nehmen, hatte überhaupt eine Chance, einen Platz in der Moschee zu ergattern, in der ein Gebet so viel wert sein soll wie tausend Gebete in jeder anderen Moschee der Welt – außer der Heiligen Moschee in Mekka natürlich.

Von Weihnachten bemerkten wir in Medina übrigens gar nichts, allerdings bekam ich im Laufe des Tages ein paar SMS mit Weihnachtsgrüßen aus Deutschland und England. Sie kamen mir vor wie Botschaften von einem anderen Planeten.

Ein paar Tage später durfte ich wieder mitbeten. Es war ein frischer Morgen und noch dunkel, als mich am Eingang der Moschee zwei vermummte Sicherheitsbeamtinnen filzten. Sie durchsuchten meine Tasche, tasteten meinen Körper ab und behielten tatsächlich meine Kamera ein. Sie verstauten das gute Stück in einem Schließfach, und erst nach dem Gebet durfte ich es wieder abholen. Nach und nach lernte ich, Kamera und Handy so gut am Körper zu verstecken, dass sie niemand fand.

An jenem Morgen war es, wie immer um diese Zeit, brechend voll in der Moschee, doch ich hatte Glück und ergatterte ein Plätzchen neben einer indonesischen Dame. Allerdings saß ich etwas ungünstig auf dem harten Marmor – direkt neben einer Reihe Container mit dem begehrten heiligen Wasser des Zamzam-Brunnens, das sich die meisten Pilger in kleine Fläschchen abfüllen.

Vor dem rituellen Gebet machte ich zwei Rak'at zur Begrüßung, dann noch mal zwei freiwillige dazu, wie auch der Prophet es getan hatte. Kurz darauf ertönte ein »*Allahu Akbar*« aus den Lautsprechern der Moschee, und alle standen auf, denn nun begann das *Fajr*-Gebet. Wir standen in mehreren Reihen eng nebeneinander, wobei ich mit den Armen und Beinen die der Frauen neben mir berührte, während der Imam die Gebete klar und bedächtig rezitierte. Anschließend folgten die Sunna-Gebete und dann im Sitzen ein paar persönliche. Als es in der Moschee etwas leerer wurde, suchte ich mir einen schönen Platz auf dem weichen roten Teppich. Ich blieb bis zum Sonnenaufgang, las im Koran, betete und machte *Dhikr*. Wenn man die Zeit zwischen Morgengebet und Sonnenaufgang schweigend verbringe und sich ganz auf Gott konzentriere, bringe das besonders viel Segen, hatte mir Khondkar erklärt. Mit so viel heiliger Energie fühlte ich mich ganz leicht und fuhr glücklich zur Wohnung zurück.

Dort luden mich die Ägypterinnen unserer Gruppe zu einem herzhaften Frühstück mit Eiern, Salat und *Foul* ein, einer typisch ägyptischen Bohnenspeise. Eine Marokkanerin schenkte mir eine Packung englischen Tee, den ich gut gebrauchen konnte, denn auf den Tee am Morgen verzichte ich eigentlich nur im Ramadan. Anschließend ruhte ich mich noch ein wenig aus, da jedes Stündchen Schlaf kostbar war. Um zehn Uhr wachte ich wieder auf, wusch mich und machte mich auf zum Mittagsgebet in die Moschee. Wie überall in der muslimischen Welt waren die Tage klar nach den Gebetszeiten eingeteilt. Nach dem Mittagsgebet folgten das *Asr*-Gebet am Nachmittag, Maghrib am frühen Abend und schließlich Isha am Abend.

Wir waren nicht ständig gemeinsam unterwegs, oft teilten wir uns in kleine Gruppen auf, und manchmal war ich auch froh, alleine zu sein. Dann beobachtete ich das Treiben und erfreute mich an der bunten Vielfalt um mich herum. Menschen aus aller Welt waren hier versammelt, und ich konnte mich gar nicht sattsehen an den vielen Gesichtern, Farben und Outfits. Frauen aus

Mali trugen schöne, bunte Gewänder und banden ihren Turban so, dass immer ein Stück Stoff an einer Seite herunterhing, was pompös und elegant zugleich aussah, die Indonesierinnen dagegen trugen alle weiße Kopftücher, die bis zur Brust herabhingen und mit Spitze verziert waren, dazu weiße Handschuhe. Die Perserinnen waren meist in schwarze oder graue, lange Gewänder mit passendem Schleier gekleidet, und Marokkanerinnen konnte man an den Kapuzen ihrer Dschellabias erkennen. Eine Gruppe von Frauen hatte knallgelbe, lange Schleier mit einem aufgenähten blauen Schild um, auf dem ihre Heimatadresse zu lesen war – sie kamen aus Kerala in Indien. Ich hörte aber auch Frauen deutsch, französisch und englisch sprechen.

Bei meinem Streifzug sah ich auch Männer in langen schwarzen, gesteppten Satin- oder Samtmänteln, spitzen Hüten oder schwarz-goldenen Mützen, die aus Tadschikistan kamen. Andere trugen Palästinensertücher auf dem Kopf, kleine weiße Käppis, gewickelte Turbane oder hatten lange, mit Henna gefärbte Bärte. Ich sah arme und reiche Menschen, alte und junge, viele Kinder und sogar einige Babys. Es war, als wenn sich das gesamte Universum hier versammelt hätte.

Zur Mittagszeit ist es Frauen erlaubt, das Grab des Propheten zu besuchen – leider war das für mich ein wenig inspirierendes Erlebnis, das fast an Körperverletzung grenzte. Zunächst mussten wir eine Stunde lang im Vorraum warten, in dem es ungefähr so eng war wie in einer Sardinenbüchse. Einige der Pilgerinnen drängelten und schubsten so sehr, dass ich blaue Flecke davontrug. Als wir schließlich vor dem Grab des Propheten standen, war es mit Laken verhängt. Wir durften ein paar Sekunden auf das Heiligtum gucken, eilig zwei Rak'aat beten, dann verscheuchten uns mehrere schwarz verhüllte Wächterinnen mit schwarzen Handschuhen mit einem barschen »Lalla Majar, Jalla«, Los, Pilgerinnen, los geht's.

Am Nachmittag unternahm ich einen erneuten Versuch, ging diesmal jedoch geschickter vor. Ich entschied, dass ein Gebet in der Nähe des Propheten sicherlich genauso gut sei wie ein Gebet direkt am Grab, und betete kurzentschlossen im Vorhof mitten im Männerbezirk, bis ein Wärter mich verjagte. Mit Khondkar und Aziz erkundete ich anschließend die Umgebung der Moschee. Ganz in der Nähe kann man sehr schöne handgemachte Gebetsketten aus Holz, außerdem Parfümöle, lange Gewänder, Schals, Schmuck und andere nützliche Dinge kaufen. Ich besorgte mir wie viele andere Pilger einen Mundschutz und Vitamin C, denn ich kämpfte schon seit Tagen mit einer Erkältung und hielt mich mit Echinacea und dem homöopathischen Wundermittel Oscilococcinum über Wasser. Der Hadsch-Grippe konnte niemand entgehen, dafür husteten und prusteten einfach viel zu viele Menschen jeden Tag um uns herum.

Zum Nachmittagsgebet ging ich dieses Mal mit Mundschutz in die Moschee und blieb bis zum Frühabendgebet. Ich war ziemlich erschöpft, da ich seit fast einer Woche nicht mehr als drei Stunden pro Nacht geschlafen hatte. So legte ich mich auf meinen neuen dunkelgrün gewürfelten Gebetsteppich und hielt ein zehnminütiges Nickerchen, das mich wieder erfrischte. Das war nicht weiter ungewöhnlich, schließlich übernachteten viele Pilger sogar in der Moschee. Allerdings musste ich nach dem Schläfchen die Waschungen für das rituelle Gebet wiederholen, wollte aber nicht riskieren, meinen Platz zu verlieren. Daher ließ ich den Teppich einfach liegen und ging zu den Waschräumen im Vorhof der Moschee, wo es in einem Untergeschoss viele relativ saubere Toiletten und niedrige Waschbecken gab, in denen ich mir die Füße waschen konnte. Neben den Waschräumen befand sich der Eingang zu einer Tiefgarage. »Nur für Männer«, hieß es auf einem Schild – was mich nicht verwunderte, denn in Saudi-Arabien dürfen Frauen nicht Auto fahren. Als ich in die Moschee zurückkam, war mein Gebetsteppich glücklicherweise noch da und mein Platz noch frei.

Nachdem ich sechs Tage hintereinander um drei Uhr früh aufgestanden war, um es rechtzeitig zum *Fajr*-Gebet in die Moschee zu schaffen, schlief ich zum ersten Mal aus, duschte in Ruhe und betete allein im Zimmer. Trotzdem fühlte ich mich wie ein

Zombie: Ich hatte solche Halsschmerzen, dass sogar meine Globuli wenig halfen, dazu die ständigen Gespräche einiger Damen in unserem Zimmer, die zum Teil schon um drei Uhr morgens drauflosplapperten, das grelle Neonlicht, die harte Pritsche und das allmorgendliche Anstehen vor der Badezimmertür – all das fiel mir zunehmend auf die Nerven. Was hätte ich dafür gegeben, eine einzige Nacht in einem Hotel zu schlafen. Aber was sollte ich tun? Ich hatte die einfache Pilgerreise ohne Komfort gewählt, also bekam ich sie auch.

Dr. Amina erzählte mir, dass alleinstehende Frauen auf der Hadsch häufig einen Heiratsantrag bekämen, und wenn das nicht der Fall wäre, stimme etwas nicht mit ihnen, scherzte sie. Der Antrag dürfe allerdings nur kurz vor oder direkt nach der Hadsch erfolgen, denn einer Frau während der Hadsch einen Antrag zu machen sei *haram* und damit nicht erlaubt.

Tatsächlich ließ mich der Bruder einer Bekannten von Dr. Amina, die uns in Medina zu einem paradiesischen Essen eingeladen hatte, kurz darauf wissen, dass er Interesse an mir habe. Allerdings war er überzeugter Christ, aber ich wünschte mir nach wie vor jemanden, mit dem ich meinen Glauben teilen konnte. Außerdem war er zwar nett, aber nicht mein Typ. Wenig später versuchte mich Lubna, eine Frau aus unserer Reisegruppe, mit ihrem in Kairo lebenden Bruder zu verkuppeln. Wir trafen uns auf eine Tasse Tee in einer Hotellobby. Lubna begleitete mich als Anstandsdame und Dolmetscherin, denn ihr Bruder sprach kein Wort Englisch und ich noch nicht gut genug Arabisch. Schon beim ersten Anblick störte mich sein langer Bart. Das war keine Frage des Stils, denn oft symbolisiert ein solcher Bart eine bestimmte Lebens- und Geisteshaltung im Islam, die ich nicht teile. Es mag sicherlich auch Ausnahmen geben, aber in diesem Fall hatte ich recht. Der Herr sagte zu mir, er erwarte von seiner zukünftigen Frau, dass sie sich verhülle, einen Gesichtsschleier trage und nur weite Gewänder in gedeckten Farben anlege. Aus Höflichkeit sagte ich, dass ich es mir überlegen würde, erklärte Lubna jedoch später, dass ich kein Interesse hätte, und bedankte mich herzlich für die freundlich gemeinte Geste. Aber immerhin: Mit mir stimmte also alles.

Am 30. Dezember brachen wir dann auf nach Mekka. Wir waren alle ein wenig aufgeregt, denn nun wurde es langsam ernst: Das Treffen mit Gott rückte näher.

Beim Packen kam plötzlich eine der Damen aus meiner Gruppe auf mich zu und sagte: »Falls ich irgendetwas getan habe, was dich gestört hat, bitte vergib mir!«

Ich war überrascht und erwiderte: »Ich würde dir sehr gerne vergeben, wenn ich nur wüsste, warum.«

Daraufhin erklärte sie mir, es könne ja sein, dass sie mich aus Versehen irgendwie verletzt oder gestört habe. Ich bat sie vorsichtshalber ebenfalls um Entschuldigung, und auch die anderen Damen, die mit mir auf dem Zimmer waren, entschuldigten sich bei mir und ich mich bei ihnen. Natürlich waren wir uns alle ein wenig auf die Nerven gegangen, aber unter den gegebenen Umständen empfand ich das völlig als normal. Dennoch: Weil wir jetzt unsere Pilgerfahrt begannen, war es wichtig, dass wir vorher jedem vergaben, der uns etwas angetan haben könnte, und dass die anderen uns selbst vergaben. Eine nette Geste.

Nachmittags um zwei Uhr, nachdem wir alle unsere rituelle Reinigung gemacht und unser Pilgergewand angezogen hatten, stiegen wir in den Bus nach Mekka. Zu den Vorschriften zählt übrigens, dass Frauen keine Kosmetika verwenden, also auch kein Mascara oder Kajalstift. Das war sehr ungewohnt für mich, und ich fühlte mich im ersten Moment fast nackt. Darüber hinaus soll jeder ungesunde Emotionen wie Wut und Ärger vermeiden, egal was einem widerfuhr. Das Zauberwort lautete *Sabre* (Geduld).

Mitten in der Nacht erreichten wir den Checkpoint, an dem das *Haram* beginnt und wo sich zwischen Palmengärten eine Moschee befindet. Ein Strom weiß gekleideter Pilger kam uns entgegen, ein anderer bewegte sich in Richtung Gotteshaus, und auch wir machten uns auf den Weg. Bevor man den heiligen Bezirk betritt, um die Hadsch zu absolvieren, muss man seine Absicht mit zwei Rak'at vor Gott erklären. Der Gebetsraum der

Moschee war übervoll, und wir beteten dicht an dicht. Einige Frauen liefen quer über meinen Gebetsteppich, um einen der letzten Plätze zu ergattern, was sich eigentlich nicht gehört, weil es die Verbindung zu Gott unterbricht. Aber in dem Gedränge ließ es sich manchmal nicht vermeiden.

Als das Gebet zu Ende war, kam eine wunderschöne afrikanische Schwester auf mich zu und sagte mit einem strahlenden Lächeln zu mir: »Entschuldige, dass ich auf deinen Teppich getreten bin.« Die Geste dieser fremden Frau rührte mich so sehr, dass ich den Tränen nahe war. Auf der Hadsch werden die Herzen warm und weich, heißt es. »Gott, vergib uns allen unsere Fehler und unseren Egoismus und unsere Unbedachtheit«, betete ich spontan und leise für mich. Damit begann unsere Hadsch.

Nach einer weiteren Busfahrt kamen wir schließlich in Mekka an. Wir hatten zwar nur wenige Kilometer zu bewältigen, aber wenn sich im wahrsten Sinne des Wortes Millionen auf den Weg begeben, dann dauert das endlos. In dem Gebäude, in dem wir unterkamen, teilte ich dieses Mal ein kleineres Zimmer mit drei weiteren Frauen. Das war gut so, denn ich hätte nicht gewusst, wie ich im großen Kreis die nächsten Tage hätte überstehen sollen. Ich war immer noch sehr erkältet, völlig übermüdet und ziemlich fertig. In unserem neuen Zimmer gab es keine Schränke, weshalb wir unsere Sachen einfach unter den Betten verstauten. Meines hatte dermaßen Schlagseite, dass ich beim Schlafen beinahe herausgefallen wäre, aber immerhin war es gemütlicher als die Pritsche in Medina. Wir ruhten uns eine halbe Stunde aus und gingen gegen sieben Uhr morgens auf unsere Begrüßungs-*Umrah* in die Moschee. Sie ist Teil der Hadsch, und man macht sie, sobald man in Mekka ankommt.

In Mekka war es deutlich wärmer als in Medina, und da unsere Wohnung ungefähr vierzig Minuten Fußweg von dem Haram Sharif, der Heiligen Moschee, entfernt lag, nahmen wir einen der Minibusse, die hier Tag und Nacht verkehrten. Mekka machte teilweise einen ziemlich heruntergekommenen Eindruck auf mich. In der Nähe der Moschee jedoch blitzten

Glas- und Stahlfassaden der Nobelgeschäfte und Luxushotels. Seit meinem letzten Besuch waren die Häuser regelrecht in die Höhe geschossen, und die Wolkenkratzer, die alle viel höher als die Moschee waren, wirkten auf mich wie ein Symbol menschlicher Hybris.

Damit wir uns in der Menschenmasse nicht verloren, riet uns unser Imam, den *Tawaf* als Gruppe zu verrichten. Die Männer sollten dabei außen gehen und die Frauen innen. Mit dem Gebet »*Labbaika Allahumma labbaika*« (Zu Deinem Dienst, Gott, steh ich bereit, zu Deinem Dienst) auf den Lippen betraten wir die Moschee, gingen an vielen Säulen und noch mehr Pilgern vorbei und erblickten schließlich die schöne schwarze Kaaba. Anders als ich es vor einigen Jahren auf der *Umrah* erlebt hatte, war der Innenhof diesmal voller Menschen, die das Heiligtum tief ins Gebet versunken umkreisten.

Ich fasste Khondkar bei der Hand, und wir fügten uns in den *Tawaf* ein. Wir konnten nur langsam gehen, denn manchmal drängelten die Leute extrem heftig, dann wieder gab es plötzlich einen Stau und der Weg öffnete sich wieder. Je nachdem, welche Seite der Kaaba man gerade passiert, betet man verschiedene Gebete. Persönliche Gebete, so heißt es, werden besonders gut zwischen der jemenitischen Ecke und dem schwarzen Stein erhört. Dort betet man zunächst ein Gebet aus dem Koran, so wie es der Prophet getan hatte: »Lieber Gott, gib uns Gutes in dieser Welt und im zukünftigen Leben und bewahre uns vor der Strafe des Feuers und bring uns ins Paradies mit den rechtschaffenen Menschen«. Ich hörte viele Pilger das Gebet laut und inbrünstig rufen.

Die erste der insgesamt sieben Umrundungen dauerte zehn Minuten, die weiteren noch länger. Alles in allem waren wir fast zwei Stunden unterwegs, und der alte Mann an meiner Seite war sichtlich erschöpft. Wir tranken ein wenig Wasser von der Zamzam-Quelle und ruhten uns kurz aus. Dem Propheten nach soll das Wasser genau jenen Zweck erfüllen, den man von ihm wünscht. Wer es trinkt, weil er sich Heilung davon verspricht, wird durch Gottes Gnade geheilt. Wer es dagegen trinkt, um erfrischt zu werden, der wird erfrischt.

Anschließend absolvierten wir den *Sayi*, und überraschenderweise waren Khondkar und ich die schnellsten unserer Pilgergruppe. So fit wollte ich mit 80 Jahren auch noch sein.

Der erste Teil der Hadsch war damit geschafft, jetzt konnten wir unseren *Ihram* erst mal ablegen und uns etwas Ruhe gönnen. Doch niemandem war danach, denn alle wollten so viel Zeit wie möglich in der Heiligen Moschee verbringen, in der ein Gebet so viel wert sein soll wie 100 000 Gebete in jeder anderen Moschee. Wir verbrachten beinahe jede freie Minute in der Nähe der Kaaba.

Am 31. Dezember 2005 setzte ich mich mit Khondkar in die dritte Etage der Heiligen Moschee, ganz nah an die Balustrade, und beobachtete wie hypnotisiert die Pilger, die wie in Zeitlupe um die Kaaba schritten. Man sah verschiedene Gruppen in gleichfarbigen Gewändern als größere Farbkleckse in der Menschenmasse. Es war ein faszinierender Anblick und das schönste Jahresende, das ich mir vorstellen konnte. An Silvester dachte hier niemand, und kurz vor Mitternacht lagen wir alle längst im Bett und schliefen.

Der erste Tag des neuen Jahres war dazu auserkoren, die berühmte Höhle Hira zu besichtigen, die etwa drei Meilen nordöstlich von Mekka auf einem Berg liegt. Hierhin hatte sich der Prophet oft zum Meditieren zurückgezogen und auch die erste Offenbarung empfangen. Es war ein ziemlicher Kraftakt, den Berg zu erklimmen. Khondkar schaffte nur ein Drittel und blieb dann mit einer anderen Pilgerin aus unserer Gruppe am Wegrand sitzen, wo sie auf uns warteten. Der Weg war ungeschützt und rutschig, und es ging ziemlich steil bergauf.

Auf dem Gipfel war es so voll, dass an ein Betreten der Höhle nicht zu denken war. Über dem Eingang steht der erste Vers des Korans, den Muhammad hier empfangen hat, auf Arabisch geschrieben: »Lies im Namen deines Herrn, der erschaffen hat, den Menschen erschaffen hat aus einem Embryo. Lies. Dein Herr ist der edelmütigste, der durch die Feder gelehrt hat, den Menschen gelehrt hat, was er nicht wusste.« (96:1–5)

Auf dem Rückweg saßen am Wegesrand Unmengen armer, oft behinderter Menschen in der sengenden Sonne und bettelten weinend um Almosen. Kaum jemand konnte an ihnen vorbeigehen, ohne etwas zu spenden. Aber natürlich waren auch jede Menge Gauner unterwegs, deren Geschäft es war, die wohlmeinenden Hadschis, so gut es ging, auszunehmen. Die Hadsch-Saison war auch Hochsaison für sie.

Als Khondkar und ich ein Taxi zu unserer Unterkunft nahmen, fuhr der Taxifahrer endlose Umwege, um den Preis erheblich in die Höhe zu treiben. Schließlich erklärte er mir, ich müsse mein Gesicht verschleiern. Ich erwiderte, dass mich der Koran dazu nicht auffordere und darüber hinaus in der Heiligen Moschee sogar ausdrücklich verboten sei, und machte ihn außerdem auf sein schrottreifes Auto aufmerksam. Er entgegnete daraufhin nur, wir bräuchten keine Angst zu haben, wir würden schon heil ankommen. Mit einem mulmigen Gefühl im Magen deutete ich auf die Koranminiatur, die an seinem Rückspiegel baumelte, und sagte: »Ich sehe den Koran an Ihrem Spiegel hängen, also habe ich keine Angst.«

Als wir die Geschichte Dr. Amina erzählten, entgegnete sie, das sei gar nichts im Vergleich zu dem, was ihr widerfahren sei. Bevor sie ihren *Tawaf* um die Kaaba machen konnte, habe sie erst mal einen *Tawaf* um Mekka herum machen müssen, erzählte sie. Sie hatte sich abends um elf Uhr ein Taxi zur Moschee genommen, aber statt zum *Haram* habe der Fahrer sie zur Autobahn gebracht. Als sie sich lauthals beschwerte, reagierte der Fahrer einfach nicht, daher öffnete sie mitten auf der Autobahn die Tür und sprang aus dem Wagen. Vierzig Minuten habe sie zu Fuß gebraucht, bis sie wieder in Mekka war.

Zum *Maghrib*- und *Isha*-Gebet fuhren wir nachmittags wieder zurück in die Moschee. Ich brachte Khondkar nach oben in die dritte Etage und ging zum *Tawaf* wieder nach unten. Jetzt war ich alleine unterwegs und konnte mich frei in der Menschenmenge bewegen. Ich wollte versuchen, die Kaaba mit den Händen zu berühren, und ging in meinen Umrundungen immer näher auf sie zu. Es war nicht einfach, denn manche Gruppen hielten sich an den Händen und schnitten mir den Weg ab. Einige Männer trugen ihre Kinder auf den Schultern, eine Frau hatte ihr Baby in einem Tuch vor sich. Besonders rührend fand ich, wie viele Pärchen den Tawaf machten. Ich beobachtete die Männer, die direkt hinter ihren Frauen gingen und ihre Arme schützend um ihre Begleiterinnen legten. Je näher ich an die Kaaba herankam, umso dichter wurde das Gedränge. Als ich die jemenitische Ecke passierte, sah ich, wie zwei Wärter gerade die Plastikbänder lösten, mit denen sie einen Bereich zum Säubern abgesperrt hatten. Jetzt oder nie, dachte ich und stürzte los wie viele andere, um einen Platz in der ersten Reihe zu ergattern. Nun stand ich direkt vor der Kaaba und berührte sie mit beiden Händen. Ich betete für meine Familie und Freunde und die Erfüllung all meiner Wünsche. Ich schüttete Gott regelrecht mein Herz aus, bis mich der Strom der Menschen weitertrug. Dieses Gefühl des Ausgeliefertseins gehört zur Erfahrung des Tawafs und symbolisiert, welch unwichtige Rolle wir im Universum spielen und wie machtlos wir in Wirklichkeit sind. Während der weiteren Umrundungen gelang es mir schließlich, die Kaaba auch an den anderen Seiten zu berühren. Ich fühlte mich hellwach, gelassen und voller Gottvertrauen. Glücklich und zufrieden ging ich zurück zu Khondkar, und meine Hände dufteten noch den ganzen Abend nach Moschus. Das neue Jahr hätte nicht schöner sein können.

Von Tag zu Tag wurde es voller in Mekka, bis irgendwann die Stadt geschlossen wurde und niemand mehr hineinkam. Über zwei Millionen Pilger waren versammelt, überall und zu jeder Zeit schien jeder freie Quadratmeter besetzt. Es war wie auf einem Mega-Rockevent, und das wochenlang, von morgens bis abends. Manchmal träumte ich davon, den Menschenmassen zu entkommen und ganz weit weg im Grünen oder am Meer zu sein. Eine Hadsch ist nun mal kein Zuckerschlecken, das sagen alle, und das wusste ich vorher.

Die meiste Zeit verbrachten wir in der Moschee. Manchmal fuhren wir mitten in der Nacht in das Gotteshaus, um die Kaaba zu umkreisen und bis zum Sonnenaufgang zu beten. Nachts war es nicht ganz so brechend voll, und am entspanntesten war es zwischen ein und drei Uhr morgens, danach begann das Gedränge von neuem. Fast immer, wenn mich jemand von hinten stieß oder ich einen Ellenbogen in meinen Rippen spürte, war es ein langbärtiger Pakistani. Auch einige Afrikaner sprangen und schubsten wie wild, um sich so zum schwarzen Stein durchzukämpfen. Mir war es zu gefährlich, deshalb wagte ich es auf der Hadsch gar nicht erst. Es ist schon erstaunlich, wie jeder seine Persönlichkeit mit an diesen Ort bringt, auch die schlechten Manieren und Angewohnheiten. Die Höflichsten waren die Indonesier und Malaysier, denn sie drängelten nie und blieben immer freundlich. Um mich gegen das Geschubse zu schützen, entwickelte ich bald Gegenstrategien, indem ich beide Arme eng an den Körper legte und die Handflächen nach vorn nahm. So konnte ich mir bei Bedarf Platz verschaffen. Mein Rücken litt unter dem Gedrängel und selbst dem vielen Barfußgehen auf dem harten Marmorfußboden erstaunlicherweise nicht, mir ging es sogar immer besser.

Einmal, mitten in der Nacht, betrachtete ich vom dritten Stock der Moschee aus in der ersten Reihe versonnen die Kaaba, als mich ein hitzköpfiger Mann anherrschte, ich solle den Platz freigeben. Dabei war es noch längst nicht an der Zeit für das Fajr-Gebet, zu dem die Männer vorne stehen dürfen. Ich ignorierte ihn eine Weile, aber seine aggressive Ausstrahlung verdarb mir das friedliche Gefühl, so dass ich mich schließlich nach hinten verzog, wo mir eine herzliche Perserin neben sich Platz machte. Hier hatte ich zwar keine Sicht mehr auf die Kaaba, aber die Atmosphäre war spürbar angenehmer und weiblich.

Die Nacht war sanft und friedlich, der Mond stand kühl und strahlend am Himmel. Wir unterhielten uns nicht, sondern beteten jede für uns, doch ich spürte, dass die Frau mich mochte. Schließlich drückte sie mir unvermittelt ein Buch mit wunderschönen Gebeten von Ali und seinem Sohn Hussein für den wichtigsten Tag der Hadsch in die Hand, den Tag des Arafat-Rituals. Sie sagte lächelnd zu mir, sie habe dieses Buch eigentlich jemand anderem schenken wollen, aber Allah enthülle eben immer die Richtigen. Ich freute mich sehr und dankte ihr.

Je näher der Höhepunkt der Hadsch rückte, desto höher wurden die Preise. Ein Taxi von unserer Wohnung zum *Haram* kostete inzwischen nicht mehr wie bisher 20 bis 40, sondern 100 Saudi-Rials. Die Überfüllung der Stadt nahm extreme Ausmaße an, Taxen und Busse waren ausnahmslos proppenvoll. Nach den formellen Gebeten musste man mindestens zwei Stunden warten, um einen Platz im Bus zu ergattern, weshalb wir meist in der Moschee blieben oder versuchten, in der Nähe etwas zu essen zu bekommen. Aber selbst die Imbisse und Restaurants um die Kaaba waren ständig überfüllt, und bald lag überall Müll auf den Straßen.

Viele Hadschis stammen aus armen Verhältnissen, weshalb die Hadsch für sie ein sehr kostspieliges Unterfangen ist, denn selbst in der günstigsten Variante kostet sie immer noch umgerechnet 1500 Euro, was für einen durchschnittlichen Bangladeschi ein Vermögen ist. Meist legen daher alle Familienmitglieder zusammen, damit einer von ihnen auf Pilgerreise gehen kann.

Der Höhepunkt der Hadsch begann am 8. Januar. Der Imam erklärte uns noch einmal die Bedeutung der Pilgerreise, die zugleich Tod und Wiedergeburt, eine spirituelle Erneuerung und eine Bestätigung unseres Urbundes mit Gott sei. Auf der Hadsch besuchten wir Sein Haus und träfen dort auf Ihn. Wir befänden uns nicht nur im Zentrum des Islam, sondern kehrten zu unserem eigenen Ursprung zurück. Wie wir diesen Prozess wahrnähmen, sei eine Reflexion unseres inneren Zustandes. Einige erlebten die Hadsch als Strapaze, anderen mache jeder Schritt trotz der Unwegsamkeiten und Entbehrungen Freude.

Nach diesen Worten zogen wir wieder unser Pilgergewand an, das ein Symbol ist für Tod und Wiedergeburt am Jüngsten Tag, und machten uns auf den Weg nach Mina. Obwohl die Stadt nur fünf Kilometer von Mekka entfernt liegt, dauerte die Busfahrt über acht Stunden, da sich an diesem Tag alle zwei Millionen Pilger gleichzeitig aufmachten. Eine logistische Mammutaufgabe, welche die Saudis mit Kompetenz, Geduld und Gottes Hilfe bewältigen.

Um halb drei Uhr nachts kamen wir schließlich mitten in der Wüste an und gingen zu unserer Sektion der Zeltstadt, wo für uns vier Zelte reserviert waren, zwei für die Männer und zwei für die Frauen. Sie waren erstaunlich komfortabel, mit Teppichen ausgelegt, besaßen eine Klimaanlage, und wir hatten sogar frisches, gekühltes Wasser.

Ich packte meinen Schlafsack aus, machte es mir in einer Ecke gemütlich und versuchte ein wenig zu schlafen. Allerdings konnte ich kein Auge zutun, da meine Erkältung wieder schlimmer geworden war und ich mich ziemlich schlecht fühlte. Als um vier Uhr morgens jemand Neonlicht in unserem Zelt für das Morgengebet anmachte, bat ich darum, es wieder zu löschen, schließlich lasse sich auch im Dunkeln beten, zudem konnte man durch die Laternen draußen genug sehen. Das Gebet dauerte eine halbe Ewigkeit, danach folgte eine Ansprache auf Arabisch, dann erst konnte ich endlich ein paar Stunden schlafen.

Da es draußen sehr heiß war, verbrachte ich den Tag weitgehend im gekühlten Zelt, las den Koran und machte *Dhikr*. Nach dem Frühabendgebet ging ich mit einigen Hadsch-Schwestern auf einem Sandweg spazieren, der einen Hügel umsäumte. Ich kletterte ein paar Schritte hinauf, um mir das Zeltmeer von oben anzusehen, das sich bis zum Horizont erstreckte. Dann gingen wir bis zu einem Markt, wo wir Joghurt, Brot, Käse, Oliven und Wasser kaufen konnten. Ich erstand noch einen leichten goldfarbenen Gebetsteppich mit der schwarzen Kaaba in der Mitte, der inzwischen mein Reiseteppich geworden ist.

Später am Abend machte ich noch einmal das *Ghusl* und zog mir ein frisches Ihram-Gewand an, da der Aufbruch nach Arafat unmittelbar bevorstand. Der Imam hielt erneut eine Ansprache und erklärte uns die Bedeutung des Arafat-Rituals, der Essenz der Hadsch, die darin besteht, dass die Pilger den neuten Tag des Pilgermonats auf der Arafat-Ebene verbringen und um Vergebung bitten. Am Tag von Arafat vergibt Gott allen, die sich hier befinden, ebenso wie jenen, die nicht anwesend sind, sich aber dieses besonderen Tages bewusst sind.

Muhammad soll auf seiner eigenen Hadsch auf Arafat gebetet haben: »O lieber Gott, bitte vergib meiner *Ummah*.«

Darauf soll Gott geantwortet haben: »Ich habe den Menschen vergeben, was zwischen ihnen und mir stand.«

Nun betete der Prophet zu Gott: »Bitte gib denjenigen, denen Unrecht geschehen ist, Gutes, und vergib denjenigen, die Fehler gemacht haben.«

Gott nahm sich etwas Bedenkzeit, doch am Tag darauf soll er in Muzdalifah auch diesem Anliegen stattgegeben haben.

Neben der Idee der Vergebung geht es in Arafat auch um Gottesgehorsam, und alle Pilger sind angehalten, ihr Gottvertrauen zu prüfen und zu stärken, denn hier hatte Abraham die härteste aller vorstellbaren Prüfungen bestanden, indem er bereit war, seinen Sohn zu opfern, Gott aber tauschte ihn im letzten Moment gegen ein mächtiges Schlachtopfer aus.

Jeder Pilger, der es sich leisten kann, ist daher angehalten, am Tag des Opferfestes ein Schaf in Gedenken an Abraham zu schlachten oder Geld in Höhe der Kosten für ein Opfertier für wohltätige Zwecke zu spenden. Wer sich das nicht leisten kann, fastet eine bestimmte Anzahl von Tagen. Das Fleisch der Schafe wird am *Id al-Adah* in der ganzen muslimischen Welt verteilt. So vereint das Arafat-Ritual alle entscheidenden Aspekte des muslimischen Glaubens: Vergebung, Gottesgehorsam, Gottvertrauen und Wohltätigkeit.

Der Imam riet uns, von nun an nicht mehr viel zu essen und zu trinken, denn in Arafat gebe es nur wenige, sehr einfache Toiletten, ebenso wie auf der nächsten Station. Die Fahrt sollte zwischen Mitternacht und Morgengrauen losgehen. Wir wollten den Tag in Arafat verbringen und abends weiter nach Muzdalifa fahren, wo wir eine Nacht unter freiem Sternenhimmel schlafen wollten. Gegen vier Uhr morgens war es schließlich so weit, und wir brachen auf. Wir brauchten nur eine Stunde für den 14 Kilometer langen Weg und kamen bei Sonnenaufgang auf der Arafat-Ebene an. Die wüstenähnliche Landschaft erstreckte sich bis zu einem kargen Gebirge am Horizont, wo es eine weitere Zeltstadt gab.

Nachdem wir unser Quartier bezogen hatten, machte ich einen Spaziergang zum Dschabal al-rahma, wo die Pilger in ihren weißen Gewändern wie Ameisen den etwa 60 Meter hohen Hügel hinauf- und hinunterkletterten. Hier hatte Mohammad die Männer in seiner letzten Predigt ermahnt: »Gebt Acht auf eure Gebete, und gebt Acht auf eure Frauen.« Oben angekommen betete ich einige Gebete aus dem Buch, das mir die nette Perserin in Mekka gegeben hatte, und ganz viele persönliche dazu. Auf dem Rückweg zum Zelt stellte ich fest, dass immer mehr überfüllte Busse eintrafen, und sogar auf den Dächern saßen Pilger.

Die Hadsch sei Arafat, heißt es, und die Zeit zwischen dem Nachmittagsgebet und Sonnenuntergang am Tag der Vergebung sei die segensreichste Zeit, zu der alle Gebete erhört würden. Es ist überliefert, dass es auf Arafat so viele Engel gebe, die die Gebete in den Himmel trügen, dass eine Nadel, die geworfen würde, sie träfe.

Nach dem Nachmittagsgebet war es so weit, also trat ich vor unser Zelt und stellte mich zu den anderen Pilgern. Zu Tausenden standen wir nebeneinander, tief versunken, die Hände leicht erhoben, damit sie Gottes Segen auffingen. Immer mehr Menschen gesellten sich dazu. Der Anblick sollte uns an den Tag des Jüngsten Gerichts erinnern, wenn kein Reichtum der Welt, sondern nur noch die Reinheit des Herzens zählt. Auch ich hob meine Hände, um mit aller Kraft und Konzentration für meine Familie und Freunde und all jene zu beten, die mir geholfen hatten, für die Notleidenden, für Frieden auf der Welt und für Gutes in der Zukunft. Außerdem bat ich alle um Vergebung, die ich verletzt hatte, und betete auch für diejenigen, die mich verletzt hatten. Bis zum Sonnenuntergang standen wir so da.

Dann ging es weiter nach Muzdalifah, einer weiten Sandebene, wo traditionell die Kiesel für das Ritual der symbolischen Steinigung des Teufels gesammelt werden. So weit der Blick reichte, sahen wir Menschen auf ihren Plastikmatten in Schlafsäcken oder Decken gehüllt im Sand ruhen. Wir gingen zwischen ihnen umher, und jeder sammelte eine Anzahl an ein bis zwei Zentimeter großen Steinchen. Dann legten auch wir uns in den Sand und blickten in den Sternenhimmel. Es wurde rasch kühl, und ich verkroch mich in meinem Schlafsack. Nach einer Stunde hörte ich jemanden meinen Namen rufen und schreckte hoch. Wie es aussah, hatte unsere Gruppe sich entschieden, die Nacht zu nutzen, um die nächste Etappe anzugehen und den Massenansturm am nächsten Tag zu meiden. Der Bus, der uns zurück nach Mina bringen sollte, stand schon bereit, und so fuhren wir kurz darauf los.

In Mina machten wir uns zu Fuß auf den Weg zum *Jammerat*. Die australische Gruppe INXS hatte mal einen Hit mit dem Titel »Devil inside«, und genau darum geht es bei der symbolischen Steinigung: Schlechte Gefühle, destruktive Impulse, Ungeduld, Ärger, Gier, Eifersucht – kurz, all die Versuchungen, sich in irgendeiner Weise unedel zu verhalten und vom rechten Weg abzukommen, sollen verjagt werden.

Es war mitten in der Nacht, und ich war so übermüdet, dass ich kaum die Augen offen halten konnte. Der Weg zum *Jammerat* war vier Kilometer lang, eine schöne Strecke zu Fuß für diese frühe Morgenstunde. Wir folgten den riesigen erleuchteten Schildern, die anzeigten, wo es zum »Teufel« ging. Als wir ankamen, dämmerte es bereits.

Man konnte die Steinchen von zwei Stockwerken aus werfen, und wir wählten das höhere. In Zukunft wird es hier wohl sechs Ebenen geben, um Massenpaniken zu vermeiden, die in der Vergangenheit immer wieder Todesopfer gefordert haben. Muhammad soll den »Teufel« angeblich unmittelbar nach dem Mittags-

In der Jerusalemer Altstadt, 1995

Badshahi-Moschee, Pakistan, 1992

Pakistan, 1992

Pakistan, 1997

Mit Rebecca am Felsendom in Jerusalem, 1995

Bait Suheimi, in der Altstadt von Kairo, 2000

In der Wüste Giza, 2000

Mit der Sufi-Gruppe in Kairo

Khondkar vor der Moschee des Propheten in Medina, 2005

Vor der Al-Masjid al-Haram in Mekka, 2006

Fatima (rechts) und Dr. Amina (links) in einem Zelt in Mina, 2006

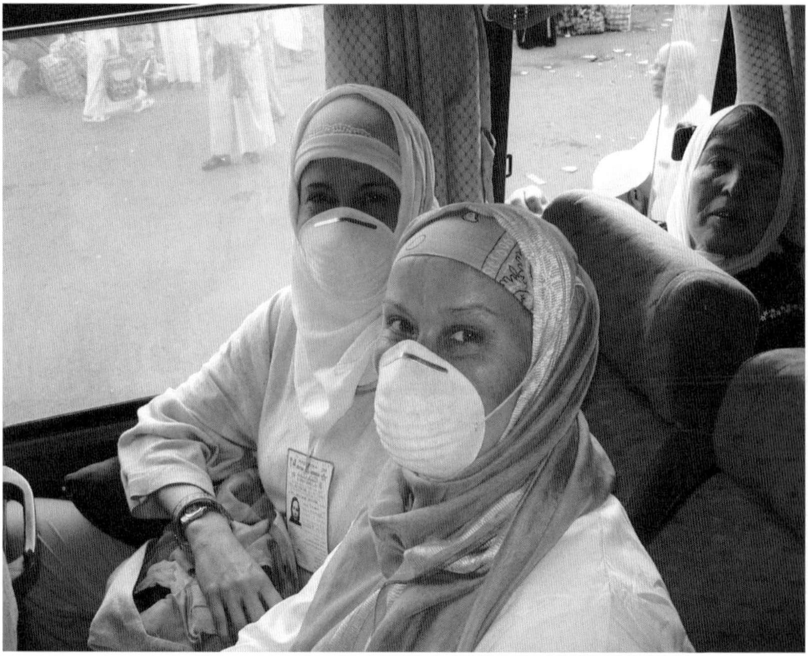

Mit Mundschutz auf dem Weg von Mina nach Mekka

Betende Frauen in der Ebene von Arafat

Dschabal al-Rahma, Berg der Barmherzigkeit, am Ende der Ebene von Arafat

Hadsch-Pilger an der Kaaba

In London, 2008
Pal Hansen © The Condé Nast Publications Ltd.

gebet gesteinigt haben, und da sich Muslime gerne bis ins kleinste Detail an ihr Vorbild halten, kommt es um die Mittagszeit oft zu fatalen Unfällen. Zum Glück nahmen es unsere Organisatoren nicht so eng mit dem Zeitplan, denn auf unserer Hadsch starben genau hier um die Mittagszeit einige Pilger aufgrund eines Massenansturms. Inzwischen haben auch die zuständigen Behörden offiziell erlaubt, dass die Pilger 24 Stunden lang zur Steinigung kommen dürfen.

Im Licht der aufgehenden Sonne schleuderte ich mit aller Kraft sieben meiner Steinchen gegen die vor mir liegende Mauer und hoffte inständig, damit den Shaytan, wie die Macht des Bösen auf Arabisch heißt, zu vertreiben. Nach Mina kehrte ich zusammen mit Dr. Amina zurück, und endlich fanden wir Zeit, uns über unsere Erfahrungen auszutauschen. Wir stellten fest, dass uns die aktive Komponente als Teil der religiösen Pflicht gut gefiel. Dadurch ist das Ganze nicht nur eine mentale Angelegenheit, sondern man ist mit Leib und Seele dabei. Die gesamte Hadsch ist eine echte Herausforderung auf allen Ebenen: körperlich, emotional und spirituell.

Zurück in unserem Zelt, nahm ich eine Dusche und tauschte meinen Ihram gegen ein farbiges, langes Gewand, das ich in Medina erstanden hatte, denn nun war *Id*. Traditionell kommen in der muslimischen Welt zum Opferfest alle Familien zusammen, die Kinder erhalten Geschenke, und Familienmitglieder, die bereits auf der Hadsch waren, erzählen von ihren Erlebnissen. Zur Feier der glücklich überstandenen Pilgerfahrt rasierten sich viele der Männer unserer Gruppe gegenseitig den Kopf, während wir Frauen uns wie bei der *Umrah* ein kleines Strähnchen abschnitten. Die Damen in meinem Zelt entfernten sich gegenseitig die Haare im Gesicht mit einem Bindfaden, der indischen Threading-Methode. Dann servierte uns eine benachbarte Hadsch-Gruppe ein köstliches Currygericht, die sich wohl am Tag des *Id*-Festes besonders wohltätig zeigen wollte. Den Rest des Tages verbrachte ich mit den anderen Damen im Zelt und unterhielt mich ein wenig.

Der Prophet, so heißt es zumindest, sei auf seiner Hadsch drei Tage in Mina geblieben, also blieben auch wir drei weitere Tage in der Zeltstadt, was noch einmal eine echte Herausforderung an Körper und Geist war. Duschen und Toiletten waren eins, wir schliefen im Schlafsack auf hartem Untergrund, und zu essen gab es einfache Kost. Zwischenmenschlich war es ebenfalls nicht immer leicht. Da ich mit Abstand die größte Frau in unserer Gruppe war, baten mich meine Mitbewohnerinnen pausenlos, ob ich ihre Handyaufladegeräte in die Steckdosen, die in zwei Metern Höhe angebracht waren, stecken oder sie wieder herausnehmen könne. Dafür, so sagten sie, würden sie für mich beten – der beste Lohn. Als weltliche Gegenleistung gab mir eine der Schwestern einen Plastikteller ab, ein wertvolles Utensil, auf dem ich mir dann einen Salat zubereiten konnte.

Zwei Zeltmitbewohnerinnen verlangten, dass es keinen Spalt in der Zeltwand geben dürfe, damit kein Mann unbefugt hineinschauen könne. Auf diese Weise kam allerdings auch kein Lufthauch herein, und es war bald unerträglich stickig. Eine andere Pilgerin hielt dagegen und argumentierte, in Muzdalifah lägen Männer und Frauen auch nebeneinander, und selbst in der Heiligen Moschee schliefen Frauen, während Männer an ihnen vorübergingen. Aber es nützte nichts, das Zelt blieb hermetisch abgeriegelt.

Das war jedoch relativ harmlos im Vergleich zu dem, was Dr. Amina im Zelt nebenan erlebte. Eine Pilgerin hatte sich in einer Ecke häuslich eingerichtet und verteidigte den Platz wie eine Löwin, wenn jemand auch nur in die Nähe kam. Gegenstände sollen verschwunden sein, eine Frau soll ihre Wäsche über den Sachen einer anderen ausgewrungen und ihre nassen Füße an der Schlafdecke der Fremden getrocknet haben, und das obwohl diese ihr zuvor freundlicherweise einige Drahtbügel für ihre Kleider geliehen hatte. Als sie die Drahtbügel aufgrund dieses unhöflichen Verhaltens wieder an sich nahm, eilte die Frau weinend zum Imam, um sich zu beschweren, dass jene ihre Bügel gestohlen hätte. Zu allem Überfluss verlor eine der Schwestern auch noch ihr Portemonnaie. Erstklassiges Material für eine Reality-Soap, dachte ich mir im Stillen.

Nach drei Tagen in der Zeltstadt von Mina ging es endlich wieder zurück nach Mekka und damit zurück in die Zivilisation. Mein Bett fühlte sich trotz Schlagseite geradezu paradiesisch an, und vor uns lag jetzt nur noch die Abschieds-*Umrah*. Ich entschloss mich, zur Feier des Tages meine Waschung statt in den überfüllten Massentoiletten der Moschee im Interconti-Hotel von Mekka zu machen, das sich direkt gegenüber der Kaaba befand. Der Concierge öffnete mir freundlicherweise die Tür zur Damentoilette, die eigentlich nur Hotelgästen zur Verfügung stand. Es war ein himmlischer Genuss. In meiner hellen, verstaubten marokkanischen Dschellabia und völlig ungeschminkt fühlte ich mich zwar wie ein Tramp, besonders im Vergleich zu den mit Diamanten behängten Damen aus Riad, die sich in eleganten schwarzen Abbyas zurechtmachten. Aber Pilger sollen ja uneitel sein. Nach der letzten Umrah beglückwünschten wir uns gegenseitig mit dem traditionellen Pilgerruf »Hadsch *mabrouk*«.

An unserem letzten Tag in Mekka kauften wir uns noch ein paar Andenken, dann war die Reise meines Lebens zu Ende, die dreieinhalb Wochen gedauert und mir, ebenso wie den anderen, alles abverlangt hatte. Wir waren mit allen Schwierigkeiten fertig geworden, hatten gelernt, im Sitzen und im Stehen zu schlafen, wir hatten die Rituale vollzogen, um Vergebung gebeten und unser Herz geöffnet. Wir fühlten uns einander tief verbunden und Gott ein Stück näher.

Zurück in London, schlief ich weit über zwölf Stunden – endlich wieder in einem richtigen Bett. Ich erwachte wie aus einem tiefen Traum, und eine himmlische Ruhe erfüllte mich. Das Schöne war, dass ich das heilige Gefühl noch eine ganze Weile spürte. In den ersten Wochen nach der Hadsch mochte ich kaum Kontakt zu anderen Menschen aufnehmen, sondern sprach nur mit meinen Eltern und ein paar muslimischen Freunden. Ich musste die Eindrücke und Gefühle erst einmal verarbeiten und brauchte einige Zeit, bis ich mich wieder in den Alltag einfand und endlich auch meine Hadsch-Erkältung auskuriert hatte.

Meine nächste Herausforderung betraf einen Punkt, den jede vollzogene Hadsch mit sich bringt: nicht wieder in alte Fehler zu verfallen und mich rein zu halten.

Der amerikanische Gelehrte Hamza Yusuf erzählte mir dazu folgende Geschichte: Im Mittelalter war eine Gruppe weiser Gelehrter um den großen spirituellen Meister Muhyiddin Ibn Arabi aus Andalusien nach Ägypten gereist, um dort auf einige Glaubensgefährten zu treffen. Am Ende des Festessens zu ihren Ehren reichte der Gastgeber eine Schale köstlicher Früchte. Die Reisenden bedienten sich dankbar, bis nichts mehr übrig war, und als alle aufstanden, um sich zu verabschieden, zerbrach die Schale. Ibn Arabi fragte daraufhin seine gelehrten Freunde, ob sie verstünden, was dies zu bedeuten habe. Als sie verneinten, erklärte er ihnen Folgendes: Bevor die Schale als Behältnis für die köstlichen Früchte benutzt worden sei, habe sie als Urinal gedient. »Um euch die Früchte zu servieren«, erzählte der Meister weiter, »hat man sie gründlich gereinigt. Dadurch dass ihr, die Freunde Gottes, die Schale berührt habt, war sie nicht nur gereinigt, sondern auch veredelt. Um nach eurem Abschied nicht wieder ihrer ehemaligen Verwendung zugeführt zu werden, zog die Schale es vor zu zerbrechen.«

Anschließend fragte Ibn Arabi seine Freunde, ob sie den tieferen Sinn dieser Geschichte verstünden. Sie verneinten erneut. Der Meister erklärte, dass die Schale das menschliche Herz symbolisiere. Wer sein Herz in spiritueller Arbeit reinige – zum Beispiel durch die Pilgerfahrt nach Mekka – und anschließend den Fehler begehe, – es erneut zu beschmutzen, dessen Herz zerbreche.

Europäische Muslima

Ich folg der Religion der Liebe, wo auch
ihr Reittier zieht, hab ich mich hingekehrt.
IBN AL-ARABI, DEUTSCH VON ANNEMARIE SCHIMMEL

Wenige Monate nach der Hadsch machte ich eine der schönsten und zugleich schmerzhaftesten Erfahrungen meines Lebens, denn es geschah, was ich mir gewünscht hatte: Ich heiratete einen muslimischen Mann.

Wir lernten uns über ein exklusives Internetportal kennen, das potentielle Heiratskandidaten vermittelt. Ruby und ich hatten über eine muslimische Freundin, die bei der UNO in New York arbeitete, von dieser Seite erfahren. Das sei der neue Weg für Muslime, sich über Kultur- und Landesgrenzen hinweg kennenzulernen, behauptete sie. Anfangs war ich skeptisch, »Mr. Right« ausgerechnet im Internet aufzustöbern. Aber Aziz hatte mir in Medina das Gleiche empfohlen und erzählt, er habe auf diese Weise seine zukünftige Ehefrau kennengelernt, eine Algerierin. Also dachten wir uns: Probieren geht über studieren, obwohl ich mir ehrlich gesagt nicht viel davon versprach.

Doch dann lernte ich über das Portal tatsächlich bald einen Mann kennen, der mir gut gefiel. Rachid, ein marokkanischer TV-Journalist, der lange in Amerika gearbeitet hatte, sei der perfekte Partner für mich, versicherte mir die Seite. Er sah gut aus, hatte große, dunkle Augen, braunes, gewelltes Haar, war groß und kleidete sich gut. Er lebte zwar weit weg, in Germantown bei Washington, was ich erst gar nicht glauben konnte, doch ansonsten schienen wir wirklich gut zueinander zu passen.

Bald stellten wir fest, dass wir uns auch im realen Leben schon ein paar Mal hätten über den Weg laufen können. 1992 war er zum Beispiel ebenfalls in Barcelona gewesen, um über die Olympischen Spiele zu berichten. Wir kommunizierten per E-Mail und Telefon, redeten viel über unseren Glauben sowie unsere Liebe zur Natur und zur Musik. Rachid war hochtalentiert, er hatte sich sein Studium an mehreren Ivy-League-Universitäten selbst finanziert, indem er nebenher als Journalist arbeitete. Darüber hinaus unterstützte er seine Familie in Marokko. Er hatte zahlreiche prominente Politiker interviewt und lange auch ein sehr aktives Gesellschaftsleben in Washington geführt. In letzter Zeit hatte er sich jedoch mehr und mehr zurückgezogen und der Religion zugewandt. Am Valentinstag schickte mir Rachid eine Rose, worüber ich mich sehr freute. Als ich meine Freundinnen traf, fragten sie mich geradeheraus, ob es einen neuen Mann in meinem Leben gebe, sie sahen es mir wohl an meinen strahlenden Augen an. Ich erlebte etwas, was ich niemals für möglich gehalten hatte, schließlich hatten wir uns noch nie gesehen.

Ich freute mich riesig, als Rachid mir bald darauf per E-Mail einen Heiratsantrag machte, und als er mir die *Nikkah* vorschlug, willigte ich ein. Er bot an, zu mir nach London zu ziehen und sich hier Arbeit zu suchen, falls das jedoch nicht funktionieren sollte, würden wir gemeinsam umziehen. Ich war überglücklich und gab einigen anderen Verehrern, die sich nach der Hadsch für mich interessiert hatten, einen Korb.

Über Ostern kam Rachid zu mir nach London, und wie wir schon über die Entfernung festgestellt hatten, stimmte die Chemie zwischen uns. Fadua hatte angeboten, dass unsere *Nikkah* bei ihr zu Hause im kleinen Kreis stattfinden könne. Sie bat ihren Sohn und einen Freund des Imam, der die Hochzeitszeremonie leiten sollte, als Trauzeugen zu fungieren. Ruby, Fa und Dr. Amina waren dabei und ein paar Freundinnen von Fadua, trillerten wie auf arabischen Hochzeiten üblich. Danach tauschten wir die Ringe aus und genossen das Festmahl.

Schon eine Woche später musste Rachid leider wieder in die USA zurückkehren, worüber er sehr traurig war, doch zum Glück konnte ich ihn kurz darauf besuchen. Mit einem Strauß roter Rosen holte er mich am Flughafen ab und zeigte mir Washington:

Capitol Hill, das Weiße Haus und die Unis, an denen er studiert hatte. Wir fuhren für ein paar Tage aufs Land, verbrachten dort unsere Flitterwochen und schmiedeten den Plan, unsere Hochzeit zusätzlich im traditionellen Stil in Marokko zu feiern. Da man mich gebeten hatte, auf dem Festival für Heilige Musik in Fez zu sprechen, würde ich ohnehin dort sein.

Die Tage in den USA waren traumhaft schön, und dennoch gab es ein Thema, das uns beide auch später noch häufig beschäftigen sollte: männliche Freunde. Rachid erklärte mir, dass ich künftig ohne sie auskommen müsse, da ich jetzt seine Frau sei, er selbst habe schließlich auch jeglichen Kontakt zu weiblichen Bekannten abgebrochen. Wir führten lange Diskussionen, denn so schnell war ich nicht bereit, meine Freunde aufzugeben, die mich jahrelang begleitet hatten. Wie wichtig Rachid dies war, verstand ich allerdings erst im Laufe der Zeit. Zurück in London, informierte ich meine Freunde und erntete neben Erstaunen, Unverständnis und ehrlicher Sorge von einigen muslimischen Bekannten auch Bestätigung.

Per Telefon organisierte ich mit Rachid und seiner Schwester, die in Marokko lebte, die Hochzeit, was nicht ganz leicht war, und immer wieder gab es Momente, in denen die Feier zu platzen drohte. Einmal war Said Aburish zu Besuch in London, ein Schriftsteller und Nahost-Experte, an dessen 70. Geburtstagsfeier ich ein paar Jahre zuvor in Nizza teilgenommen hatte. Er gratulierte mir zur Eheschließung und hatte vor, meine Freundin Agenta und mich zum Essen einzuladen. Als ich ihm erklärte, dass ich erst Rachid um Erlaubnis fragen müsse, entgegnete Said, dass er für mich so etwas wie ein älterer Bruder und noch dazu schwer krank sei. Das war auch so, weshalb ich Rachid nichtsahnend eine E-Mail schrieb. Nicht im Traum hätte ich erwartet, dass ich damit einen handfesten Ehekrach auslöste. Rachid war es schon zu viel, dass ich überhaupt mit Said gesprochen hatte. Dass ich ihn darüber hinaus auch noch gefragt hatte, ob ich mich mit einem anderen Mann treffen könne, empfand er als furchtbare Enttäuschung. Als er seinen Unmut am Telefon äußerte, druckte er sich gerade ein Flugticket aus, um sich auf Nimmerwiedersehen nach Brasilien zu verabschieden. Er hatte vor, alles abzublasen: unsere Feier, unsere Ehe und unsere Zukunftspläne.

Ich wusste nicht, wie mir geschah, und sagte sofort über Agenta die Einladung ab. Meine Freundin konnte diese Entscheidung zwar überhaupt nicht verstehen, aber ich empfand unsere Ehe als heilig, als Gottes Antwort auf meine Wünsche, und wollte alles dafür tun, dass sie funktionierte. Es bedurfte vieler Anrufe, um Rachid zu besänftigen. Auch Fadua vermittelte und versicherte ihm, dass ich ein reines Herz hätte. Er könne mich nicht aus arabischer Sicht beurteilen, erklärte sie ihm, immerhin sei ich Europäerin.

Im Juni flog ich nach Fez zu meinem Mann. Wir waren glücklich, uns wiederzusehen, und alle Probleme waren erst mal vergessen. Rachid unterstützte mich bei meinem Job auf dem Festival liebevoll und fürsorglich. Viele Journalisten erkannten ihn und wollten mit ihm sprechen, doch er wies sie alle ab und erklärte ihnen, er sei lediglich als Begleiter seiner Frau vor Ort, was ihn sehr stolz mache. Gemeinsam fuhren wir weiter nach Rabat zur großen Hochzeitsfeier im Kreise unserer Familien. Ich genoss es, an seiner Seite zu sein, und fühlte mich wie von ihm auf Händen getragen.

Meine Eltern und Freundinnen reisten aus Hamburg und London an, meine Schwester aus Mailand. Meine Familie war sehr skeptisch, denn obwohl Rachid seit Jahrzehnten in den USA lebte, bereitete ihnen der kulturelle Unterschied Sorgen. Für ihr Empfinden hatten wir zudem viel zu schnell geheiratet, und dennoch wollten sie meinem Glück nicht im Wege stehen. In der muslimischen Kultur war das, was wir taten, nichts Besonderes, im Gegenteil: Es ist eher eine Seltenheit, dass sich zukünftige Ehepartner vor der Heirat ausgiebig kennenlernen.

Traditionell ziehen die Familien Erkundigungen über potentielle Kandidaten ein und beginnen, sofern die Auserwählten vertrauenswürdig erscheinen, mit den Verhandlungen über Lebensstandard und Ehevertrag, in dem auch die Höhe der Morgengabe festgelegt wird. Diese Verhandlungen fanden in unserem Fall allerdings nicht statt, meine Familie und ich kannten diese Vorgehensweise ja nicht. Auch in Rachids Familie hatte es kritische Stimmen gegeben, die ihn vor einer Europäerin warnten, die noch dazu aus dem Musikbusiness kam, obwohl ich schon vor zehn Jahren ausgestiegen war. Rachids Mutter und sein Bruder gehörten jedoch nicht dazu, die beiden gaben uns sofort ihren Segen.

Die Familie meines Mannes verwöhnte uns und empfing mich mit offenen Armen. Lalla Fatima, Rachids Mutter, war eine beeindruckende und gottergebene Frau mit leuchtenden, reinen Augen. Sie war erstaunlicherweise zur selben Zeit auf der Hadsch gewesen wie ich und hatte dafür gebetet, dass ihr Sohn die beste Ehefrau finden möge. Später hatte sie sogar geträumt, dass eine gewisse Zahra ihr helfen würde. Wir interpretierten diesen Traum als ein gutes Omen für unsere Ehe.

Unsere Hochzeit war wie ein Märchen aus Tausendundeiner Nacht – und fand noch dazu in dem Land statt, das ich ein paar Jahre zuvor zu meinem muslimischen Lieblingsland erkoren hatte. Drei Tage lang fühlte ich mich wie eine arabische Prinzessin. Am ersten Tag ging ich mit Ruby und Kym, die bereits aus London angereist waren, in ein Hamam, ein traditionelles Badehaus, genau wie es auch die marokkanischen Frauen vor der Hochzeit tun. Es war sehr gut besucht, ich sah viele Frauen und Kinder, und alle waren damit beschäftigt, ihre Körper zu seifen, sie mit einem Handschuh abzurubbeln oder sich zu rasieren. Von einem gespaltenen Verhältnis zum eigenen Körper, wie es muslimischen Frauen gelegentlich nachgesagt wird, spürte ich nicht das Geringste.

Die Frauen im Hamam salbten uns professionell ein, und nachdem wir uns in der warmen, feuchten Luft entspannt hatten, bekamen wir ein herrliches Körperpeeling und eine erstklassige Massage. Frisch gereinigt und regeneriert ging es zum gemeinsamen Essen, wo sich unsere Familien zum ersten Mal begegneten. Fatima hatte mit ihrer Tochter ein köstliches Essen vorbereitet,

Tagine und Couscous. Mit der Verständigung haperte es zwar ein wenig, aber Rachid, seine Schwester und ich vermittelten so gut wie möglich. Hauptsächlich ging es ja um eine Verbindung im Herzen, und die stellte sich besonders zwischen unseren Müttern und Schwestern ein.

Am nächsten Tag stand eine Hennaparty auf dem Programm, bei der man mir und meinen Freundinnen die Hände und Füße mit den schönsten Blumenmotiven bemalte. Es gab ein köstliches Essen für alle, und die Gäste tanzten ausgelassen zur Live-Musik einer Band, deren Musiker in marokkanischen Dschellabias und roten Filzhüten mit großen Handtrommeln und langen Blasinstrumenten für eine unglaubliche Stimmung sorgten.

Am dritten Tag fand dann die eigentliche, die große Hochzeitsfeier statt. Nachmittags ließ ich mich schminken und frisieren, und obwohl ich um ein ganz natürliches Make-up bat, erkannte ich mich nach der Prozedur kaum wieder. So viel Make-up und Haarspray hatte ich nicht einmal beim Fernsehen verpasst bekommen. Anschließend brachte mich Rachid ins Ankleidezimmer. Unterdessen hatten sich die ersten Gäste eingefunden, aber offenbar war es marokkanische Tradition, sie stundenlang warten zu lassen, während die Braut sich in aller Ruhe zurechtmacht. Zwei Ankleidedamen halfen mir in mein wunderschönes marokkanisches Hochzeitskleid, bedeckten mich mit Schmuck und servierten Tee.

Schließlich trugen sie mich zu Musik und Trillern auf einem Thron durch den Saal – hin zu Rachid. Nachdem er mir den Schleier gelüftet hatte, geleitete er mich zu einem Sofa, auf dem wir die Gratulationen entgegennahmen. Die Zeremonie auf dem Sofa fand anschließend noch zweimal statt, da es Tradition ist, dass sich eine Braut mindestens in drei verschiedenen Kleidern zeigt, meistens sogar in fünf. Ich beschränkte mich auf drei, alle maßgeschneidert, das war meiner Ansicht nach genug. Nach diesem rauschenden Fest machten Rachid und ich ausgedehnte Familienbesuche quer durch Marokko und genossen die arabische Gastfreundschaft, die ich so sehr schätze.

In diesen ersten Wochen unserer Ehe begann ich zu spüren, dass von nun an ein völlig neues Leben beginnen würde. Nach einer Einkaufstour in Rabat saßen wir bei köstlichem Pfefferminztee zusammen, als mich mein Vater bat, eine Schale, die wir gekauft hatten, schon mal ins Taxi zu bringen. Ohne darüber nachzudenken, kam ich seinem Wunsch nach und überreichte die Schale dem Taxifahrer, der mit zwei Kollegen zusammenstand. Als ich an unseren Tisch zurückkam, war Rachid entsetzt und erklärte mir, dass es sich für eine Ehefrau in Marokko nicht zieme, auf fremde Männer zuzugehen und mit ihnen zu sprechen, da es eine Erniedrigung für den Ehemann bedeute. Stattdessen hätte ich ihn bitten sollen, die Schale wegzubringen. Mein Vater verstand die Welt nicht mehr, und mir erging es ähnlich. Da ich jedoch die Sitten und Bräuche von Rachids Kultur respektierte, entschuldigte ich mich bei ihm und vergaß die Sache bald wieder.

Ein paar Tage später fuhren Rachid und ich in ein romantisches Spa außerhalb von Marrakesch. Wir genossen das elegante orientalische Ambiente, erholten uns auf der Terrasse mit Blick bis zum Horizont und ließen uns mit Rosenblütenbädern und Massagen verwöhnen. Danach ging unsere Reise weiter ins Midi-Atlas-Gebirge, wo wir ein Boutique-Hotel gebucht hatten, das im traditionellen Berberstil gehalten war. Das Haus war aus Lehm gebaut, und es gab deftiges, gesundes Essen, das wir sehr mochten. Inmitten der rötlich schimmernden Berge, zwischen den herrlichen Wiesen und Feldern, erholten wir uns bestens. Das Leben der Bauern um uns herum wirkte so, als wenn sich hier seit Jahrhunderten nichts verändert hätte. Esel zogen voll bepackte Karren, Mädchen schöpften Wasser aus einem Brunnen.

Auf ausgedehnten Wandertouren erzählten Rachid und ich einander aus unserer Vergangenheit und lebten uns in unserer Ehe ein. Ich kümmerte mich um ihn, er vermittelte zwischen mir und der Außenwelt. Ich sollte den privilegierten Status einer Ehefrau genießen, die nun beschützt ist durch ihren Mann. Das war einerseits schön, allerdings musste ich mich auch ein wenig an die neue Situation gewöhnen, war ich doch bis dato immer selbst für meine Belange eingetreten. Rachid und ich verstanden uns sehr gut, wir sprachen über religiöse und weltliche Dinge, und er zeigte mir sein Heimatland. Alles war so, wie ich es mir gewünscht hatte. Abends saßen wir bei Kerzenschein auf der Terrasse mit Blick über das Gebirge und lauschten dem Gebetsruf, der in den Bergen besonders schön hallte.

Ein Erlebnis werde ich nie vergessen. Am Abend, bevor wir nach London abreisten, statteten wir in Marrakesch dem Grab des Schutzheiligen der Stadt, Sidi Abbas Sebti, einen Besuch ab. Dieses Mal saß eine Gruppe Blinder in einem Kreis neben dem Grab zum *Dhikr* beisammen und sang für Gott. Ich nahm ein wenig abseits an einer Wand Platz, und Rachid setzte sich auf der anderen Seite in die Nähe der Männer. Plötzlich rief der blinde Sheikh: »*Scharif*«, und wiederholte den Ausruf noch mehrere Male, bis Rachid irgendwann begriff, dass der Mann ihn meinte. Als er sich daraufhin neben den Sheikh setzte, sagte dieser zu ihm, dass es eine große Ehre für ihn sei, einen Nachfahren des Propheten als Gast zu haben.

Rachids Stammbaum belegt tatsächlich, dass er von der Familie des Propheten abstammt, was ihm sogar das marokkanische Königshaus offiziell bestätigt hat. Damit ist er ein *Scharif*, ein Nachfahre Muhammads. Das hatte der blinde Sheikh erkannt, obwohl er Rachid weder sehen noch kennen konnte. Ich war tief beeindruckt.

Mein Mann hatte außerdem eine sehr spirituelle Ader sowie einen ausgeprägten sechsten Sinn und träumte häufig von Dingen, bevor sie eintraten. Ehe Rachid eine wichtige Entscheidung traf, fragte er Gott. Es gibt dazu ein besonderes Gebet, *Istikhara*, das man in schwierigen Situationen einsetzt, so wie es der Prophet tat, wenn er eine wichtige Entscheidung zu treffen hatte. Ich bete es inzwischen auch häufiger und verlasse mich bei meiner Entscheidung auf das Gefühl, oder die Zeichen, die ich danach bekomme. So half mir Rachid mein eigenes Gottvertrauen zu stärken, mich wirklich auf mein Herz zu verlassen und stets darauf zu hören, selbst wenn es nur das leiseste Unwohlsein verspürte. Diese innere Stimme ist für mich die Göttliche Wahrheit. Dafür bin ich ihm sehr dankbar.

Schließlich fuhren wir zurück nach London, um dort unser gemeinsames Leben zu beginnen, und ich ging voll und ganz in meiner neuen Rolle als Ehefrau auf. Ich verwöhnte Rachid, bekochte ihn mit deutschen, italienischen und marokkanischen Köstlichkeiten und versuchte ihm jeden Wunsch von den Augen abzulesen. Er wiederum half mir im Haushalt, sah sich beruflich um, beschützte und umschwärmte mich, schrieb mir Gedichte und war ganz auf mich fokussiert, voller Leidenschaft und Liebe. Ich war glücklich, denn solche Hingabe hatte ich noch nie erlebt. Rachid war nicht nur der beste Tanzpartner, den ich je hatte, wir lachten zusammen, arbeiteten zusammen und beteten zusammen. Er rezitierte arabisch aus dem Koran und übersetzte Abd al-Qadir al-Dschilani aus dem Original für mich, während ich Fortschritte im Studium seiner Sprache machte. Der erste gemeinsame Ramadan war der schönste, den wir beide je erlebt hatten, denn er gab uns ein Gefühl der spirituellen Verbundenheit, wie wir es bisher nicht kannten.

Im Herbst 2006 moderierte ich das erste deutsch-muslimische Kulturfest in Berlin, das Inssan-Festival, bei dem viele muslimische Künstler auftraten, unter anderen auch Sami Yusuf. Rachid war ebenfalls mit dabei und unterstützte mich perfekt, schließlich kam er aus der gleichen Branche und wusste, worauf es ankam. Er fungierte als mein PR-Agent, sprang für mich auf der Bühne ein, nachdem sich das Programm geändert hatte, und einmal moderierten wir sogar gemeinsam. Ich war überglücklich, einen Partner neben mir zu haben, der so gut zu mir passte.

Trotz all dieser wunderbaren Gemeinsamkeiten und unserer Liebe zueinander stellte sich jedoch allmählich heraus, dass Rachid und ich ein sehr unterschiedliches Verständnis von einem glaubensorientierten Leben hatten. Mein Mann war beständig um mein spirituelles Wohl besorgt, wollte meine Seele retten, wie er sagte, und mich vor Situationen bewahren, von denen er annahm, dass sie meiner Reinheit schadeten. Schließlich war ich nicht nur seine Ehefrau, sondern auch eine Hadscha. Ich empfand das als sehr angenehm, genau wie die Tatsache, dass er sich niemals nach anderen Frauen umdrehte. Allerdings gehörte dazu, dass ich bald jegliche Unterhaltung mit Männern meiden sollte.

So etwas kannte ich von meinen muslimischen Freundinnen nicht, auch nicht von jenen, die verheiratet waren. Da ich mit Rachid glücklich sein wollte, versuchte ich dennoch, mich auf ihn einzustellen, und löschte auf seinen Wunsch sämtliche männlichen Kontakte aus meinem Adressbuch. Wenn mich trotzdem unvermutet ein Bekannter oder Freund aus früheren Zeiten anrief, mir eine E-Mail schickte oder mich bei einem Event ansprach, gab es Probleme. Dabei hätte es kein Mann geschafft, Rachid aus meinem Herzen zu verdrängen, denn darin war nur Platz für ihn. Er aber hatte ein anderes Empfinden: Für ihn war jeder Anruf, jedes Ansprechen wie ein bedrohlicher Angriff auf unsere Beziehung.

In meiner Verzweiflung sprach ich mit meinen muslimischen Freundinnen darüber, die mir recht unterschiedliche Antworten auf meine Fragen gaben. Fadua hatte nach der Eheschließung ebenfalls alle männlichen Freundschaften aufgegeben, aus religiösen und beruflichen Gründen stand sie jedoch mit Männern in Kontakt, was für ihren Ehemann kein Problem darstellte. Rubys Mann war zwar auch gegen männliche Freunde, aber sie durfte sich auf Einladungen und im täglichen Leben mit Männern unterhalten. Samiya und einige andere hingegen hatten nach wie vor männliche Bekannte, was ihre Männer nicht störte, solange die Grenzen des Respekts gewahrt blieben.

Meine Eltern und Freunde machten sich Sorgen über die Veränderungen in meinem Leben, allerdings wollten sie mir mein Glück nicht verderben. Dennoch gab es viele Gespräche und viel Unverständnis. Ich bat sie um Geduld, da ich hoffte, dass sich im Laufe der Zeit alles einspielen würde.

Sicher musste ich einiges als muslimische Ehefrau lernen und ändern, und ich war für alles offen und dankbar. Auf der anderen Seite wünschte ich mir auch von Rachid Verständnis und Aufgeschlossenheit für meinen kulturellen Hintergrund. Immerhin versuchte ich ihn ebenfalls zu verstehen, wenn sein Verhalten nach westlichen Maßstäben ungewöhnlich schien, da ich wusste, dass seine Absichten gut waren.

Nach neun Monaten Ehe ging Rachid aus beruflichen Gründen zurück in die USA, und ich hatte vor, nach einer Weile nachzukommen. Das war zumindest unser Plan. Irgendwann machte ich die *Istikhara* und erhielt ein schlechtes Zeichen, und kurz darauf bat mich Rachid, meinen Beruf aufzugeben. Ich moderierte inzwischen eine Multikulti-Sendung, für die ich viel unterwegs war. Die Arbeit, die mir großen Spaß bereitete, wollte und konnte ich nicht aufgeben. Denn trotz des Versprechens, dass er für mich als seine Ehefrau sorgen würde, musste ich weiterhin für alle finanziellen Verpflichtungen aufkommen. Zudem arbeiteten auch fast alle meine muslimischen Freundinnen, sofern sie keine Mütter waren. Ich hatte mich stets bemüht, Rachids Wünschen gerecht zu werden und so zu sein, wie er sich eine praktizierende und dennoch moderne Muslima vorstellte, aber es funktionierte beim besten Willen nicht. Trotz der zahlreichen Auseinandersetzungen hatten wir bis zuletzt viele schöne und innige Momente, auch lernte ich durch ihn die arabische Kultur leben und lieben. Dennoch merkten wir beide irgendwann, dass wir auf Dauer leider nicht gemeinsam glücklich sein konnten, und ließen uns scheiden.

Mit etwas Abstand wurde mir vieles klarer: Ich hatte mich in unserer Ehe vor Gott verneigen wollen, indem ich auf die Wünsche meines Mannes eingegangen war. Aber in Wirklichkeit hatte ich mich nicht Gott, sondern den Vorstellungen eines Menschen hingegeben, der den Islam völlig anders auslegte als ich. Rachids Weg zu Gott war nicht der meine. Ich hatte mich ihm zuliebe aufgegeben, und das konnte auf Dauer nicht gutgehen. Glück dagegen kann es nur geben, wenn beide Partner ihr von Gott gegebenes Potential ausschöpfen können und sich dabei gegenseitig unterstützen. Der libanesische Schriftsteller und Philosoph Khalil Gibran hat genau das sehr schön ausgedrückt:

Liebt einander, aber macht die Liebe nicht zur Fessel:

Lasst sie eher ein wogendes Meer zwischen den Ufern eurer Seelen sein.

Denn nur die Hand des Lebens kann eure Herzen umfassen.

Und steht zusammen, doch nicht zu nah:

Denn die Säulen des Tempels stehen für sich,

Und die Eiche und die Zypresse wachsen nicht im Schatten der anderen.

Wie immer in Zeiten der Krise sprach ich viel mit meiner Familie und meinen Freundinnen. »Khayr insha Allah«, sagte Fadua, möge Gutes dabei rauskommen, mit Gottes Willen. Und ich zog meine beiden Begleiter zu Rate: Rumi und Dschilani. Bei Ersterem las ich: »Wenn Er deinen Obstgarten verbrennt, schenkt Er dir Trauben; dann, inmitten von Traurigkeit, schickt Er Freude [...] Aus diesem Grund klagt der Gottesfreund nie: Was ihm weggenommen wird, wird ihm in anderer Form wiedergegeben.« Bei Dschilani dagegen fand ich den Vers: »Menschen können einem in Wirklichkeit nicht weh- oder guttun, sie sind Instrumente von Gott [...] Alles, was geschieht, passiert mit Gottes Erlaubnis. Deshalb richte dein Augenmerk auf Gott, nicht auf die Menschen.«

Genau das wollte ich tun. Ich wollte mich selbst wiederfinden, als europäische Muslima nach meiner Ehe und auch nach der Hadsch. Damit ich erneut strahlte, wie es meinem Namen Zahra gebührt.

In der ersten Woche meiner wiedergewonnenen Freiheit ging ich jeden Abend aus, so viel wie im gesamten Jahr davor nicht. Ich hatte wohl ein wenig Nachholbedarf, und es tat mir gut, unter Leuten zu sein. Es war ein ungewohntes und zugleich befreiendes Gefühl. In der besten Manier eines Stehaufmännchens stürzte ich mich außerdem in die Arbeit und moderierte für verschiedene Sender.

Fa zog in der ersten Zeit nach der Trennung von Rachid für eine Weile bei mir ein, um mich zu unterstützen. Sie kochte für mich, wir beteten gemeinsam, sie gab mir gute spirituelle Tipps im Umgang mit dem Trennungsschmerz und riet mir, *Tawakul Allah*, Geduld mit Gott, zu praktizieren.

Ich hatte lange in einem Schneckenhaus gelebt, nun streckte ich langsam wieder die Fühler aus und meldete mich bei alten Freunden zurück. Nach langer Zeit besuchte ich nicht nur Gai Eaton, der sich sehr darüber freute, sondern traf auch Michael Radford wieder, der von seiner Frau Emma erfahren hatte, dass Rachid und ich uns getrennt hatten. Als er beobachtete, wie ich kopfschüttelnd meine Geschichte erzählte und dabei über mich selbst lachen musste, merkte er an, dass ich inzwischen einen erfrischenden Sinn für Humor meinem religiösen Leben gegenüber entwickelt hätte. Darauf entgegnete ich, wenn ich nicht lachen könnte, dann müsste ich weinen.

Trotz allem vermisste ich Rachid noch eine ganze Weile. Wenn die Sehnsucht überhandnahm, verordnete ich mir homöopathische Kügelchen und rief mir ein paar Schlüsselszenen unserer Ehe in Erinnerung, die mir klarmachten, dass es besser war, Single zu sein, als in der falschen Beziehung zu bleiben. Außerdem dachte ich an ein Experiment, das mich schon während meines Homöopathiestudiums fasziniert hatte. Der Wissenschaftler und Doktor der Alternativen Medizin Masaru Emoto fror Wassertropfen ein und hielt anschließend fotografisch fest, wie Einflüsse von außen die Anordnung der Wassermoleküle beeinflussten. Dabei fand er heraus, dass sich Wassermoleküle, die positiv beeinflusst werden, beispielsweise durch klassische Musik, Gebete oder Dankesworte in harmonisch strukturierten Kristallen ordnen, die wie bezaubernde Juwelen aussehen. Wasser hingegen, das man mit aggressiver Musik, negativen Emotionen oder Schimpfworten bombardiert, formt chaotische, bruchstückhafte Strukturen. Bekanntlich bestehen wir Menschen zu 60 bis 70 Prozent aus

Wasser. Wie wichtig es daher ist, sich vor negativen Einflüssen zu schützen und sich mit Positivem zu umgeben, wurde mir durch dieses Experiment erst richtig bewusst.

Zu den Bereicherungen meines Lebens gehört ohne Zweifel auch Ruby, die bald bei mir einzog. Auch sie hatte Pech in ihrer Ehe und wollte nicht länger bei ihren Eltern wohnen. Wir verstehen uns bis heute sehr gut. Sie lernte durch mich marokkanische Tagine und italienische Pasta zuzubereiten, ich schaute mir von ihr ab, wie man gutes Curry kocht und Roti bäckt. Wir veranstalteten herrliche Frauenabende und genossen unsere Freiheit in vollen Zügen – und mit Gott im Herzen. Außerdem war uns beiden klar, dass für uns nur ein besonders aufgeschlossener und entspannter Ehemann in Frage kam – am liebsten schon ein Muslim, obwohl ein guter Charakter und ähnliche Werte sicher das Wichtigste sind, *Allahu alam*, Gott weiß es am besten, und auf Gott allein wollten wir uns verlassen.

Mit Interesse beobachten wir bis heute die steigende Zahl von muslimischen weiblichen Gelehrten und Theologinnen wie Halima Krausen, Asma Barlas oder Leila Ahmed, die den Koran und die Praxis des Propheten aus weiblicher Sicht beleuchten. Sie erinnern daran, dass die islamische Gesetzesentwicklung, Interpretation und Rechtsprechung seit Jahrhunderten fast ausschließlich in Männerhand liegen und dass es an der Zeit ist, dies zu ändern. Denn die männliche Sichtweise ist oft durch kulturelle und soziale Umstände begrenzt und weicht nicht selten vom Vorbild des Propheten ab, der Männer stets dazu anhielt, Frauen aufmerksam und respektvoll zu behandeln. Der springende Punkt ist: Nicht der Islam unterdrückt Frauen, sondern Männer unterdrücken Frauen! Wenn Männer den Islam voll und ganz praktizieren würden, wären muslimische Frauen die glücklichsten.

Die hier genannten Wissenschaftlerinnen versuchen alle, durch eine zeitgemäße Koraninterpretation soziale Gerechtigkeit und spirituelle Ausgewogenheit für Mann und Frau zu erreichen. Ein umfassender Paradigmenwechsel von innen könne eine radikale Veränderung für die Zukunft muslimischer Frauen und Männer bewirken, schreibt Amina Wadud, Professorin für Islamwissenschaften in Virginia.

Mit dieser weiblichen Deutung des Korans wollte ich mich näher beschäftigen. Wie viele praktizierende Muslime habe ich manchmal das Gefühl, als spreche der Koran direkt zu mir. Wer das Heilige Buch zum Beispiel mit einer konkreten Frage oder einem Problem aufschlägt, erhält oft eine direkte Botschaft. Einmal diskutierte ich mit mehreren englischen Bekannten, die behaupteten, der Islam sei eine gewalttätige Religion. Ich bemühte mich, ihnen zu erklären, dass in Wirklichkeit das Gegenteil der Fall sei, und schlug den Koran auf der Suche nach dem entsprechenden Vers auf. Prompt landete ich auf der richtigen Seite: im 2. Kapitel, Vers 190. Das klingt jetzt vielleicht nach einem Zufall, aber mir gefällt der Spruch: »Ein Zufall ist es, wenn Gott anonym bleiben möchte.«

Den Koran auf Arabisch zu hören wirkt wie Balsam auf die Seele. Deshalb legte ich mir eine sehr schöne Koran-CD-Sammlung zu. Der Imam, der das Heilige Buch rezitiert, macht es wunderbar melodisch und berührend. Ruby und ich läuteten das Jahr 2009 zum Klang der Sure *Yassin* ein. Sie wird das Herz des Korans genannt und ist ziemlich lang. Sie wird gebetet, wenn Menschen sterben, und auch, damit bestimmte Wünsche in Erfüllung gehen.

An Silvester machten wir es uns auf ein paar Kissen in meinem Zimmer gemütlich, setzten eine Kopfbedeckung auf und formulierten unsere Wünsche für das neue Jahr. Ich war sehr vorsichtig und entschied mich für folgendes Gebet: »Lieber Gott, gib mir das, was gut ist für mich, und segne es, denn wir wissen nicht, was gut ist für uns. Du allein weißt es.« Dann drückte ich auf Play, und die schöne arabische Stimme erklang. Eine weitere Neuanschaffung im Namen des Herrn war eine Sky-Satellitenschüssel, mit der ich den Islamchannel empfangen wollte, da er als einziger Sender im Ramadan live aus Mekka die *Tarawih*-Gebete überträgt, und zwar mit Untertiteln zum Mitlesen. Ich sah und sehe mir diese Übertragungen für mein Leben gern an, denn sie versetzten mich geradewegs zurück zur Kaaba.

Meine muslimische und meine westliche Seite arrangieren sich inzwischen ziemlich gut miteinander. Ich trage beide Welten in mir, und das wird für immer so bleiben, denn beide machen mich aus und fügen sich in ein harmonisches Ganzes. Deshalb ist es mir auch ein besonderes Bedürfnis, zwischen den beiden zu vermitteln. Neben kommerziellen Events moderiere ich unter anderem Sendungen und Veranstaltungen, die sich mit interreligiösem Dialog oder verschiedenen Kulturen beschäftigen, wie den *Urban Muslim Women's Event*, bei dem junge Designer aus aller Welt ihre Kreationen für muslimische Frauen zeigen, oder die *Islamophobia*-Konferenz in Dänemark, bevor ich zu moderieren beginne, sage ich im Stillen »Bismillah«, damit mir Gott beisteht.

Natürlich kann ich als Europäerin nicht jede Tradition der islamischen Welt für gut befinden, aber das muss ich auch gar nicht. Der Islam ist eine Religion für alle Zeiten und für alle Welten und kann auf verschiedene Weisen interpretiert und gelebt werden. Bosnier und Türken leben beispielsweise anders als Afghanen oder Saudis. Es gibt *Fard* (Gebote), die bindend sind, und an die halte ich mich, etwa das regelmäßige Gebet und das Fasten, ebenso die Ehrlichkeit in wirtschaftlichen Angelegenheiten und der korrekte Umgang mit dem anderen Geschlecht. Hinzu kommen zahlreiche andere Gebote, die als Empfehlungen gelten und eine Frage der Interpretation sind, die jeder für sich selbst in Eigenverantwortung entscheiden muss. Ich versuche einen Weg zu finden, welcher der Essenz der Religion und meinem europäischen Verständnis vom Leben gerecht wird. Denn der Koran fordert uns immer wieder auf nachzudenken und erinnert daran, dass es keinen Zwang in der Religion gibt. Letztlich übernehme ich das für mich, was ich als gut erachte – nach dem Koranvers: »Diejenigen, die allem zuhören, was gesagt wird und nur dem Besten folgen, das zu Gott führt. Das sind die von Gott Rechtgeleiteten, und sie sind es, die Verstand haben.« (39:18)

Mit Beunruhigung verfolge ich die Entwicklung des Islamismus mit seinen radikalen Auswüchsen. Insbesondere in Pakistan, dem Land, das mir einen so schönen Einstieg in die orientalische Kultur und in den islamischen Glauben bereitete, verdrängt er moderate Strömungen wie den Sufismus. Wenige Stunden nach den Bombenanschlägen auf das Cricketteam aus Sri Lanka in Lahore im Frühjahr 2009 wurde in Peschawar der berühmte Schrein von Rahman Baba, einem Sufi-Mystiker und Dichter aus dem 18. Jahrhundert, der »Nachtigall von Peschawar«, in die Luft gesprengt. Der Autor Willyam Dalrymple, der den Ort besuchte, fand dort nur noch den treuen Wärter vor. Leise, so Dalrymple in seinem Reisebericht, habe der Mann ihm anvertraut: »Wir beten, dass Gerechtigkeit Falsches überwältigt und dass Gutes Böses überwindet. Aber unser Weg ist friedlich.« Dalrymple zitierte dazu folgende Verse aus Rahman Babas Werk:

»Ich bin ein Liebender, und ich handle mit Liebe.
Säe Blumen, so dass dich ein Garten umgibt.
Keine Dornen, denn sie stechen deine Füße.
Wir alle sind ein Körper.
Wer jemanden quält, verletzt nur sich selbst.«

»Gott leitet zur Wohnstätte des Friedens und leitet, wen Er will, auf den rechten Weg«, sagt der Koran (10:25). Bei mir dauerte es lange, bis ich über zahlreiche Umwege den *Sirat al-Mustaqim* (rechten Weg) fand. Er steht für die Hingabe, al Islam, und für gottgefälliges Verhalten. Rückblickend kann ich sagen, mit 30 zu konvertieren ist kein leichts Unterfangen, denn ich habe mein Leben komplett neu geordnet. Aber wer Antworten auf die großen, essentiellen Fragen – woher wir kommen, der Sinn des Lebens, wohin wir gehen – und eine spirituelle Praxis sucht, die leicht zu erschließen ist, für den ist der Islam ein wunderbarer Weg.

Obwohl, nicht der einzige. Alle Religionen sind für mich

Facetten ein- und derselben Wahrheit. Sie lehren in der Essenz das Gleiche und führen letztlich zum selben Ziel. Die Heiligkeit wohnt ihnen allen inne. Sie berührte mich zutiefst und lässt mich seither nicht mehr los. Das Gebet und der Dikhr verbinden mich mit meinem Kraftzentrum, Gottes Gegenwart in meinem Herzen, und sie sind gleichzeitig meine Himmelsleiter – zu Wahrheit, Schönheit, Liebe, Güte und Frieden.

Letzten Endes kommt es darauf an, dass wir Gutes bewirken und Schlechtes verhindern. Entscheidend ist dabei nicht, welchen religiösen Weg wir wählen. Entscheidend ist, dass es der Weg des Herzens ist.

Ich habe versucht, IHN am christlichen Kreuz zu finden, aber
ER
war nicht da; ich ging zur Kaaba nach Mekka,
aber da war ER auch nicht.
Ich ging zur alten *Kanisa* (Synagoge) und dem Tempel der
Hindus,
aber ich konnte nirgends eine Spur von IHM finden.
Ich befragte die Gelehrten und Philosophen,
aber ER überstieg ihr Verständnis!
Dann schaute ich in mein Herz, und
da, wo ER wohnte, da fand ich IHN.
Sonst war ER nirgends zu finden.
Dschalaluddin Rumi

Wissenswertes zum Islam

»Wenn Islam Gott ergeben heißt,
Im Islam leben und sterben wir alle."
Johann Wolfgang von Goethe

Der Islam

Das Wort *al-Islam* ist abgeleitet von *salima* (heil sein, ganz sein). Ein anderes verwandtes Wort ist *aslama* (sich hingeben, sich versöhnen). Nahe verwandt ist auch das Wort *salam* (Frieden). Inneren Frieden erfährt man im Laufe seines Lebens durch die Hingabe zu Gott. Sie bedeutet eine Verbindung aus Gottesliebe und Gottesfurcht und umfasst die Gestaltung des gesamten Lebens. »Wer Gott liebt, hat keine andere Religion als Gott.« (Rumi)

Gott

Die zentrale Idee des Islam ist die Einheit Gottes, *Al-tawhid.* Es gibt einen Gott. Gott ist absolut und allmächtig, unendlich gut und allvergebend. Zugleich ist Er transzendent und immanent, größer als alles, was wir uns vorstellen können, und uns »näher als die eigene Hauptschlagader« – so steht es im Koran. Alles, was existiert, und alles, was geschieht, geht von Ihm aus. Es gibt keine Kraft im Himmel oder auf der Erde, die unabhängig von Gott ist. »Die sieben Himmel, die Erde und alles darin verehren Ihn.« (Koran 17:44)

Gott wird im Islam nie personifiziert, denn keine Darstellung würde Ihm je gerecht werden. Die Assoziation mit anderen Gottheiten oder Kräften bezeichnet man als *shirk*, als die schlimmste Sünde im Islam.

Als der Prophet einmal aufgefordert wurde, Gott zu beschreiben, wurde ihm diese Antwort offenbart: »Er ist Gott, der Einzige – Gott, der allein Anzuflehende – Weder zeugt Er noch ist

Er gezeugt worden – Ihm gleicht niemand.« So lautet die 112. Sure, *Ikhlas* (Die aufrichtige Hingabe), die neben dem Eröffnungsgebet des Korans, der Fatiha, das am häufigsten rezitierte Gebet ist.

Der Koran

Der Koran ist das direkte Wort Gottes. Die aus unterschiedlich vielen Versen bestehenden Suren bilden, zusammen mit den Aussprüchen und Handlungen des Propheten, der Sunna, den Wegweiser eines jeden Muslims. Der Koran lehrt die Einheit Gottes und die menschliche Verantwortung, er enthält Hinweise auf frühere Gesandte und ihre Lehren, historische Erfahrungen, ethische Grundlagen, meditative Texte sowie praktische Lebensregeln.

Die Verse des Korans wurden dem Propheten Muhammad in Mekka und Medina in einem Zeitraum von 23 Jahren offenbart und von seinen Begleitern auswendig gelernt und niedergeschrieben. 20 Jahre nach dem Tod des Propheten wurde der gesamte Text des Korans mehrfach abgeschrieben und in verschiedene Teile der Welt gesandt. Bis heute gibt es nur diese eine Version des Heiligen Textes.

Das größte Wunder des Korans ist seine Eloquenz: Er kann auf vielen Ebenen verstanden werden, die höchste ist allerdings Gott allein zugänglich. Jedes Wort, sogar jeder Buchstabe hat unterschiedliche Bedeutungen, und die Schrift hat eine Zahlensymbolik, die wiederum eine Wissenschaft für sich ist.

Muhammad

Muhammad wurde 570 in der Handels- und Pilgerstadt Mekka geboren und war ein Familienmitglied des Banu Haschims, eines der führenden Clans der Quraish. Er wuchs bei seinem Großvater und später bei seinem Onkel auf, da sein Vater schon vor seiner Geburt starb und seine Mutter wenige Jahre später folgte. Muhammad konnte weder lesen noch schreiben und war bekannt für seine große Aufrichtigkeit und Zuverlässigkeit. Er wurde Kaufmann und gründete im Alter von 25 mit Khadidscha, einer fünfzehn Jahre älteren Geschäftsfrau und Witwe, eine Familie.

Mit 40 Jahren erschien ihm in einer Höhle in der Nähe von Mekka der Erzengel Gabriel, der ihm die ersten Verse des Korans offenbarte. Er erzählte Khadidscha davon, die ihn daraufhin ermutigte, seine Rolle als Sprachrohr Gottes, als Prophet, anzunehmen. Khadidscha und Muhammad lebten 25 Jahre glücklich und monogam zusammen. Nach Khadidschas Tod heiratete Muhammad nach und nach mehrere Frauen. Alle bis auf eine waren Witwen, einige von ihnen sogar über 50 Jahre alt, und hatten eines gemeinsam: Sie waren starke Frauen, die viel für die Gemeinschaft taten und an andere weitergaben, was sie vom Propheten gelernt hatten.

Aus seiner Heimat Mekka verstoßen, wanderte Muhammad nach Medina aus und gründete dort im Jahr 622 die erste muslimische Gemeinschaft. Zehn Jahre später, auf seiner letzten Pilgerfahrt nach Mekka, empfing er auf dem *Dschabal al-Rahma*, dem Berg der Barmherzigkeit, in Arafat die letzten Verse der Offenbarung: »Heute habe Ich eure Religion vervollständigt, Meine Gnade an euch vollendet und euch den Islam (die Hingabe an Gott) als eure Religion vermittelt.« (5:3). Wenige Monate später starb er in seinem Haus in Medina, im Alter von 62 Jahren, in den Armen seiner Frau Aischa.

Muhammads Nachfolger und bester Freund, Abu Bakr, der Vater von Aischa, sprach nach dem Tod des Propheten zu der jungen Gemeinde: »O Leute, wer es gewohnt war, Muhammad zu verehren, wahrlich, Muhammad ist tot; und wer Gott verehrt, wahrlich, Gott ist der Lebende und Unsterbliche.« Das war die entscheidende Botschaft.

Muhammad gilt bis heute als Vorbild für alle Muslime. Für sie ist er der vollkommenste Mensch, den es je gab, und eine Barmherzigkeit für die Geschöpfe aller Welten, ein Juwel unter den Steinen, und ihre Liebe zu ihm ist für sie der Schlüssel zur Liebe von Gott. Wann immer sie seinen Namen erwähnen, sprechen sie die Formel: *sallallahu alaihi wa sallam* (Möge der Friede mit ihm sein).

Die Quellen des Islam

1. Der Koran.
2. Die Sunna: Darunter versteht man die beispielhafte Lebensführung des Propheten einschließlich seiner Aussagen. Entsprechende Berichte sind in der Hadith-Literatur nachzulesen, die von seinen Begleitern und Frauen überliefert worden sind. Allerdings: Nicht alles, was darin niedergeschrieben wurde, ist authentisch. Der Koran steht im Zweifelsfall immer über Hadith-Berichten.
3. Die Methoden der Vernunft, mit denen Gelehrte auf Grundlage des Korans und der Hadith-Literatur Regeln herleiten oder modifizieren. Hieraus ergibt sich die Scharia.
4. Der Konsens kompetenter Gelehrter.

Die fünf Säulen des Islam

- Das Glaubensbekenntnis »Es gibt keinen Gott außer Gott, und Muhammad ist Gottes Gesandter«,
- die fünf täglich ausgeführten rituellen Gebete,
- das Fasten im Ramadan,
- die Armenspende,
- die Pilgerreise nach Mekka, für all jene, die es sich leisten können.

Die Lehre des Islam

Grundlegendes Glaubensprinzip ist *Al-tawhid* (Einheit Gottes), die sich in der Einheit der Schöpfung spiegelt. Hinzu kommt der Glaube an Muhammad als letzten Propheten und an alle anderen Propheten und Gesandten inklusive der biblischen Propheten sowie der Glaube an die inspirierte Lehre außerhalb der abrahamitischen Tradition. So ist es für Muslime beispielsweise möglich, auch Buddha als einen Gesandten zu betrachten. Darüber hinaus glauben sie an die Heiligen Schriften, die Engel und Gottes

Gericht am Ende der Zeiten. Schließlich betonen einige theologische Schulen Prinzipien wie Vernunft, Gerechtigkeit, Strafe für Böses und Lohn für Gutes.

Ziel des Islam ist es, Gerechtigkeit, Fairness, moralische Verantwortlichkeit und Harmonie zu fördern, und zwar sowohl in Bezug auf unser spirituelles Leben als auch in Bezug auf unser soziales und berufliches Umfeld. Nur so werden wir in Einklang mit uns selbst, unseren Mitmenschen, der Umwelt und dem Kosmos leben können – und damit im Einklang mit Gott.

Scharia

Die Scharia ist das ethisch-rechtliche System des Islam, das alle möglichen Bereiche einschließt – angefangen mit den rituellen Handlungen wie Gebet, Fasten und Pilgerfahrt, über die Familie und das Handelsrecht bis hin zum Strafrecht. Jeder erwachsene Muslim ist verpflichtet, die Scharia zu kennen und zu erfüllen. Ein Sufi-Spruch besagt: Scharia (Gesetz), Tariqa (Weg), Haqiqa (Wahrheit, Göttliche Realität). Wer die Scharia verinnerlicht hat, kann sich auf den spirituellen Weg begeben und zur Wahrheit bzw. zur Göttlichen Realität gelangen.

Die Scharia muss je nach Zeit und Ort immer wieder neu umgesetzt werden. Für die Muslime im Westen, die nach der Scharia leben wollen, bedeutet das, das Gesetz des Landes zu befolgen, in Deutschland gehört daher das Grundgesetz zur Scharia.

Das Gebet, der Schlüssel zum Paradies

Von den fünf Säulen des Islam wird das Gebet im Koran am häufigsten erwähnt, damit ist diese heilige Pflicht das Fundament der Religion. Der Prophet Muhammad sagte: »Der Unterschied zwischen einem Gläubigen und einem Ungläubigen ist das Gebet.«

In der Regel treten Muslime fünfmal am Tag durch das rituelle Gebet (*Salah*) in Gottes Gegenwart.

Zum islamischen Gebetsritus gehören das Rezitieren von Koranversen, Körpergesten der Hingabe wie das Verbeugen sowie

Lobpreisungen, Segenswünsche und Fürbitten. Gott am nächsten ist man in der Position der Niederwerfung, wenn Stirn und Nase den Boden berühren.

Jede der fünf Gebetszeiten beginnt mit dem Ruf zum Gebet, der vom Minarett aus erschallt. Das rituelle Pflichtgebet besteht je nach Tageszeit aus unterschiedlich vielen *Rak'at* (Gebetseinheiten). Versäumte Gebete werden nachgeholt, auf Reisen werden die Gebete gekürzt.

Das persönliche Gebet (*du'a*) ist dagegen unabhängig von rituellen Formen. Es wird frei und spontan formuliert oder nach überlieferten Vorgaben gesprochen.

Gott hört unsere Gebete, und wie Er im Koran verspricht, beantwortet Er sie auch. Manchmal kann das zwar etwas dauern, und es mag auf eine andere Art und Weise geschehen, als wir es uns vorgestellt haben. Aber die Antwort ist garantiert: »Und wenn Mein Diener dich nach Mir fragt: Ich bin nahe. Ich höre den Ruf der Rufenden, wenn er Mich anruft. So sollen auch sie auf mich hören und an Mich glauben, so dass sie recht geleitet sind.« (2:186)

Je konzentrierter (hingebungsvoller), andächtiger und regelmäßiger das Gebet, desto größer der Effekt, der sich innerlich und äußerlich zeigt. Gebete heilen nicht nur Gefühle wie Depressionen, Sorgen und Ängste, sie lehren auch tugendhaftes Verhalten, schützen uns vor groben Fehltritten, helfen uns zu vergeben, anstatt zu rächen, und Geduld, statt Ärger zu zeigen. Zudem wirken sie wie ein spiritueller Schutz und spenden inneren Frieden. Tief empfundene Gebete bewirken positive Gefühle wie Glück, Zufriedenheit, Liebe, Bescheidenheit und Zuversicht. Häufig findet man durch das Gebet Lösungen zu weltlichen und spirituellen Problemen, oder man erinnert sich an Vergessenes. Davon abgesehen, bietet es eine Möglichkeit zur Reflexion der eigenen Person und eine Chance für Reue und Vergeben. Bewusstes, regelmäßiges Beten stabilisiert Geist und Gemüt und fördert das Verantwortungsbewusstsein auch hinsichtlich des sozialen Verhaltens.

Der Prophet sagte, dass islamische Gebete seelische sowie körperliche Gesundheit fördern.

Eine Vorbedingung des Gebets ist die rituelle Waschung von Händen, Gesicht, Ohren, Nase, Armen und Füßen, die leicht massiert werden, ähnlich wie in der Reflexologie. Das Gebet ist eine Erfrischung und unser Anker im Himmel.

Das islamische Jahr, Feste und Feiertage

Im islamischen Kalender gibt es eine ganze Reihe von Tagen und Nächten, die für Muslime eine besondere Bedeutung haben und an denen bestimmte Gebete oder freiwilliges Fasten empfohlen werden. Jeder geborene Muslim kennt diese Tage und begeht sie auf verschiedene Weise.

Das Mondjahr

Das islamische Jahr ist ein reines Mondjahr mit zwölf Monaten und insgesamt 354 bis 355 Tagen ohne Schaltmonate. Es verschiebt sich gegenüber dem Sonnenjahr um zehn bis elf Tage pro Jahr, da ein Mondmonat jeweils nur 29 oder 30 Tage hat. Ein jeder Monat beginnt mit dem Sichten der Mondsichel unmittelbar nach Neumond, was vor allem bei den Festmonaten, dem Ramadan und dem letzten Mondmonat, dem Zeitpunkt für die Pilgerfahrt, wichtig ist.

Wie im biblischen Denken beginnt der Tag bei Sonnenuntergang, was in der Nacht zum Freitag oder dem Vorabend größerer Feste deutlich wird.

Die Tage

Die einzelnen Tage sind traditionell nach den Gebetszeiten eingeteilt: Die erste beginnt bei Anbruch der Morgendämmerung vor Sonnenaufgang, die zweite, nachdem die Sonne gerade ihren Höhepunkt überschritten hat, die dritte nach der Hälfte des Nachmittages, die vierte direkt nach Sonnenuntergang und die letzte nach Einbruch völliger Dunkelheit.

Die Monate
Muharram
Safar
Rabi' al-Awwal
Rabi' ath-Thani
Dschumadal-Ula
Dschumadal-Ukhra
Rajab
Scha'ban
Ramadan
Schawwal
Dhul-Qa'da
Dhul-Hiddscha

Von den zwölf Monaten sind im Islam mehrere heilig: Rajab sowie die drei aufeinanderfolgenden Monate: Dhul-Qa'da, Dhul-Hiddscha und Muharram. Während der vier Monate sind jegliche Kampfhandlungen verboten.

Dhul-Qa'da ist der einzige Monat, in dem kein offizielles Fest stattfindet, weshalb er auch »leerer Monat« genannt wird.

Die wichtigsten Feiertage
Im Grunde gibt es nur zwei Feste, die sich auf die Praxis des Propheten begründen, nämlich *Id al-Fitr,* das Fest am Ende des Fastenmonats, und *Id al-Adha,* das Opferfest am Ende der Hadsch, das auch *al-Id al-Kabir* (großes Fest) genannt wird. Alle anderen Feste entsprechen örtlichem Brauchtum und werden teilweise sogar im Rahmen einer strengen Interpretation abgelehnt.

Der Jahresbeginn (1. Muharram)
Der Abschluss eines alten und Beginn eines neuen Jahres ist eine Zeit der Besinnlichkeit und des Nachdenkens über die eigenen Handlungen, Pläne und Absichten. Im ersten Monat des islamischen Jahres, dessen Name der gleichen Wurzel entstammt wie *haram* (geheiligt, tabu), emigrierte Muhammad von Mekka nach

Medina. Das Datum entspricht dem 16. Juli 622 n. Chr., weshalb wir uns nach islamischer Zeitrechnung im Jahr 1430 nach der Hidschra befinden, während wir im Westen das Jahr 2009 schreiben.

Aschura (10. Muharram)

Die ersten zehn Tage des neuen Jahres sind freiwillige Fastentage, insbesondere *aschura*, der 10. Tag. Die Muslime gedenken dann verschiedenen großen Ereignissen aus der Religionsgeschichte, die mit Unterdrückung, Widerstand und Befreiung verbunden sind. An *aschura* soll Gott Adam vergeben haben, außerdem erreichte die Arche Noah ihr Ziel, Abraham ward geboren und Hiob von seiner Pein befreit, während Mose und die Kinder Israel nach Ägypten auszogen. Der Feiertag erinnert außerdem an den Märtyrertod des Prophetenenkels Hussain, der bei Kerbala im Widerstandskampf dem Tyrannen Yazid unterlag. Für die Schiiten ist dieser Tag mit Trauer und Reuezeremonien verbunden.

Der Geburtstag des Propheten (12. Rabi' al-Awwal)

Am 12. des Monats wird in vielen Teilen der islamischen Welt *maulid* gefeiert: der Geburtstag des Propheten. Kerzenprozessionen symbolisieren die »lichtvolle Geburt« des »besten der Geschöpfe«, Moscheen werden illuminiert und mit Lichtinschriften geschmückt, in der Türkei wird der Tag gar als »Lichtfest des Geburtstages« bezeichnet.

Trotz der kritischen Stimmen orthodoxer Theologen, die diese Feiern von jeher als *bid'a* (Neuerung) bezeichnen, weil sie an das Weihnachtsfest der Christen erinnern, sind die Feierlichkeiten sehr weit verbreitet. Im Irak und in Nordafrika feiern die Sufi-Orden mit besonders schönen und melodischen *Dhikr*, indem sie zu Ehren des Propheten dichten und singen.

Die Nacht der Himmelsreise (27. Rajab)

Das wichtigste Datum ist die Nacht zum 27. Rajab, in der Miradsch, die geheimnisvolle Himmelsreise des Propheten, stattgefunden haben soll. Darauf weist auch der Beginn der 17. Sure hin: »Gepriesen sei Er, der Seinen Diener zur Nacht reisen ließ von der Heiligen Moschee zur fernsten Moschee.« Dieses »fernste Heiligtum« bezieht sich auf den heiligen Bereich in Jerusalem, wo heute die Al-Aqsa-Moschee und der Felsendom stehen.

Der Überlieferung zufolge wurde Muhammad in Mekka von dem Engel auf ein weißes, himmlisches Reittier gehoben und flog nach Jerusalem. Der *Buraq* ähnelte einem Pferd, allerdings war er etwas kleiner und mit Flügeln ausgestattet. In Jerusalem betete er gemeinsam mit früheren Propheten und Gesandten. Von hier aus flog er durch die jenseitige Welt, die Hölle und die sieben Himmel in die umittelbare Gegenwart Gottes, bevor Muhammad zu den Menschen zurückkehrte, um ihnen seine Erfahrungen mitzuteilen.

Kaum ein Ereignis im Leben des Propheten habe den Geist der Frommen so sehr angeregt wie die Miradsch, schreibt Annemarie Schimmel. Das Gleiche gelte für nichtmuslimische Religionswissenschaftler und Dichter. So soll sie Dante gar zu seiner *Göttlichen Komödie* inspiriert haben. Mystikern dient die Himmelsreise Muhammads dagegen als Vorbild für ihre ekstatischen Seelenflüge, aber auch die Erfahrung des rituellen Gebets ist mit ihr verbunden. Man verlässt kurzfristig die Welt und befindet sich unmittelbar in Gottes Gegenwart.

In der heiligen Nacht der Miradsch werden der Überlieferung nach alle Gebete erhört, weil die Pforten des Paradieses weit offen stehen. Die Nacht wird mit Gebeten verbracht, und am Tag soll das Fasten besonders segensreich sein. In der islamischen Welt sind auch an diesem Tag die Moscheen hell erleuchtet, und Muslime feiern das wunderbare Ereignis mit Gebeten und Zusammenkünften, bei denen sie sich gegenseitig Süßigkeiten schenken.

Die Vollmondnacht (15. Scha'ban)

Die Vollmondnacht *Lailatul-Bara'a* in der Mitte des Monats wird in vielen Teilen der muslimischen Welt mit Feuerwerken und

Festlichkeiten begangen. Dabei ist die Nacht der »Freisprechung«, also der Befreiung von Schuld, in der das Schicksal neu geschrieben wird, laut Annemarie Schimmel eine ernste Angelegenheit. Eine Überlieferung des Propheten besagt, in jener Nacht werden in den sieben Himmeln die Tore geöffnet, an denen jeweils ein Engel steht, um Vergebung für die Muslime zu erflehen. Außer jenen, die eine Todsünde begangen haben, wird allen vergeben.

Anderen Überlieferungen zufolge ist der 15. Scha'ban sei die Nacht, in der die Engel ihre Abrechnung für die vergangenen zwölf Monate vorlegen, haben doch die »edlen Schreiber« (82:11) alle Taten und Gedanken der Gläubigen aufgezeichnet. Gott legt nicht nur ihre Bestimmung fest, sondern gibt auch die Namen derjenigen bekannt, die im folgenden Jahr geboren oder sterben werden.

Muslime verbringen die Nacht mit Bitten um Vergebung für begangene Fehler, mit guten Vorsätzen für die Zukunft und besonderen Gebeten. Viele rezitieren z. B. die Sure *Yassin*, das sogenannte Herz des Korans, in dieser Nacht.

Die Vorliebe der Muslime für Süßigkeiten an diesem Tag geht auf die Schlacht am Berge Uhud in der Nähe von Medina am 14. Scha'ban zurück, bei welcher der Prophet einen Zahn verlor und nur weiche Süßigkeiten essen konnte. Dennoch fasten auch einige an jenem Festtag.

Die Nacht der Macht (27. Ramadan)

Lailatul-Qadr, auch »Nacht der Bestimmung«, bedeutet den Einbruch des göttlichen Wortes in die Welt, da der Prophet in dieser Nacht die erste Offenbarung erlebte. Der Koran bezeichnet sie in Sure 97 als »besser denn tausend Monate«.

Lailatul-Qadr wird traditionell am 27. Ramadan begangen, obwohl sie einer Aussage des Propheten nach in einer der letzten zehn Nächte des Ramadan zu »suchen« ist. Aus diesem Grund gelten die letzten zehn Tage des Monats als besonders spirituell. Viele gläubige muslimische Männer bleiben während dieser Tage in der Moschee. Die Nacht verbringen Muslime nach Möglichkeit mit Gebeten, Bitten um Vergebung, *Dhikr* und Lesungen des Korans. Es heißt, es seien so viele Engel unterwegs, dass die Gebete mit Sicherheit nach oben getragen würden.

»Gottes Monat, wie Muslime den Fastenmonat Ramadan liebevoll nennen, wird auch als »König der Monate« gepriesen und ist vornehmlich Gott gewidmet. Muslime freuen sich auf den Monat des Guten, in dem Sünden verbrannt und schlechte Gewohnheiten unterbrochen werden. Im Monat der Vergebung, der Geduld und des Teilens wird außerdem der Glaube erneuert.

Id al-Fitr (1. Schawwal)

Am Tag, nachdem die Mondsichel des Monats Schawwal gesichtet wurde, also nach 30 oder 31 Fastentagen, findet *Id al-Fitr* statt, das Fest des Fastenbrechens, das zu den beiden Hauptfesten im islamischen Kalender zählt. Traditionell beginnt man den Tag damit, etwas Süßes zu essen sowie Süßigkeiten an Nachbarn und Bekannte zu verteilen. Man macht sich schön und nimmt am großen Festtagsgebet in der Moschee teil, nachdem man eine Spende, *Sadaqa al-Fitr*, abgegeben hat. *Id* ist ein großes Familienfest, an dem Kinder reichlich beschenkt werden, Verwandte zu Besuch kommen und ein Festmahl gekocht wird.

Id al-Adha (10. Dhul-Hiddscha)

Das Opferfest, das im Zusammenhang mit der großen Pilgerfahrt Hadsch steht, wird ganz ähnlich gefeiert. Nach dem gemeinsamen Festtagsgebet lassen all jene, die es sich leisten können zum Gedenken an Abrahams Prüfung ein Schaf schlachten und verteilen das Fleisch zu einem Drittel an die Armen, einem Drittel an Freunde und Nachbarn und einem Drittel an die eigenen Angehörigen. Man kann allerdings auch einen ähnlichen hohen Betrag spenden. Kinder bekommen Geschenke, Freunde und Familienmitglieder besuchen sich gegenseitig und genießen gemeinsam ein Festmahl.

Die freudigen Festtage und die heiligen Nächte, sofern man

sie bewusst erlebt, verwandeln sich laut Annemarie Schimmel in »der Ewigkeit zugehörige Glücksmomente«. Sie bieten uns eine wunderbare Gelegenheit, die Erfahrungen und Empfehlungen des Propheten Muhammad nachzuerleben und somit auch ein wenig gottesbewusster zu werden.

»Mögen all eure Tage so froh sein wie der Tag des Festes des Fastenbrechens und alle eure Nächte so fröhlich wie die Nacht des Scha'ban-Vollmondes.«

Persischer Wunsch

Glossar

Abd al-Qadir al-Dschilani (1077–1166): Prediger, Theologe und als Gründer des Sufi-Ordens Qadiriyya einer der berühmtesten Sufimeister im Islam. In Persien geboren, lebte er in Bagdad, wo sich auch sein Grab befindet. Al-Dschilanis Schriften, zu dessen Hauptwerken *Enthüllungen des Verborgenen* und *Eröffnungen des Heiligen* zählen, atmen den Geist der Wohltätigkeit und Nächstenliebe.

Abu Bakr: der erste Kalif, der nach dem Tod Muhammads zu seinem Stellvertreter gewählt wurde; außerdem der Vater von Aischa, Muhammads jüngster Frau.

Adhan: muslimischer Gebetsruf, der fünfmal am Tag in der gesamten islamischen Welt ausgerufen wird.

Aischa bint Abu Bakr (613–678): eine der bedeutendsten Ehefrauen Muhammads und später eine der wichtigsten Gelehrten der frühen islamischen Zeit. Auf sie gehen über 3000 Hadith-Texte zurück, viele davon mit rechtsrelevanten und theologischen Aussagen. Aischa hat jedoch nicht nur Überlieferungen reproduziert, sondern auch → Fatwas verfasst, den Qur'an (Koran) ausgelegt und mit dem Propheten über theologische Fragen diskutiert.

Akhira: das zukünftige Leben.

Ali ibn Abi Talib (589–661): Cousin und Schwiegersohn des Propheten, vierter Kalif und erster in der Linie der → Schia-Imame, außerdem Krieger, der für seine Gerechtigkeit bekannt war. Der Prophet Muhammad sagte: »Ich bin die Stadt der Erkenntnis, und Ali ist das Tor; wer auch immer Erkenntnis sucht, lass ihn durch das Tor hereinkommen.«

Al hamdulillah: wörtlich: »Lob sei Gott«, ein Ausspruch, der häufig verwendet wird als Zeichen des Dankes Gott gegenüber, egal was passiert, denn alles kommt von Gott.

Al-insan al-kamil: wörtlich: »vollkommener Mensch«; bei muslimischen Mystikern bezeichnet dieser Ausdruck das höchste Musterbild der Menschheit, den Theosophen, der seine wesentliche Einheit mit Gott verwirklicht hat.

Allah: wörtlich: »Gott«; der Name der Heiligkeit (*al Ilah*), der Essenz oder des Absoluten.

Arafat: wörtlich: »Erkenntnis«, »Wissen«; Name einer Ebene ca. 20 Kilometer entfernt von Mekka, eine der Hauptstationen der → Hadsch, auf der sich der Hügel → *Dschabal al-rahma* befindet.

Asr-Gebet: besteht aus vier → *Rak'at*, die am späten Nachmittag im Stillen gebetet werden.

Assalamu alaikum: wörtlich: »Friede sei mit Ihnen«, der Gruß wird mit »*walaikum salam*« erwidert, wörtlich: »Friede sei auch mit Ihnen«.

Awliya: wörtlich: »Gottesfreunde«, Männer und Frauen, die Gott nahestehen, bei denen man Anleitung und Orientierung findet.

Ayat: wörtlich: »Zeichen«; der Koran besteht aus über 6000 *ayats* (Versen).

Ayat al-Kursi: der Thronvers entstammt der wichtigen zweiten → Sure, die häufig zum Schutz gelesen wird.

Baraka: ein Segen, eine Gnade oder ein spiritueller Einfluss, den Gott sendet und den man in Personen, Orten oder Objekten finden kann; auch gewisse Handlungen und Umstände können zu *baraka* führen, genauso wie andere die Gnade Gottes abwenden.

Bay'ah: ein Pakt oder Treueschwur; die Einweihung in einen Sufi-Orden findet mit einem Pakt statt, den der Adept durch den spirituellen Meister mit Gott schließt. Die Zeremonie erinnert an den Schwur der Treue und die Standfestigkeit der Muslime (Männer wie Frauen) der ersten Stunde.

Bismillah: Kurzformel von *Bismillahi Rahmani Rahim* (Im Namen Gottes des Gnädigen, des Barmherzigen), womit jede → Sure des Korans beginnt. Die Kurzformel *Bismillah* sprechen die Muslime mehrfach täglich aus, etwa beim Anbieten von Essen und Trinken oder vor Beginn bestimmter Handlungen.

Derwisch: Mitglied einer religiösen Bruderschaft.

Drehende Derwische: die Anhänger des Mevlevi-Ordens, deren → *Dhikr* aus kreisenden Bewegungen besteht und 2005 in die UNESCO-Liste der Meisterwerke des mündlichen und immateriellen Erbes der Menschheit aufgenommen wurden.

Dhikr: Gedenken Gottes mit der Zunge, dem Geist oder dem Herzen; die wiederholte Anrufung Gottes und seiner heiligen Namen. Für die Sufis gehört der regelmäßige *Dhikr*, dessen Ziel es ist, Achtlosigkeit und Ichbezogenheit abzubauen und sich Gottes Gegenwart und den Urbund jedes Menschen mit Gott bewusst zu machen, zur religiösen Praxis.

Dhikrullah: die Erwähnung des Namens von Gott.

Din: wörtlich: »Religion«.

Dschabal al-Rahma: wörtlich: »Berg der Barmherzigkeit«; Hügel am Ende der Ebene von Arafat. Hier wurden dem Propheten nicht nur die letzten Verse des Korans offenbart, sondern hier hielt er auch seine berühmte Abschiedsrede. Pilger versuchen zumindest einen Teil des Tages Arafat hier zu verbringen.

Dschalaluddin Rumi (1207–1273): Theologe, Rechtswissenschaftler, Philosoph, Sufi-Meister, Dichter und einer der größten Mystiker des Islam, im Persischen Reich geboren, in Konya (Türkei) begraben. Sein größtes Werk der spirituellen Lehre und Sufi-Poesie ist das aus sechs Bänden bestehende *Mathnawi*.

Dschihad: wörtlich: »streben«, »sich anstrengen und bemühen auf dem Wege Gottes«.

Dschihad al-akbar: die lebenslange Arbeit an sich selbst, der innere Kampf gegen die niederen Tendenzen der Seele und damit das Bemühen, religiöse Pflichten einzuhalten, Fehler abzulegen und ständig den eigenen Charakter zu verbessern. Zum großen Dschihad zählen jedoch auch positive Bemühungen aller Art um anständigen Erwerb des Lebensunterhalts, Streben nach Wissen, Richtigstellung falscher Informationen inklusive Vorurteile, Katastrophenschutz, Aufbau nach Zerstörung oder Urbarmachen von Land.

Dschihad al-asghar: der kleine Dschihad darf nur unter strengsten ethischen Richtlinien geführt werden, die genau eingehalten werden müssen: Er ist ausschließlich zur Verteidigung erlaubt, niemals aber als Angriff. Man versteht darunter die Verteidigung der Gemeinschaft gegen militärische Angriffe und andere Formen der Gewalt wie Besetzung eines Landes, Verfolgung oder Unterdrückung. Die Erlaubnis, sich zu verteidigen, ist jedoch eingeschränkt.

Man darf sich zwar gegen Angreifer und Unterdrücker wehren, nicht aber gegen Unbeteiligte, schon gar nicht darf man Frauen, Kinder, Kranke und alte Menschen oder Tiere einbeziehen, und selbst Bäume dürfen im Krieg nicht zerstört werden. Das Maß darf ebenfalls nicht überschritten werden, es darf also nicht härter zurückgeschlagen werden als angegriffen wurde. Weiterhin muss ein Dschihad immer vom islamischen Staatsoberhaupt und den rechtlich Gelehrten des jeweiligen Landes autorisiert werden, denn kein Fanatiker hat das Recht, einen Dschihad in einem Land seiner Wahl auszurufen. Das allerwichtigste Gebot besagt, dass kein unschuldiges Menschenleben zerstört werden darf. Im Koran steht: »Wer einen Unschuldigen tötet, tötet gleichermaßen die gesamte Menschheit.« (Koran 5:32)

Du'a: wörtlich: »Bitte«, »Ruf«; ein persönliches, von rituellen Formen unabhängiges, da frei formuliertes oder nach überlieferten Vorgaben gesprochenes Bittgebet.

Fajr-Gebet: besteht aus zwei → *Rak'at* und wird in der Zeit vom Beginn bis zum Ende der Morgendämmerung gebetet.

Faqir/-a (Pl.: Fuqara): abgeleitet von *Faqr* (Armut); bezieht sich in religiösem Zusammenhang auf die Armut vor Gott: Der Faqir erkennt, dass selbst verdienstvolle Handlungen nur mit Gottes Gnade und Hilfe möglich sind. Im Sufismus bedeutet es Eingeweihte/-r eines Sufi-Ordens. Ein *Faqir* ist sich seiner spirituellen Armut bewusst, löst sich von materiellen Dingen und leert seine Seele für Gottes Gegenwart.

Fatiha: wörtlich: »Öffnende«; diese → Sure, die sich aus sieben Versen zusammensetzt, steht am Anfang des Korans und wird daher auch dessen Essenz genannt. Sie fasst unsere Beziehung zu Gott zusammen und wird täglich mindestens 17-mal im rituellen Gebet rezitiert.

Fatima: üblicherweise Fatima az Zahra (die Strahlende, Prächtige), eine der vier Töchter des Propheten aus seiner ersten Ehe mit Khadidscha und verheiratet mit Muhammads Cousin Ali. Der Prophet lobte Fatimas Charakter und bezeichnete sie als eine der vier beispielhaften Frauen in der Geschichte.

Fatwa: eine formelle, gesetzliche Rechtsauskunft eines Rechtsgelehrten als Beantwortung einer religiösen Frage, die ihm entweder ein Richter oder eine Privatperson gestellt hat. Aufgrund einer solchen Auskunft kann ein Richter einen Rechtsfall entscheiden oder ein Privatmann sein Leben einrichten.

Fünf Säulen des Islam: bestehend aus → *Schahada* (Glaubensbekenntnis), → *Salah* (rituellem Gebet), Fasten im → Ramadan, → *Zakat* (Armenabgabe) und der → Hadsch.

Imam Abu Hamid Al-Ghazali (1058–1111): einer der großen islamischen Gelehrten, der die Verbindung zwischen Ethik, Recht und Spiritualität wiederherstellte; zu seinen Hauptwerken zählt *Das Elixier der Glückseligkeit.*

Ghusl: die »große« rituelle Waschung, die den gesamten Körper einbezieht.

Hadith (Pl.: Ahadith): die Aussprüche des Propheten; zusammen mit seinen Gewohnheiten und Handlungen (Sunna) von Zeitzeugen niedergeschrieben und später von Gelehrten in anerkannten Sammlungen der Hadith-Literatur zusammengestellt.

Hadsch: die große Pilgerfahrt nach Mekka, die jedes Jahr im zwölften Monat des islamischen Kalenders, dem *Dhul al hidjja,* stattfindet und eine der fünf Säulen des Islam ist, für diejenigen, die es sich leisten können. Die dortigen Riten vergegenwärtigen die Geschichte von Abraham, Hagar und Ismael. Die Hadsch ist ein Neuanfang im Leben.

Hadschi/-a: Titel für jemanden, der die Hadsch vollzogen hat.

Halal: wörtlich: »freigegeben« (vom Verbot), also all das, was erlaubt ist, insbesondere Nahrungsmittel wie das Fleisch von rituell geschlachteten Tieren.

Haqiqa: wörtlich: »Wahrheit«, die Wirklichkeit hinter dem Anschein der Dinge, *Al Haqq* ist einer der Namen Gottes.

Haram: wörtlich: »heilig«, »unverletzlich«, »tabu«; Bezeichnung für die Umgebung von Mekka; die Heilige Moschee in Mekka heißt daher auch *Al-Masjid al-Haram*; das Wort bedeutet aber auch »verboten«; ausdrückliche göttliche Gebote und Verbote sind unverletzlich.

Hijab: wörtlich: »Trennung«, im Koran im Sinne von »Vorhang« oder »Schleier« gebraucht, in der Umgangssprache ist damit eine Körperbedeckung gemeint.

Hijra: wörtlich: »Auswanderung«; die Übersiedlung des Propheten von Mekka, wo die junge muslimische Gemeinschaft verfolgt wurde, nach Medina; außerdem Ausgangspunkt der islamischen Zeitrechnung.

Id al-Adha: das Opferfest am Ende der → Hadsch.

Id al-Fitr: das Fest des Fastenbrechens am Ende des → Ramadan.

Iftar: die Mahlzeit, mit der das Fasten gebrochen wird.

Ihram: der Weihezustand bei der Pilgerfahrt und beim Gebet, in dem bestimmte Dinge nicht erlaubt sind.

Ijtihad: wörtlich: »intensive Bemühung«; Rechtsfindung oder die

Erarbeitung von sinnvollen theologischen Aussagen aus den islamischen Quellen, die für die eigene Zeit und Umgebung relevant sind.

Imam: wörtlich: »jemand, der vorn steht«; Leiter des gemeinschaftlichen Gebets, einer Gemeinde oder einer Moschee. Ein Imam kann auch ein führendes Vorbild an Wissen und Charakter sein, wie z. B. große Gelehrte, die Imame aus der Familie des Propheten oder die Gründer der vier Rechtsschulen.

Iman: wörtlich: »Glaube«, »Vertrauen«; gebraucht im Sinne von Gewissheit. Glaube ist kein Widerspruch zu Wissen und Begreifen. Der Prophet sagte: »Glaube ist Erkenntnis im Herzen, Bekenntnis mit der Zunge und Verwirklichung mit allen Fähigkeiten.«

In sha' Allah: wörtlich: »so Gott will«; wird in Zusammenhang mit allen Zukunftsplanungen benutzt und drückt die Abhängigkeit unseres Willens und Erfolges von Gottes Willen aus.

Isa ibn Maryam: arabisch für: »Jesus, Sohn der Maria«; Jesus, der im Koran eine erhabene Stellung innehat, ein → *rasul.* Ihm werden viele Wunder zugeschrieben, darunter einige, die nicht in der Bibel erzählt werden.

Isha-Gebet: besteht aus vier → *Rak'at,* die zwischen Abend und Morgengrauen, am besten aber vor Mitternacht gebetet werden. Die ersten beiden werden laut, die letzten beiden im Stillen artikuliert.

Islam: wörtlich: »Hingabe«, »Versöhnung«; verwandt mit *salam* (Ganzheit, Frieden), die Lehre Muhammads.

Islamismus: Die Religion wird als politische Ideologie behandelt und propagiert.

Istighfar: Bitte um Vergebung, die mit dem Wort *Astaghfirullah* (Ich bitte Gott um Vergebung) ausgesprochen wird.

Istikhara-Gebet: besteht aus zwei → *Rak'at* sowie einer speziellen Formel und gründet sich auf die Praxis des Propheten, um in schwierigen Situationen eine Entscheidung zu finden.

Jahiliya: die vorislamische Zeit in Arabien und damit die Zeit der Unwissenheit. Heute nennen Muslime jene Zeit, in der sie entfernt von Gott lebten, ihre persönliche *jahiliya*.

Jamerat: die drei Säulen oder heutzutage Wände, die den → *Shaytan* symbolisieren und als Ritual der → Hadsch mit Steinen beworfen werden, befinden sich im Zentrum von → Mina.

Jerusalem: arabisch: *al Quds*, »die Geheiligte«; der drittheiligste Ort im Islam nach Mekka und Medina. Die Assoziation Jerusalems mit den Propheten des Alten Testaments, die auch Propheten im Islam sind, und die Verbindung zu Jesus machen die Stadt heilig für Muslime. Der Heiligkeit wird zusätzlich Nachdruck verliehen durch die Nachtreise des Propheten, in der Muhammad in Begleitung des Engels Gabriel von Mekka nach Jerusalem gebracht wurde, von wo aus er seine Himmelsreise angetreten hat. (Koran 17:1).

Jumu'ah: wörtlich: »Versammlung«; der Freitag steht symbolisch für den sechsten Schöpfungstag und ist damit der Tag der Versammlung, an dem die Muslime zusammenkommen, um sich an ihre Erschaffung und ihre Verantwortung zu erinnern. Für Männer ist es Pflicht, am Freitag in der Moschee das Mittagsgebet in Gemeinschaft zu beten, Frauen können freiwillig daran teilnehmen oder zu Hause beten.

Kaaba: wörtlich: »Würfel«; das von Abraham erbaute Haus Gottes, das nach islamischem Glauben auf Adam zurückgeht, der den ersten Tempel an derselben Stelle gebaut hat, als irdische Reflexion des Heiligen Thrones im Himmel.

Symbolisch gesehen wird die Kaaba als zentraler Punkt im Islam mit dem Herzen als dem Zentrum im Menschen verglichen. Genau wie Muhammad die *Kaaba* früher von Götzen leerte, müssen wir unsere eigenen Götzen aus unserem Herzen entfernen, es reinigen und all das ablegen, was uns hindert, uns gotteswürdig zu verhalten.

Kafir (Pl.: Kafirun): wörtlich: »verdecken«; jemand, der Gott und seine ethische Verantwortung vor Gott leugnet und deshalb auch von prophetischen Lehrern und Heiligen Schriften nichts wissen will.

Kalif: Leiter der Gemeinschaft, Stellvertreter Muhammads. Laut Koran ist im übertragenen Sinne der Mensch an sich ein Kalif und damit ein Statthalter Gottes auf Erden.

Khalwa: wörtlich: »Abgeschiedenheit«, »Klausur«; Zeit des spirituellen Rückzuges.

Khutbah: die Predigt am Freitag im Gemeinschaftsgebet, in der es meist um die Auslegung eines Korantextes, ein ethisches oder spirituelles Thema sowie Ermahnungen und Fürbitten geht.

Koran: arabisch: *Qur'an* (das zu Lesende), das Heilige Buch des Islam und die erste Quelle der Religion, bestehend aus 114 → Suren und über 6000 Versen *(ayats).* Im Gebet wird das arabische Original rezitiert, die Liebe zum Text drückt sich durch Kalligraphie aus.

Kurban: wörtlich: »Opfer«, das Schlachten eines Schafes am Zehnten des Monats *Dhul-hijja.*

Masha' Allah: wörtlich: »was Gott will«; wird im Zusammenhang mit einem Kompliment ausgesprochen, um sich selbst und andere daran zu erinnern, dass das Gute ein Gottesgeschenk ist und nicht mit negativen Impulsen wie Neid und Eifersucht in Verbindung gebracht werden soll.

Madrasa: religiöse Schule, islamische Hochschule.

Maghrib: wörtlich: »Westen«, »Sonnenuntergang«; bezeichnet die Zeit des Abendgebets, das nach Sonnenuntergang gebetet wird.

Maghrib-Gebet: besteht aus drei → *Rak'at.* Die ersten zwei davon werden laut gebetet, das letzte im Stillen.

Mahram: wörtlich: »verboten« im Sinne von zu nah verwandt zum Heiraten; naher männlicher Verwandter einer Frau, der ein vertrauenswürdiger Begleitschutz auf Reisen sein kann.

Madschales: wörtlich: »Zusammenkunft«; Sufis verstehen darunter das Treffen zum gemeinsamen Beten, Meditieren, Singen und Essen.

Maryam: arabisch für: »Maria, die Mutter Jesus«; einzige Frau, die namentlich im Koran erwähnt wird, gepriesen für ihr beispielhaftes Gottvertrauen, ihre Reinheit und spirituelle Stärke. Ein gesamtes Kapitel des Korans ist der Heiligen Jungfrau gewidmet.

Masjid: wörtlich: »Ort der Niederwerfung«; Moschee oder Versammlungsort (*Jami*), der dem gemeinsamen Gebet oder Studium gilt. Hochschulen sind oft aus Studienkreisen in der Moschee entstanden – und durch Gedankenaustausch. Wichtig sind Sauberkeit und die Ausrichtung nach Mekka durch die Gebetsnische.

Masjid al-nabi: die Moschee des Propheten in Medina, die zum Prototypen aller späteren Moscheen wurde.

Maulid: Geburtstag (des Propheten).

Medina (Madinat al Munnawwarah): die strahlende Stadt; ursprünglich hieß die Stadt Yathrib, aber nach der → *hijra*, als die Einwohner den aus Mekka vertriebenen Propheten und seine Anhänger aufnahmen und seine Predigten willkommen hießen, wurde die Stadt als Madinat an-nabi (Stadt des Propheten) bekannt. In der Moschee, in der Muhammad damals wirkte und lebte, ist er neben den ersten beiden Kalifen Abu Bakr und Umar und einem freien Platz begraben, der für Jesus bestimmt ist.

Mekka (Makkah al Mukarramah): die gesegnete Stadt, auch als »Heilige Stadt« bekannt, seit über 4000 Jahren ein Pilgerort, in dem sich auch die → Kaaba befindet. Hier ist der Prophet Muhammad im Jahre 570 geboren und aufgewachsen. In der Nähe von Mekka, auf dem Berg Hira, empfing er seine erste Offenbarung.

Nichtmuslime haben in der Regel keinen Zugang zu den heiligen Stätten in Mekka und Medina.

Mihrab: Gebetsnische in der Wand einer Moschee, die die Richtung zur → Kaaba anzeigt. Beim Gemeinschaftsgebet steht der Imam ihr zugewandt vor der *mihrab*, während die Betenden hinter ihm im rituellen Gebet folgen.

Mina: ein Ort in der Nähe von Mekka auf dem Weg nach Arafat und damit einer der zentralen Punkte der → Hadsch. Nach islamischer Überlieferung hat hier Abraham ein Schaf an Stelle seines Sohnes Ismael geopfert. Der Ort verwandelt sich in eine riesige Zeltstadt, wenn alljährlich fast drei Millionen Pilger hier mindestens drei Tage verbringen, um symbolisch den → *Shaytan* zu steinigen und so das Schlechte aus sich und ihrem Leben zu verbannen.

Minarett: wörtlich: »Leuchtturm«; Turm einer Moschee, von dem aus der → *Adhan* erfolgt.

Minbar: Predigtkanzel in der Moschee, meist besonders aufwendig verzierte Beispiele islamischer Kunst.

Mi'raj: die Nachtreise des Propheten Muhammad von Jerusalem bis zur heiligen Gegenwart.

Mondkalender: der Kalender der Muslime, bei dem sich die Daten gegenüber dem Sonnenjahr um jeweils zehn bis zwölf Tage nach vorn verschieben, da die einzelnen Mondmonate 29 oder 30 Tage haben.

Muhammad: der letzte prophetische Gesandte Gottes, dem die Religion des Islam offenbart wurde und der bis heute als Leitbild für alle Muslime gilt. Viele Muslime verstehen biblische Texte, wie z. B. die an Mose gerichtete Verheißung »Einen Propheten wie dich will Ich aus ihren Brüdern erwecken« im Deuteronomium oder die Verheißung eines »Trösters« im Johannesevangelium, als auf ihn bezogen.

Mu'min: ein Gläubiger, jemand, der Gewissheit und Zuversicht hat, aber auch jemand, bei dem man sich sicher fühlen kann. Der Prophet sagte: »Nur der ist gläubig, vor dessen Zunge und Hand die Mitmenschen sicher sind.«

Muslim: wörtlich: »jemand, der sich Gott hingibt«; Bezeichnung für Menschen, die an die Lehre Muhammads glauben.

Muzdalifa: ein Tal ungefähr in der Mitte zwischen → Arafat und → Mina. Hier verbringen die → Hadsch-Pilger die Nacht nach dem Tage Arafats im Freien, nachdem sie die beiden Abendgebete verrichtet haben. Hier sammeln sie 49 kleine Steinchen, die sie für die symbolische Steinigung der → *Jamerat* brauchen.

Nafs: wörtlich: »Seele«, »Selbst«; Zentrum des Fühlens und des Willens und damit des Egos. Religiöse Disziplin hat u. a. den Sinn, die Seele zu läutern und zu erziehen. Entwicklungsschritte sind Triebhaftigkeit, Gewissen und Seelenruhe. Bei der treibenden oder gebietenden Seele folgt der Mensch den Regungen seines Egos ohne Gedanken an die Folgen. Die »anklagende« Seele, das Gewissen, orientiert sich an der Vernunft und hat ein Bewusstsein für Recht und Unrecht; die »beruhigte« Seele hat im Ringen um Gott eine Gewissheit erreicht, die ihr Vertrauen und Zuversicht gibt.

Nikkah: Eheschließung, Ehevertrag.

Nur: wörtlich: »Licht«; Gott ist das Urlicht, aus dem und durch das alles entstanden ist und das in allem Existierenden widergespiegelt wird.

Qibla: wörtlich: »die akzeptierte Richtung«; die Richtung zur → Kaaba.

Quddus: wörtlich: »sehr heilig«, »heiligend«; ausschließlich für Gott zu gebrauchen.

Qutb al-Aqtaab: spiritueller Pol der Pole, höchster Heiliger.

Rahma: Barmherzigkeit Gottes, die als der Beweggrund der Schöpfung gesehen wird; gleiche Wortwurzel wie »Gebärmutter«.

Rak'a: Gebetseinheit; Abfolge von Koranrezitationen, Gesten der Hingabe und des Vertrauens sowie Lobpreisungen, Segenswünschen und Fürbitten. Eine Einheit des rituellen Gebets besteht aus je zwei *Ra'kas*; je nach Tageszeit besteht ein Pflichtgebet aus zwei, drei oder vier, ein zusätzliches Gebet besteht in der Regel aus zwei *Rak'at*.

Ramadan: der neunte Monat des islamischen Mondkalenders, in dem die islamische Offenbarung begann. Muslime fasten im Ramadan vom Anbruch der Morgendämmerung bis Sonnenuntergang.

Rasul: Gesandter Gottes höchsten Ranges, der eine umfassende neue Botschaft Gottes bringt.

Ruku: die Verbeugung im Gebet, die vor der Niederwerfung stattfindet.

Sabr: wörtlich: »Geduld«.

Sadaqa: freiwillige Spenden, mitmenschliche Handlungen.

Sakina: Heiliger Friede, den ein Gläubiger durch das Bewusstsein von Gottes Gegenwart erfährt.

Salah: wörtlich: »Verbindung«; rituelles Gebet oder Gottesdienst, findet in der Regel fünfmal am Tag auf Arabisch und in voller Andacht statt und zählt zu den → fünf Säulen des Islam. Die Pflichtgebete bestehen zusammengenommen aus 17 → *Rak'at*.

Salam: wörtlich: »Friede«, verwandt mit *salima*, wörtlich: »heil sein«, »vollständig sein«.

Sama: wörtlich: »Anhörung«; meditative Übungen im Zusammenhang mit Rezitation, Musik und Tanz in den Sufi-Traditionen.

Sa'y: Laufzeremonie, bei der die Pilger nach dem Umrunden der Kaaba siebenmal zwischen den Hügeln Safa und Marwah hin und her laufen, was im Gedenken an Hagar geschieht. Die zweite Frau Abrahams tat einst auf der Suche nach Wasser für ihren Sohn Ismael dasselbe.

Schahada: das islamische Glaubensbekenntnis, in dem es heißt: »*La ilaha ill Allah Muhammadun rasulullah*« (Es gibt keinen Gott außer Gott, und Muhammad ist Gottes Gesandter).

Scharia: wörtlich: »Weg zur Wasserquelle«; ethisch-rechtliches System; aufgrund von → Koran und → Sunna von Gelehrten im Konsens erstellt. Sie ist das Fundament des Glaubens.

Scharif: ein Nachkomme des Propheten, die alle von Hassan und Hussain abstammen, den beiden Söhnen von Muhammads Tochter → Fatima und ihrem Ehemann → Ali ibn Abi Talib.

Schiah: wörtlich: »Partei«, heute vor allem angewandt für die Anhänger → Ali ibn Abi Talibs, auch Schiiten genannt. Eine der Hauptströmungen im Islam, ca. zehn Prozent der Muslime sind Schiiten. Die Doktrinen der Shiah unterscheiden sich in einzelnen Details von denen der → Sunni-Mehrheit.

Schutzsuren: die letzten beiden kurzen Kapitel des Korans, 113 *Al-Falaq* (Morgenlicht) und 114 *An-Nas* (die Menschen), die man ebenso wie → Sure 112 täglich zum Schutz aufsagen soll, vor allem wenn man sich bedroht oder bedrängt fühlt.

Shaytan: wörtlich: »Satan«; wird als aus Feuer kreiert beschrieben und gilt als der Erzfeind der Menschen. Laut Koran war er ursprünglich mit den Engeln im Himmel, hat dann jedoch aus Arroganz und Stolz Gott Gehorsam verweigert, als dieser alle Himmelswesen aufforderte, sich vor Adam zu verneigen, weshalb Gott ihm seine Gnade entzog.

Sheikh/-a: wörtlich: »alte/-r Mann/Frau«, »Ältere/-r«; ein Titel spiritueller oder weltlicher Autorität für einen besonders gelehrten oder ehrwürdigen Menschen. Weit verbreitet ist die Bezeichnung auch für einen spirituellen Meister, der einen Sufi-Orden führt und die Anhänger auf dem Sufi-Weg anleitet.

Shirk: die Assoziation mit anderen Gottheiten oder Kräften und damit Polytheismus; *shirk* ist die schlimmste Sünde im Islam und die einzige, die Gott nicht verzeiht, solange sie anhält.

Sufi: ein Muslim, der einer → *Tariqa* angehört und sich auf dem spirituellen Weg zu Gott befindet.

Sufismus: arabisch: *Tasawuf*, arabisiert von griechisch Theosophia, ist der spirituelle Weg, die innere Dimension des Islam, die direktes Wissen und Erfahren transzendenter Wahrheiten mit sich bringt. Aufgrund der Fähigkeit, hinter die oberflächlichen Erscheinungen der Welt zu schauen, gab es einen intensiven Austausch zwischen Mystikern verschiedener Religionen.

Sufi heißt wörtlich: aus Wolle. Die früheren Asketen zogen einfache, wollene Gewänder luxuriöseren Stoffen vor. Eine andere Ableitung ist von dem Wort *saf*, was rein bedeutet. Sufismus steht für die Reinigung des Herzens. Der Sufi nährt seine Seele mit metaphysischen Weisheiten und praktischer Disziplin, dem Gottgedenken-*Dhikr*, die ihm inneren Frieden schenken, den Charakter erziehen und das Beste in ihm fördern. Ziel des Sufiweges ist die Heiligkeit. Die Lehren vieler Sufi-Meister aus der gesamten islamischen Welt sind universell, allgemeingültig und dienen früher wie heute als Inspiration. Der Sufismus hat bedeutende Beiträge zur islamischen Zivilisation geleistet, vor allem in den Bereichen Musik, Philosophie, Kunst und Architektur sowie Literatur und Poesie.

Sujud: Niederknien im Gebet, wobei Stirn und Nase den Boden berühren.

Sunna: die beispielhafte Lebenspraxis → Muhammads einschließlich seiner Aussagen, die als Vorbild für jeden Muslim gilt. Sie ist neben dem Koran die zweite Hauptquelle für Glauben und Praxis.

Sunni: das Adjektiv von *Sunna*; die Mehrheit der Muslime sind Sunnis oder Sunniten. Sie akzeptieren Abu Bakr als den ersten der vier »rechtgeleiteten Kalifen« und → Ali ibn Abi Talib als vierten, messen ihm und seinen Nachkommen jedoch keine große politische Bedeutung zu. Bis heute gibt es vier sunnitische Rechtsschulen: Hanefiten, Schafiiten, Malikiten und Hanbaliten.

Sure: ein Kapitel des Korans.

Tajwid: die Wissenschaft der korrekten Koranrezitation.

Talaq: Scheidung auf Initiative des Ehemannes, wird die *talaq* dreimal ausgesprochen, ist sie endgültig. Der Ehemann kann die Frau nur dann wieder heiraten, wenn sie vorher einen anderen Mann geehelicht hat.

Taqwa: oft übersetzt mit »Gottesfurcht« oder »Frömmigkeit«, eigentlich das Bewusstsein von Gottes Gegenwart, das mit Ehrfurcht, aber auch mit Liebe verbunden ist. Nach einer Aussage des Propheten geht es darum, »Gott so zu dienen, als ob du Ihn sehen könntest, denn auch wenn du Ihn nicht sehen kannst, sieht Er doch dich.«

Tarawih-Gebet: empfohlenes, traditionell regelmäßig durchgeführtes, aber nicht obligatorisches Gebet bei den → Sunnis, das nach dem Nachtgebet im Ramadan in 20 *Rak'aat* (Gebetsabschnitten) verrichtet wird.

Tariqa (Pl.: *Turuq*): wörtlich: »Weg«, Pfad«; im Sufismus eine Gruppe von Menschen, die sich auf dem Weg zu Gott befinden.

Es gibt viele *turuq,* die letztendlich alle miteinander verbunden sind und auf dieselbe Quelle zurückgehen. Sie unterscheiden sich nur minimal in Doktrinen und Methoden und begründen sich alle auf den Koran und die Lehre Muhammads. Eine *Tariqa* bezieht ihre Legitimität durch eine Kette der »Transmission« (*Silsilah),* die durch seine Begleiter direkt zum Propheten führt.

Tasbih: Lobpreisungen Gottes, folgen oft dem rituellen Gebet, vor allem an Festtagen, werden aber auch spontan und meditativ (mit Gebetskette) gesprochen.

Tassawuf: arabisch für: → Sufismus.

Tawaf: Bezeichnung für die siebenmalige Umrundung der → Kaaba während der → Hadsch, die gegen den Uhrzeigersinn erfolgt.

Tawakkul: Gottvertrauen.

Tawhid: wörtlich: »Einheit«, »Einigung«; die zentrale Idee des Islam ist die Einheit Gottes.

Umma: religiöse Gemeinschaft, die einem Propheten folgt, beispielsweise die Gemeinschaft der Muslime.

Umrah: kleine Pilgerfahrt, die jederzeit im Jahr absolviert werden kann.

Wahabismus: die Ideologie der Wahabis, die eine Rückkehr zu den »unverfälschten Quellen« des Islam und eine buchstäbliche Interpretation des Koran propagiert, bei der die Befolgung von Geboten und Ritualen im Vordergrund steht, während die spirituelle Dimension und die geistig-seelische Entfaltung weitgehend unbeachtet bleiben. Diese konservative Bewegung begründet sich auf Muhammad ibn Abd al Wahab (1703–1783), der den Islam in seinen »reinen Urzustand« zurückführen wollte.

Wakil: Sachwalter, Vertrauensperson; Anwalt der Braut bei der Abfassung des Ehevertrages und im Grunde jemand, dem man seine Angelegenheiten anvertraut, und zwar auch auf Gott bezogen.

Wali: Gottesfreund.

Wird: eine traditionelle Abfolge von meditativen Gebetsformeln, Koranversen und Anrufungen Gottes, die zusätzlich zu den rituellen Gebeten zum Teil unter Verwendung der Gebetskette und ggf. zu festgesetzten Zeiten gesprochen werden. Die *wird* wird von einem kompetenten Lehrer einer → *tariqa* entweder individuell oder für die Gemeinschaft »verschrieben« und in dieser Linie weiter überliefert.

Wudhu: die kleine Waschung, um den Zustand der Reinheit zu erlangen, der für das rituelle Gebet notwendig ist.

Yassin: Die 36. → Sure, die der Prophet das »Herz des Korans« genannt hat; sie wird für Sterbende und zur Erfüllung spezieller Wünsche gelesen.

Zakat: obligatorische Spende an Arme, um das eigene Vermögen zu »reinigen«, soll 2,5 Prozent des Vermögens umfassen und zählt zu den → fünf Säulen des Islam.

Zamzam: die heilige Quelle in Mekka in der Nähe der → Kaaba, die Abrahams Frau Hagar mit Hilfe eines Engels entdeckte.

Zawiya: wörtlich: »Ecke«; Gebetsraum oder Gebäude religiösen Charakters, in dem sich Sufis zu Gebet und → *Dhikr* treffen, in Nordafrika auch das Mausoleum eines Heiligen. Im Osten *khanaka*, im früheren Osmanischen Reich *Tekkije* oder *Dirgah* genannt.

Ziara: Besuch an einem heiligen Ort.

Zuhr-Gebet: besteht aus vier → *Rak'at*, die zur Mittagszeit im Stillen gebetet werden.

Dank

Ich danke Florian Glässing für seine unermüdliche Hilfe bei der Verwirklichung dieses Buches sowie für seine redaktionelle Betreuung. Ich habe durch unsere Zusammenarbeit sehr viel gelernt.

Ich danke Halima Krausen für ihre hervorragende fachliche und redaktionelle Beragung in allen religiösen Fragen sowie für ihren seelischen Beistand.

Ich danke meinen Eltern, die immer für mich da sind und mich, genau wie meine Schwester, durch die Höhen und Tiefen hindurch begleitet haben. Ich danke Gai Eaton für seien Expertise, insbesondere zum Thema Sufismus, Fadua für ihre ismalischen Tipps, Ruby, die mich während der Schreibarbeiten mit köstlichen Currygerichten über Wasser hielt, Rachid für seine Gebet und allen meinen Freunden und Engeln, die mir in diesen Jahren zur Seite standen. Gott segne sie!